西安文理学院马克思主义学院纪检监察专业建设经费资助项目

监督学概论新编

主　编◎王　舵　副主编◎冯　婷　韩新宝

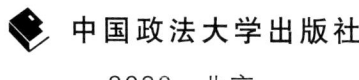

中国政法大学出版社

2020·北京

图书在版编目（ＣＩＰ）数据

监督学概论新编/王舵主编.—北京：中国政法大学出版社，2020.12
ISBN 978-7-5620-9778-5

Ⅰ.①监…　Ⅱ.①王…　Ⅲ.①监督学　Ⅳ.①D035.4

中国版本图书馆CIP数据核字(2020)第241194号

出 版 者	中国政法大学出版社
地　　址	北京市海淀区西土城路25号
邮寄地址	北京100088信箱8034分箱　邮编100088
网　　址	http://www.cuplpress.com（网络实名：中国政法大学出版社）
电　　话	010-58908285(总编室)　58908433（编辑部）58908334(邮购部)
承　　印	北京鑫海金澳胶印有限公司
开　　本	720mm×960mm　1/16
印　　张	22
字　　数	325千字
版　　次	2020年12月第1版
印　　次	2020年12月第1次印刷
定　　价	85.00元

前 言
PREFACE

　　监督学是纪检监察专业（方向）的基础课程，本课程的学习将为本专业的学习奠定理论基础。教材在编写过程中密切结合十八大以来我国廉政建设的理论与实践，以习近平总书记关于党风廉政建设和反腐败斗争的相关论述为指导，一方面，对传统的监督学知识进行认真的梳理和归纳；另一方面，注重及时吸纳当今国内外监督学研究的最新成果，比较全面、系统地介绍了监督学研究领域内主要的概念、范畴、原理及我国监督体系的构成情况。力求全方位地阐述监督理论与监督实践，力图客观、准确地反映国内外监督学研究领域内的学术成果和发展动态，帮助教师和学生厘清监督学的基本理论和体系。

　　党的十九届四中全会通过了《中共中央关于坚持和完善中国特色社会主义制度　推进国家治理体系和治理能力现代化若干重大问题的决定》，阐明了党和国家机关监督体系的科学内涵："完善党内监督体系，落实各级党组织监督责任，保障党员监督权利……推进纪律监督、监察监督，派驻监督，巡视监督统筹衔接，健全人大监督、民主监督、行政监督、司法监督、群众监督、舆论监督制度，发挥审计监督、统计监督职能作用。"基于此，编写组经过充分研讨和论证，形成了一个较为清晰完整的教材体系。第一章从总体上概述了监督及其监督学的基础知识，包括监督的含义、特征、基本原则、监督学的研究对象和研究任务；第二章至第四章分别介绍了中西方监督体制及思想的发展状况及当代中国社会主义监督体制的理论渊源及实践。第五章介绍了目前我国的党内监督制度。第六章至第十四章，分别介绍了人大监督、监察委员会监督、民主监督、行政监督、司法监督、群众监督、舆论监督、审计监督、统计监督制度，这构成了目前党和国家完整的监督体系。第十五章分析了具有代表性的国家和地区反腐败的基本模式及实践，总结了国外反腐败的基本理念和经验。

本教材在体例编写和内容设计上，借鉴、吸收了我国近年来监督学研究的成果，并注重教材结构和内容的创新，主要体现在以下几个方面：

1. 本教材既注重对监督学基本概念与理论的介绍，又注重对学界最新研究动态、新思想、新观点的梳理和借鉴。

2. 本教材紧密结合时代特点，坚持与时俱进，对于十八大以来我国廉政建设的理论与实践的新发展进行了重点阐述。

3. 本教材在体系方面，有一些全新的变化，根据党的十九大及十九届四中全会会议精神的要求，构建了本教材的体系，这与以往的同类教材论著相比较有所不同。

在本教材编写过程中，在借鉴其他学者成果的时候，我们或作了注解，或在教材后的参考文献中列出。在这里，我们向各位学者表示崇高的致意和衷心的感谢！

感谢西安工业大学的冯婷和燕山大学的韩新宝两位副主编，正是由于他们的分工合作，本教材的编写工作才得以顺利完成。

本教材作为西安文理学院马克思主义学院纪检监察专业（方向）课程建设项目的研究成果，感谢西安文理马克思主义学院的各位领导，他们为本教材的编写提供了很好的平台。

鉴于监督学研究内容纷繁庞杂，且近些年来新的学术观点也在不断涌现，教材中难免存在些许不足和疏漏，我们也诚挚欢迎广大读者予以批评指正。

王 舵

2020 年 5 月 28 日于西安

CONTENTS

目 录

【本章学习目标】

1. 理解监督的基本含义和特征。
2. 掌握监督的功能和基本原则。
3. 了解监督学的研究对象。
4. 了解监督学与其他学科的关系。
5. 了解监督学的任务和学科定位。

第一节 监督的含义及特征

一、监督的含义

监督，就一般意义来说是指监察和督促。在我国，"监督"一词最早见于《后汉书·荀彧传》："臣闻古之遣将，上设监督之重，下建副二之任，所以尊严国命，谋而鲜过者也。"这里所说的"监督"就是指监察、督促。其意思是说，古时候行军打仗，一般在最高统帅之侧设立几名官员，负责监察、督促元帅按皇帝的命令用兵。除此意之外，在古代，"监督"一词还作为名词特指官职名，例如，清朝设十三仓监督、崇文门左右翼监督，在清末新办的学堂里亦设有监督一职。

监督是社会分工和共同劳动的产物，是人类社会生活的必然结果。在原始社会，当人类社会生产力达到一定程度的时候，人类为了生存、繁衍和发展，就必须确立一系列的行为规范，以维护氏族或部落的稳定，协调各种人际关系。而对于这些行为规范的遵守，一方面要依靠社会全体成员的自觉，另一方面也需要彼此之间的监察和督促。据史料记载："尧有欲谏之鼓，舜有诽谤之木。"这里所说的"谏鼓"和"谤木"都是古代部落首领采纳谏言的制度或渠道，是中国原始社会的一种重要的监督形式。

随着社会的发展，"监督"一词的使用日益广泛，它普遍存在于人们的社会生活、经济生活和政治生活之中，但其基本含义依然还是监察和督促，防止差错并纠正错误。现代意义上的监督，可以表述为：法定监督主体根据法律规定的职责、权力、程序，按照一定的标准对国家机关及其公职人员的违法或不当行为进行监视、察看、检查、督促和纠偏，以促使监督对象合乎规范地活动。具体而言，监督的内涵可以从监督主体与监督内容两方面加以把握：

从监督主体属性方面看，表现为其主体的法定性和特定性。在政治生活中，监督主体一般由三方面构成：一是法定监督主体，是指依据宪法和法律的明确规定，享有监督职权，能以自己的名义从事监督活动的组织；二是授权监督主体，即依据法律规范、执政党条规和权力机关的特别授权（主体资格、职权范围、实施时间等必须是明确的），负有对特定事项行使特定监督权的组织，某一特定监督事项完成，该监督主体的监督活动也就宣告终结；三是委托监督主体，是指由法定监督主体的委托，依据其专有职能，履行专业性较强的监督活动的组织，其法律责任由委托机关承担。

从内容方面看，监督内容是指国家机关及其公职人员的廉政与勤政的情况。廉政情况主要针对国家机关及其公职人员是否存在违法违纪行为；勤政情况主要针对国家机关及其公职人员的施政行为是否具有高效能。具体而言，一是"硬件"，即督导国家机关合法有效地配置"组织、职权、职责、程序、措施与资源"，监督的目的侧重于预防腐败和效能提升。二是"软件"，即"施政行为"，监督的目的侧重于执法检查和违法违纪案件的查办。通过惩戒，追究违法违纪责任人的纪律责任和法律责任。如对违反党纪政纪的公职人员给予行政处分，对构成职务犯罪的国家工作人员科以刑罚。

二、监督的特征

历史上监督体系的构成是多种多样的，监督体系所依附的政治体制各异，其所体现的政治特征和在历史上发挥的作用也大不一样。尽管如此，纵观古今中外各种监督体系的发展历史，一切科学、有效的监督都具有以下的基本特征：

第一，监督的制度性特征。监督的基础和依据是责任，有权必有责，用权受监督，违法受追究，侵权须赔偿，体现了宪法和法治原则的要求。当公民将权利让渡和委托给政府及其官员时，被委托的政府及其官员在拥有权力的同时也被赋予了责任，必须接受监督。这就是法治政府的逻辑，也是监督制度建立的基础。监督制度是责任制度的组成部分，是责任制度实现的重要保障。从监督主体的角度，监督制度可以分为国家监督与社会监督两种类型。国家监督在一般情况下首先追求的是公共利益，大量的行政机关内部监督也是如此。社会监督则与公民的利益紧密相关，公民将国家行为诉诸司法审查，这不仅是一种动议权，而且是一种借助监督维护自己权益的监督权。从监督权来源看，监督源于内部，也源于外部。

第二，监督的调控性特征。监督是一种调控手段，现代国家通过计划、决策、执行、监督等手段调控社会发展的进程。其一，监督旨在"对比目标与结果之间的距离"，即检查、衡量行为结果与预设目标之间的差距，发现和纠正偏差。其二，监督本质上是一种纠偏机制。监督的要义是"实然与应然之间的比较"，即实际情况、结果与计划、目标之间的审查和比较。其三，监督主体对已经或计划实施的活动或者行为按照特定的标准进行审查，审查内容可能是纯粹合法性的内容，也可能同时包括合目的性或者经济性的内容。其四，监督义务的原则是要使职权行使人遵守职权责任范围，尽量避免与行为目标不符。监督既然是一种权力行为，就意味着监督者作为"一个行为者或机构，应具有影响其他行为者或机构的态度和行为的能力"。在实践中，监督者的这种影响能力，主要表现为激励、约束作用，尤以后者为主。就监督的约束作用而言，或提醒、警示、督促，或督过、纠偏，或惩处、威慑。总之，监督就是一个行为者或机构通过察看并督促，对被监督者的态度和行为施加某种影响，是监督主体作用监督对象的过程。

第三，监督的质疑性特征。监督是以质疑为前提的，监督就意味着监督主体对监督客体存有一定疑虑、戒备，通过制度安排和程序设计对后者实施控制。监督就是监督主体对监督客体不断提出质疑、质询、督促和进行纠偏的制约过程。毋庸讳言，如果监督主体充分信任监督客体，毫无疑虑和顾忌，也就不需要监督了。这一点，在西方国家的制约监督理念和机制设计中体现得尤为明显。

第四，监督的上位性特征。相对于被监督权而言，监督权是一种上位权力，是自上而下的控制。无论是从监督一词的本义看，还是从其内涵看，监督权都具有"权力之上"，即地位上高于被监督权的特点。《说文》曰："监，临下也。"《后汉书·荀彧传》亦曰："古之遣将，上设监督之重"，这都表明了监督权的这个本质属性。

首先，监督与被监督的关系是由双方地位的不同所决定的。在监督与被监督的关系中，监督者与被监督者的地位是不平等的，这是监督的基础。如果监督者与被监督者地位是平等的，监督者就没有资格和权力对被监督者进行监督，如此，监督也就失去了正当性、合理性的基础，监督与被监督的关系也就不可能形成。从一般的意义上说，监督的基础是主从关系的存在，即只有一方的权力（权利）居于主要的支配地位，而另一方的权力（权利）处于服从的被支配地位，监督与被监督的关系才可能形成。就国家监督制度而言，其产生的基础性条件是委托代理关系的存在。国家监督制度建立的理由就在于主权和治权的分离，由此产生了委托代理关系。在古代专制政体中，主权在"君"；在现代民主政体中，主权在民。然而，无论是古代的君主制还是现代的民主共和制，统治阶级都不可能独自或直接承担起治理国家的全部重任，而是要把一部分治理国家的权力委托给政府和官吏。于是，权力的所有者和权力的使用者便发生了分离。为了保证代理人按照委托人的意志、目的行使权力，国家监督制度的建立就成为必然。监督的实质是委托人对代理人的控制。而在这种委托代理关系中，委托人与代理人的关系是不平等的。中国古代的御史为什么可以监察朝廷百官，因为他代表和仰仗的是皇权，而皇权在封建专制国家的权力体系中是至高无上的。在现代民主政治国家，人民为什么可以监督政府，政府官员为什么必须接受监督，因为政府的权力来源于主权者、委托者——人民，主权在民或人民主权的原则决定了人民对政府的监督权利是至高无上的，即是最上位的权利；政府官员作为人民的"公仆"，必须为人民服务，对人民负责，接受人民的监督。

其次，国家监督制度的运作机制是科层制（韦伯又称之为官僚制）的命令服从关系，它是监督主体依托逐层授权建立的科层组织、官僚队伍，根据级别和隶属确立的命令服从关系，对国家权力的运行过程进行的监控。一般来说，如同科层制中主体的地位越高，威权越重一样，监督主体的地位越高，监督越具有权威性、可靠性。

最后，上位性是监督权有效运作的必要条件。监督者的地位高于被监督者，监督才能有效实施。相反，监督者的地位低于被监督者，监督就缺乏应有的权威性。而没有权威性的监督，就很难说是有效的监督。在我国，权力机关对其他国家机关的监督，上级法院对下级法院的监督，体现的就是上位权力对下位权力的监督。在某些情况下，监督人员的级别可以不高，但监督机关的权力却不可以不重。如我国秦汉之际建立了"以卑察尊"的监察制度，统治者为了便于对监察官员进行控制，以品秩低的监察官员去监督品秩高的行政官员。监察官员品秩虽低，但是权力大。官秩千石的御史中丞，可以监督官秩万石的丞相，官秩六百石的刺史能够监督官秩二千石的郡守。同时，监察官员晋升快，赏赐丰厚。《汉书·朱博传》有言："秩卑而赏厚，咸劝功乐进。"这是"以卑察尊"制度得以有效实施的奥秘所在。

第五，监督的外在性特征。监督是"从旁察看"，对于被监督者来说，它是一种外在的力量。监督作为一种权力，是在现有的权力之外引入另一种权力来监察、督促、控制现有权力，具有权力之外的特征。就权力控制的效果而言，这种"异体监督"、外力推动对于保证监督的公正性和有效性是十分必要的。如果监督主体与监督客体同为一体，好似一个人用自己的左手监督右手，其作用是相当有限的。正如有学者所指出的那样，这种监督对个人来说，只是一种道德或良心的约束；对一个具体的组织而言，这种监督很可能只是一种良好的愿望。没有外力的监督，不是严格科学意义上的监督。[1]

第六，监督的独立性特征。所谓独立性，是指监督主体是相对独立的实体，监督者与被监督者在组织上不具有依附关系，或在行动上保持一定的距离。这是监督活动保持中立性、有效性的一个基本条件。试想，如果监督权和被监督权由同一机构或者个人掌控，监督权与被监督权形式上虽是分设，但两者之间却有着紧密的利益关系，甚至前者隶属、受制于后者，监督权必然软化、虚化，不可能对被监督者实施严格的监督，监督的效果必然要大打折扣。正是基于此种考虑，英国著名的公共管理和政治学者克里斯托弗·胡德认为政府内监管的正式程度、惩办的严厉程度与监管者和被监管者的关系距离密切相关。一般而言，监管者与被监管者的关系距离越远，监管的正式

---

〔1〕 参见蔡定剑：《国家监督制度》，中国法制出版社 1991 年版，第 2 页。

程度越高。政府内监管制度设计的关键问题之一，就是监管者和被监管者之间的关系距离保持多远才适宜。

第七，监督的权威性特征。监督是以权力为后盾的，监督行为是一种权力对另一种权力的约束和控制。所以，各国的宪法和法律都赋予监督主体以必要的职权，以使监督主体具有履行职责所需的权威性和强制力。有权才有"威"，特别是政治监督是对拥有和掌握权力者的监督，是权力对权力的"抗衡"，因此监督者必须具有比被监督者更高的权威性，才能对其加以控制。至少，监督权的大小强弱即它的"权力量"，应当与被监督权大致相当。就是说，监督权所占有和能够使用的各种资源和强制性影响力足以阻止和纠正被监督权所作的违规行为。没有权力作为后盾，监督者就失去了必要的手段和力量，这样的监督只能是软弱无力的监督。一个弱小的权力是难以阻止比之强大的权力的滥用的。权力有大小强弱之分，要实现以权制权，监督权与被监督权的配置就应当大体相当。而监督权的"权力量"也不能设计得过大。因为，监督的目的是管好被监督权，而不是管死被监督权。当然，监督权设置中的常见问题，并不是监督权设计得过分强大而是过于弱小，以至于无法形成真正的监督机制。

第八，监督的从属性和有限性特征。在国家制度体系中，政治制度是主体，监察制度是政治制度的组成部分。其中，决策机构、执行机构通常被称为国家机器的"引擎""操纵器"，监察机构则被称为"制衡器"。在公共管理链条中，决策系统、执行系统也总是居于主导和支配地位，监督系统则处于次要和从属地位。在国家权力、公共权力系统中，决策权和执行权永远是主角，监察权则天生注定是配角。这对于监察机构明确自己的定位和工作目标、基本原则、工作方式方法等至关重要。分工负责、各司其职，是现代国家权力配置的一般要求。监督权的行使应到位而不越位、参与而不包办。所谓"到位"，就是要"确定最佳工作标准""完成任务不打折扣""细节务必做到完美"。工作"到位"的核心是责任。监察权行使到位，要求监察机构和监察人员以高度的责任感依法积极履行职责，对于监察工作和监察事项尽职尽责，圆满地完成工作任务和使命。"不越位"，是指既要加强监管，又不能越俎代庖，不能既当裁判员又当运动员。监督权并非万能，其应当和能够肩负的使命就是监督。如果监督权越俎代庖，包揽被监督权的职能，那么监督权本身也就失去了存在的意义。另外，监督权也是有限的。在民主法治国家里，不允许存在任何不受限制的权力，监督权作为限制权力的权力本身也应该受到限制。监督权的泛用、误用和滥用问题，尽管在我们今天的政治生活中还不突出，但同样是我们在健全监督机制的过程中需要注意并加以警惕和避免的。

第二节　监督的功能

监督的功能是指在监督过程中，监督活动本身所具有的、普遍存在并起决定作用的惩戒、制约、参与、预防、促进和反馈等功能。在监督过程中，功能作用的形式是不同的，它们共同发挥着作用，形成整体性的功能体系，有效地发挥监督的作用。监督的功能主要体现在以下几个方面。

一、矫正功能

按照现代行为科学的基本理论，人类行为偏差的存在有其自身的必然性。因为，行为准则的制定者和执行者相分离状态是主体行为必然发生偏差的特定条件。在人类社会发展的进程中，无论是一个集团或集体，还是一个阶层、阶级甚至一个国家，行为模式的确定与执行始终是无法完全吻合的。而公共权力的执行主体对行为准则的认知、接受和执行能力的差异性，以及执行主体在执行过程中追求自身目的的不可避免性，则是造成公共管理行为偏差的实现条件。也就是说，由于各种主观、客观原因的存在，公共权力的执行主体认识和执行法定行为准则的能力总是有限的。于是，在实际运行中，公共权力的执行主体就有可能扩大解释，超范围执行法定行为准则，或是限缩解释，部分接受行为准则，或是根本不予接受，甚至与其背道而驰。如果说个人的或小范围的行为偏差还能容忍或通过自我调整得以消除的话，那么集体性的或大范围的行为偏差则不能容忍和忽略。因为这必定会因偏离行为所造成的影响在公共管理过程中的自然放大，而给社会秩序带来无法估量的损害。因此，必须通过一定的机制来及时防止和迅速消除系统或个人的偏离行为，使社会管理系统始终保持与现实需要相适应的良好状态。监督机制主要通过直线矫正和横向矫正两种途径实现矫正偏差行为的功能：①直线矫正是指具有权威性的监督机关对监督对象所实施的控制，即通过有隶属关系的直线监督，以实现对监督对象偏离行为的矫正。权威性体现为两方面：一是监督机关的法定地位高于监督对象；二是监督机关的监督权对监督对象而言具有惩戒作用。因此，必须在公共管理系统内部开展自上而下以及自下而上的直线监督，从而实现公共管理行为的相对一致性和执行行为的相对统一性。②横向矫正是指同层级各机构之间的互相监督。社会各系统之间并不是割裂封闭的，相反，确定系统和执行系统之间是存在逻辑联系的。因此，就是要通过各种现实的或潜在的方式，来矫正确定行为和执行行为的差距，制约偏离公共管理目标的行为。只有直线矫正和横向矫正两者相互作用，密切配合，同步完善，才能使国家监督机制的矫正功能拓展到最大限度。

二、制约功能

监督的制约功能，主要是指为了保证社会管理运行平衡协调，而对管理活动及管理者进行的核查、牵制和调节意义上的监督。这一功能指向的客体主要是公共权力。公共权力是从社会中产生，但又居于社会之上，并且具有同社会分离的力量。公共权力缺乏权力主体的制约，就会成为脱离社会的力量，成为部分人谋私的工具，使公共权力私有化。监督活动，正是将公共权力的运行规范化、法治化，防止公共权力被滥用，它是防范运用公共权力达到私人目的的约束性手段。而监督的制约功能，有赖于两个主要条件：一是公共权力来自于人民授权，而掌权者则是人民的"公仆"。在这种前提下，人民作为权力的拥有者。一切权力机构都是人民意志的代理，它们都是以人民代表为主体的最高权力机关派生出来的，通过体现公众意志的法律赋予国家公职人员各种各样的公共权力，也决定权力主体的责任和权限范围。这样，监督实际上就是人民在权力主体的地位上用至高无上、巨大无比的力量对社会中各种公共权力实行有效的控制，保证权力主体和被授权者的地位不会颠倒，使权力行使能够始终如一地代表人民的利益，防范权力行使者偏离权力主体所规定的行为轨迹。二是行使公共权力的机构之间应有科学的分工。在这种前提下，各权力机关及其公职人员的活动，必须受制于权力拥有者及最高权力机关的监督与制约，形成一种全方面、多维性的异体机制。而且，每种公共权力的行使过程和后果，都无法避开其他权力运行的督导和制约而独立存在。它们之间相互作用和制约，从而遏制由于权力过分集中、滥用权力所产生的负性效应，防止权力腐败。

三、预防功能

监督的预防功能是指通过事前监督，提前发现和排除社会管理运行过程中可能出现的问题和潜在的弊端，从而起到防患于未然的作用。如果说监督的矫正功能主要体现在事中监督和事后监督。那么，监督的预防功能则主要体现在事前监督。公共管理行为大多数具有规范性、可复制性和重复性，如果在特定的公共管理活动付诸实施之前，对其规划、决策、方案设计等进行预防性的监督，不仅可以及时发现潜在的制度缺陷和行为隐患，及时采取纠正措施，而且可以防范违法违纪行为的扩大化、复杂化。特别是对执掌公共权力的公职人员，这种功能显得更为重要。可以说，监督的其他功能的发挥，在一定程度上与预防功能是紧密相连的。预防功能的实现，主要是通过对监督对象的管理行为进行监督。例如对决策行为是否民主化的监督，对公共管理行为的经济性、效率性和效果性的监督，等等。就监督本身的平衡发展来看，预防功能的完善无疑会为事中监督、事后监督提供超前性的保护屏障，缓解两种监督的压力。同时，应当客观地处理好预防与惩治的关系问题。惩治和预防是反腐倡廉工作中相辅相成、互相促进的两个方面。只有抓好从严惩治，严肃查处腐败案件，才能有效遏制腐败现象的蔓延，才能为注重预防创造前提条件。

四、反馈功能

反馈是指一个系统的输出信息反作用于输入信息，并对信息再输出产生影响而起到控制和调节的作用。监督的反馈功能，主要是指通过监督，对所监督事项的活动过程及其结果的真实性、准确性和可靠性作出评价，并对影响该结果的相关因素进行科学的分析，为被监督单位提供改进工作的科学依据。反馈功能依托于相应的制度保证，如利用信息技术创造好的制度、规则和信息提供途径，改变监督机关与其他社会单元的关系。随着市民社会组织、公民和企业信息能力的加强，社会公众的反馈信息将成为重要的监督信息源。改变政府治理结构，使之有助于反馈信息的传达和转换。其中，担当信息反馈通道职责的只能是监督活动。当合法、有效的监督活动持续进行时，整个国家权力系统才能不断地把自己的实际结果与既定目标作比较，并通过经常反馈和放大调节，逐渐缩小目标差距，最后真正实现对监督对象的控制。另外监督活动本身也受到社会相关因素的影响与制约，这些因素有积极的，也有消极的。通过监督的反馈功能，能及时调整监督本身的重心，适当调整监督主体与监督客体的关系，了解制约监督调控作用发挥的不利因素，及时地加以克服，提高监督行为自身的质量和效率。

第三节　监督的基本原则

监督的基本原则是监督活动中最主要、最普遍运用的原理和准则，它是监督的根本准绳，贯穿于监督的始终，尤其是监督存在不确定性或者未就新的社会关系作出具体规定而引起争议时，基本原则起到克服监督规定有限性与社会关系无限性的矛盾的作用。同时，监督的基本原则可以弥补法律的漏洞，能够对监督体系自身进行整合和引导。对监督机关而言，监督的基本原则对其监督行为具有指导意义，监督机关在监督的基本原则的指导下，合法合理地运用监督权，贯彻法律意志，实现行政监督的目标。监督的基本原则主要体现在以下几个方面。

一、独立性和客观性原则

监督主体独立、客观行使监督权，是保证监督效果的最基本的条件。监督机关不独立，必将失去客观性之本，但如果监督机关完全独立，缺乏法律制约，其客观性也缺乏保障。总之，二者之间存在着极为复杂的互动关系。客观性是指监督活动必须坚持以事实为依据，站在公平、公正的立场上实施监督。监督机关应运用公认的监督标准实施监督，不受其他因素的影响。独立性是指监督机关独立和监督人员独立。监督机关不受其他机关、团体和个人的干涉，依据国家法律、法规和政策进行活动。监督人员独立按照责权一致的原则，依法拥有自主行使监督职权的权力，所需的经费、技术手段和信息等不受任何监督对象的制约和影响。可见，监督主体没有独立和客观的权力而依附于被监督者，就不可能以权力制约权力，权力制约的目的就会落空。因此，无论哪一种社会制度，权力监督的独立性和客观性都是一项必须遵循的基本原则。

二、实事求是原则

实事求是原则，体现了我国监督制度一切从实际出发、理论联系实际、在实践中检验真理和发展真理的思想，贯彻了"以事实为依据，以法律为准绳"的社会主义法治原则的精神。贯彻实施这项原则，对于开展各项监督工作具有十分重要的作用。这一原则的基本内容有三点：一是坚持实事求是。坚持实事求是，就是要尊重客观实际，一切从实际出发。监督机关应当根据实际情况决定监督的工作方针、工作部署和开展工作指导、解决各方面的问题。应当详细地掌握材料，对错综复杂的实际情况进行深入分析，总结、借鉴历史和现实的经验教训，研究探索监督工作的规律，提高监督工作的质量和水平。二是重证据。所谓重证据就是做到"事实清楚，证据确实充分"，既包括对证据质的要求，也包括对证据量的要求，其标志是：已定案的证据均已查证属实；案件事实均有必要的证据予以证明；证据之间、证据与案件事实之间的矛盾得到合理排除；得出的结论是唯一的，排除了其他的可能性。对违法违纪案件的处理应建立在尊重客观事实的基础上，确保案件质量。三是重调查研究。调查研究是坚持实事求是的基本环节，是了解真实情况的基本途径和方法。监督机关在开展的各项监督工作的过程中，都必须经过艰苦细致的调查研究，全面、客观地了解情况，再加以去伪存真、由表及里的分析研究，才能对监督事项的性质作出正确的判断，才能为作出监督决定和提出监督建议提供符合客观实际的依据。

三、人人平等原则

人人平等原则，是指监督机关在查处违法违纪案件等工作中，在适用法律和纪律上，对任何监督对象都要一律平等，不允许任何人有超越法律、法规和纪律的特权。这体现了我国宪法关于公民在法律面前人人平等和任何组织或个人都不得有超越宪法和法律的权力的法治原则。这一原则，旨在坚持平等，反对特权，保护所有公民的合法权益，维护法律的尊严。坚持和实行这一原则，在监督工作中的要求包括：一是任何监督对象的合法权益都平等地受法律保护；二是任何监督对象都必须履行法定义务，遵守法律和党纪政纪，不允许有超越法律和纪律的特权；三是一切违反法律和纪律的行为都必须受到追究，任何监督对象都不能例外。

四、教育与惩处相结合原则

教育与惩处相结合原则，是监督机关实施监督和查处违法违纪案件等工作中必须遵循的一项基本原则，教育是基础，惩处是保证。监督机关是维护法律的专门机构，通过严肃惩处违法违纪者，可以给监督对象以威慑力，使违法违纪者及其他人员认识到法律是必须遵守的，违反了就要受到惩处，从而化解其腐败的动机和贪念，遏制和防范腐败行为的发生。在改革开放的背景下，随着各种思想文化的相互激荡和现代传媒的迅速发展，人们社会交往范围的不断扩大，国家公职人员受各种思想观念影响的渠道明显增多、程度明显加深。在这种情况下，加强反腐倡廉教育，增强全党及全社会遵纪守法意识和反腐倡廉意识，形成良好的社会风尚，显得尤为重要：一是加强对党员干部特别是领导干部的教育。反腐倡廉教育要以各级领导干部为重点，以树立马克思主义的世界观、人生观、价值观和正确的权力观、地位观、利益观为根本，以艰苦奋斗、廉洁奉公为主题，以更好地做到立党为公、执政为民为目标。二是加强对公职人员的职业道德教育和法律法规教育。要以《中华人民共和国宪法》（以下简称《宪法》）和《中华人民共和国行政许可法》（以下简称《行政许可法》）为重点。以爱岗敬业、诚实守信、办事公道、服务群众、奉献社会为主要内容。积极开展法律法规教育和职业道德教育，引导广大公职人员进一步树立忠于法律、遵守法律、维护法律的意识，提高依法决策、依法行政、依法管理的能力，为全社会提供良好的服务。三是坚持党风廉政建设宣传教育活动，让公务人员从先进典型的感人事迹和优秀品质中受到鼓舞、汲取力量。

五、监督检查与改进工作相结合原则

监督检查与改进工作相结合原则，是监督机关在办理所有监督事项中都必须坚持的一项原则，它要求监督机关必须把履行职责与目标实现统一起来。监督机关的基本职责，是对监督对象遵纪守法和执法情况进行监督检查。发现、揭露存在的缺点和错误，给予违法违纪者应得的惩罚。但是，发现问题和执行法律并不是目的，其目的不仅在于对监督对象进行教育、提高其思想道德素质，还在于通过发现问题、执行法律，去分析产生错误的客观环境和主观原因，研究纠正错误、改进工作的对策和措施。持续改进应当是公共组

织开展监督工作的一个永恒目标，也是从源头治理腐败的重要途径。在监督过程中不断地发现问题、解决问题，进而形成一个良性循环。在监督体系中，持续改进包括：了解现状；建立目标；寻找、评价和实施解决办法；测量、验证和分析结果，持续改进等活动。可见，如果不能构建与持续改进相应的制度支撑体系，便难以实现监督工作的长效性目标。

六、监督工作依靠群众原则

监督工作依靠群众原则，体现了党的群众路线的精神和监督工作民主化的要求，是做好新时期监督工作的基本保证。这是因为：第一，监督对象的执法活动是在人民群众中进行的，人民群众对监督对象遵纪执法和工作情况的好坏最为了解。因此，监督机关必须通过各种形式听取人民群众反映的对监督对象的意见，认真受理其控告、检举，从而把行政监督与人民群众的监督紧密结合起来。第二，人民是国家的主人，他们具有对国家机关及其工作人员进行批评、监督的权力，也有同各种腐败现象进行斗争的政治责任感和积极性，监督机关应当支持和保护人民群众的这种积极性。第三，人民群众往往是违法违纪行为的直接受害者，具有纠正和惩处违法违纪主体的强烈要求，监督机关应当认真受理并支持、保护、鼓励人民群众对监督对象违法违纪行为的控告、检举。依靠人民群众开展监督工作，是我国监督机关的优良传统，而且在这方面已积累了不少经验，找到了许多依靠人民群众开展监督工作的有效办法和途径。

七、全面监督与过程监督相结合原则

全面监督原则是指在监督过程中，监督主体是否全面地把握和考虑监督的范围和目标。从范围的视角，应当涵盖监督对象所有的活动领域；从目的的视角，廉政建设与勤政建设、过程督导与结果纠偏等方面，监督活动的范围应当统筹兼顾、全面考虑。如廉政监督必须与勤政监督共同推进，互为补充；监督的范围应覆盖公共管理活动的全过程及所有的系统、部门和岗位；监督的准则、范围、程序和方法等应保持一致，以确保对所有监督对象实施监督的客观性和可比性。过程监督原则要求将公共组织的活动和相关的资源作为过程进行监督管理，可以更高效地得到期望的结果。"过程"这个词可以定义为，一种将输入转化为输出的相互关联或相互作用的活动。一个过程的

输入通常是其他过程的输出，过程应该是增值的。组织为了增值通常对过程进行策划并使其在受控条件下运行。这里的增值不仅是指有形的增值，还应该有无形的增值，比如行政审批过程，虽然简单地赋予了某个申请人从事某项活动的权能和资格，然而，申请人为社会创造的价值，就是无形的增值。监督活动涉及行政组织的整个运作流程，是一个环环相加的过程。监督的过程不是孤立的，是有联系的，因此，应正确地识别各个公共管理的过程以及各个过程之间的关系，并采取适合的方法加以监督。所以，过程不仅要关注案件本身，还要关注公共管理活动的过程和制度建设环节；不仅要关注结果，更要关注过程；不仅需要监督者的正确领导，还有赖于全体被监督者的参与。

第四节　监督学的研究对象及与其他各学科的关系

一、监督学的研究对象

任何一门学科的确立都是以其特有的研究对象为前提的，科学门类划分的客观根据只能是其研究对象的特殊矛盾。监督学作为新兴学科更是如此。在开展这门学科的研究时，必须首先确定它的研究对象，即明确该学科特定探索领域里的特殊矛盾或规律。正如毛泽东同志在《矛盾论》中所指出的："科学研究的区分，就是根据科学对象所具有的特殊的矛盾性。因此，对于某一现象的领域所特有的某一种矛盾的研究，就构成某一门科学的对象。"确定研究对象是把握研究方向并深入开展科学研究的基础。监督学研究对象的确立，也就规定了监督学的理论框架，规定了这门学科与其他社会学科的区别和联系，规定了这门学科为社会主义市场经济服务的方向和主要途径，从而也肯定了这门学科存在的必要性。

监督学是研究国家对社会公共权力的运行过程、机制进行总体监控和具体制衡的一般规律的综合性社会科学，它是从政治学体系中独立出来的一门新兴的应用学科。监督学作为一门学科，是把监督作为一种社会政治生活现象，作为人们一种有目的的意志行为和活动来研究的。因此，它并不研究人们社会生活中一般意义的监督，而是以社会公共权力的运行过程中所涉及的监督制度、监督实践和制衡规律为主要研究对象。在这里需要特别指出的是，我们所讲的监督，是把它作为一种政治生活现象，专指对社会公共权力拥有者在行使其权力的过程中所实施的监控、督促和检查的活动。另外，我们所说的监督，主要是对执法者和管理者的监督，而一些技术部门或行业管理部门依法对其管理相对人所实行的具体的业务管理活动（即技术监管），例如，技术监督、质量监督、标准计量监督、海关监督、卫生防疫监督等，由于其专业性和专门性，不属于我们研究的范围。

二、监督学的任务

监督学作为一门实践性、综合性很强的新兴学科，发展历史比较短暂，无论是基本概念还是理论体系都还很不完善，有许多问题需要更深入地研讨。在当今社会主义市场经济的背景下，社会主义监督实践遇到了前所未有的挑战，给监督科学的理论探索提出了许多新的课题。

（一）确立监督学的理论体系，阐释监督学的基本概念

概念，是人的思维对事物现象某一方面的概括和反映，是对事物本质属性的抽象。任何一门学科体系的构成都是由一系列基本概念所组成的，基本概念是学科理论体系的逻辑起点。因此，厘清基本概念，是任何理论体系具备完备性的必要条件。监督学作为一门学科，也必须构建属于自己的概念体系，给予相关的研究对象以确切的说明和准确的定义。这也恰恰是监督学作为一门学科与一般的常识和经验的根本区别。常识的东西往往是不确切的，含义模糊，没有明确的定义，无法明确其所适用的范围。而监督学作为一门实践性很强的学科，就是要运用现代的科学方法和手段，对纷繁复杂的监督现象进行去粗取精，去伪存真，对一般的常识和经验进行归纳总结，从中找出规律性的东西，以达到科学的抽象。本教材在注意吸收、借鉴前人研究成果的基础上，根据监督实践的特点，对所涉及的基本概念和范畴，力图作出符合实际的、客观的判断，对它们之间的内在联系作出概要的阐释。

（二）总结我国监督实践的历史经验，概括当代监督学科及理论的研究成果

理论来源于实践，科学是实践经验的概括和总结。监督学的基本原理，是监督实践的理论升华，是从丰富的实践经验中提炼出来的对社会主义监督实践具有普遍指导意义、反映客观规律的认识。监督学的任务就是要科学地总结历史经验，将其升华为系统的科学理论。新中国成立70多年来，我国的社会主义监督经历了曲折的发展过程，积累了正反两方面的经验，为我们揭示和发现社会主义监督的客观规律提供了极为重要的实践依据。当然，这些

经验还很零碎，不系统，需要我们在马克思主义的指导下，实事求是地对半个世纪以来的社会主义监督实践作出理论概括。马克思、恩格斯、列宁等无产阶级领袖以及领导中国社会主义革命和建设的我党历代领导人的监督思想可以说是博大精深，不仅具有深刻的理性思考，而且带有强烈的实践色彩。监督学对此要深入阐述和准确理解，并以此作为理论研究和实践活动的根本指导思想。

古今中外一些思想家、理论家对监督现象作过许多论述和探讨，形成了许多不同的学说和理论派别，这也需要我们进行归纳整理、甄别和剖析，吸取其精华，剔除其糟粕。

随着社会的发展特别是社会主义市场经济体制的确立，社会主义监督实践也日益丰富和深入，相关的监督理论研究呈现出百家争鸣、百花齐放的繁荣局面。新观点、新思想、新理论层出不穷。吸收、归纳有价值的研究成果，使监督学的理论体系不断完善和丰富，以便更好地指导监督实践。这也是监督学的一项很重要的任务。

（三）探索监督实践活动的规律

规律是事物之间本质的、内在的联系。监督学的研究并不是仅仅停留在对一般监督现象的简单描述上，也不满足于对监督原则、规范或程序的一级解释上，它必须从理性的高度去探讨和揭示监督现象背后的本质联系及其发展规律。监督活动的规律与社会发展的规律以及社会公共权力运行的规律紧密相关，因此，探索监督活动的规律，就必须研究社会系统的结构、功能和社会管理及其调节过程的规律性；就必须揭示社会公共权力发生、发展、变化的运行轨迹。这不仅是本教材的任务，更是整个监督学理论研究的重要课题。

三、监督学和相关学科的关系

监督学是一门理论性和实践性极强的边缘性学科。一方面，它与其他相关科学存在着大量的交叉融合关系；另一方面，要卓有成效地进行监督学研究，又必须吸收多种学科的研究成果。

第一，监督学与政治学的关系。政治学是研究以国家为主体的各种政治关系、政治制度、政治思想及其发展规律的科学。其内容包括国家起源和消亡、国家本质、国家制度、国家结构、国家职能、政党制度、政治思想史等。

因而政治学仅从国家机构、国家制度的整体出发，把国家监督机构、监督制度作为国家政治的一部分，来考察其在国家体系中的地位、职能和作用。监督学则是把各种监督机构、各种监督制度作为一个整体进行全面而系统的研究。这两种学科有共同的贯通之处，但在具体研究的目的、范围、方式和深度方面各有特点。

第二，监督学与政治经济学的关系。政治经济学是研究社会生产关系及其发展规律的科学，是人们对于社会经济制度的系统总结。它从生产力和生产关系、经济基础和上层建筑的相互作用中揭示生产关系的发展规律，监督学也考察经济基础和上层建筑的相互关系，但它把国家的监督制度作为上层建筑领域的一个构成部分来研究监督制度和经济基础之间的关系，从而揭示出不同性质的监督制度，对促进或阻碍生产力所起的不同作用。可见，两门科学的研究内容某些部分交叉重合，但仍有研究的角度、目的、范围和侧重点的不同。

第三，监督学与法学的关系。监督学与法学的关系，主要有两个方面：一是从研究内容来看，监督学的研究范围包含了法律监督，而法律监督又是法学研究的主要内容之一，因此二者相互联系。不同的是，监督学研究的范围不仅是法律监督，还包括其他多种形式的监督。二是从监督的依据来看，监督学所依据的标准不仅包括法律和法规，还包括政党的方针、政策以及有关的规章制度，而法律监督中的依据只是法律和法规。

第四，监督学与心理学的关系。心理学是研究心理现象及其客观规律的科学。掌握心理学的研究方法，有助于正确把握被监督者的心理状态和个性特征，从而使监督工作的实施能够遵循心理学关于人的思想、感情的规律，符合人的心理过程和个性的心理特征的发展规律，这是合针对性地、富有成效地开展监督工作的必要条件。

另外，掌握经济学、社会学、管理学、历史学、行政学、新闻学、财政学、审计学等学科以及有关的自然科学的基本理论，对于监督学的研究都具有重要的价值。

【案例分析】

新中国反腐第一案: 为什么必须枪毙刘青山、张子善?

1952 年 2 月 10 日, 正值元宵节, 喜庆的气氛中有些凝重。河北省人民法院召集了 2 万多人参加的公审大会, 原天津地委书记刘青山、专员张子善被执行死刑。两声枪响震醒了新中国一大批领导干部, 也向世人表明了中国共产党反腐败的决心。这就是人们所说的"新中国反腐第一案"。

刘青山、张子善犯下的罪行有哪些? 案件的刑事判决书记录着二人的罪行: 1950 年到 1951 年短短一年时间里, 他们利用职权, 盗用公款 171 万元。按当时的购买力, 这些钱可买将近 1 吨黄金, 可买粮食 2000 万斤, 可买棉布 800 万尺, 足够 50 万人吃一个月并做一身衣服。刘、张被判死刑, 不仅因为非法侵占公共财物数额巨大, 而且因为性质恶劣: 第一, "盗窃救济粮": 新政权刚建立, 原天津地区水灾严重, 中央克服困难专门从东北调集粮食救援天津, 刘、张居然向救灾粮伸手, 不顾灾民死活。第二, 侵吞河工粮款: 1950~1951 年, 河北省采取以工代赈方式, 治理天津地区的洪涝灾害, 刘、张为了从河工身上"赚 30 个亿"(指旧币, 当时旧币 1 亿元相当于新币 1 万元), 以坏粮当好粮卖, 造成河工病、残、死亡的, 不下 10 人。第三, 擅自挪用杨村机场建设专款: 杨村机场是军用机场, 当时正值抗美援朝战争时期, 机场建设陷入窘境, 危及国家安全。

刘青山、张子善怎样一步一步堕落成人民的罪人?

刘青山、张子善早在 20 世纪 30 年代就参加了革命。中共河北省委在开除二人党籍的决议中, 对他们在新中国成立前的表现做了这样的评价: "刘青山、张子善参加革命斗争均已 20 年左右, 他们在国民党血腥的白色恐怖下, 在艰难的 8 年抗日战争和 3 年多的人民解放战争中, 都曾奋不顾身地为党的事业和人民群众的解放进行过英勇的斗争, 建立过功绩。"但在和平环境中, 刘青山、张子善却逐渐腐化堕落: 第一步, 产生了居功自傲、贪图安逸的心理。面对调查人员, 刘青山仍说: "老子们拼命打了天下, 享受些又怎么样?"第二步, 刘青山和女商人张文义搭上关系, 利用"机关生产"之名做生意, 并将利润转入刘青山私人腰包。第三步, 1951 年, 刘青山伙同张子善挪用公款49亿元（旧币），交给张文义做生意，最终造成21亿元（旧币）的重大损失。第四步，为了弥补巨大的亏空，刘青山、张子善大肆贪污，踏上了不归路。

对刘青山、张子善的处理决定是怎样形成的？

新中国成立之初，还没有建立完善的法律体系，对刘、张怎样处理，既无明确的法律条文可以依据，又无现成的案例可以参照，而且刘、张曾是党的高级干部，有功于革命事业，这样的案件应该怎样处理？1951年12月14日，河北省委根据调查和侦讯结果，向中共中央华北局（以下简称"华北局"）提出了对刘、张的处理意见："处以死刑。"12月20日，华北局根据河北省委的意见，经综合考虑，向党中央提出了处理意见：华北局原则上同意河北省委"处以死刑"的意见，但是增加了一句"或缓期二年执行"，目的是中央决策时可以有回旋的余地。收到华北局的报告后，党中央专门开会研究对刘、张的处理。有人为刘、张求情，认为他们过去对革命有功，希望不要枪毙。毛泽东则说："正因为他们两人的地位高、功劳大、影响大，所以才要下决心处决他们。只有处决他们，才可能挽救20个、200个、2000个、20 000个犯有各种不同程度错误的干部。"随后河北省人民法院报请最高人民法院批准，判处刘青山、张子善死刑。

早在新中国成立之前，毛泽东就曾经担心，"进城"对我们党来说是一场"考试"，一些人在"糖衣炮弹"面前要败下阵来。1951年11月30日，中央在批发华北局报告的批语中指出：全党必须把反腐当作一场大斗争来抓。12月1日，中央做出《关于实行精兵简政、增产节约、反对贪污、反对浪费和反对官僚主义的决定》，指出：进城两年来，严重的贪污案件不断发生，证明七届二中全会所提出的防止资产阶级思想腐蚀的正确性；现在是切实执行这一方针的时候了，否则就要犯大错误！1952年元旦，毛泽东在中央政府举行的团拜会上号召：大张旗鼓、雷厉风行地开展一个大规模的反对贪污、反对浪费、反对官僚主义的斗争。一场群众性的"三反"运动很快在全国形成高潮。"新中国反腐第一案"使当时广大党员干部受到了极大警示，以至于有人感叹"杀了两个人、管住几十年"。

——节选自　腾讯新闻网

案例思考：

腐败产生的根源是什么？"新中国反腐第一案"中，对刘青山、张子善的处理说明了什么？

【课后练习题】

1. 什么是监督？监督都有哪些特征？
2. 监督的功能有哪些？
3. 监督的基本原则是什么？
4. 监督学的研究对象是什么？
5. 监督学的主要任务是什么？
6. 联系我国反腐败斗争实际，简述学习监督学的重要意义。

第二章

中国监督体制及思想的发展

【本章学习目标】

1. 了解中国古代监督体制的历史发展进程。
2. 掌握中国古代的主要监督思想及特点。
3. 了解中国近代监督体制的发展。
4. 掌握中国近代的监督思想及特点。
5. 理解当代中国社会主义监督制度的形成与发展。
6. 掌握当代中国的监督思想及特点。

监督既是政治的范畴，也是历史的范畴。监督不是从来就有的，而是人类社会发展到一定阶段才出现的社会事物。只有当人类社会的生产力和思维能力达到一定的水平，物质资料有了一定剩余的情况下，监督活动才有可能出现。纵观我国监督体制的漫长历史，可以大休分为古代、近代、现代（社会主义）监督体制。

第一节 古代监督体制的历史发展

在人类社会不同的历史时期、不同的历史条件下，监督的性质、特征、作用及其历史演变过程有许多的不同。监督的产生和发展变化，既受经济基础的制约，同时也受政治、文化、宗教等其他因素的影响。正如恩格斯指出的："经济状况是基础，但是对历史斗争的进程发生影响并且在许多情况下主要是决定着这一斗争的形式的，还有上层建筑的各种因素：阶级斗争的各种政治形式和这个斗争的成果——由胜利了的阶级在获胜以后建立的宪法等等，各种法权形式以及所有这些实际斗争在参加者头脑中的反映，政治的、法律的和哲学的理论，宗教的观点以及它们向教义体系的进一步发展。"〔1〕私有制的出现，促成了国家的产生，国家的统治阶级为了实现其国家职能的需要，就要设置各种管理机构，授予其必要的职权，委任各类管理人员从事管理国家的工作，以保证国家机器的正常运转。而这些机构和人员在管理工作中，极有可能会出现滥用职权、贪污渎职等越轨行为。这样，国家的统治者就产生了设置专门机构和专门人员对各级管理人员在政治、经济等方面进行监察和督促的动机，并将这种动机付诸实施，以防止在行使职权、从事管理、经济收支等环节上可能产生的种种弊端，避免违背统治阶级意志的行为发生。这样，由国家授权专司监督之职的机构和人员便应运而生，监督从经济监督发展到对官员政治权力的监督，防止为谋私利而相互进行权力与金钱之间的交易，逐步形成了规范性的监督制度。监督制度是国家政治制度的重要组成部分。国家产生以后，随着政治制度、经济制度的产生和发展，监督制度也相继形成和发展，并日臻完善。

一、中国古代监督制度的萌芽

在原始社会，人类是以部落群体的组织形式生活的。马克思在《资本论》中对这一特征作了精辟的阐释："这是因为人即使不像亚里士多德所说的那样，天生是政治动物，无论如何也天生是社会动物。"〔2〕人类生活的社会性，是由人类的生产劳动决定的。人类劳动的分工合作大大提高了人类的整体能力，没有人类的分工合作，就不会有人类的文明，就不会有人类的进步。人类的文明又把人紧紧地结合在一起。恩格斯分析到，劳动的发展必然促使社会成员更紧密地互相结合起来，因为它使相互帮助和共同协作的场合增多了，并且使每个人都清楚地意识到这种共同协作的好处。而人类的共同劳动、公共的生活则必然需要公共权力进行组织协调，合理配置社会资源，维护公共

---

〔1〕 中共中央马克思恩格斯列宁斯大林著作编译局编：《马克思恩格斯选集（第4卷）》，人民出版社1972年版，第477页。

〔2〕 中共中央马克思恩格斯列宁斯大林著作编译局编：《马克思恩格斯全集（第23卷）》，人民出版社1972年版，第363页。

秩序。凡是有一定组织性的群体，就会有某种形式的权力存在。我们的祖先，在开始以部落形式的群体化生活时，也必然存在某种权力现象。当然，这种权力结构是非常简单的。那时最高权力职位是部落首领。最高权力职位不是由制度化选举产生的，而是由群体的自然认可产生。如果某个人在体力、智能等方面处于该部落的领先地位，就自然而然地可以掌握最高权力，成为部落首领。那时的部落首领往往需要在危险性的生产中、在部落之间经常发生的冲突中挺身而出，走在最前面，随时都可能以生命和汗水向自己的部落负责。部落首领作为当时的最高职位，既有代表地位和荣誉的一面，更有代表责任和服务的一面。这是一种朴素的原始权力公有制。

在原始社会早期，生产力水平十分低下，人们的劳动所得仅够勉强维持基本的生存需要，极少有剩余物资。在这样的经济条件下，个人之间的文化差距不大，不可能产生具有巨大的文化支配力量的个人，任何人都无力使大量社会支配力量集中于一己之手而私人占有。这也就决定了当时的权力资源是极为有限的，任何人都不能聚集这些权力资源并使之成为私有财产。同时，那时权力的实体化程度也很低，高度自然化的权力只是在群体成员的承认意识里存在，部落首领随时随地都有可能被社会成员新认可的部落首领所淘汰。在这样的历史条件下，权力被滥用或"错位"，几乎是不可能的。因此，也就没有产生监督的条件和必要。

随着社会生产力的逐步发展，原始部落生产开始出现"剩余"，原始部落逐步发展成为完整的氏族。在氏族制度下，人们不仅能够进行某些产品的再生产，而且进行了狩猎、捕鱼、采集等简单分工和劳动果实的分配。也就是说，"财产"作为重要的权力资源开始影响公共权力。随着这种生产和分配活动的日趋复杂，在客观上就要求人们不得不通过计算和记录，对生产和分配活动进行监督，同时，还要审核记账的真实性，以保证公共权力的正确行使。于是，出现了在鹿角棒上雕刻弯曲或平行的浅纹道作为记录和计量的标志。至此，人类的监督活动已初现端倪。

在农业和畜牧业有了一定发展的基础上，原始手工业和建筑业也得到发展，从而使劳动产品有了更多的剩余。在这样的条件下，对以计量和记录为主的监督就提出了更高的要求，出现了数十种有一定规则、按横竖笔画排列为主要形态的计量和记录符号。到我国伏羲时代又出现了"结绳记事"，即"事大，大结其绳，事小，小结其绳"的监督办法。

随着人类社会生产力水平的提高，生产剩余逐渐增多，一方面为私有制的出现和交换的进一步发展创造了条件，另一方面要求人们对生产、分配、交换和消费各方面经济关系进行妥善安排、调节和监督，从而出现了"上古结绳而治，后世圣人，易之以书契"，以明确的数的概念、数据计量尺度和正确的记录运算进行监督和调节，使"结绳记事"监督方式产生了质的飞跃。由此我们认为，以"书契"的形式实行监督，是人类监督活动发展的一个里程碑。

尽管如此，当时的监督还未从生产中分离出来，并由专职人员来从事，而只是作为生产环节中的一个组成部分。只有当生产力发展到一定阶段，即原始公社制度解体的时候，监督才作为阶级的产物和管理经济、社会的工具而产生。

二、中国古代监督制度的发展

中国古代监督制度的形成与西方有所不同。中国的监督制度一般认为发轫于古代的御史制度和言谏制度。按照其发生发展的历史，大致可以分为五个阶段。

（一）萌芽阶段——先秦时期

先秦时期经历了原始社会氏族公社、夏商周时期以及春秋战国时期，每个时期都有各自的发展状态和特点。原始社会氏族公社虽然不存在阶级社会中按照统治阶级意志制定的行政监察制度，但是依然运用公共舆论监督和议事会的方式处理氏族内部事务和争端，虽然形式简单、原始，但是已经是监察职能的产生。随着原始社会末期专制王权的产生，我国进入奴隶社会，最初的监察职能伴随着国家机器的产生而萌发，在夏、商、周三代的国家事务中已经有了监察的因素或者监察的活动。夏朝《政典》中有"先时者杀无赦，不逮时者杀无赦"的规定，要求官吏执行任务期间必须严格遵守命令和制度；据《墨子·非乐篇》记载，商汤建国之初就制定了"官刑"："先王之书汤之《官刑》有之，曰：'其恒舞于宫，是谓"巫风"，其刑：君子出丝二卫，小人否，似二帛。'"此处卿士、邦君犯了巫风，罚丝两卫。同时在殷商时期，设置了各类史官，如太史、小史、内史等，《史通》记载："太史掌国之六典，小史掌邦国之志，内史掌书王命，外史掌书使乎四方"。同时据《曲礼》记载："史载笔，大事书之于策，小事简牍而已"，尽管没有设置专门的监察官员和监察机构，但是在国家事务的处理中这些职能已经隐含其中。

西周正处我国分封制时期，国家组织和宗法制度的结合是这一时期的显著特点。为了维护宗法制度和礼制，在西周国家组织中设置了监国、采诗官、询问官、天子听证、百官讽谏诗作等对职官和各诸侯进行监督，其中采诗官较为独特，采取以诗赋为媒介的言谏监督，"孟春之月，群居者将散，行人（采诗官）振木铎徇于路以采诗，献之太师，比其音律，以闻天子。"

同时，设立小司寇一职，当遇到兵患国难，迁都和选任官员时负责征询民意，《周礼·秋官·司寇》记载："小司寇之职，掌外朝之政，以致万民而询焉：一曰询国危；二曰询国迁；三曰询立君。其位，王南乡，三公及州长百姓北面，群臣西南，群吏东面，小司寇摈以叙进而问焉，以众辅志而弊谋。"

夏商时期的监察仍然处在萌芽阶段，监察方式披着宗教神权的外衣，并且依然沿袭了原始氏族公社时期的监督传统，尽管创立了相关官刑，设置了监督官员，但是仅仅涉及了监察的某些因素，无法构成监察制度。

西周时期作为历史上的重要转折点，其主要的监察方式例如监国、巡狩和述职制度等，对后世产生了深厚的影响，开创了中国古代财政监察的先河，但是这一时期仍然没有约束王权的法律和相关职能部门，民众的舆论监督变得越发间接化。随着社会经济的发展，分封制、宗法制、井田制开始崩溃，进入春秋战国时期，各诸侯为了扩张自己的权力开始了激烈的兼并战争。在这种思想百家争鸣和社会发生巨变的时期，形成了治国之本在于治官，事断于法、法不阿贵，建立独立的监察机构，任用谏臣监督朝政四种相对集中的监察理论，并且促进了监察实践的发展。

春秋战国时期，在各国的政府机构中，行政、司法和监察等系统已经有了初步的划分。御史监察官吏这一职务，便是由西周时期的史官过渡而来。在此时期，监察职能不断加强，《秦会要订补·职官上》记载："秦赵之会，御史书事，而淳于髡亦云御史在前，掌记事纠察之任也。"各国设谏官监督朝政，并且通过巡行、巡县、监军、上计制度等维护各国的统治，除了通过上述公开的途径加强对官吏的监督，还通过派员察访来调查各级官员是否有越轨言论，据《韩非子·内储说下》记载："卫嗣君之时，有人于令之左右，县令有发蓐而席弊甚，嗣公还令人遗之席曰：'吾闻汝今者发蓐而席弊甚，赐汝席。'县令大惊，以君为神也。"与此同时，各诸侯国以维护地主阶级专政为出发点，运用法家的"事断于法""刑无等级"等立法原则，相继颁布了一些涉及惩治不法官吏的法律，战国时期李悝集各国立法之大成，编撰了我国第一部成文的封建法典——《法经》，商鞅据此对秦国的法律制度进行重大改革，明确规定"刑无等级，不赦不宥"。

春秋战国时期的监察制度既具有约束官吏，维护统治秩序，缓和阶级矛盾的作用，虽然制定了含有惩治官吏内容的成文法规，设置了监察官员，但是没有设置专门的监察机构，独立的监察法规体系尚未产生，监察活动较为简单，因此春秋战国时期还只是中国监察制度的萌芽时期，同时由于本身封建制度的桎梏，也仅仅只能充当维护皇权的御用工具，中国封建监察制度的两面性在酝酿和萌芽时期已经存在。

（二）形成阶段——秦汉时期

秦统一六国，建立了中国历史上第一个专制主义中央集权的国家。为了维护统治，秦始皇在中央创设御史府为中央监察机构，中央机构一分为三，即御史台、丞相司和司隶校尉，三者互相牵制，各有分工，这不仅使监察方式多样化，而且也使监察官吏受人监督。设立御史大夫为御史府的最高长官，据《汉书·百官公卿表》记载："御史大夫，秦官，位上卿，银印青绶，掌副丞相。"御史府还设侍御史若干名分管古今图书、律令、土地和户籍。为了加强对各级政权的监督，据《史记·秦始皇本纪》载，秦代"分天下以为三十六郡，郡置守、尉、监"，废除分封制设立郡县。秦代在地方设置了地方专职的监察官员，称为监郡御史，隶属于御史大夫，负责掌监郡，代表皇权监察地方官吏。秦代还设置了言谏之官，称为给事中，据《文献通考·职官四》记载："给事中，加官也，秦置，汉因之，以有事店中，顾曰给事中。所加或大夫、博士、议郎，掌顾问应对，位次中常侍。"

汉承秦制，在中央设御史府的同时，增设丞相司直和司隶校尉为中央监察官。汉代的地方监察制度称为刺史制度，在地方设十三部刺史，监察地方二千石长吏。汉代不仅创制中央和地方的监察制度，而且使得监察体制朝着法制化演进：在汉惠帝三年（前 192 年）制定了第一个专门性的地方监察法规《监御史九条》，据《西汉年纪》记载："惠帝三年相国奏御史监三辅郡，察以九条：察有讼者，盗贼者，伪铸钱者，恣为奸诈论狱不直者，擅兴徭役不平者，吏不廉者，吏以苛政故劾无罪者，敢为逾侈及弩力十石以上者，非所当服者，凡九条。"《监御史九条》的出发点旨在维护社会的秩序，同时也是我国古代第一个专门的地方监察法规。随后汉武帝在此基础之上又制定了《刺史六条》，《刺史六条》针对当时的社会矛盾而制定，为刺史执行地方监察提供了依据，同时也为刺史监察地方提供了明确的权限，至此标志着汉代监察制度的形成。

秦汉时期，作为监察制度主体的监察机构正式成立并且初具规模，具有一定的系统性，虽然《刺史六条》只是地方监察法律，内容相对简略，但是已经使得地方监察法规初具规模。在考核百官的同时，在御史府设立考绩档案，使得监察和考核相互渗透，但是仍然具有自身的局限性。正如上所述秦代已经从中央到地方普遍设置御史司监察，并且设置了中央监察机构御史府，这标志着秦代以御史制度为主体的监察制度已经建立，但是此阶段的监督制度却没有在秦代的统治中发挥很好的作用，究其本质而言，根植于封建社会小农经济下的专制主义中央集权，严重制约了古代监察制度作用的发挥。

（三）发展阶段——魏晋南北朝时期

魏晋南北朝时期，门阀氏族操纵朝政，国家分裂割据，虽然这个时期封建的监察制度起到的作用也是有限的，但是这期间专制主义中央集权却是不断加强的，因此监察制度仍然有所发展。由于战乱纷繁，魏晋南北朝时期的监察机构不完善，职能和名称变化较大。据《册府元龟·宪官部》记载："晋初罢大夫，因汉制，以中丞为台主。"可见从魏开始中央御史台脱离少府，直接受命于皇帝，成为独立的中央监察机关。御史中丞作为御史府的台主职权和地位比汉魏时期有所提高，打破了不纠"三公"的法定限制，打破了专纠行马内的界限，同时通过废除汉代中丞路遇尚书丞郎，要行止车版揖之礼，以提高中丞的地位。并且于东晋，废除司隶校尉，监察机构初步统一，监察权不断扩大，自王太子以下无所不纠。至南朝，中国古代的谏官系统不断规范化、系统化，谏官独立行使职权，并且建立了专门负责规谏的集书省，其组织上有较大的独立性。虽然国家动荡，但是相关的法律法规制定却没有与实践脱节，比如西魏时期的《六条诏书》，内容是：一修身心，二敦教化，三尽地利，四擢贤良，五恤狱讼，六均赋役。西魏文帝也特别重视这六条，"常置诸座右。又令百司习诵之。其牧守令长，非通六条及计帐者，不得居官。"

监察组织完全独立，机构初具规模，是魏晋南北朝时期监察制度最重要的建树。自魏晋以来，御史台脱离少府管辖，成为由皇帝直接掌管的独立的中央最高监察机构，监察法规方面凸显察举和惩罚并重的特点。因此，就总体而言，魏晋南北朝时期是我国古代监察制度的一个重要时期，进一步巩固了古代监察制度，但是也存在相应的问题，统治者对门阀世族采取了过宽的政策以至于他们阻碍、破坏了监察工作。同时，由于朝代更替频繁，缺乏相对固定和周密的地方监察制度。

（四）成熟阶段——隋唐时期

隋代废除北周的六官制度，建立以三省六部为核心的中央政府机构，据《隋书·百官上》记载："高祖践极，百度伊始，复废周官，还依汉、魏。唯以中书为内史，侍中为纳言，自余庶僚，颇有损益。"设立御史台和司隶台，分别负责内外监察，并且确立御史台为国家最高监察机关。值得一提的是，隋的御史台不仅有权弹劾百官，而且有权弹劾皇子，据《隋书·陆知命传》记载，炀帝次子齐王"颇骄纵，暱近小人，恣行淫秽"，治书侍御史陆知命、监察御史韦德裕先后奏劾其罪，炀帝遂"穷治"次子之罪，这一行为威震了朝上百官。

由于隋炀帝的残暴统治，隋末的农民起义推翻了其统治，李渊父子建唐，中国古代进入鼎盛时期。唐代的监察制度沿袭隋代，设立御史台，包括台院、殿院、察院，分工明确，加强了御史台内部的建设，使监察官对政府官吏的纠弹职责更加分明。唐代的御史台不仅继承了前朝的御史监察职能，同时根据当时的实际情况，扩大了监察范围，据《唐六典·御史台》记载："侍御史掌纠举百僚，推鞫狱讼。"可见其拥有部分司法审判权。唐以前，御史台的职能侧重于政治上弹劾百官，肃正朝纲，而在财政方面的监管却很少。到了唐代，御史监察的范围涉及国家的各个部门，据《册府元龟·宪官部》记载了唐代51次弹劾事件，其中有27次涉及到经济上的违纪违法，可见财政监督已经成为工作重点，财政监督权主要体现在监督户部、司农寺、太府寺等重要财政部门，同时御史担任地方的财政监察官员，监督地方的经济财政工作。唐代除了设立御史台以外，还设立了谏官组织，包括隶中书和门下两省，形成台谏并立的局面，御史台负责纠正百官的不法行为，谏官则负责规制政府的失当行为，两个系统互相辅助，各司其职，同时在地方则分十道监察区，形成了相对严密的监察网络。隋唐的监察制度上革魏晋，下启两宋，对秦汉以来的监察制度进行了重要的调整和变革，使得中国封建制度达到了比较完善的程度。隋唐时期的监察制度尽管出现了很多闪光点，但是仍然存在不少缺陷和弊端，例如谏官系统权力交织，监察官员成为皇权御用的工具，摆脱不了封建社会的桎梏。

（五）强化严密阶段——宋元明清时期

宋代设立谏院，台谏职权开始趋于合一，地方监察设立监司和通判，直接隶属于皇帝。到了元代，则取消了谏院，谏官的职能由宪台官、监察御史行使，从而使得台谏完全合一；在地方设立行御史台，统辖二十二道监察区，每道设肃政廉访使，从而使得中央与地方的监察机构统一。同时，制定了中国历史上第一部比较完整的监察法规《宪台格例》。到了明代，改御史台为都察院，废除了谏院，设立六科给事中，成为六部的独立监察机构，在地方设立了十三道巡按御史和各省提刑按察司，同时设立督抚，形成了地方三重监察网络。至清代，将六科给事中划归入都察院，科道合一。

三、中国古代的主要监督思想及特点

1. 监督辅政思想

中国古代的统治者、政治家和思想家在总结历史经验教训、探讨历代王朝衰败的原因、防止重蹈前代衰亡覆辙的基础上提出了监督辅政的思想。监督辅政思想认为，监督是维护统治、巩固政权、治理国家的必要手段，只有通过实施和加强监督才能够有效防止和反对腐败，从而稳定统治。监督辅政思想主要包括两个方面的内容：一是表明了腐败对政权的严重危害性；二是指出监督是防止和反对腐败、巩固统治的必要手段。

中国古代很多统治者、政治家和思想家都表达了有关监督辅政的思想，对腐败的政权危害性进行了阐释。随着夏、商两个王朝的覆灭，周朝的统治者和一些杰出的政治家开始深入思考前朝覆灭的原因。与夏、商时期认为政权的更迭、战争的胜负等政治生活事件均来源于上天与祖先的意念和安排不同，周朝初期的政治家在反思夏、商时期的历史经验教训的基础上提出，腐败是政权覆灭的重要原因。周公旦在《无逸》中提出，商代的最高统治者中，凡"不敢荒宁"，杜绝腐败者，皆能政权稳定而巩固，"享国"长久；而凡是"生则逸"、"惟耽乐之从"、腐败荒淫者，都给政权巩固造成了严重危害（《十三经注疏·尚书正义·无逸》）。周公旦在《无逸》中还指出，殷王中宗、高宗、祖甲及周文王这些明智的君主，其所以明智，统治稳定，是因为他们听从告谏而有效地防止了腐败行为的发生。据《史记·周本纪》记载，周召公提出："天子听证，使公卿至于列士献诗。师箴，瞍赋、蒙诵，百工谏，庶人传语，近臣尽规，亲戚补察……是以事行而不悖。"即强调若要防止和纠正腐败行为的发生，只有通过上自公卿、下至庶民的不同监督形式方可实现。可见周公旦与周召公两位政治家不仅阐述了腐败对政权危害性的思想，而且已经具有将监督作为防止和反对腐败重要手段的萌芽思想。

随着统一的中央集权制度的建立和封建制度的不断发展与完善，监督的作用得到了更为深刻的认识。统治者、政治家和思想家们除了更加清晰地认识到腐败对于政权的严重危害性之外，更加强调监督对于防止和反对腐败、巩固政权和治理国家的必要性；东汉顺帝时期，尚书令左雄称："监司项背相望，与同疾疢，见非不举，闻恶不察"（《后汉书·左雄传》）。他认为东汉后期吏治腐败，暴虐行为得不到纠正，是因为监察官员与贪赃枉法的官吏沆瀣一气，使监督失去了作用，无法防止和反对腐败，从而指明了监督的重要性。北魏文成帝在太安五年九月的诏书中提到，如不实施监督或监督不力，对官吏的腐败行为"失于督察，不加弹止"，就会"使有罪者优游获免"，实际上是"启奸险之路，长贪暴之心"，使腐败现象日益严重而无法得到纠正，其结果就是不能"正天下"，使北魏的统治难以稳定（《魏书·高宗纪》）。在北魏文成帝看来，实施和加强监督是防止腐败和稳定统治极为重要的手段。唐太宗李世民也提出"若人主所行不当，臣下又无匡谏……则君为暗王，臣为谀臣"，如果这种"君暗臣谀"的情况失去监督则"危亡不远"（《贞观政要·求谏》）。由此可见，监督对于维护统治具有重要意义。明太祖朱元璋则提出了"治国之道，必先通言路"，对君臣上下的腐败行为应"直言毋隐"，实行监督是关系"国家政治得失，生民之休戚"的极为重要的问题，并指出监察官员的监督"能兴利除害，辅国裕民"，他认为通过监督可铲除腐败，巩固政权。

监督辅政思想是我国古代监督思想中极为重要的部分，影响深远。虽然监督辅政思想具有一定的阶级局限性，是出于统治阶级维护统治的需要，但它体现了我国古代统治者、政治家、思想家对监督职能的正确认识，重视监督在治国方略中的重要作用，确立了监督职能的根本目标，并在此基础上开始不断探索监督制度的建设与完善。

2. 君臣并提思想

君臣并提思想阐明了我国古代的监督对象，即强调君王和官吏都应该受到监督，以保证统治的稳定、长久和繁荣。这一思想认为君主与官员作为封建国家统治结构中的两大组成部分，其腐败行为都会危及政权统治，应该采取不同的监督形式对二者实行监督。

君臣并提思想是随着中央集权制度的建立而逐步确立的。夏、商、周时期实行世袭分封制，地方各诸侯具有一定的独立性，世袭贵族对地方实行统治，形成与中央的松散联盟关系，地方统治中出现的腐败行为与对国家政权的危害性并不直接相关。而中央机关和官员往往数量有限，不便于监督控制，故此时期监督关注的焦点在于君主，力图实现贤君治国以保长治久安。到了战国时期，世袭分封制逐步向郡县制过渡，国家统治结构在组织形式上发生了变化。中央任命官员取代世袭贵族，对郡县进行管理并直接对国君负责；地方统治机构及其官员与中央及整个国家成为关系紧密的整体。对于作为整体的国家统治机构，最高统治者、中央机关及其官员、地方郡县统治机构及其官员的腐败行为都会危及政权统治，导致国力衰落，给整个国家带来严重危害。因此在战国时期，开始明确提出了君臣并提的监督思想，把对官员的监督和对最高统治者的监督提高到同等重要的地位。自此，君臣并提的监督思想被中国古代历朝历代所强调。

中国古代很多统治者和政治思想家都对君臣并提的监督思想进行了论述，强调对君、臣二者监督的重要性，认为二者不可偏废。商鞅提出，"今乱世之君臣"，或以国君之尊而"擅一国之利"，或以一官之重而"便其私"，这种君臣上下的腐败是"国之所以危"的根本原因（《商君书·权修》）。韩非子也认为"人主"和"人臣"都只顾"私利"，其结果必然是"私利行则乱"（《韩非子·奸劫弑臣》）。贾谊在《过秦论》中指出，君主残暴昏庸，官吏苟到任法，君臣上下腐败荒淫才是导致秦王朝迅速灭亡的根本原因。西汉后期政治家鲍宣指出：君主治理天下，既需要有"谏诤之臣"以监督君主的行为，纠正君主的过失，使君主不至于"自专快意"，防止最高统治者出现"自薄而厚恶臣"等腐败行为，又需要有正直的监察官员对各级官吏实施监督，使各级官吏"皆慎选举"且"不敢为奸"（《汉书·鲍宣传》）。唐太宗李世民提出"为主贪，必丧其国；为臣贪，必亡其身"，并指出无论是帝王还是官吏均须力戒腐败，加强监督，方可巩固统治（《贞观政要·贪鄙》）。金世宗完颜雍，以隋炀帝和辽天祚帝为例，指出这些统治者自幼"享富贵，不知稼穑之艰难"，即位之后，其所信任者又是奸邪小人，造成君臣腐败，危害政权，"其失天下，皆由此也"（《金史·世宗本纪下》）。明朝著名的政治家张居正指出："自嘉靖以来，当国者政以贿成，吏朘民膏以媚权门，而继秉国者又务一切姑息之政……国匮民贫，病实在此。"这表明明朝内部君臣上下的腐败是其衰落的关键。

君臣并提的监督思想对我国古代监督制度的发展产生了重要的影响。首先，君臣并提的监督思想体现了我国古代监督最高统治者的理念，约束君主行为的主张，具有一定的进步意义。其次，君臣并提的监督思想表明了我国古代监督的对象与范畴，认识到了君主和官吏在实施统治、治理国家过程中的紧密关系，以及对于王朝兴衰的重要影响。最后，君臣并提的监督思想对我国古代监督制度影响深远。在君臣并提监督思想的基础上开始探索具体的监督形式，提出对君主实行"劝谏"以及建立专门机构对官吏实行监督的主张，这些主张对我国古代谏诤制度和监察制度的建立与发展起到了积极的推动作用。

3. 监察权权重而独立思想

监察权权重而独立的监督思想是我国古代重视监督、强化监督职能的重要体现，是指通过提高监督的主要实施者——监察机关及其官员的地位、加强其权力、维护其独立性的方式，达到强化监督的目的。

监察机关及其官员权重而独立的监督思想在我国古代备受重视。因为强化监督职能被看作治国的根本，因此提出应加强监察机关及其官员的权力，维护其独立性，以保证其行使监察权力不受监察对象的官阶、权力、身份与地位的限制，从而实现强化监督的目的。东汉开国君主在其颁布的"特诏"中指出：主司监察的两大机构的官员——司隶校尉和御史中丞，在朝会之时应与总揽政务的尚书令一起"并专席而坐"，通过这种措施提高监察机关和监察官员地位、以达到强化监督的目的（《后汉书·宣秉传》）。南朝名臣孔林之提出：不论朝臣的地位再高，功劳再大，若"凌犯监司""凌暴宪司"，均应受到严厉惩处，以维护监察机关及其官员的权威和地位（《宋书·孔林之传》）。后唐明宗李嗣源认为任何人不得轻视监察机关及其官员的权力和地位，御史台必须位尊而权重，只有这样才能强化监督（《五代会要·卷十七》）。元初大臣董文用坚决反对将地方监察机关行御史台隶属于各地行省、取消其独立性、削弱其权力的提议，董文用坚决主张国家应该对监察机关"饬励之，不可摧抑也"，使其地位和权力得以提高，独立性得以巩固，才能有利于监督的强化（《元史·董文用传》）。清代学者顾炎武也指出监察官员

"秩卑而命之尊，官小而权之重，此大小相制，内外相维之意也"。

监察权权重而独立思想，是我国古代监察制度的重要基础，对我国古代监察机关的职权设置、领导体制等方面产生了重要影响。

4. 监督专才思想

监督专才思想是我国古代重视监督、强化监督所提出的必然要求。由于监察官员是中国古代监督的主要实施者，负责对君主和官吏实行监督，被委以重任，赋予特权，地位突出，所以监察官员本身的政治素养、道德品行和专业能力成为监督职能能否有效实施的重要影响因素。监督专才思想是指对监察官员进行严格的选拔、任用、考核与奖惩，确定监察官员在政治素养、道德品行和专业能力方面的要求与条件，从而保证由专业人才实施监督，以实现监督职能的高效运转；同时，强化对监察官员本身的监督考核与奖惩，以实现对监督权的监督与制约。

第一，在监察官员的选拔与任用方面，我国古代强调应该根据监察官员的素质、德操和才能进行严格的选拔与任用，以保证监督的有效实施。金世宗就提出：谏官的选任必须慎重，不可选奸邪不忠之人，"如海陵以张仲轲为谏议大夫，何以得闻忠言"（《金史·世宗本纪上》）。北宋史学家司马光在同神宗"论治道"时提出："凡择言官，当以三事为先：第一不爱富贵，次则重惜名节，次则晓知治体"（《续资治通鉴·卷六十六》），由此可见司马光对于监察官员在个人素质、道德和能力方面的主张，并认为应在此基础上进行严格的选拔与任用。金宣宗时期，著名的监察官员陈规认为，谏官与御史对于强化监督至关重要，必须选拔"通晓世务，骨鲠敢言者以为台谏"（《金史·陈规传》）。元仁宗时，李谦认为强化监督，严格选拔监察官员十分重要，并提出"至于振肃纪纲，纠察内外，台宪之官尤当选素著清望，深明治体，不事苛细者为之"，其强调监察官员政治素质、德操和才能缺一不可（《元史·李谦传》）。清朝康熙皇帝也提出，监察官员必须公而忘私，才能强化监督，他说"今科道于内外官员，亦有明知其不善者，或其人有所倚仗，或其人素有声势，不可动摇"，惧怕危及自身私利而"莫敢参劾"，这样监督自然就无法得到实施和强化（《康熙政要·诚信》）。可见，我国古代重视监察官员的选拔与任用，以保证监督职能的有效实施。我国古代的政治家和思想家对监察官员的专业条件与要求表述各有不同，但一般均主张监察官员应该具有奉公守法、正直无私、清廉自律、通晓事务、知晓治体、博学多才、经验丰富等方面的品格与能力，强调监察官员在素质、德操和才能三方面的能力。

第二，为了杜绝监察机关及其官员的腐败，防止监察官员不事纠弹、怯懦失职等问题的产生，我国古代通过强化对监察官员的监督、考核和奖惩等方式对监督权实行制约。南朝刘宋建国之初，士族违法而无人纠弹，任尚书左仆射的王弘在给宋高宗刘裕的奏疏中指出，对于玩忽职守、顾私亏公的监察官应该"免所居官"，给予惩治（《宋书·王弘传》）。宋仁宗认为，强化监督应加强对监察官员的考核，并使这种考核制度化。他下诏要求"诸路刺举之官，未有以考其贤否，比令有司详定厥制"（《宋史·仁宗本纪四》）。宋真宗则强调监察官员对"诸路官吏蠹政害民"等腐败行为徇私"不举察"或失职不纠者，要受连坐惩处，以此强化监督（《宋史·真宗本纪二》）。宋理宗也十分强调对监察官员的考核奖惩，他要求"监司率半岁具劾去赃吏之数来上，视多寡为殿最，行赏罚"（《宋史·理宗本纪五》）。明仁宗也强调指出，监察官员"若弃廉耻，违礼法，朕亦不汝贷"，强调对徇私枉法、怯懦失职的监察官严惩不贷，要求监察官员奉公无私，尽职守责（《明通鉴·卷十八》）。可见，我国古代十分重视对监察官员行监督，并主要通过考核和奖惩的方式实行监督。监督的内容主要包括监察官员腐败和失职两个方面。

我国古代的监察专才思想具有一定的进步意义。虽然我国古代对于监督专才以及对监察官员的监督未能形成制度化规定，但监督专才思想体现了我国古代对于专业人才的重视，并表现出重视监督权制约的先进理念。

第二节　中国近代监督体制的发展

1840年以后，中国逐步从封建社会演变为半殖民地半封建社会，中国历史开始进入近现代史阶段，这也是中国现代监督制度兴起和发展的时期。

一、中国近代监督体制的发展历程

（一）清末的监督体制

1840年鸦片战争后，面对帝国主义列强瓜分中国的狂潮，人民革命运动风起云涌，资产阶级维新派提出了整顿政治，变革监督制度的主张，随后演变成了一场维新变法运动，力图将西方的政治制度移植到中国，用西方资产阶级代议民主制，取代中国的君主专制政体。清政府在内外交困中，不得不对原来的政体实行变革，以维持摇摇欲坠的清王朝统治。八国联军侵华战争后，清政府被迫与列强签订丧权辱国的《辛丑条约》，中国彻底沦为半殖民地半封建社会，清王朝统治摇摇欲坠。为了挽救岌岌可危的局势，1901 年 8 月 20 日，清廷发布《变法自强谕》，宣布"须知国势至此，断非苟且补苴所能挽回厄运。惟有变法自强，为国家安危之命脉，亦即中国民生之转机"。谕旨明确提出了法律改革的措施："择西法之善者，不难舍己从人；救中法之弊者，统归实事求是。"以此为起点，清廷开始了以预备立宪为目标的所谓"新政"，监察制度和监督体制的变革是其重要内容之一。

1. 整顿都察院

都察院是中国传统的中央行政监察机关，在当时的社会背景下，清廷对都察院的改革乃是作为官制改革的一部分。1906 年 9 月 20 日，奉上谕："都察院本纠察行政之官，职在指陈阙失，伸理冤滞。著改为都御史一员，副都御史二员。六科给事中，著改为给事中，与御史各员缺，均暂如旧。"军机大臣奕劻根据上谕，在综合群臣讨论的基础上，对都察院官制进行了调整。

首先，慎重言官选拔。清廷认为，"广开言路，慎选言官，洵为立政任人之要"，因此，过去的言官选人方式必须变通。以往各部衙门保送御史，"凡愿送之员一概保送，不加甄择，虽有考试，亦但第其甲乙，并无去取，实非立法之本意。嗣后保送御史，拟请责成各部院大臣，举所夙知，于京官实缺中书以上，外官实缺州县以上，如实系气节刚正，志虑忠纯，均准保荐。"同时，从保送的数量和程序上进行了规定：各部院保荐至多不得过三员，并且要求陈述该员志行事迹，出具真实考语，不得采用公式化的笼统言语推荐，"其有品行不端、学术不正者，毋得滥保。如有滥保，一经发觉，并将原保大臣从重治罪"。保送之后，由该衙门请旨廷试，简派大臣进行校阅，拟定名次，再进行引荐，听候录用。对于现有的御史，则由都察院随时考核，若有名声平常、志节卑陋者，即行纠核。

其次，对科道名额予以规定。根据 1906 年 9 月 20 日上谕，将六科给事中改为给事中，与御史各员缺根据实际情况进行增删。按照旧制，京畿道设置掌道二员、协道二员，其余各省则只设置掌道，不设置协道。鉴于东北系清朝发祥之地，故仿照京畿道，增设辽沈道，设置掌道二名、协道二名。同时，根据清末官制改革，将原来的江南道分为江苏、安徽二道，均设置掌道二名。

将湖广道分为湖北、湖南二道，设置掌道二名。浙江、江西、福建、河南、山东、陕西、山西、四川、广东、广西、云南、贵州等省，均设置掌道二名，甘肃、新疆两省，各增设掌道二名。同时，鉴于六科给事中被裁撤，不再担负部务职责，因此，也对科道人员进行了裁撤，将原有的八十名，裁撤十六名，保留六十四名。但是，在裁撤方法上，并没有直接裁撤，而是通过"出缺不补"的方式进行裁撤。

最后，原都察院章程草案拟设左都御史，"查国初曾设汉左都御史一缺，嗣后于乾隆初年议裁，自应毋庸再设"。

根据此次调整，清政府制定《都察院整顿变通章程》，着手对都察院的机构设置进行调整，主要包括：第一，裁撤左都御史、左副都御史人数总额。都察院原设左都御史、左副都御史共六人。裁撤后，改为都御史一人、副都御史二人。第二，裁撤六科，另铸都察院给事中印，只设给事中二十人。第三，按行省分设"道"。都察院原设十五道，后增至二十二个。第四，裁撤五城巡城御史。第五，新设都察院研究所，其职责包括购买大量书籍及京外报纸，作为科道官员纠察裁判的参考资料。

2. 设立了准议会监察制度

清末监察制度调整中，设立了准议会监察制度，主要体现为资政院和各省咨议局的设立，然而，这些机构未能真正发挥议会监察的功能，也没有建立真正的议会监察制度。与此同时，清政府对都察院进行了改革，明晰其职掌。中国古代监察制度没有明确的分工，兼有行政监察、司法检察、审判乃至行政管理等多种职能，实际上是行政权力和司法权力的混合。传统的监察制度可分为御史纠察制度和言官谏诤制度，御史负责纠弹，即纠察百官；言官任谏诤，"匡正君主，谏诤得失"。言官正国君于法令颁布之前，御史纠百官于法令颁布之后。清末对都察院改造的主要目的，意在使其从众多职能中独立出来，成为专门的监察机关。

清末"新政"先天不足，加上时局紧迫，直至清朝覆亡，讫未召开国会。对都察院官制的调整虽然在一定程度上改变了其司法、行政不分的状况，但只是枝节性的修修补补。清政府顽固坚持"大权统于朝廷"这一根本原则，所谓"新政"不过是为了苟延残喘，维系其腐朽统治，以皇权专制为中心的官僚体系并无实质变化。因此，对都察院的调整并未使之发挥应有的监察作用，反而使民众丧失了对清朝的最后一丝幻想，加速了其专制统治的覆灭。

（二）临时政府时期的资产阶级议会监察制度

1911 年的辛亥革命，推翻了两千多年来的封建帝制，资产阶级从欧美国家借鉴了议会制。1912 年 1 月以孙中山为临时大总统的南京临时政府成立。它以"三权分立"为原则，废除了封建君主专制，实行民主共和制，并由立法机关临时参议院执掌对政府的监察权。之后颁布的《修正中华民国临时政府组织大纲》（以下简称《大纲》）规定，临时政府实行资产阶级行政、立法、司法分立的原则，这三种机关互相监督、互相制约，组成资产阶级南京临时政府。根据《大纲》规定，参议院行使监察权。1912 年 3 月，孙中山正式公布了《中华民国临时约法》，确定了议会监察制度，参议院可以通过质问、弹劾、查办和建议的方式行使监察权。

由此可见，南京临时政府借鉴欧美资产阶级执政国家由议会行使监督权的制度，将监察权直接交由参议院行使。南京临时政府并没有采用孙中山的"五权宪政"理论成立专门的监察机构，且议会监察权尚未发生实际作用，革命果实就被北洋军阀攫取了。但这个时期所确立的参议院监察制已具有一定的资产阶级民主性，其赋予了参议院对国家元首以及其他各级行政官员的弹劾权，这是对几千年来延续下来的封建君主专制控制下的言谏制度和御史制度的彻底否定，是中国监察制度发展史上的一次革命，为以后的监察院行使弹劾权奠定了良好的基础。

（三）北洋军阀时期的监督体制

袁世凯上台后，其控制下的约法会议炮制的《中华民国约法》取消了内阁对大总统的约束与牵制，逐步建立起个人专制的北洋军阀系统所控制的北京政府，议会监察制这种资产阶级民主监督形式已名存实亡。北洋军阀统治期间，为了维护统治，也建立起了相应的监察系统。1914 年 3 月，袁世凯颁布平政院编制令，成立平政院。1914 年 4 月又公布纠弹例，5 月又公布行政诉讼条例和诉愿条例。而后又将上述法规条例分别改为《纠弹法》《行政诉讼法》和《诉愿法》，并根据平政院编制令在平政院下设肃政厅与惩戒委员会，专司行政监察权。1914 年 6 月 16 日，颁布审计院编制令，专司原为参议院职权的国家财政监督。自此，北洋政府也建立了一套以平政院为核心的监察系统。

平政院及肃政厅虽均分别独立行使职权，但实际上都形同虚设，无须也无法实现弹劾等职权，因为"民国有势无法，少有凭借者断非由平政院所能裁判，其无势力者先自默尔，与人无竟，更不劳裁判"[1]。平政院及肃政厅对最高统治者并没有监察权，并且在纠弹其他官员时，仍然受制于最高统治者。北洋政府的监察制度，形式上部分保留了南京临时政府的一些制度，但实质上与中国历代封建王朝的监察为封建专制体制服务的精神没有太大的区别。从这个角度看，北洋政府从原有议会监察发展到平政院、肃政厅、惩戒委员会和审计院等专门机构监察，这种设置行使监察权的专门机构，恰恰是欧美国家议会监察制度所没有的，它是由中国古代御史制度的固有传统发展而来的。北洋政府的这一套中外政治制度文化合璧的监察体制，为南京国民政府建立独立的监察院打下了"模板"。

（四）南京国民政府时期的监察制度

为维护辛亥革命的革命成果而与北洋军阀进行斗争却屡遭失败的孙中山，于1924年接受中国共产党的建议，改组国民党，组成革命统一战线。1925年6月，国民党中央执行委员会政治委员会决议设立监察机关；7月，中华民国国民政府在广州正式宣告成立，并颁布了监察院组织法；8月，成立监察院，设监察委员5人，但实际上的最高监察机构是国民党中央监察委员会。该委员会拥有监察党政的职权。1926年7月，国民政府发动了北伐战争，1928年6月摧毁了北洋政府在中国的统治。1927年4月18日，以蒋介石为首的国民政府在南京建立。1928年10月，国民党中央常务委员会通过了《训政纲领》，宣布对全国人民实行"训政"。《训政纲领》根据孙中山"五权宪法"的学说，把整个国家权力分为政权和治权两个部分，即以选举、罢免、创制、复决组成的政权和以行政、立法、司法、考试和监察组成的治权。根据《训政纲领》，在以蒋介石为首的国民党的把持下，法定国民党为最高训政者，事实上把国民党的中央政治会议提高到了支配政府和整个国家的地位。

1928年10月8日国民党负责训政的最高机构中央政治会议分别通过了立法、行政、司法、考试、监察五院组织法。1928年10月10日，五院制国民政府在南京成立，设立法院为最高立法机关，行政院为最高行政机关，司法院为最高司法机关，考试院为最高考试机关，监察院为最高监察机关。五院在名义上相互联系，相互制约又彼此独立。《国民政府监察院组织法》规定：监察院依法行使弹劾、审计等监察权。监察院对主管事项，可向立法院提出

---

[1] 荣孟源、章伯锋主编：《近代稗海（八）》，四川人民出版社1987年版。

议案。监察院由院长、副院长各 1 人，监察委员 19~29 人（1931 年 12 月增加为 30~50 人）及秘书处等幕僚机关组成。院长、副院长由国民党中央选任，监察委员最初是由监察院院长提请国民政府任命。监察院本部，掌管中央监察事宜，由监察委员行使弹劾权。另由监察院派出监察使，分赴各监察区行使弹劾权。监察使由监察委员兼任，监察区由监察院决定。此外，原为独立机构的审计部门，也于 1931 年 2 月归入监察院，称为审计部。

1931 年 5 月 5 日召开的国民会议讨论并通过了《中华民国训政时期约法》。1936 年 5 月 5 日，国民政府正式公布了经国民党中央审查修改并经蒋介石批准的《中华民国宪法（草案）》（俗称《五五宪草》）。《五五宪草》套用了孙中山先生"五权宪法"的形式，掩盖了集大权于总统一身的实质。

抗日战争胜利后，迫于全国人民的压力，国民党于 1946 年 1 月 10 日在重庆召开有共产党人和各民主党派以及无党派民主人士参加的政治协商会议，达成了召开国民大会、改组国民政府和关于宪法问题的协议。这些协议，显然不利于国民党一党专政和蒋介石个人独裁。不久，蒋介石撕毁了政协决议，并于 1946 年 11 月 15 日召开了共产党、民主党派及无党派民主人士拒绝参加的"国民大会"，通过了与《训政时期约法》和《五五宪草》一脉相承的《中华民国宪法》。

1947 年 12 月 25 日，《中华民国宪法》开始实施。1948 年 3 月，行宪国民大会召开，选举总统、副总统，5 月组成行宪政府，把训政时期的五院转为宪政时期的五院，但基本制度无大变化。依照《中华民国宪法》，国民政府监察院为国家最高监察机关。监察院设监察委员，由各省市议会和蒙古、西藏地方的议会及华侨团体选举产生。监察院设院长、副院长各 1 人，由监察委员互选。监察委员任期 6 年，连选得连任。监察委员享有不受逮捕权，除现行犯外，非经监察院许可、不得逮捕和拘禁。监察院主要行使同意、调查、纠正、纠举、弹劾、审计六种监察权，其主要内容包括：

第一，同意权。同意权的内容是：司法院院长、副院长，大法官，考试院院长、副院长、考试委员，都由总统提名，经监察院同意后由总统任命。监察院拒绝时，总统要另行提名。监察院行使同意权时，须由全体监察委员过半数通过。

第二，调查权。监察院为行使监察权，可向行政院及其各部会调阅其所发布之命令及各种有关文件。

第三，纠正权。监察院按行政院及其各部会之工作，分设若干委员会，调查一切施政行为，注意其是否违法或失职。监察院经各委员会之审查及决议，可提出纠正案，移送行政院及其有关部会，使其注意改善。1948年颁布的《中华民国监察法》还明确规定，行政院或有关部会，在接到纠正案后，应即为适当地改善与处置，并应以书面方式答复监察院。如逾2个月仍未将改善与处置之事实答复监察院，监察院有权质问。

第四，纠举权。监察院对于中央及地方的公务人员，认为有失职或违法情事，可提出纠举案。纠举权针对的是公务人员的违法失职行为，与上述纠正权有所区别。

第五，弹劾权。监察院对于中央及地方之公务人员，认为有失职或违法情事，可提出弹劾案。监察院弹劾公务人员或司法、考试人员，须由监察委员1人以上提议，9人以上审查及决定，方可提出；弹劾总统、副总统须有全体监察委员1/4以上之提议，全体监察委员过半数之审查及决议，方可向国民大会提出。

第六，审计权。审计权由监察院行使。监察院设审计长，由总统提名，经立法院同意任命。审计长应于行政院提出决算后3个月内，依法完成其审核，并向立法院提出审核报告。

除此以外，监察院还依法享有监试权。1933年的《中华民国监试法》明确规定：凡举行考试时，由考试院咨请监察院就监察委员或监察使中，提请国民政府，简派监察委员。举行特种考试时，得由考试院咨请监察院派员监视。如发现有潜通关节、改换试卷或其他舞弊情事者，监察委员应提出弹劾。考试过后，监视人员应将经过情形呈报监察院。

二、中国近代监督思想及特点

(一) 监察权独立

监察权独立思想是孙中山在对中国传统监督思想和西方监督思想的批判与继承的基础上形成的。监察权独立思想包括两个方面的内容：一是监察权独立于立法机关，由独立的监察机关行使，从而避免立法机关通过行使监察权来压制政府；二是对最高统治者行使监察权，以革除中国古代皇帝完全控制监察的弊端。

监察权独立思想是孙中山"五权宪法"理论的重要组成部分。所谓"五权"是指立法、司法、行政、监察、考试五种权力。孙中山在对欧美国家进行考察的过程中发现，在西方国家立法、行政与司法三权分立制度中，由立法机关行使监督职能，在具体的监督实践中，狡猾的议员往往利用监督权限来压制政府，从而无法实现监督的真正目的。因此孙中山坚决主张监察机关独立，要求监察机关既能够监督议会又能够专门监督国家政治。孙中山在1905 年庆祝《民报》创刊 1 周年的大会上发表了"三民主义与中国前途"的演讲，孙中山指出："纠察权，专管监督弹劾的事……这机关定要独立。中国自古以来，本有御史台主持风宪，然亦不过君主的奴仆，没有中用的道理。就是现在立宪各国，没有不是立法机关兼有监督的权限，那权限虽然有强有弱，总是不能独立。"孙中山精辟地指出了中国古代和欧美国家监察权"没有中用"，根本原因在于监察权未能真正独立，从而明确提出监察权必须独立的思想。

同时，孙中山还主张应该将监察权独立写入民国宪法，以法律保护监察权的独立。1924 年 1 月，国民党第一次全国代表大会会议上，有代表提出"民权运动之方式规定于宪法，以孙中山所创立之五权分立为之原则，即立法、司法、行政、考试、监察五权分立是也"。同年 4 月，孙中山在订立《国民政府建国大纲》时，首次在具有一定宪法性质的"建国大纲"中规定在宪政开始后设立监察院。

孙中山主张监察权独立且必须能够对最高统治者行使纠弹权，其实现的重要保障就是"权能分治"。孙中山认为，在所有政治之中，都包含两个力量："政权"与"治权"，即人民权和政府权。人民权即为选举、创制、复决、罢免四权，除选举权外，均托付国民人会行使；政府权即为行政、立法、司法、考试、监察五权，由国民政府各院行使，五院皆对国民大会负责。各院人员失职，由监察院向国民大会弹劾；监察人员失职，由国民大会自行弹劾、罢别。因此监察院仅对国民大会负责，总统无权干涉监察院行使职权，从而保证监察院有权对最高统治者行使纠弹权。

孙中山的监察权独立思想使监察权独立于立法机关，避免了立法权过大而影响监察权的权能和行政权的运转。同时在"权能分治"的基础上，为对总统行使监察权提供了理论依据和基本保障，消除了最高统治者干涉监察权的弊端，使监察权独立思想更为先进和合理。

（二）党政分察

党政分察思想是孙中山监察思想的核心内容，是孙中山"以党治国"理论在监察思想中的体现，也是南京国民政府监察制度的特点之一。党政分察思想是指设置两个相对独立且有联系的监察机构，对党政两个系统分别行使监察权。一个监察机构设置于中国国民党内，受国民党全国代表大会领导，专司党内和政府内任职的国民党党员的违法或失职行为；另一个监察机构隶属于国民政府，对国民政府所属的行政、司法等机关公务人员的违法或失职行为行使监察权。

孙中山党政分察的思想是主观、客观两方面因素共同作用的结果。主观方面源于孙中山奉行"以党治国"的建国治国方针。他认为，"真中华民国由何产生？就是要以革命党为根本，根本永远存在，才能希望有无穷的发展。"在"以党治国"理论的前提下，国民党党员的清明廉洁成为治国的关键，因此孙中山主张在党内建立监察机构，对国民党党员实施监察，作为国民党保持廉洁的良方。客观方面，辛亥革命后孙中山经历了"二次革命"、"三次革命"和"护法运动"的失败，目睹了革命党人思想涣散、组织分裂和为官不为的现状，这使孙中山深切体会到，"为保证党之战斗力起见，在此国内战争期内"，建立党的监察机构"尤为重要"。

1924 年 1 月，中国国民党第一次全国代表大会通过决议，建立了国民党的监察机构——中央和地方各级监察委员会。1925 年广州国民政府成立不久，建立了行政监察机构——监察院，这标志着党政分察监察体系的形成。在党政分察体系中，党和政府的监察机构在人员配备上互有交叉，但在地位和职权上具有较大差异。政府的监察院"受中国国民党之监督指导"，国民党的监察委员会地位高于监察院；但是监察院的功能较强，职权范围更广，在实际纠弹过程中，并不仅限于党员，还包括非党员的政府官员，加上有惩吏院与之相配套，其权威性更大。

孙中山党政分察思想以及在此指导下所建立的党政分察监察体系，在初创时期发挥了积极作用。对提高国民党的素质反对腐败发挥了重要的作用。但是随着国民党政府的日益腐败，党政分察体系逐渐背离了孙中山创立之初的宗旨，并随着蒋介石独裁权的肆意扩张，国民党监察委会的监察功能尽失，政府的监察院也成为"避贵施贱，避重就轻"的标榜民主的假招牌。

（三）弹惩一体

"弹惩一体"的监督思想是孙中山监察权独立思想的发展和深化，是防止行政权干涉监察、影响监察效能的有效措施。弹劾权，即监察机关对中央及地方公务员违法失职行为，有向具有罢免或惩戒权力的机关提起弹劾的权力。惩戒权，即惩戒机关通过一定的审理程序，对违反法定义务的公务员处以一定行政处分的权力。"弹惩一体"是指监察机构将弹劾与惩戒连为一体，具有弹劾和惩戒的双重职权，为此保证通过纠弹来行使监察权和通过行使惩戒权增强监察权的功效。

孙中山"弹惩一体"的思想是在继承并发扬我国古代监察思想的基础上形成的。其借鉴了君主掌握惩戒权的做法，将惩戒权交由监察机关行使，从而防止最高统治者独裁权的扩张，也增强了监察权的威力。1912 年，孙中山明确提出了"弹惩一体"思想，他认为"官吏之纵肆元忌，而今也不免者，以官吏虽失职，而不能惩戒于后者也。故欲政治修明，非实行惩戒失职官员不可"。这表达了监察权和惩戒权的行使对于监督官吏的重要性，而要使政治清明、官吏廉洁，不仅要加强弹劾权，更需要发挥监察院的惩戒功能。

第三节　当代中国社会主义监督制度的形成与发展

一、当代中国社会主义监督体制的形成与发展

社会主义监督，就是依照中国共产党的路线、方针、政策，依照国家的法律、法令和有关的规章制度，对监督客体和监督对象正确行使权力、切实履行义务，进行监察和督促。社会主义监督制度，就是指党和国家制定的各种有关监督的政策、法律和规章的总称。对公民来说，行使监督是一种权力，接受监督是一种义务，行使监督和接受监督是权力和义务的统一。

中国的社会主义监督制度，是在中国共产党领导人民夺取和巩固政权的过程中建立和健全起来的，它最早创立于新民主主义时期的革命根据地。当时主要是根据列宁的监督思想和苏维埃的模式，"实行工人监督"。后来又设立了"工农检察委员会"，虽然也结合了中国的实际，但因为自己的经验不多，难以完备。中共五大虽然确定了成立中央监察委员会，党章对党的中央监察委员会赋予了很大的职权。但由于战争环境和认识上的原因，加之受苏

联监督制度的影响，以及当时中央监察委员会主席王荷波在任职后不久就牺牲了，从而导致中共五大建立的中央监察委员会没能真正开展工作。

抗日战争时期，形成第二次国共合作，在抗日根据地创建了"三三制"的抗日民主政权。1941年，由中国共产党提出的《陕甘宁边区施政纲领》中要求，共产党在组织政府时一律实行"三三制"政体。规定共产党员在政府候选人名单中只占1/3，其他各党派、无党派人士各占1/3。这种制度显然是为了从制度上实行民主党派和党外广大群众对共产党和政府的监督制约，防止共产党员对政府工作把持包办。与此同时，在抗日根据地的代议机构建设中，也充分体现了实施人民群众广泛监督的思想，根据《陕甘宁边区各级参议会组织条例》，建立了一套代表机关的监督制度。该条例规定参议会具有广泛的监督权：在边区和县设立议会，并由参议会选举出常驻议员，他们有权监督同级政府对议会议案的执行；听取政府工作报告；向政府提出询问；边区各级参议会有权罢免行政和司法机关领导；有权监察及弹劾各级政府、司法机关公务人员，督促检查政府对参议会决议的执行；审查批准通过政府预算、决算及政府的各项重要计划等。

此外，在陕甘宁边区还建立了行政督察专员制度。行政督察专员负有对边区政府监察、指导地方政府的职责。它是"发扬民主政治，提高行政效率"的措施。这是我国革命政权成立早期的一种行政监督制度。

1949年10月1日中华人民共和国宣告成立，它标志着新民主主义革命开始向社会主义革命转变，以及中国社会主义历史时期的开始。从此，在中国确立了新的、具有社会主义性质的人民监督体制。新中国成立以来，党和国家为了使人民享有真正的监督权进行了不懈的努力，先后建立了各种监督机构，制定了各种监督机制。1954年我国第一部《宪法》就明确规定："一切国家机关必须依靠人民群众"，"接受人民群众的监督"。以后的几部《宪法》又多次重申、强调了这一规定。

新中国成立初期，依据《中国人民政治协商会议共同纲领》（以下简称《共同纲领》）和《中华人民共和国中央人民政府组织法》的规定，建立了人民检察署。它的重要职权之一，就是检察全国各级政府公务人员和全国国民是否严格遵守人民政府的政策、方针和法律、法令。同时，在1949年9月，根据《共同纲领》的规定，正式创建了新中国第一个行政监察机构，即中央人民政府政务院人民监察委员会。这样在国家机构中，设立了两个职能略有不同的监督机关。1954 年，根据《宪法》规定，将人民检察署改为人民检察院。《中华人民共和国人民检察院组织法》规定，它行使一般监督，即对国务院所属各部门和地方国家机关的决议、命令和措施是否合法，国家机关工作人员是否遵守法律实施监督。同时，根据《宪法》和《中华人民共和国国务院组织法》的规定，建立了国家监察部，取代了原来的中央人民政府人民监察委员会。

1955 年中国共产党全国代表会议决定成立了中央和地方监察委员会，使党内监督制度得到了进一步的加强。此后，从中央到地方党的各级监察组织很快得到健全。当时的监察委员会实行双重领导体制，不仅受同级党委会领导，还受上级党委会领导；除对一般党员实行监督外，还可列席同级党委会并对党委会实行监督。

20 世纪 50 年代后期，党内开始出现了"左"的错误，如反右派斗争扩大化、"大跃进"运动、农村人民公社化运动、刮浮夸风、"共产风"等。在这种历史条件下，国家监察部被撤销。1960 年秋，在精简国家机构的名义下，实行公、检、法合署办公，实际上撤销了人民检察院。这样，最终导致阶级斗争扩大化、"文化大革命"，使绝对权力失去制约。正如邓小平同志在分析这种现象时指出的："权力过分集中的现象，就是在加强党的领导的口号下，不适当地、不加分析地把一切权力集中于党委，党委的权力又往往集中于几个书记，特别是集中于第一书记，什么事都要第一书记挂帅、拍板。党的一元化领导，往往因此而变成了个人领导……必然要损害各级党和政府的民主生活、集体领导、民主集中制、个人分工负责制等等。"[1]

党的十一届三中全会以后，随着国家民主、法制建设的健全和发展，党和国家的各种监督制度逐步得到恢复。首先，人民代表大会的监督权和宪法监督原则在《宪法》中得到确立。其次，司法监督和行政监察制度也得到恢复和发展。1986 年 12 月 2 日，全国人大常委会根据国务院的提请，决定重新设立国家监察部和行政监察制度。再次，党内纪律检查制度在很短的时间内得到健全和完善。最后，随着改革开放的深入，社会监督越来越受到人民群众的重视。广大群众可以通过各种新闻媒体和批评、举报等方式揭露国家机关及其工作人员的腐败失职和各种违法行为。

---

[1]《邓小平文选（1975~1982）》，人民出版社 1983 年版，第 328~329 页。

总之，中国的社会主义监督体制产生于新中国成立初期。70 多年来，特别是改革开放以来，通过不断的完善和建设，现已逐步形成了适合我国国情的具有中国特色的监督体制。在维护党的方针、政策和国家的法律、法规的正确贯彻实施，维护政治与社会的稳定，促进改革开放，推动经济发展，惩治腐败，加强政府机关的廉政建设等方面，都发挥着极为重要的作用。

二、当代中国的监督思想及特点

中国特色社会主义监督体制是在马克思主义监督理论指导下建立的，体现了中国化、时代化、大众化的特点。其中最主要的思想是国家的权力是人民赋予的，国家必须为人民服务，人民有权对国家机关及其工作人员进行全面有效的监督。新中国成立，实现了人民当家作主，建立了人民民主的无产阶级专政的国家政权，经过社会主义改造，我国整体上不存在社会阶级对抗，实行公有制为主体、多种经济共同发展的经济制度，为建立社会主义的监督体制提供了客观条件。虽然目前我国的监督体制仍然难免有时代和社会的局限性、过渡性，需要与时俱进，但与中国社会主义初级阶段情势和历史任务相适应，其特点和优势是十分明显的。

（一）中国共产党在监督体系中居于核心地位

首先，在党和国家监督体系中，党内监督处于核心地位，引领推动其他监督的发展。同时，党内监督形成的经验也会向其他监督传递，从而推动党和国家监督体系的整体升级。党的十八大以来的实践已经充分证明了这个过程，无论是国家监察体制改革的具体实施方案还是《中华人民共和国监察法》（以下简称《监察法》）的制定，都在很大程度上吸收党内监督的成功经验，推动党内法规、法律法规有机衔接，形成了党内监督与国家监督高度协同的效应。中国共产党是用马克思主义科学理论武装起来的全心全意为人民服务的政党，除了人民的利益没有自己的特殊利益。这就决定了中国共产党执政后的党内监督与整个国家依靠人民监督、民主监督的要求、方向、作用是完全一致的。中国共产党作为执政党，人大及政府、司法机关中的组成人员，大多数是共产党员。中国共产党加强党内监督，实行最严格的纪律和廉政准则，实际上就是加强了对国家机关工作人员的监督，十分有利于增强对国家权力的监督和约束。中国特色社会主义监督工作的历程和效果已充分证明，中国共产党党内监督已成为社会主义监督体系的中坚力量，在国家权力运行监督制约中发挥了不可替代的重要作用。

其次，中国共产党与八个民主党派的相互监督也发挥了特殊的作用。我国政党制度与西方政党制度有着根本的区别。当代中国与世界各国一样，都存在多个政党或政治团体，但我国实行的是中国共产党领导的多党合作与政治协商制度，不存在反对党和在野党，各民主党派是同中国共产党亲密合作的友党和参政党。中国实行一党执政、多党参政，在合作中相互监督的监督体制。各民主党派通过政治协商、民主监督、参政议政，在目标一致的前提下，从不同的角度提出批评、建议，实现中国共产党与各民主党派之间的互相监督，促进了中国共产党领导的改善和参政党建设的加强。为适应这种政党制度监督的需要，我国创立了人民政协这一政治协商组织和民主监督形式，构成了中国特色社会主义监督体系中的一大特色。其监督既具有鲜明的党派性，又具有广泛的群众性、民主性，充分地体现了人民监督、民主监督的要求，已成为中国特色社会主义监督体系中不可或缺的重要组成部分，这在世界上是独一无二的，发挥着越来越重要的监督作用。

中国共产党虽然是执政党，但也必须接受监督，在《宪法》允许范围内活动。中国共产党对国家建设的大计和建议也要通过人民代表大会的决定变成国家和人民的意志来实施。中国共产党与全国及地方各级人民代表大会及其常委会，以及全国及地方各级人民政协是良性互动关系，在中国共产党的核心力量的作用下，人民代表大会及人民政协成为相互包容、相互支持、取长补短、为国家发展进步凝聚共识的"磁场"，而绝不会出现外国议会那样党派之间利益纷争，互相攻击、诋毁，搞垮对方、取而代之的闹剧。

（二）人民代表大会的监督权具有至上性

依靠"人民监督、民主监督"是中国特色社会主义监督体制的一大特色，其最突出的实现形式是人民代表大会制度。全国人民代表大会制度是建立在社会消灭了阶级对抗和私有制基础上的，因此它能代表社会的普遍利益和普遍意志即人民的利益和意志，真正体现人民当家做主，实行人民对国家权力的监督和制约。全国人民代表大会监督制度体现了马克思提出的"议行合一"的原则，直接否定了资产阶级"三权分立"的原则，但不否定对国家权力的制约。

我国《宪法》第2条第1款明确规定："中华人民共和国的一切权力属于人民。"第27条第2款规定："一切国家机关和国家工作人员必须依靠人民的支持，经常保持同人民的密切联系，倾听人民的意见和建议，接受人民的监督，努力为人民服务。"并且规定人民代表大会是我国的权力机关，全国人民代表大会是最高国家权力机关，行使国家决策权、立法权，同时各级人民代表大会常务委员会对本级人民政府、人民法院、人民检察院和监察委员会的工作进行监督，促进依法行政、公正司法。这就确立了人民代表大会的权力在整个国家权力机构中有至高无上的地位，与行政、司法等权力不是平起平坐，国家行政机关只是在人民代表大会监督下的执行机构，要在法律的约束下执行社会所委托给它的那部分权力。这样就能够比资产阶级分权制更为有效地约束国家权力及公职人员的职务行为，防止他们从"社会公仆"异化为"社会主人"，防止国家凌驾于社会之上。

（三）全面复合的监督网络

我国现行的社会主义监督体系，由党内监督、人大监督、监察监督、行政监督、司法监督、民主监督、群众监督、舆论监督、审计监督和统计监督共同构成了一个完整的监督体系。这些监督机构组成的监督体系呈网状的复合结构，既包括自上而下、自下而上的监督，又包括内部与外部的监督，还包括监督机构之间的相互监督。这种中国特色社会主义的监督体制，在世界上是独一无二的。

以对行政的监督为例，有对行政机关外部的异体监督和行政机关的同体监督两部分。外部对行政机关及其工作人员实施的权力监督，包括：国家权力机关监督，即人民代表大会及其常委会的监督；监察机关监督，即由各级监察委员会专职对各种权力机关、公职人员进行监督；国家司法机关的监督，即人民法院和人民检察院实施的监督；中国共产党作为执政党实行的监督。外部非权力监督，包括：人民政协以及民主党派对行政机关的监督；人民群众、新闻舆论等社会监督。内部对行政机关的监督有专门监督和非专门监督两类：内部专门机关监督包括审计监督；内部非专门监督包括上下层级监督，即各行政机关及主管按行政隶属关系自上而下或自下而上的直线监督，平行部门监督，即政府职能部门就其所辖事务、在自身权限与责任范围内的相互监督。从监督体制的架构看，我国监督体系具有面广、宏大、复合的总体特征。从理论上讲，监督主体的多元化和监督内容的广泛性，有利于充分体现监督的人民主权原则，有利于发挥监督的整体效能。

（四）审检分立的法律监督

我国近代监督体制，包括革命根据地政权建设过程中的新民主主义的监督体制，都实行"审检合署"的制度，即在最高法院内设检察署，配检察长及检察官，在地方法院不设检察署，只配首席检察官及检察官，检察署受司法部门的约束、监督。西方国家的检察机关或是隶属于政府的司法行政机关，受司法部或法务大臣的管辖，或是与行政合为一体。由于检察机关受行政机关的操纵和支配，检察官不可能完全独立行使职权。

我国 1954 年 9 月召开第一届全国人民代表大会，通过的《宪法》就明确改变了以往"审检合署"的体制，确立检察机关隶属国家权力机关——人民代表大会，与同级人民政府和法院处于平行的地位。《宪法》明确规定人民检察院是专门的法律监督机关，负责刑事诉讼监督、民事审判监督、行政诉讼检察监督。在这种中国特色社会主义监督体制中，人民检察机关自成体系，独立行使检察权，对人民代表大会负责，提高了法律监督的地位，增强了法律的权威，也有利于国家法制的统一，为人民监督、民主监督创造更好的条件，切实保护公民和法人的合法权益。

（五）实行自上而下和自下而上、内外结合的监督

中国特色社会主义监督体制中，监督权不是上级领导机关和领导干部的专利，下级机关和干部同样享有《宪法》和《中国共产党党章》（以下简称《党章》）规定范围内的监督权利（力）。无论上级和下级、干部和群众，都只能在法律和纪律的规定范围内活动。《宪法》明确规定了公民"在法律面前人人平等"的原则。《党章》也明确规定了党员"在纪律面前人人平等"。这表明每个公民，都拥有法律规定范围内监督其他公民的权利；每个公民，都要承担其他公民符合法律规定监督自己的义务；每个党员，都有法律、纪律规定范围内监督其他党员公民的权利；每个党员，都要承担其他党员和公民符合法律、纪律监督自己的义务。因此，监督他人的权利与接受他人的监督义务，是法律、纪律的规定并受法律、纪律保护，绝不是上级和领导的开明和恩赐，是互相平等没有差别的权利和义务。

中国特色社会主义体制下的监督权力也不是只能由专门监督机关独占或垄断，被监督的组织、单位和个人同样拥有符合法律、纪律规定的监督监督机关的权利。在我国，包括监督机关在内的机关和个人，都没有超越法律、纪律，不受法律、纪律约束的特权，监督者也必须接受党和人民群众的监督。

专司监督职能只是分工不同，绝不能拒绝广大人民群众对监督机关的监督；也绝不表明监督只是监督机关的责任，而是依靠群众支持和参与的共同责任。

中国特色社会主义监督工作与党和国家的决策、执行相结合，监督机构分类设置、分别实施，分级层层负责。譬如，中国共产党是领导中国特色社会主义的核心力量，发挥着统揽全局的领导作用，而党组织中的各级纪委，则对管辖范围内党组织和党员干部队伍的遵纪守法情况进行监督，对同级党代表大会和同级党委及上级纪委负责，并向他们报告工作、接受他们的监督；全国和地方各级人民代表大会及其常委会，是国家权力机关，要对国计民生作出决策和立法，同时又对同级的"一府一委两院"进行监督；人民政协作为我国的统一战线组织，要进行政治协商、参政议政，但同时又进行民主监督；国家司法机关维护社会稳定，打击犯罪，同时也负有对执法机关及公职人员进行法律监督的职责；行政机关作为社会的"大总管"，也设有专门的行政监督部门，受同级人民政府领导，对同级人民政府负责，向同级人民政府报告工作，接受同级人民政府的监督。这种广泛覆盖了分类型、分级负责、层层负责和内外结合的监督体制，具有执行顺畅、问题能及时发现、人民群众的呼声和诉求能比较顺利和及时地解决的优势。

综上所述，中国特色社会主义监督体制是中国独创的体制，有着中国化、时代化、大众化的特点和优势，实践证明这种监督体制与我国社会主义处于初级阶段的经济、政治、社会等情势相适应。毫无疑问，任何体制，包括我国现行的监督体制，都不是尽善尽美的，仍有一些体制机制性障碍需要破解，一些问题需要下功夫解决；我们绝不会拒绝国外政党治国理政的有益做法和经验，相反会学习和借鉴一些有益做法和经验来充实和发展中国特色社会主义监督体制，但我们绝不会照搬照抄西方发达国家自以为完美的"三权分立"体制和监督方式。

【案例分析】

嘉庆帝反腐为何从"反贪污"变成"培正气"

嘉庆四年正月初四，乾隆皇帝去世的第二天，初掌大权的嘉庆皇帝发布了一条让全国人都大吃一惊的谕旨：免去乾隆皇帝驾前第一宠臣和珅兼任的军机大臣和九门提督之职。同时，一场规模巨大的抄家行动展开，令人惊愕的巨额财宝在和府地窖中显露出来。举国上下，对这个影子一样悄无声息的皇帝，刮目相看。可以说，诛和珅是新皇帝处理政治危机能力的一次成功展示。

以"打老虎"，诛和珅为开端，一缕缕政治新风，绵绵不断地从紫禁城吹散出来。在树完新风之后，大清朝的民众发现，这个年轻的新统治者，却没能有更大的作为。

嘉庆登基之时，大清王朝已经如同得了癌症的病人，而且到了晚期。体内的病症，比外在表现出来的要沉重得多。最严重的问题，当然是腐败。嘉庆亲政抓的第一件事就是反腐败。虽然早就认识到这个问题关乎大清的生死存亡，然而他还是大大低估了反腐败战争的艰巨性。他以为，如果"掐断了和珅的庇护制网络结构的花朵，它的根株便会自然枯萎"。杀掉了和珅，清除了和珅的党羽，再掀起一个惩贪高潮，腐败的势头就会应声而止。可是形势的发展远远出乎他的意料。

乾隆中后期，腐败已经呈现集团化的趋势。乾隆四十六年到四十九年，朝廷一连查出了五起贪污大案，都是"办一案，牵一串；查一个，带一窝"。一人败露，则与他有关的关系网上的数十名乃至百名官员就全部被揭露出来。常常是一人犯案，一省官僚体系随之瘫痪。

甘肃冒赈大案就几乎把甘肃全省县以上官员都牵连在内。他们上下联手，相互配合做假帐，把 800 多万元国库银吞入私囊。如果全部查处，甘肃全省政府运作立刻瘫痪，乾隆皇帝不得不定下一条两万两的死亡线。即使如此，前后被处死者仍达 56 名之多。

乾隆时期已经花样百出的腐败，到嘉庆时期又呈现出许多新特点：腐败向底层全面扩散，所有的基层干部都成为权力寻租者，一些普通公务人员甚至成为腐败案的主角；潜规则变成了明规则，社会上所有大事小情，都需要用钱开路，否则寸步难行。嘉庆十年前后发生的一些案件，实在令人触目惊心：直隶省布政使司承办司书王丽南，是直隶省财政厅的一个小小办事员，顶多是股级干部，按理说并没有什么权力。可是从嘉庆元年起，数年之间，居然贪污了 31 万两白银。他贪污的手段非常简单，那就是私刻了从财政厅长（布政使）、处长直到科长的一整套公章，然后任意虚收冒支，把国库银两大把大把地装入私囊，近十年间，居然没有受到任何怀疑和调查。大清王朝的监督网已经烂得形同虚设。甚至湖北财政厅（布政使司）的一个银匠，利用政府官员的糊涂马虎，不断私藏银两，几年下来，居然也贪污了 5000 两之多。

虽然杀了和珅，虽然在 11 个全国总督当中，6 个被他撤换，虽然在他为配合镇压白莲教战争发起的惩贪高潮中，官场贪风一时有所收敛，然而，高潮过后，一切如旧。各地官员，从上到下，从大到小，仍然无人不在收礼送礼，买官卖官；各地衙门仍然无处不懈怠昏庸，除了部门利益之外，对一切民间疾苦都漠不关心。官僚集团对腐败已经不以为耻，反以为常。嘉庆即位初期，官员们的腐败热情已经高涨到了"前仆后继"的程度，前任头一天因腐败落马，继任者第二天继续腐败。

很显然，嘉庆皇帝在其亲政初期的运动式惩贪，已经不能起到实质性的作用。原因之一，是与腐败官员的总数比起来，被发现和惩处者不到百分之一甚至千分之一，腐败收益实在太高，而腐败风险实在太低。原因之二，是腐败已经成了官僚体系的常态，贪污成了官员生活的主要来源。一个人如果不贪污，则无法打点上司，结好同级，甚至无法在官僚体系中生存下去。在这种情况下，朝廷"打老虎"已经演变成"水过地皮湿"，震摄力越来越低。事实上，举朝官员从乾隆晚年开始，对惩贪风暴的反应就已经十分麻木了。乾隆皇帝生前就曾经多次哀叹："外省总督和巡抚们，一见我惩治腐败，当时也未尝不稍稍警惕一下，但是事过则忘。这种锢习相沿成风，身陷法网而不知后悔，真是没有办法。"

痛定思痛，嘉庆皇帝最终选择了中国传统式的气功加太极的保守治疗方式。他采用东巡的方式，来宣布"守成"思想，就是要告诫满朝大臣，对于大清这样一个奄奄一息的病人，千万不能乱搬乱动，乱下药方。这样的重病病人，唯一可取的治疗方案就是"徐徐进补""固本培元"，用温和的药物一点点滋润这具干枯的病体。这种疗法一需要极大的耐心，二需要对症的补品。他自信耐心是他的长处，而补品他手中也有，那就是用来"培植正气"的一系列"祖宗心法"和"圣人之道"。于是，大清王朝在一团和气中沉沉睡去，直到被来自东南的一声炮响惊醒……

案例思考：

1. 和珅作为贪官，为什么能在乾隆在位时长期为官？又为什么会在"嘉庆新政"中被杀？试述封建社会中我国监察体制存在的弊端。

2. 嘉庆帝在亲政后所烧的"反腐败"之火，为什么不能彻底清除腐败，反而出现了官员的"前腐后继"和变本加厉式的腐败？

3. 谈谈嘉庆反腐败对我国现时反腐倡廉工作的启示。

【课后练习题】

1. 试述中国古代监督体制的演变。

2. 简述中国古代的主要监督思想。

3. 试述中国近代监督体制的演变。

4. 简述中国近代的监督思想及特点。

5. 试述当代中国监督体制的演变。

6. 简述当代中国的监督思想及特点。

第三章

西方国家监督体制的发展及监督思想

【本章学习目标】

1. 了解西方国家监督体制的发展历程。
2. 掌握西方权力制约和监督的主要思想。

西方国家的监督思想的起源要追溯到古希腊和古罗马奴隶制城邦时代，其监督体制及监督思想的形成，经过了一个漫长的发展历程。西方民主监督和权力制衡学说与监督体制，是建立在为资产阶级服务基础上的，但了解其发展历程和有益经验，对于今天我们中国特色社会主义监督体制的建立和完善具有一定的作用。

第一节　西方国家监督体制的发展

西方国家的监督体制是随着权力制衡学说的产生和发展而演进的，因此西方国家的监督体制，同样要追溯到产生权力制衡萌芽之时的古希腊和古罗马奴隶制城邦时代。这些城邦国家中产生了高度发达和功能齐全的国体和政体，同时也孕育了权力监督体制的胚胎。西方国家在经历了冲破中世纪黑暗时代神权政治桎梏的文艺复兴运动和资产阶级革命后，不仅国家经济政治得到进步，而且国家的监督体制也不断演进和发展。

一、古希腊的监督体制

公元前 11 世纪至公元前 6 世纪，古希腊的城邦国家中，最强大的是实行民主政体的雅典和实行贵族政体的斯巴达。当时号称"领土相当广阔"的雅典城邦，在全盛时期，人口大约30多万，面积相当于中国的一个县。其他城邦人口较少，面积也更小。伯利克里担任雅典城邦最高执政官时代（约公元前495至公元前429年），雅典的奴隶主民主政治和监督体制在当时的城邦国家中很有代表性。其政体和监督的形式与内容有：

（一）公民大会

这是雅典城邦的最高权力机关。它全权管理城邦的所有事务，所有20岁以上的男性自由民均有资格出席公民大会，并享有平等的政治权利。公民大会由500人议事会主席团召集和主持，每年分为10届。每届大会的议程固定为首次大会是评议、审查现任公职人员的资格、政绩，并就其去留进行表决。这样雅典所有公职人员每年要经历10次政绩评议，每36天面临一次免职的考验。除了固定大会外，还可召集临时会议，经公民大会表决来决定宣战、预算和审核决算，有权选举、弹劾执政官等重要官吏，主要是监督执政官和十将军委员会，公民陪审法庭及元老院也在其监督之列。公民大会还选举议事会，由雅典城邦10个部落30岁以上公民各选出50人组成，作为常设机构，称"五百人议事会"。议事会选举50人组成的议员委员会分为10组轮流主持议事会日常政务。议事会的职权是：筹备公民大会，保管城邦国玺、档案和国库，审核卸任的政治官吏经手的账目，发现侵吞公款者送交陪审法庭审判，审查次年任职议会成员和执政官资格，等等。

（二）弹劾制——贝壳放逐法

早在公元前641年雅典已有"弹劾"制度。从克里斯提尼时代开始，任何人只要有危害国家的可能或行为，就由全体公民以贝壳投票的方式决定是否予以放逐。投票有效的最低人数是1万人，如果超过半数以上的投票人同意放逐，那此人必须在10天内离境，10年内不许回来。不过公民大会有权把放逐期缩短。这种弹劾制度，最早是用来对付有暴政嫌疑的政治领袖，后来扩大到执政官。这种制度能促使执政官尊重民意，也能防止阴谋家篡夺雅典城邦统治权。

（三）陪审法庭

伯利克里时代陪审法庭已成为城邦国家的一个重要国家机构。凡30岁以上的公民都可以参选法官。陪审法庭由10个部落各选出600人，共6000人组成，下分10个委员会，任期1年，不得连任。他们分组审理各种案件，用投票方法，对公民提起的诉讼进行判决。陪审法庭最重要的职权是对卸任的执政官进行"政绩审查"，如果发现而且证明其有侵吞公款或者受贿行为，那么罚金是犯罪金额的10倍。雅典城邦陪审法庭是司法民主的一个标志。

（四）元老院

元老院是城邦权力监督机构之一。它在雅典城邦国家刚刚形成贵族共和政体时，曾发挥重要作用。它由卸任的历届执政官组成，终身任职，其权责为推选、监督和惩治执政官，审判重大刑事案件，维护法律。但随着贵族共和政体被民主政体取代，元老院的权力被大幅削弱，对城邦的政治干预和监督作用越来越小。

古希腊雅典的直接民主制政体，以及由此而形成的监督体制，是人类政治制度史上的伟大创造，它对西方监督体制的产生和发展有着重大的影响。然而其本身也有很大的局限性和缺陷：一是这种直接的民主政体只能在小国寡民的国度才有可行性；二是它的民主基础的狭隘性，把外部人和奴隶排除在外，而且自由民内部的妇女也排除在民主政治权力国之外，作为其政体的重要组成部分的监督体制自然也存在上述弊端，因此后来直接民主制开始走向衰败。

二、古罗马共和政体的监督体制

公元前509年，罗马进入民主共和制时期，它根据自己的实际，创立了与古希腊直接民主政体不同的民主共和政体。民主共和政体由公民大会、元老院、执政官三大部分组成，三者在权力运行中相互制约。

（一）公民大会

公民大会是古罗马共和国的主要权力机关。公民大会主要指森杜里亚百人团（即为军事和选民组织的百人团）大会。它拥有立法权、最终刑事审判权和选举执政官、监察官等重要官吏，并有决定其任期的权力。公民们通过参加大会，投票决定所讨论的问题。

（二）元老院与司法监督制度

元老院在古罗马共和国初期为100人，后增至300人，最后达到900人。元老院成员最初由执政官任命，继而固定由监察官每5年审定一次，进行增补和罢免。元老院的元老主要由有权势的贵族和卸任的高级长官组成，也有少数平民，基本为终身制。元老院职权相当广泛，包括：任命权，可任命各省总督，决定执政官和法官的职权和任期，决定罗马军团司令官 1 年任期届满后的去留；财政权，控制国库，安排国家一切收支；外交权，决定宣战与讲和，派遣和接见外国使节；司法权，犯罪调查，进行审判；监督权，监督执政官及高级公职官员。元老院的性质可概括为，既是选举、任命、撤销执政官及大法官等主要官员的决策性机构，又是评判官员政绩和品行的司法性法庭，它的司法功能可认为是近现代行政诉讼的历史胚胎。

（三）行政监察机构及官员

古罗马时期专设有监察官以监督元老院成员、执政官、行政官、大法官的行政行为和道德品质。古罗马共和国有两类监督性质的官员：一是监察官。大约从公元前 443 年开始，由公民大会选举产生 2 名监察官，其中 1 名必为平民。监察官最重要的职权是提名和召集元老院元老。古罗马共和国末期奥古斯都曾利用身兼监察官，掌握提名元老院元老之权，四次改组元老院，确立了罗马帝国。监察官的其他职权包括编制户籍；调查人民财产，以确定他们的政治和军事地位以及纳税数额；核查每一公职候选人的品行和记录；监察赋税的征收和出纳，公共建筑的营造；政府财产和契约的授予以及土地适当开垦；撤销腐败或犯罪的元老院元老。由于执政官的许多行政行为都置于监察官监督之下，而监察官又受元老院监督，所以，监察官实际是元老院用以监督和牵制执政官的一种力量。二是保民官。开始时设置 2 名，后增至 10名。保民官的职责是监督执政官和元老院，保护平民的权益不受侵害。为此，保民官可以否决被认为是侵害平民正当权益的执政官的决定或元老院的法律。为保障保民官正当地履行职责，保民官的人身自由不可侵犯，他可以经常巡视古罗马各区，接受平民申诉，并随时纠正贵族、官员的不法侵害行为。可以看出，保民官在保护平民权益方面，对执政官、元老院、贵族和官员有很大的监督制约作用。

古希腊和古罗马的民主政体和监督体制，在本质上同属于奴隶主阶级的工具，但它们又各有其代表性和特色：古希腊的民主政治和监督体制是城邦的直接民主制，在"小国寡民"的地理环境和城邦自治的政治经济条件下才能存在。古罗马初期虽然也是一个城邦国家，但是，它的版图很快扩大了，其监督体制特别是公民大会、元老院和执政官三大国家职能机关有明显的权力互相制约、制衡的特色。正因为如此，古希腊、古罗马的民主政治、公民大会、直接选举和监察官制度，对后来西方各国的民主政治议会制度和监督弹劾制度，都产生了深远的影响。

三、西方近代资产阶级监督体制的形成

欧洲中世纪的封建农奴制、农耕经济和神权政治窒息并阻断了古希腊直接民主制度和古罗马时期民主共和制的发展。直到15世纪以后，资本主义生产关系在意大利等城市共和国产生并逐渐在经济领域占主导地位，民主制度才重新获得生命力。随着资产阶级革命在英、法两国取得胜利，最终形成了近代意义上的国家政权形式和监督体制。其主要标志是：

（一）确立资本主义国家的代表机关——议会

议会是由中世纪欧洲封建国家的等级会议发展演变而来的。英国等级会议始于13世纪，它由僧侣、贵族、平民三个等级组成。随着资本主义关系在英国的孕育发展，一部分贵族，其中多是中小封建主，把自己的领地改为牧场，并且兼营工商业，向资产阶级转化。于是等级会议内部形成两派势力：一派为大贵族、僧侣所组成的势力；另一派为市民和资产阶级化了的贵族所组成的势力，但当时还不是资产阶级的议会。随着资本主义生产关系的进一步发展，资产阶级和国王之间的矛盾更加尖锐，斗争加剧，以致在议会中形成了以资产阶级为首的反对王权的反对派。他们利用议会作为斗争阵地，并且号召工人、农民进行反对封建王权的斗争，终于取得了1688年"光荣革命"的胜利。从此资产阶级和封建贵族分享政权。资产阶级掌握了议会，取得了立法权力，制定《权利法案》，规定国王不得侵犯议会的立法权，非经议会同意，不得课税或在平时设立常备军，不得任意创设法庭，国王必须尊重议会的言论自由。资本主义国家的议会制首先在英国确立，资产阶级的启蒙思想家洛克、孟德斯鸠等人对英国的议会制度作了广泛的宣传，并得到资产阶级政治家、理论家的普遍赞赏。因此在北美独立战争和法国革命之后，美国建立了国会，法国成立了国民议会，各国资产阶级革命取得胜利后，也都普遍实行议会制度，议会成为资本主义国家普遍采用的代议机关。

（二）确立了对立法机关立法及行政机关行政行为监督的体制和不同模式

西方的司法监督主要体现在违宪审查制度和行政诉讼制度上。违宪审查制度因审查主体不同而分为不同类型。遵循海洋法系（也称"英美法系"）的英美国家，由于其普通法不分公法与私法，无论公民之间的民事、刑事纠纷，还是公民与政府之间的行政争议，统一由普通法院审理。这种由普通法

院审理立法和行政行为是否违宪、违法的审查方法叫司法审查（包括对行政裁判所的审查）。但是，在法国、德国等大陆法系国家中，其法律被严格区分为公法和私法。支配行政机关与公民之间关系的法律是公法，支配公民相互之间关系的法律是私法。宪法、行政法为公法体系，与调整一般私人间关系的私法体系不同。他们认为普通法院不应当掌握违宪审查权力，普通法院只限于审理民事、刑事案件，而违宪审查、行政上的诉讼，要分别由宪法法院和行政法院负责。宪法法院和行政法院是行使违宪审查权和审理行政诉讼案件的专门机构。由此产生和决定了海洋法系和大陆法系司法监督制度的不同。

海洋法系的司法审查，即普通法院的违宪审查，它是通过司法程序来审查和裁决立法和行政是否违宪的一种监督制度。18 世纪美国资产阶级为调和其内部矛盾，在"马伯里诉麦迪逊"案中确立了美国的司法审查制度，成为美国联邦法院审查国会立法的先例，使最高法院拥有了司法审查权。它对欧美和世界其他国家的违宪审查都产生了巨大影响，迄今全世界有 70 多个国家建立了这种司法审查制度。

大陆法系由专门机构进行违宪审查。1920 年，奥地利建立宪法法院，成为最早建立宪法法院的国家。宪法法院在地位上高于普通法院，有权对一切有违宪嫌疑的法律命令进行内容和形式的审查，一旦发现违宪，即可宣布该法律文件无效。奥地利之后，德国、意大利、西班牙等欧洲大陆国家相继建立了宪法法院。违宪审查专门机构的另一种形式是法国的宪法委员会。法国历史上对创建宪法监督制度做过多次的尝试。"护法元老院"设立后，因拿破仑的操纵和控制，加之缺乏对个人监督的宪法授权，最终未能在监督方面发挥作用。第二次世界大战后，鉴于现实的需要，1958 年法国设立宪法委员会，根据《法国宪决》规定，各项法律在颁布前或者国家协定在批准前应由总统、总理或任何一院的议员提交宪法委员会审查。另外宪法委员会还有监督总统、议会成员的选举、公民投票的合法性和充当总统法律顾问的职权。

世界上许多国家都确立了对行政行为的司法监督制度。其主要依靠两种司法机构来履行这项职责：一种通过普通法院和宪法法院，如英、美、德等国，通过司法复查对行政行为加以审查，纠正不法与不当的行政行为，为遭受到权益侵害的公民提供救济的司法程序。另一种是通过专设机构，如法国的行政法院，通过受理对于行政机关的诉讼，达到制约、监督、纠正不法和不当的行政行为的效果。

四、西方现代资产阶级监督体制的现状

西方现代监督体制经历了 200 多年的演进，随着资本主义制度的发展，现代议会制度和民主监督方式也在不断变化。

（一）三种最有代表性的民主监督模式

1. 英国的议会至上民主监督模式

英国虽是洛克、孟德斯鸠分权学说的设计原型，但英国实际上没有实行严格意义的三权分立和制衡。英国现在的议会权力至高无上，可以说权力无所不包。首先，国家元首的权力要受制于议会。根据《英国宪法》规定，英王是世袭的国家元首，处于至尊无上的地位，但实际国王的权力是徒有虚名。国王名义上可以否定议会的立法、解散议会，但实际只能根据内阁的建议行使权力，反过来议会对不信任的国王却可以对其判刑、流放。其次，掌握国家最高行政权力的内阁由议会产生，并向议会负责。内阁提出的法律草案、财政预算等都必须经过议会按程序审议，最后批准认可，使政府的权力运作始终处于议会的监督和制约之下。最后，议会对国家最高司法机关实施监督。议会上院审理下院提出的弹劾案和被控犯有叛国罪及重罪的贵族议员，上院还是英国本土各级法庭的最高上诉法院。由此可见，英国的议会权力是至高无上的。

2. 美国的横向与纵向相结合的立体民主监督模式

美国是一个有近现代意义的联邦制国家。从中央到地方都实行各自的三大国家权力系统之间的横向分权与制衡。例如，参议院和众议院可以通过对政府官员和最高法院法官的任命批准、弹劾、审核政府开支的全部费用、立法否决等多种形式实现对行政和司法的监督；美国总统通过行使对法案的批准权和否决权，实现对国会的监督制约；最高法院拥有解释《美国宪法》、成文法的权力和违宪审查权，联邦最高法院认为立法机关的法律和行政法令违宪，则均属无效，以实现对立法活动和行政行为的监督。

纵向监督制衡是指联邦政府与州政府互为监督的主客体。从法律上讲，美国联邦和各州之间并无统属依附关系，由此就使二者之间能够实现互相监督。联邦政府对各州实行监督的主要手段是立法上的限制、行政上的监督和财政上的控制。同时地方州也可以通过立法、自主地使用一定的联邦资金等途径来实现对联邦政府的监督。

3. 瑞士的委员制民主监督模式

瑞士的委员制不同于总统制和内阁制，它的最高行政权不是由某个元首或首相来行使，而是由一个 7 人组成的"联邦委员会"集体行使。7 名委员由联邦两院联席会议从有资格被选为众议员的瑞典公民中选举产生，任期 4 年。委员会必须执行议会所决定的政策，对议会通过的法律不得否决或退还议会复议，更无权解散议会。在国家权力系统的运作过程中，联邦委员以其独特的组织形式和活动原则在行政系统中发挥监控作用。首先，瑞士联邦委员会最突出特点的是实行集体领导的原则。联邦委员会 7 人无隶属关系，彼此地位平等，法律授权无高低大小之分。联邦委员会设 1 名主席，虽是行政首脑和国家元首，对外代表国家，但对内仅主持联邦委员会，在职权上与其他委员相同，一切重要事务都由联邦委员会议决，至少 4 名委员同意方能生效。主席任期 1 年，届满后由原来的副主席升任新主席，并同时选出新的副主席。其次，实行委员职业、职务单一化，为了联邦委员会能自主有效地监督行政官员和公务人员，宪法规定联邦委员，不得担任联邦政府的任何其他职务，也不得从事任何其他社会职业。最后，实行对各州的垂直监督。瑞士作为联邦制国家，充分体现了地方自治的特点，但联邦委员会有权对各州实施监督。联邦委员会有权审查各州间或各州与外国缔结的协定，并对可行性协定加以批准；有权审查各州要求批准的法律和法令；各州行使专有行政权时发生的争议，也由联邦委员会通过调解、甚至裁决的方法予以解决。

（二）西方现代监督体制在不断演进中

18 世纪～19 世纪，资产阶级国家监督体制的主要任务是保护资本主义经济的自由发展，奉行自由放任主义的总政策，并标榜"管得最少的政府，是最好的政府"。然而，随着垄断资本主义的形成和发展，社会生活日趋复杂，各种社会矛盾愈来愈尖锐。为了保护和促进垄断经济的发展，缓和社会矛盾，政府开始越来越多地干预经济生活和社会事务，行政权力不断扩大，因此也带来不良行政的泛滥，文官违纪案件数量上升，相当多的公务人员专横、侵害公民权益，甚至贪污受贿。同时，也冲击了议会的至上地位，削弱了议会的传统权力。为了防止现行行政专制以及由此带来的对资产阶级民主的威胁和破坏，20 世纪以来，西方现代监督体制进行了一些改革，普遍加强了议会对政府的监督，强化了司法监督和行政内部的专门监督。

1. 以瑞典为代表的议会监督专员制度被广泛运用

瑞典议会监督专员公署是一个隶属于议会的专门监督机构。它由议会选举产生，负责处理一切控告国家机关和国有企业事业单位及其公务人员的申诉案件。1810 年瑞典议会通过了一项关于议会设监察专员的训令：凡监察专员人选须为议会中的各党所接受，专员不必是议员，由议会专员代表提名。从那以后议会设监察专员成为一种传统。1968 年，议会成立了一个由 3 名地位相等的监察专员组成的议会监察专员公署。进入 20 世纪 70 年代，由于监察业务大量增加，该公署由 4 名监察专员组成，其中 1 名为首席监察专员，负责主持日常行政事务，任命工作人员等。现在瑞典议会监察专员公署已有工作人员 60 余名。第二次世界大战后，瑞典式的议会监察专员制度在斯堪的纳维亚半岛、北欧以至绝大多数西方国家普遍建立起来。

2. 违宪审查机构的普遍设立

早在 18 世纪，西方各国就设立了违宪审查机构。第二次世界大战后，各国更加重视和加强宪法监督，纷纷设定了不同隶属关系的违宪审查机构。效仿美国，实行普通法院司法备查制度的国家有日本、加拿大、墨西哥、阿根廷和澳大利亚等。而在大陆法系国家中，则多数效仿法国、德国，设立专门违宪审查机构，并且已经发展成为一种世界性潮流。另外，审查权也有扩大的趋势，如日本除最高法院外，下级法院也可以行使违宪审查权。

3. 改革和完善行政法院

这主要反映在法国、德国等大陆法系国家对行政法院的改革与完善。法国的改革与完善，一是创立上诉法院。随着政府职能的扩张，行政诉讼案件越来越多，最高行政法院负担过重。1987 年 12 月 31 日法国国民议会和上议院通过《法国行政诉讼改革法》，创立了上诉行政法院，分担最高行政法院一部分上诉案件的管辖权限。根据《法国上诉行政法院组织法》，法国在全国各主要地区设立了上诉行政法院。二是改革地方参事室（行政法庭），扩大其权限范围。法国拿破仑时期在建立国家参事室的同时，还在每个省设立了省参事室，作为地方政府的咨询和行政诉讼、行政监察机关。1926 年，法国把每个省的参事室合并，数省设立一个参事室，共 22 个省际参事室。1953 年，对地方省际参事室进行改革，进一步扩大它的初审行政案件的权限范围，并更名为行政法庭。

德国较早成立了行政法院。第二次世界大战后，鉴于纳粹独裁的惨痛教训，联邦德国 1949 年制定的《基本法》第 19 条规定："任何人的权力遭到公共权力的侵害，皆有权提起诉讼。如无其他管辖机关时，诉讼应由普通法院管理。"该法第 96 条规定："设置联邦行政法院。"1960 年 1 月 21 日，联邦德国又颁布了《联邦行政法院法》，使行政法院体系走向了统一，建立了比较完备的行政法院体系。

4. 设立行政裁判机构和行政法官

英美等国家一直由普通法院审理行政诉讼案件，但 20 世纪初，特别是第二次世界大战后，国家经济管理职能急剧扩张、行政权力膨胀，政府对社会生活的干预越来越广泛，公民与政府之间引发的行政案件数量剧增，普通法院根本没有足够的力量处理日益增多的争端。另外，现代经济和社会生活中科技的发展与渗透，以及专业化分工越来越细，公民与政府之间的行政纠纷日趋专业化、技术化。解决这些纠纷不仅需要法律知识，而且需要专门知识，普通法官往往难以胜任。在这种情况下大量的行政裁判机构应运而生。这种机构大体分为两类：一类是以英国为代表的各种行政裁判所；另一类是以美国为代表的各种独立管制机构及行政法官。

西方国家监督体制从古代到现代的演进，经历了数千年的历史。在社会的变革和推动下，围绕着国家权力的监督制约，逐步形成了符合实际需要的监督体制。

第二节　西方权力制约和监督的主要思想

西方权力制约和监督思想最早起源于古希腊，当今世界上许多国家的政治制度仍然或多或少地受其影响。

一、人民主权理论

人民主权理论的诞生标志着人类政治文明向高级阶段的演进，它经过不同时代政治法律思想家们的构思和锤炼，已形成一套完整的理论体系。

人民主权思想肇端于西欧 18 世纪启蒙运动时期，而在此之前，关于主权及其归属的讨论早已展开。主权学说最早由法国早期资产阶级思想家布丹于 1576 年在《国家论六卷》一书中提出。布丹认为："主权是国家的绝对和永久权力。"主权在国家中具有最高的地位，它在力量、作用以及时间上不受任何限制。布丹认为国家主权应由中央集权君主制下的君主掌握，布丹的国家主权论是君主主权论。持相同观点的还有同时代的英国学者霍布斯，其核心的观点是主权是至高无上、不受限制和不可分割的。

毋庸置疑，人民主权理论的首创者当属欧洲资产阶级启蒙运动的先驱——洛克，洛克的贡献在于明确提出了人民主权的思想，洛克认为，人民主权应包括生命权、自由权、财产权。这三种权力是不可转让、不可放弃的。国家主权可以分为立法权、执行权和对外权三权，立法权由代表人民的议会行使，执行权和对外权由君主行使，但君主的执行权和对外权应从属于议会的立法权。洛克认为议会是由人民代表组成的，他的议会君主论已经具有人民主权论的思想，是君主主权论到人民主权论的过渡。

卢梭则是人民主权理论之集大成者，就理论建构来看，卢梭的人民主权论显得更加系统和缜密。虽然对人民主权的归属内容和特点并没有实质性的创见，但对社会契约论的不同看法是其与洛克、霍布斯的思想区别所在。

卢梭是在资产阶级革命进程中第一个系统论述人民主权论的思想家，他认为人们通过社会契约建立的国家主权，既不属于君主，也不属于议会，而是由全体人民自己所拥有和掌握，即主权在民。"国家全体成员的经常意志"即"公意"，体现了人民自由意志在国家政治中的最高地位，这种意志是至高无上的，不可转让、不可分割且不能代表的。人民通过社会契约确立自己对国家权力的最终制约地位。人民主权至高无上，没有任何一种权力可以约束和支配人民，没有任何一种权力可以凌驾于人民意志之上。

人民主权理论从国家起源出发，确定了国家权力的地位，将国家权力置于人民主权即立法权之下，找到了人民对国家权力监督的必要性与合理性。人民主权理论中的全民公决、权力监督、法律至上等内容，都是对权力被滥用的防范和补救措施，是现代民主政治的基本内容和特征。

马克思、恩格斯等人把卢梭的社会契约的人民主权理论扬弃为历史唯物主义的人民主权决定论。该决定论认为，国家的合法性来自于人民的认可，人民才是真正的国家统治者，是历史发展的决定者，国家只是人民权力的外在表现形式。人民主权以人民"公意"为代表，因此，无产阶级的民主共和国要真正建立起"通过人民自己实现的人民管理制"。人民主权处于至高无上地位的外在形式就是法律，因而"立法权力是属于人民的，而且只能是属于人民的"，法律是人民意志的自觉表现，同人民意志一起产生并由人民意志所创立。

二、分权制衡理论

分权制衡理论是关于国家的立法机关、行政机关和司法机关之间，国家的整体和部分之间权力分工与制衡的学说。在历史上起过一定的进步作用。其主要内容是：将国家权力分为三个部分，即立法权、行政权、司法权，它们分别由议会、政府、法院行使，各个权力系统之间不仅相互独立，而且相互牵制，当授予某一权力主体一定权力时，必须同时授予和它相对应的权力主体相应的权力，以使各项权力之间保持一定的平衡关系。近代分权制衡理论从提出至今已有 300 多年的历史了。在这个过程中，经历了从两权分立到三权分立再到双重分权三个阶段。1688 年英国建立了资产阶级君主立宪制。洛克以他的分权理论来为君主立宪制作论证。他认为每个国家都有三种权力：立法权、行政权和联盟权，每一种国家权力都要由相应的机关来掌握。三权必须分立，尤其在立法机关和行政机关之间，必须严格划分职责权限。但三权并非地位相等，立法权具有至高无上的地位，行政权和联盟权则居于次要和服从的地位。同时，立法权、行政权和联盟权又是相互制约、协同运作的。在洛克的分权理论中，行政权和联盟权实际上是同一种国家权力，即执行法律的权力，只不过行政权是对内的，联盟权是对外的。因此，洛克所谓的分权实际上是两权分立。

在研究吸收英国洛克两权分立学说的基础上，法国启蒙思想家孟德斯鸠进一步深化了分权制衡理论。所谓分权制衡就是把国家权力按其性质和作用分为几个相对独立的部分，分别由不同的国家机关掌握，并使各种机关之间相互制约、相互平衡。孟德斯鸠主张，立法权由议会行使，行政权由国王控制，司法权由法院掌握，但他同时认为三权不能绝对分立，而应相互制约，立法机关应根据行政机关的要求召集立法会议，行政首脑应保留对立法的否决权，司法权虽由法院掌握，但特别审判权则应由立法机关行使。他还指出，如果立法、行政、司法三权或其中的两权由同一个人或同一个机关行使，自由就会受到侵犯，就会导致专制政体的出现。与洛克相比，孟德斯鸠的成就在于提出了制衡理论，即三种国家权力必须相互牵制，相互协调。18 世纪 70 年代~80 年代，以杰斐逊为代表的美国政治思想家提出了双重分权的学说。美国建国初期，对于中央如何管理好这样一个国土辽阔、人口众多的国家，意见分歧很大。当时主要有两派：以汉密尔顿为代表的主张集权，以杰斐逊为代表的主张分权，最后后者占了上风。他们认为，中央政府应当是强有力的，但不应当是一切事务的总管。应该把可以由地方管好，又不至于危及国家统一的那部分权力交给地方政府，即在从中央到地方各级政府都实行三权分立的基础上，同时实行中央和地方两个层次之间的分权，由此把分权制的国家政体形式与联邦制的国家结构形式结合起来，以便有效地防止中央政府走向专制。这种把三大权力系统之间的横向分权与中央和地方之间的纵向分权有机结合的分权，称为双重分权。双重分权的出现，标志着分权制衡理论趋于完备。

三、议行合一理论

议行合一理论不同于"三权分立"的制度设计，是立法权和行政权同属于一个最高权力机关的政权组织形式。根据议行合一理论由人民直接或间接选举代表组成代表机关统一行使国家权力，人民代表机关是国家最高的权力机关，国家行政机关和其他国家机关由人民代表机关产生，并对人民代表机关负责，受人民代表机关的监督。国家权力机关与其他国家机关之间并不是分权关系，而是基于职能不同的分工关系，其他国家机关隶属于国家权力机关。国家权力机关不受其他国家机关的制约，只对人民负责，受人民监督。

议行合一理论是马克思和恩格斯在对西方分权理论和代议制度进行批判与继承的基础上，通过总结巴黎公社的革命经验而提出的。后经列宁的继承与发扬，成为社会主义国家监督模式的理论基础。我国以议行合一理论为基础建立了人民代表大会制度，并将其作为根本政治制度。

巴黎公社革命成功后，建立了巴黎公社委员会作为革命政权组织。巴黎公社委员会实行直接民主，公社委员由巴黎 20 个区的选民直接选举产生。巴黎公社委员会作为领导机构既是公社的代议机关，享有立法权，有权制定法律、决定一切重大事项。同时又是执行机关，享有行政执行权，公社委员除了制定法律、进行决策之外，还可以兼任各区的行政领导工作，有权组成委员会负责区内的日常事务和行政执行工作。

马克思和恩格斯总结了巴黎公社革命政权议行合一的特点：①立法和行政统一，巴黎公社不是议会式的，而是行政和立法兼管的工作机关；②行政机关从属于权力机关，巴黎公社后期实行由各委员会各派一名代表组成执行委员会，负责执行各委员会的决议活动；③保障人民对国家权力的监督和控制，公社委员均由选民直接选举产生，对人民负责，受人民监督，选举者可以随时撤换被选举者；④公社所有公职人员没有任何特权，不论职位高低，只付给与其他人同样的工资。

列宁结合俄国革命的实际，发展了议行合一理论。列宁对议会制和三权分立制度进行了批判，认为议会只是"清谈馆"，资产阶级议会制的本质是统治阶级镇压和压迫人民的工具。所以列宁认为苏维埃是革命政府唯一的可能形式，"不要议会制共和国，而要从下到上遍及全国的工人、雇农和农民代表苏维埃的共和国"。社会主义国家应该将"清淡馆"变为工作机构，即议行合一的政权机构。

我国根据议行合一理论确立了人民代表大会制度作为我国的根本政治制度，是议行合一理论与中国实践相结合的具体政治实践。我国《宪法》规定，中华人民共和国的一切权力属于人民。人民行使国家权力的机关是全国人民代表大会和地方各级人民代表大会，全国人民代表大会和地方各级人民代表大会都由民主选举产生，对人民负责，受人民监督。国家行政机关、监察机关、审判机关、检察机关都由人民代表大会产生并对其负责，受其监督。

四、协商民主理论

（一）理论渊源

协商民主理论是 20 世纪末期西方政治学界兴起的一种新的民主理论范式，它主要是指：在政治共同体中，自由与平等的公民，通过公共协商而赋予立法、决策以正当性，同时经由协商民主达到理性立法、参与政治和公民自治的理想。当然，这种政治理想是建立在公民实践理性基础之上的。

协商民主可以回溯到古希腊时期，其后续发展少不了埃德蒙·伯克和约翰·斯图亚特·密尔，以及约翰·杜威这些 20 世纪理论家的贡献。"协商民主"概念是约瑟夫·毕塞特（Joseph Bessette）于 1980 年开始正式作为学术语言使用的。而真正赋予其动力的则是伯纳德·曼宁（Bernard Manin）和乔舒亚·科恩（Joshua Cohen）。20 世纪后期，自由主义理论和批判理论的代表罗尔斯与哈贝马斯分别出版了论述协商民主的著作，从而使协商民主理论开始逐渐流行起来，他们都将自己看作是协商民主的支持者。协商民主的另外一个代表人物是约·埃尔斯特（Jon Elster）。

协商民主的理论基础源于英美传统的自由宪政主义和德国传统的批判理论。从表面上看，自由民主与协商民主是不相容的，因为协商民主强调政治互动中的偏好转换，而自由民主的理想则存在于政治互动前的利益协调和聚合。但自由促进了协商，制宪过程本身就是协商。协商民主的另外一个来源是批判理论。批判理论关注使个人和社会从各种压制性力量中摆脱出来，以及公民自身通过参与民主政治而认识并对抗这些力量的能力。这些公民在理想上应该是更具有公共精神、更有耐性、更有知识、更关心别人的利益、也更注重自身的利益。哈贝马斯认为，交往理性能够支持协商民主概念，交往理性的要素是协商民主有效性的标准。他们都认为政治对话是协商民主的本质。

（二）协商民主理论的基本内容

首先，公共协商是协商民主理论的核心概念。公共协商是政治共同体成员参与公共讨论和批判性审视公共政策的过程，为的是发挥公众理性，并在理性基础上形成共识，以实现能够最大限度地满足公民愿望的政策。其次，协商过程中的参与者是平等、自由、理性的，不存在任何具有超越其他公民利益的特殊成员利益优先性。参与协商的过程不受强制力的约束，参与者在协商过程中的建议、争论等均必须提出充分的理由。再次，协商民主强调公开性和责任性。公共协商通过公民自身参与公共决策过程，协商讨论而达成共识的方式，赋予公共决策以合法性，公共政策在公民自愿的基础上而具有正当性和约束力。同时，协商民主强调参与的公民具有一定的责任心，并通过协商过程的公开性和责任性防止决策过程中秘密的、幕后的政策协定，并明确政策支持者的责任。最后，协商民主的核心假设是，只有公民参与到协商过程中，其才能够承担公共利益的责任，为更大利益而节制甚至牺牲自我利益。因此，要求公共协商参与者具有共享的基本认知和道德观念。强调公民能够有能力且有机会参与政治民主过程，并且公共协商的政治民主过程的确能够发挥实质性的作用。

中国所实行的中国共产党领导的多党合作和政治协商制度被很多学者认为是对建立协商民主政治框架体系的积极探索。我国在新中国成立初期就建立了中国共产党领导的多党合作和政治协商制度，人民政协的制度设计是为了使各个党派、阶层、界别、宗教等方面的政协委员，按照政治协商、民主监督、参政议政的要求，参与国家大政方针的制定。中国共产党领导的多党合作和政治协商制度作为社会主义民主政治的重要形式，既是扩大政治参与、实现民主决策和科学决策的重要环节，也是加强中国共产党领导、提高中国共产党的执政能力的重要途径。

【案例分析】

西方腐败警示录：英国制度漏洞酿成"报销门"

2009 年以来，英国议员滥用公款报销个人账单的丑闻接连被媒体曝光，英国三大主要政党共有 300 多名议员卷入其中，英国社会一片哗然，引发了长达数年的"反腐海啸"。

在"报销门"事件中，时任英国首相、工党议员戈登·布朗被指为其弟报销 6577 英镑（约合人民币 6.9 万元）房屋清洁费；时任保守党党鞭德里克·康威花费数万英镑公款，"聘请"他还在读书的儿子担任研究助手，但调查显示他的儿子是在"吃空饷"；时任英国内政大臣雅基·史密斯为其丈夫报销购买苹果手机和观看成人电影的费用；时任英国地方政府事务部长、工党议员芭芭拉·福利特使用公款报销其私人艺术品保险费、住宅保安费等支出，数额高达 42 458 英镑，被称为英国议会"挥金女王"。

这一系列丑闻接连曝光后，英国审计机关对 752 名时任或前任议员的报销账目开展调查，要求其中 389 名议员退还总额为 112 万英镑的报销款，数十名滥用公款的议员被迫下台、辞职或被所在政党开除党籍。英国检方对涉嫌财务作假的 3 名下院议员和 1 名上院议员提起刑事犯罪指控，这 4 人分别被判处 9 个月到 1 年半的刑期。

"报销门"丑闻严重冲击了英国公众对议会和官僚体制的信任。英国《泰晤士报》将"报销门"事件称作"英国议会史上最黑暗的一天"。诺丁汉大学政治学教授菲利普·考利则把这次事件称作过去 100 年来英国政治生活中最腐败的丑闻。

英国被视为西方法律制度最为完备的国家之一，"报销门"让英国曾经引以为豪的议会制度声誉扫地，很多人不禁会问：如此大范围的议员腐败案件何以发生在英国？

伦敦大学国王学院政治学者安德鲁·布里克在接受本报记者采访时表示，"报销门"腐败丑闻的产生，本质上来源于英国议会制度和法律上的漏洞，议员的经济支出状况长期缺乏外力监督，助长了部分议员和政客的贪婪。

首先，制度漏洞导致监管缺位。布里克说："权力缺少监管是导致议员报销丑闻的根源。"事件发生前，英国议会内部缺少针对议员财务状况的有效监管，议会财务部门的报销规则一直比较松散和模糊，制度漏洞给部分议员提供了钻空子的机会。

其次，权力封闭运作。英国议会财务制度长期处于封闭运行的状态，游戏规则由议员自己掌控，纳税人无法了解议员使用公款的去向，难以形成有效监督。

第三，特权思想膨胀。英国素有议会至上的传统，议员享有超出一般人的地位和尊崇，部分议员将公款私用视作理所当然，拒绝来自外部的监督和质疑。在"报销门"曝光之前，英国公众和媒体已强烈呼吁议会公开议员支出状况，但享受了既得利益的议员们千方百计封锁消息，甚至动用手中权力试图通过立法阻止公众查询议员报销信息，使得丑闻被长期掩盖。

"报销门"丑闻对英国政坛造成了深远影响，推动了英国多项反腐法案和监管机构的诞生。同时，对"报销门"事件的调查客观上推动了英国的政务信息公开进程，官员腐败问题更容易被发现和追究。今年4月，时任英国文化、媒体和体育大臣、保守党议员玛丽亚·米勒因涉嫌虚报房屋补贴引发众怒，只得迅速宣布辞职。

——摘自　中央纪委国家监委网站

案例思考题

英国"报销门"事件为什么会出现？这对于当前我国社会主义监督体系建设有什么样的启示？

【课后练习题】

1. 简述古希腊的监督体制。
2. 简述古罗马共和政体的监督体制。
3. 简述西方近代资产阶级监督体制形成的标志。
4. 西方现代资产阶级监督体制包括哪些方面？
5. 西方权力制约和监督的主要思想有哪些？

第四章

中国特色社会主义监督体制的理论渊源及实践

【本章学习目标】

1. 了解马克思、恩格斯的监督思想。
2. 理解中国共产党历代领导人的监督思想及实践。
3. 掌握十八大以来党和国家监督体系的构成及实践。

中国特色社会主义监督体制，是马克思列宁主义监督理论与中国实际相结合的中国化的监督体制，是中国共产党在革命、建设、改革开放的实践中独创并不断健全、完善的监督体制。为了探寻中国特色社会主义监督体制的理论渊源与实践，有必要对马克思、恩格斯、列宁和中国共产党人，在不同时期和不同时代条件下坚持和发展马克思主义监督思想的实践进行简要的回顾和阐述。

第一节 马克思主义经典作家的监督思想及实践

一、马克思、恩格斯的监督思想

马克思主义的权力监督理论，是马克思主义关于革命、党的建设、政权建设理论的重要组成部分。马克思、恩格斯作为马克思主义的创始人，运用辩证唯物主义和历史唯物主义对国家这一历史现象进行了深刻的剖析，揭露了资本主义的本质和"权力异化"产生社会腐败的根本原因；并根据巴黎公社革命的经验，对工人阶级及其政党在革命胜利和执掌政权之后如何避免官僚主义和"权力异化"，防止新生的无产阶级革命政权蜕化变质作了深刻的论述，为建立无产阶级的监督体制提供了强大的思想武器。

（一）遏制腐败现象必须对权力进行监督和制约

马克思认为，腐败不是从来就有的，它的出现并非偶然。在生产力水平低下的原始社会初期，由于没有产品剩余，腐败现象也就没有出现。到了原始社会后期，随着生产力水平以及社会分工的不断提高和发展，开始出现剩余产品，一些"公务人员"便利用自身的职务以及对产品的分配权力将剩余的公共财物据为己有，由此埋下了腐败的种子。在马克思、恩格斯看来，建立在私有制基础上的资产阶级国家政权及其一整套官僚制度都是为整个资本主义和资本家的经济利益而服务的，对此，马克思曾尖锐地指出，表面上凌驾于社会之上的国家政权，实际上却是这个社会最丑恶的东西，是一切腐败事物的"温床"。据此，马克思、恩格斯提出，要想有效遏制腐败现象就必须对权力进行监督和制约。马克思、恩格斯认为，有效的权力制约和监督能够让"总是处于切实的监督之下的社会公职，不再是中央政府赏赐给它的爪牙的私有财产"。[1]

（二）由人民监督权利的思想

巴黎公社作为第一个真正的无产阶级政权，虽然仅存在了72天，但是它在马克思主义发展史中的重要地位以及政权建立期间提出的重要思想得到了马克思、恩格斯的高度评价和认可。马克思、恩格斯更是为此写了一系列文章总结巴黎公社的建设经验，并对公社的建设提出了自己的设想和建议，其中就包括关于加强对政党权力进行监督的思想。马克思、恩格斯在研讨和总结巴黎公社经验教训的基础上充分吸收其精华，提出人民监督的思想。马克思、恩格斯对巴黎公社提出的由人民选举产生公社代表，对选民负责和受选民监督的政权组织形式给予了高度赞扬。诚如马克思所说，"现在，普选权已被应用于它的真正目的：由各公社选举它们的行政的和创制法律的公职人员。"[2]马克思、恩格斯认为，在公社这种形势下，选举权真正赋予了人民当家做主的权利。此外，马克思、恩格斯还指出，实行政务公开也是加强权

---

[1] 中共中央马克思恩格斯列宁斯大林著作编译局编译：《马克思恩格斯选集（第3卷）》，人民出版社1995年版，第121页。

[2] 彭勃、李辉、刘瑞复主编：《马克思恩格斯列宁斯大林论监督与监察》，红旗出版社1991年版。

力监督的一个重要举措，为了避免"社会公仆"最终转变为"社会主人"，主张公社应该把自己的一言一行和一切缺点都公布出来，让公众知道。

由于马克思、恩格斯受当时无产阶级政权建设实践的限制，还很难对社会主义各种具体的监督制度提出构想，许多思想还是处于论证和设想阶段，更多的是从宏观层面阐述监督对社会主义民主的作用和意义，但这些思想为后来的社会主义实践提供了科学的理论基础。

二、列宁的监督思想

1917年十月革命的胜利，使无产阶级第一次成为统治阶级。列宁在总结革命和建设的经验时，结合俄国革命的实际，进一步丰富和发展了马克思主义的监督理论。十月革命胜利后的第二天，列宁就宣布："我们愿意让政府时时受到本国舆论的监督"。[1]列宁曾一度设想由人民群众直接管理国家。但经过几年的实践，列宁认识到，在政治、经济、文化都比较落后的情况下，只能通过无产阶级的先进阶层来代表群众管理国家。这种间接民主制有可能使新生的苏维埃政权产生官僚主义。因此，必须与官僚主义进行坚决的斗争。反对官僚主义的根本措施就是吸引劳动人民参加管理，但当人民的国家只由少数代表行使管理权而尚未实现人人都参加管理的时候，只有加强人民对国家工作人员的监督，才能减少官僚主义。监督是完善国家管理的一个重要机制，"监督是把共产主义社会第一阶段'调整'好，并使它能正确地进行工作所必需的主要条件"。广大群众应当承担起"人民代表"的监督任务，以此实现人民的意志，从而保证工人阶级的国家不变质。

列宁认为，人民群众掌握罢免权，最能反映人民民主的本质，这是苏维埃政权的真正人民性所在，也是社会主义民主的重要特点。"正是苏维埃与劳动'人民'接近，才造成一种特别形式的罢免制和另一种自下而上的监督制。现在应该极力发展这些形式。"为此，列宁亲自起草《罢免权法令草案》，草案中规定，任何由选举产生的机关或代表会议，只有承认和实行选举人对代表的罢免权，才能真正被认为是真正民主的和确实代表人民意志的机关。

列宁反对资产阶级的议会制和三权分立。坚持马克思和恩格斯创立的议

---

〔1〕　中共中央马克思恩格斯列宁斯大林著作编译局编译：《列宁全集（第26卷）》，人民出版社1959年版，第232页。

行合一的理论模式。他说，议会只是"清谈馆"，充其量只不过是"每隔几年决定一次究竟由统治阶级中的什么人在议会里镇压人民、压迫人民，——这就是资产阶级议会制真正本质，不仅在议会制的立宪君主国内是这样的，而且在最民主的共和国内也是这样。"因此，列宁指出，不要议会制共和国（从工人代表苏维埃回到议会制共和国是倒退了一步），而要从下到上遍及全国的工人、雇农和农民代表苏维埃的共和国。苏维埃是革命政权唯一可能的形式，革命政府不在于取消代表机构和选举制，而在于把代表机构由"清谈馆"变为工作机构，即议行合一的政权机构。

第二节　中国共产党历代领导人的监督思想及实践

在中国革命和建设的长期实践中，我们党和国家对监督制度的思想认识和制度建设是不断完善和发展的，这是一个渐进的过程。在这一过程中，从毛泽东到习近平，作为中国共产党的历代领导集体的核心，在各自所处的不同历史时期，根据国内外形势及时代特征，对建立健全社会主义监督机制、有效地开展反腐败斗争、促进党风廉政建设等方面的问题进行了积极的探索和实践，产生了许多精辟的认识，对当代中国社会主义监督理论的形成和完善作出了卓越的贡献。他们把马克思主义的普遍真理同中国的具体实践相结合，提出了一整套社会主义监理理论，为今天中国的社会主义监督制度建设，确立了根本的指导思想。

一、毛泽东的权力监督思想

毛泽东在领导新民主主义革命和建立新中国的过程中，高度重视党风廉政建设，提出了一系列有关反腐倡廉的理论、观点，并采取了许多行之有效的措施。

（一）让人民来监督政府

新中国成立后，毛泽东就明确提出"国家是人民的，国家所做的相关决策和建设，全面接受人民群众的监督。一切以人民群众为中心，中国共产党永远不改变的建党建国方向。让人民来监督政府"[1]的思想，这是毛泽东关

---

〔1〕《毛泽东选集（第2卷）》，人民出版社1996年版，第534页；《毛泽东选集（第4卷）》，人民出版社1995年版，第742页。

于权力监督思想的核心内容和出发点，是由党的性质和宗旨所决定的。毛泽东始终强调党员干部要永远做人民的公仆，认为要保持党的性质和宗旨不变，中国共产党必须接受人民监督。毛泽东认为，只有人民群众有监督权力的主动意识，而拥有权力的人员有主动服务人民群众的认知，这个国家才能健康运转。

土地革命时期，毛泽东就对人民监督政府的思想作了初步论述。抗日战争时期，毛泽东通过借鉴历史，深刻分析了社会发展所要面对的种种问题，并认为，社会的运转，一定要以人民为中心。党的七大标志着毛泽东"让人民来监督政府"思想的形成。在毛泽东与民主人士黄炎培著名的"窑洞对"中，鲜明地指出："我们已经找到了一条新路，我们能跳出这周期律。这条新路，就是民主。只有让人民来监督政府，政府才不敢松懈。只有人人起来负责，才不会人亡政息。"[1]这标志着"让人民来监督政府"思想基本成熟。毛泽东坚持历史唯物主义的基本观点，其"让人民来监督政府"的理论基础就是人民权力观，即权力来源于人民，其本质就是人民当家作主。既然权力属于人民，政府等公共部门的权力来源于人民的授予，那么作为权力主人的人民，对行使权力的公共部门当然有权监督，这是毛泽东民主思想的出发点和民主政权建设理论的基石。在毛泽东看来，人民监督具有其他监督所不能比拟的优势：人民群众是对权力进行监督最深厚的社会基础，具有广泛性，对权力的监督无处不触及。因此，毛泽东认为"让人民来监督政府"是跳出"人亡政息"周期率的必由之路。

（二）强调党要管党

中国共产党的纪律严明，是中国共产党独有的特质。在解放战争时期，为了不打扰人民群众，即使特别疲倦，战士们也选择悄悄地睡在马路边上。其中，"三大纪律，八项注意"就是毛泽东为了强化每一个党员的自律精神，以更好地服务人民群众而制定的。"党要管党"[2]，即是党内部的自我监督。毛泽东指出，"在中国来说，谁有资格犯大错误？就是中国共产党。犯了错误影响也最大。"[3]强调党纪监督，任何规则的制定，都是为了更好地建设社会主义，也是行之有效的适合我国国情的基本国策。

---

〔1〕　黄炎培：《八十年来》，文史资料出版社 1982 年版。
〔2〕　《毛泽东选集（第1卷）》，人民出版社 1991 年版，第 247 页。
〔3〕　《毛泽东选集（第4卷）》，人民出版社 1995 年版，第 474 页。

在六届六中全会上，毛泽东首次提出："纪律是执行路线的保证。"在《论新阶段》中也指出："没有纪律，党就无法率领群众与军队进行胜利的斗争。"这体现了毛泽东对党纪监督的重视。新中国成立后，为了发扬纪律，毛泽东成立了上至中央下到地方的纪检组织。以党规党纪来严格要求各级公职人员清廉做事，认真执法。这也是新中国建设初期，关于权力监督的重要制度，具有对党的内部性和对党员个人的外部性相统一的特征，毛泽东为我党探索出了一套行之有效的制度：一是建立党员干部民主生活会制度。发挥党内民主，开展互相监督，党员都必须按党章的要求参加党小组活动，"无特殊人物""无特殊组织"。民主生活会制度现已成为党内政治生活的重要内容。二是建立党委集体领导制度。在进行重大事项决策时，毛泽东主张集体讨论，并根据大家反馈的意见，进行合理的决定。依靠大家的群策群力，防止个人的专制独裁。三是建立党内报告制度和巡视制度。中共七大之后，毛泽东指示建立了严格的党内报告制度；同时毛泽东提出组织"小型巡视团和个别有威信的委员的巡视方法"[1]。

（三）重视党外监督

毛泽东认为，一家之言不利于国家的稳定发展，百家争鸣更有利于社会进步。党的耳边需要听到不同的声音。[2]这是毛泽东党外监督思想的体现，毛泽东的党外监督思想较为丰富：其一，发挥民主党派和党外人士的监督作用，早在民主革命时期，毛泽东便要求中共党员和民主人士合作。新中国成立前夕，毛泽东诚邀民主党派人士参加全国政协会议，组建新政府。新中国成立后，曾有人认为民主党派的历史使命已经完成，提出解散民主党派的主张，被毛泽东否决，他指出："究竟是一个党好还是几个党好？现在看来，恐怕是几个党好，不仅过去如此，而且将来也如此。"[3]在他看来，为什么要让民主党派监督中国共产党呢？这是因为一个党同一个人一样，耳边很需要听到不同的声音。关于党外人士的监督，最突出表现为抗日战争时期在抗日根据地的政权建设中实行"三三制"原则；毛泽东同时要求党的干部"遇事先

---

〔1〕《毛泽东选集（第 4 卷）》，人民出版社 1991 年版，第 305 页。

〔2〕《毛泽东选集（第 2 卷）》，人民出版社 1991 年版，第 378 页。

〔3〕《毛泽东选集（第 1 卷）》，人民出版社 1991 年版，第 8 页。

和党外人士商量并倾听他们的意见。"〔1〕其二，重视舆论监督，毛泽东在各个历史时期，都强调新闻批评和舆论监督的重要性，抗日战争时期，毛泽东认为舆论监督有利于促进军队自身建设，有利于抗战大业；新中国成立后，毛泽东根据我党所面临形势的变化，及时强调了加强舆论监督的重要性，在中央作出的《关于在报纸刊物上展开批评和自我批评的决定》中，要求在公共场合，在人民群众中，特别是在党的报纸刊物上对党和政府中的缺点和错误进行批评。在毛泽东看来，利用报刊等新闻媒介进行舆论监督是加强和改善党的领导和对权力进行监督的有效方式。事实也证明，舆论监督对于保持党的优良作风、克服腐败现象起到了重要作用。这是党内巡视制度的雏形。

（四）严惩权力腐败者

严惩权力腐败者是毛泽东思想的重要内容，无论是革命年代，还是建设时期，他始终认为党员干部要重视预防腐败，并严惩党内的贪污腐败人员。毛泽东对于违法乱纪分子主张："违法情形严重者必须给以法律的制裁，如果是党员必须执行党纪。各级党委应有决心将为群众所痛恨的违法乱纪分子加以惩处和清除出党政组织。"〔2〕毛泽东对腐败问题有着鲜明的阶级立场，他对于腐败决不姑息，他把领导干部中的腐败问题看成是"反动统治阶级对待人民的反动作风（反人民的作风，国民党的作风）的残余在我们党和政府内的反映的问题。"〔3〕1951年11月毛泽东在为中共中央起草的转批中共华北局关于天津地委严重贪污腐败情况的报告批语中指出："必须严重地注意干部被资产阶级腐蚀发生严重贪污行为这一事实，注意发现、揭露和惩处，并须当作一场大斗争来处理。"张子善、刘青山被处以死刑，求情者众多而且有身居高位之人，毛泽东的回答是令人警醒的，"处决他们，能挽救更多的犯有各种不同错误的领导干部。"〔4〕只有对腐败分子进行严厉的打击，才能有效抵抗资产阶级腐朽思想对党员队伍的侵蚀。党内的一批腐败分子被清除了，给广大党员干部上了一堂反腐败的课程，纯洁了党的肌体，保护了党的先进性，更是形成了廉洁奉公、抵制贪腐的社会风气。毛泽东坚持对犯有贪污错误的人，轻者批评

〔1〕《毛泽东选集（第2卷）》，人民出版社1991年版，第134页。
〔2〕《毛泽东选集（第1卷）》，人民出版社1991年版，第435页。
〔3〕《毛泽东选集（第4卷）》，人民出版化1991年版，第891页。
〔4〕《毛泽东选集（第1卷）》，人民出版社1991年版，第748页。

教育，重者撤职查办；对典型的贪污犯，必须动员群众进行公审，依法治罪。在以后的历次整党反腐败运动中，毛泽东主张对腐败问题予以坚决清除。这种鲜明的阶级立场和阶级态度，引导我们党有效地抵制了腐败。

毛泽东的权力制约监督思想在理论和实践上取得了重大突破，他将马克思主义权力理论与新中国革命建设相结合，是我们党宝贵的精神财富。在理论上，毛泽东深化了人民当家作主的历史要求，特别是突出了民主监督的重要性；在实践中，通过严厉处罚和整风运动的方式对党员队伍进行了整肃，从而保证党的持续战斗力。然而，由于当时党和国家的建设仍处于起步阶段，法制的不健全以及选择权力制约监督途径上采用群众运动的方法，最后产生了"大跃进"和"文革"的历史教训。

二、邓小平的权力监督思想

在当代中国的历史时期，党把工作重心转移到社会主义建设上来，实行改革开放。党的第二代领导核心邓小平继承和发展了毛泽东有关监督和反腐败的思想，并提出了许多富有创新精神和符合中国实际的观点。

（一）以制度创新来监督权力

制度是约束权力的治本之策，制度是防止权力超用和权力越轨的制胜法宝，制度是拒腐防变的堤坝，制度是限权制权的尺度，制度是从源头上、根本上遏制权力异化的必然逻辑，制度是一个国家政权的基石，如果基石不稳，那么政权就会风雨飘摇，就会难以承受压力，就会坍塌，因此，在权力监督方面，邓小平指出："我们自从实行对外开放和对内搞活经济两个方面的政策以来，不过一两年时间，就有相当多的干部被腐蚀了，卷进经济犯罪活动的人不是小量的……有些是个人犯罪，有些是集体犯罪，造成这种形势的重要原因是制度不健全，如果我们今天再不健全社会主义制度，人们就会说，为什么资本主义能解决的一些问题，社会主义反而不能解决呢？这就要求我们在制定制度时，必须审慎，制定出好的制度。"[1]

邓小平指出，要认真调查研究，比较各国的经验，集思广益，提出切实可行的方案和措施，对这一问题的精辟论述体现在《党和国家领导制度的改革》之中，邓小平指出："制度好可以使坏人无法任意横行，制度不好可以使

好人无法充分做好事，甚至会走向反面。"[1]邓小平认为要从根本上抑制腐败的滋生和蔓延，对党员干部的行为实施有效的监督和约束，必须把制度建设放在首位，"我们党和国家政治生活中广泛存在官僚主义现象，是因为党政机关长期缺少严格的从上到下的责任制，干部缺少正常的录用、奖惩、退休、退职、淘汰办法，能进不能出，能上不能下，特权现象严重，这需要采取强有力的措施，致力于改革现有的制度的弊端和新制度的建立。"[2]"制度比个人思想更重要。"[3]

（二）实行党政分开，以适当分权制约权力

从党政不分、以党代政的巨大危害来看，它是导致领导体制中其他弊端的关键因素。在改革之初，我们党和国家领导体制存在的弊端主要有官僚主义现象、权力过分集中现象和机构臃肿现象。而这些弊端，都与党政不分、以党代政的政治体制密不可分。1978 年 3 月 18 日，邓小平在全国科学大会开幕式的讲话中又指出"党委的领导，主要是政治上的领导，保证正确的政治方向，保证党的路线、方针、政策的贯彻，调动各个方面的积极性"[4]，"党和国家，不是行政隶属意义上的上下属关系，党要用自己的纲领、路线指导国家行动。党要通过在国家机构中工作的党员来贯彻党的决定，要通过向政府推荐重要干部来保证政治领导的实现。"[5]

实行党政分开后，党把繁重的行政事务还交给政府机关，党才有精力和时间集中研究国家社会发展的大政方针，才能有效地监督和指导政府机关对党的路线、方针、政策的实施。党的政治领导才能更好地实现和加强。

（三）强调干部的权力必须接受全方位、多层次的监督

邓小平早在"共产党要接受监督"的讲话中就已经强调"我们党是执政党，如果我们不接受监督，不注意扩大党和国家的民主生活，就一定要脱离群众、犯大错误。"[6]进入改革开放的历史新时期，邓小平仍然不忘告诫全党，要自觉接受各个方面的监督，包括民主党派监督、群众监督，要用手中

---

〔1〕《邓小平文选（第 1 卷）》，人民出版社 1994 年版，第 333 页。

〔2〕《邓小平文选（第 1 卷）》，人民出版社 1994 年版，第 333 页。

〔3〕《邓小平文选（第 2 卷）》，人民出版社 1994 年版，第 2 页。

〔4〕《邓小平文选（第 2 卷）》，人民出版化 1994 年版，第 173 页。

〔5〕《邓小平文选（第 2 卷）》，人民出版社 1994 年版，第 306 页。

〔6〕《邓小平文选（第 2 卷）》，人民出版社 1994 年版，第 3 页。

的权力真正为人民服务。

一是民主党派监督。邓小平特别注重民主党派对党和政府的监督，早在主政大西南时，他就主动动员民主人士，认为这样僵局往往就容易打破，任务也就容易完成。1956 年 9 月，党的八大召开。邓小平在会上作《关于修改党的章程的报告》时强调，"党外的民主人士，能够对于我们党提供一种单靠党员所不容易提供的监督，能够发现我们工作中的一些我们所没有发现的错误和缺点。"[1]"代表不同阶层的群众，反映不同阶层群众的意见和要求，从维护群众利益出发，各个民主党派在不同方面、不同程度上对国家行政机关及其工作人员担负着监督职责。他们的参与会使得监督更加科学理性，利于集思广益、取长补短，克服缺点，减少错误。"[2]

二是群众监督。人民群众是历史的创造者，是国家的真正主人。因此，在加强权力机关自我监督、自我约束的同时，更重要的是要有群众监督制度，让群众和党员监督干部，特别是领导干部。群众监督是一种最有力、最有效、最直接的监督，这充分体现了"主权在民"的政治实践，也是国家根本大法赋予人民最基本的权利之一。实行民主监督可以调动群众的积极性，不仅可以克服官僚主义，还可以促进决策民主化。群众来信来访作为群众表达自己真实意愿的重要渠道，是群众对党和干部进行监督的有效途径。遵循邓小平群众监督思想，十三届六中全会作出了《中共中央关于加强党同人民群众联系的决定》，要求对群众监督以及反映的问题，要认真研究，正确处理，严禁压置不理，相互推诿，为群众监督提供了依据。

此外，邓小平特别强调我国的监督制度是人民代表大会制度下的监督制度。因此，"我们在政治体制改革过程中完善我国的监督体制时，不能照搬西方的那一套。""如果过分强调互相制约的体制，可能也有问题。""这种办法我们不能采用。"[3]邓小平关于不搞西方国家三权分立体制而要坚持完善人民代表大会制度的思想，对我国社会主义市场经济条件下建设有中国特色的监督制度，具有十分重要的指导意义。

---

[1]《邓小平文集（第 1 卷）》，人民出版社 1994 年版，第 225 页。

[2]《邓小平文选（第 3 卷）》，人民出版社 1993 年版，第 359 页。

[3] 中共中央文献研究室编：《邓小平同志论民主与法制》，法律出版社 1990 年版，第 67 页。

三、江泽民的权力监督思想

江泽民作为党的第三代领导集体的核心，继承和发展了邓小平的监督理论，在"三个代表"重要思想的论述中，包含了丰富的监督思想；他在总结中国革命实践特别是改革开放以来的反腐倡廉经验时，有许多真知灼见，这些思想观点对于建立健全社会主义监督机制强化反腐倡廉，都具有极其重要的意义。邓小平迈出了权力制约监督法治的第一步，同时也是首次将其制度化。江泽民则将其进一步深化，在理论和实践上取得实质性进展。

（一）合理分权健全权力制约监督机制

江泽民在党的十六大报告中指出："中国共产党的一项重大政治任务就是坚决反对和防止腐败。"[1]他在总结和吸收了邓小平探究的权力腐败的产生原因后，不断深入对权力制约和监督的实践和思考，认为体制不健全会导致权力腐败。提出了领导制度、组织制度的问题，更加具有根本性、整体性、稳定性和长期性。2000年1月，江泽民在中央纪律检查委员会的第四次全体会议上指出，"由于制度和机制的不健全、不完善，工作中存在一些漏洞和薄弱环节，也会给腐败现象以可乘之机。"[2]合理分解和分配权力无疑是解决腐败问题的重要途径。此后，党中央在反腐败斗争逐步规定了几项重要制度，取得了很大成绩：一是严格禁止各级党政机关经商，对经商者实行严惩；二是实行领导干部任期经济责任审计制度和会计委派制度；三是进行行政审批制度改革，规范行政审批权力，防止滥用审批权力。

（二）重视党内监督机制建设

江泽民十分重视党内监督机制的建设。在庆祝中国共产党成立80周年大会上的讲话中，他指出："贯彻'三个代表'的要求，我们必须坚持党要管党的原则和从严治党的方针，各级党组织必须对党员干部严格要求、严格教育、严格管理、严格监督，坚决克服党内存在的消极腐败现象。"党组织要对党员进行严格管理和监督，完善民主集中制，充分发挥各种组织制度对领导个人的行为进行监督的作用，是江泽民的一贯主张。他说："越是改革开放，越要加强和健全党内监督；越是领导机关、领导干部，越要有严格的党内监督"

---

〔1〕《江泽民文选（第3卷）》，人民出版社2006年版，第573页。

〔2〕《江泽民文选（第1卷）》，人民出版社2006年版，第324页。

"现在我们党已经有 6000 多万党员，这么大的一支队伍，要管理好不容易。如果放松管理，肯定会出问题，甚至出大问题"。[1]他的这些讲话，深刻地揭示了在社会主义市场经济条件下完善监督机制，加强党风廉政建设的必要性和紧迫性。

（三）以德制约、监督权力

"以德制权"是指通过对政府官员的教育，要求他们内化为道德信仰，指导他们梳理正确的权力观念，外化为人民服务的行动，使他们具有抵制外部各种诱惑的良好道德意识，并严格地要求他们自觉妥善行使权力，以免滥用权力。

邓小平指出："我们过去几十年艰苦奋斗，就是靠用坚定的信念把人民团结起来，为人民自己的利益而奋斗……需要广大党员干部内化共产主义道德。"[2]江泽民在邓小平对党员干部的道德约束思想的基础上进一步提出依法治国与以德治国是辩证统一的，二者缺一不可，不能偏废。他在 2001 年1 月召开的全国宣传部长会议上指出，我们在建设有中国特色社会主义，发展社会主义市场经济的过程中，要坚持不懈地加强社会主义道德建设，以德治国。要把法制建设和道德建设紧密结合起来，把依法治国和以德治国紧密结合起来。他总结出用道德规范权力的行使有三个要求：一是抓好反腐败工作；二是弘扬我国廉政文化；三是坚持执政党以民为本的工作要求。江泽民告诫各级领导干部要加强道德建设和自律，做到自重，经受各种诱惑的考验。为了使各级领导干部使用好自己手中的权力，不被诱惑、不改变颜色，要以道德修养警示自己、以道德规范约束自己，这就是"以德制权"的思想。

总之，江泽民关于加强监督和反腐倡廉的论述，是在新的历史条件下，对我党治国安民的经验的概括和总结，它极大地丰富和发展了毛泽东、邓小平的监督思想，对于进一步发展社会主义民主，健全社会主义法制，完善监督机制，具有极大的指导意义，是新时期加强廉政建设，反对和治理腐败的重要思想武器。但因为制度体系还在起步阶段，很多制度制定进展缓慢、落实不到位、制度存在漏洞，使得权力的使用还没呈现普遍规范的状态。

---

〔1〕《在中纪委第六次全体会议上的讲话》，载《人民日报》2000 年 4 月 2 日。
〔2〕《邓小平文选（第 2 卷）》，人民出版社 1994 年版，第 35 页。

四、胡锦涛的权力监督思想

党的十六大以来，以胡锦涛同志为总书记的党中央领导集体，在坚持以科学发展观统揽社会主义发展全局，坚持以人为本，执政为民理念，扎实推进社会主义经济建设、政治建设、文化建设、社会建设、生态文明建设和党的建设的同时，强化了中国特色社会主义监督体制，为适应新世纪新阶段深入推进党风廉政建设和反腐败斗争的需要，提出了反腐倡廉"标本兼治、综合治理、惩防并举、注重预防"的方针，颁布了建立健全与社会主义市场经济体制相适应的教育、制度、监督并重的惩治和预防腐败实施纲要。党的十七大后又制定了《建立健全惩治和预防腐败体系2008-2012年工作规划》，使教育、制度、监督、改革、纠风、惩治等各项反腐倡廉工作得到全面推进，监督工作的地位更加突出，监督的关键作用在经济、政治、文化、社会各个领域得到充分体现，使马克思主义监督理论更具中国化、大众化、时代化特点。

（一）强调制度化整合对权力的制约监督作用

2005年12月，胡锦涛在中共中央政治局第二十七次集体学习时强调在行政管理体制改革时要采取积极的、稳步的节奏，对人民代表大会、人民政协、司法机关、人民群众、舆论依法监督的机制进行完善。制度化的分权，在各种制约力量之间找到了交叉点，使制约力量之间减少了冲突或矛盾，从而提高监督的实效。中央纪律检查委员会在向党的十七大提交工作报告时也指出，要把党内监督与人大监督、专门机构监督、政协民主监督、司法监督结合起来，并用群众监督和舆论监督来拓宽监督渠道。通过各种制约力量的系统整合，减少重叠或稀缺的不合理现象，理顺关系，协调重点，形成合力，共同制约和监督权力运行。

（二）强调道德和廉政文化对权力制约监督职能的发挥

虽然权力的异化来源于制约监督机制的不健全，但公务员特别是领导干部的道德腐败也是权力腐败和滥用的重要原因。对此，新一代中央领导集体高度重视，多次在不同场合进行论述。胡锦涛分别在中央纪律检查委员会第三次全会、第五次全会、第七次全会上指出，加强思想道德教育和纪律教育，夯实拒腐防变的工作力度；加大预防腐败的工作力度，在加强教育上下功夫，使领导干部拒腐防变，带头廉洁自律；反腐倡廉工作必须从思想道德教育这个基础抓起。十六大以来，党中央还加强了先进性建设活动，而"保持党员队伍的先进性，根本在于增强了广大党员的先进性意识，激发其自我教育、自我提高的内在动力"[1]。这不仅增强了广大党员干部的先进意识，而且打下了防止腐败和权力滥用的思想道德基础。同时，纪检监察机关在全国各地都充分利用了反腐败工作格局，结合"八荣八耻"，逐渐在社会上树立"以廉为荣、以贪为耻"的风气。

（三）坚持完善和发展党的巡视制度，深入开展巡视工作

以江泽民同志为核心的党的第三代中央领导集体，提出的加强党内监督"五项制度"中的第一项是开展巡视工作。党的十六大后，以胡锦涛同志为核心的党中央，在原有试点的基础上，进一步加强和改进了巡视工作。巡视的范围进一步扩大。中央巡视组不仅对省（自治区、直辖市）进行巡视，还对国有银行、国有金融资产管理公司、部分保险公司进行巡视。各省（自治区、直辖市）的巡视工作，由地市延伸到县（市、区）的巡视。在巡视的内容上，突出了巡视工作在预防方面的作用。巡视中注意及时掌握群众反映的苗头性、倾向性问题，多倾听群众的呼声，多掌握实际情况，及时向党中央和各级党委报告。重点巡视检查主要负责人廉洁自律的情况，包括领导干部个人重大事项报告、民主生活会、述职述廉、民主评议、诫勉谈话和函询等制度执行情况，不断注重巡视效果，而且巡视工作思路也更加开阔，整体水平不断提高。做到了下情及时上达，及时发现苗头性、倾向性问题，实现监督"关口前移"，促进了一些群众反映强烈、久拖不决问题的解决，发现了许多重大的违纪违法案件线索，清除了一批党内高层的腐败分子，也发现了一批为民、务实、清廉的优秀干部。

为了使派驻纪检组对驻在部门的党组织和党员领导干部实行有效的监督，以胡锦涛同志为核心的党中央作出了纪检监察机关对派驻机构实行统一管理的决策。这一管理方式增强了监督主体的独立性，使派驻机构的监督意识和派驻意识普遍增强，从而加强了对驻在部门领导班子及其成员的监督，加强了对重点环节和重点部位的监督，加大了办案工作的力度，有力地发挥了派驻机构的监督作用。

---

〔1〕 胡锦涛：《高举中国特色社会主义伟大旗帜 为夺取全面建设小康社会新胜利而奋斗》，人民出版社 2007 年版，第 35 页。

（四）坚持党内监督与党外监督相结合，充分发挥人民代表大会、人民政协和人民群众直接参与监督的作用

这一时期，以胡锦涛同志为核心的党中央十分注重把党内监督与党外监督结合起来，特别是结合群众反映强烈的热点问题开展监督工作。如针对土地征用、城市规划、道路建设、房屋拆迁、企业改制、教育、医疗等关系人民群众切身利益的问题，不仅强调要加强党风政风和领导干部作风建设，而且引导群众直接参与监督工作。各地普遍实行召开听证会、专家咨询和论证、网上举报、行风热议、群众评议等活动和制度，推动部门和行业作风建设，纠正损害群众利益的不正之风，切实解决反腐倡廉建设中人民群众反映强烈的突出问题。新闻媒体对群众关心的问题，也充分发挥了舆论的监督作用。通过这些监督的形式，使群众涉及自己切身利益的诉求和意见、建议得到了较充分的表达，群众监督有了新的发展。

为了加强党外民主监督，切实发挥民主党派、工商联和无党派人士的监督作用，2005年2月中共中央颁布了《关于进一步加强中国共产党领导的多党合作和政治协商制度建设的意见》，2006年2月又颁布了《关于加强人民政协工作的意见》（以下简称两个《意见》），两个《意见》对进一步完善中国共产党与各民主党派进行政治协商的内容、形式和程序，充分发挥民主党派、无党派人士的参政议政和民主监督的作用等方面作了规范，并对拓宽民主监督渠道、完善民主监督机制提出了新的举措。同时强调人民政协是我国政治体制的重要组成部分，在我国政治生活、民主监督中有不可替代的作用。两个《意见》对发扬民主、完善民主监督、推动党的领导方式和执政方式的改进都具有重要的历史意义。这一时期，另一个党外监督的重要标志是《中华人民共和国各级人民代表大会常务委员会监督法》（以下简称《监督法》）的诞生。《监督法》明确了各级人民代表大会常务委员会监督工作的重点、应当遵循的基本原则，以及监督工作的形式和程序等，规范了地方各级人民代表大会常务委员会最为关注、最希望规范的问题，具有很强的针对性和可操作性。其重要作用和意义，正如胡锦涛总书记主持召开党外人士座谈会征求对监督法草案意见时所指出的那样："制定监督法，有利于坚持和完善人民代表大会制度，更好地发挥这一制度的特点和优势，有利于健全人大监督机制，有利于促进依法行政、公正司法，也有利于推进社会主义民主政治的制度化、规范化、程序化。"

五、新时代习近平的权力监督的论述及实践

习近平总书记关于权力监督的重要论述是在中国特色社会主义事业进入新的历史时期以后所产生的优秀理论成果，是我国权力监督思想理论体系中最新的组成部分。党的十八大以来，以习近平同志为核心的党中央高度重视增强党和国家权力队伍的先进性和纯洁性，在党风廉政建设和反腐败斗争过程中取得了显著的成效。习近平总书记关于权力监督重要论述的主要内容包括以下几个方面：

（一）从新的高度审视权力监督的重要性

"没有监督的权力必然导致腐败，这是一条铁律。"[1]不受监督的权力必定会成为滋养腐败的温床，这是经过党和国家惨痛的历史教训证明过的铁一般的定律。当前，我国正处于改革开放事业的关键时期，国内外社会环境复杂多变，执政环境也发生重大的转变，这就对我国的执政能力和执政水平提出了更高的要求，对权力实施的科学性和合理性也有更为严苛的要求。权力监督工作关乎我国党风廉政建设所能达到的层次与水平，我们党在总结古今中外历史经验教训的基础之上，深知加强党风廉政建设和反腐败斗争是关乎党和国家生死存亡的大事，因此要加强权力监督，防范和整治权力滥用现象，时刻保持同广大人民群众的血肉联系，确保权力使用得当。

掌握权力的党和国家领导干部要自觉接受监督，习近平指出："不想接受监督的人，不能自觉接受监督的人，觉得接受党和人民监督很不舒服的人，就不具备当领导干部的起码素质。"[2]把公职人员是否自觉接受监督作为衡量对党和人民忠诚程度的重要指标，强调领导干部要积极主动地接受党和人民群众的监督，科学审慎地使用手中的权力，不能错把人民群众赋予的本应服务于民的公权力当作谋取私利的工具和手段，把公开透明作为党和政府工作的基本要求，减少暗箱操作，将权力运行在阳光之下，时时刻刻接受各方监督，始终保持党和国家权力使用的科学性、合理性以及高效性。

（二）健全党纪国法并突出法治

法律是一个国家最高的社会规则，是党的主张和人民意志的高度统一，

---

〔1〕 习近平：《习近平谈治国理政》，外文出版社 2014 年版，第 418 页。

〔2〕 中共中央宣传部编：《习近平总书记系列重要讲话读本》，学习出版社、人民出版社 2014 年版，第 87 页。

社会主义国家的法律最主要的目的是保障广大人民群众的根本利益，为人民而立法。习近平指出："要加快建设包括宪法实施和执法、司法、守法等方面的体制机制，坚持依法行政和公正司法，确保宪法法律全面有效实施。"[1]健全我国的党纪国法，确保广大人民群众的根本利益得到法律强有力的保障。权力离不开监督，离开监督的权力很容易滋生腐败，任何权力都必须依据法律制度的要求行使。习近平高度重视法治监督，认为这不仅是时代发展的需要，也是我国政治文明建设必然的要求。法治监督就是指依照国家的法律法规对权力进行监督。在法律制度逐渐完备的情况之下，全面推进依法治国，减少因权力不得当使用给我们党和人民事业带来的不利影响，努力提高我国治理能力和治理体系的现代化。党的十八届四中全会通过的中共中央《关于全面推进依法治国若干重大问题的决定》，强调我国要加快建设社会主义法治国家，走上法治化道路，完善相关法律法规，坚决维护宪法和法律的权威，加强对权力的监督与制约，形成"严密的法治监督体系"。

（三）遵循以人民为中心的监督理念，促进实现公权为民

监督是规范权力运行的有效方式，其自身具备明确的价值取向。以人民为中心的监督理念是指导中国特色社会主义监督建设的根本遵循。以人民为中心的监督理念包括两个层面的要求。一是遵循监督为了人民。监督为民既是党领导人民进行监督实践的政治伦理的要求，也是公权为民的本质诉求。习近平指出："公权为民，一丝一毫都不能私用。"[2]人民是权力的根本来源，切勿把人民赋予的权力作为损害人民利益的武器。习近平强调以人民为中心，也表明中国特色社会主义监督重在"治权"，而非"治民"。二是遵循监督依靠人民。这是马克思主义唯物史观的基本要求，也是党的领导、人民当家作主与依法治国有机统一的内在要求。习近平指出："只有让人民来监督政府，政府才不会懈怠。"[3]人民是无所不在的监督力量，在监督实践中，我们要积极拓宽人民行使监督权利的渠道，充分发挥人民监督的作用。

---

〔1〕　习近平：《习近平谈治国理政（第二卷）》，外文出版社 2017 年版，第 119 页。

〔2〕　习近平：《习近平在中共中央纪律检查委员会十八届三中全会上的讲话》，载人民日报 2014 年 1 月 15 日。

〔3〕　中共中央文献研究室编：《十八大以来重要文献选编（中）》，中央文献出版社 2016 年版，第 167 页。

（四）重视全面落实党内监督责任

在历史发展过程中，我们党一直致力于跳出"历史周期律"，并进行着不懈的探索与努力。以习近平同志为核心的党中央注重加强党内队伍建设，在思想、组织、作风和制度建设的基础上强调加强反腐倡廉建设，《中国共产党党内监督条例》（以下简称《党内监督条例》）为新时期加强党内监督、落实党内监督责任作出了较为规范的说明与约束。党内监督的弱化或监督不到位、缺位，会对党的事业带来严重的负面影响，不利于发挥党的领导作用。但长时间以来，党内仍存在监督不力的现象，具体体现在上级不愿监督下级，下级不敢监督上级，同级之间的监督形同虚假，党内监督俨然存在着很大的问题。必须将党内监督工作层层推进，落到实处，不断增强党员干部接受监督的自觉性，充分发挥党内监督自查的作用，坚决纠正党内各种不良风气，净化党内政治生态，以强硬的态度和手段对待和处理各种贪污腐败现象，将从严治党进行到底。

党内监督作为最直接、最有效的一种监督形式，一定不能流于表面，而是要充分发挥其作用。习近平认为加强党内监督是全体党员的职责，每一个党员同志都不能置身事外，要切实地承担起自己的监督责任。"党委（党组）在党内监督中负主体责任，书记是第一责任人，党委常委会委员（党组成员）和党委委员在职责范围内履行监督职责。"此外，"各级纪委是党内监督专责机关，履行监督执纪问责职责。"[1]通过民主监督的方式，敦促党员同志严格要求自己、认真监督他人，打破上下级之间不想监督和不敢监督的不健康局面，撕裂同级之间不便指责的"虚假和气"，使监督作用于党内每一位成员的身上。此外，单靠党内监督这一种监督形式是远远不够的，需要和其他监督形式紧密结合形成严密的监督网，扩大监督合力的影响面。

（五）以"一把手"为着力点，强化对"关键少数"的监督

习近平还指出："加强对干部的监督，是对干部的爱护。"[2]领导干部的岗位越关键就越要加强监督。党和国家机关各级领导班子的"一把手"是"关键少数"中的"关键少数"，"一把手"往往掌握着对各项事务的最终决

---

〔1〕 习近平：《习近平谈治国理政（第二卷）》，外文出版社2017年版，第186页。

〔2〕 中共中央文献研究室编：《十八大以来重要文献选编（上）》，中央文献出版社2014年版，第81页。

定权，如若不能严格依法用权，同时我们又对"一把手"的滥权、越权、怠权行为视而不见，这不仅会给中国特色社会主义事业造成重大损害，对"一把手"自身也极具伤害性，甚至会使其走上犯罪的道路。党的十八大以来，从我国反腐败斗争取得的成绩来看，在治理区域性腐败、系统性腐败、塌方式腐败方面取得了比较明显的成效。而区域性腐败、系统性腐败、塌方式腐败往往是"一把手"腐败产生的连锁反应。大量的事实表明，"一把手"腐败问题既与自身理想信念动摇有关，也与对其监督不力有着密切关联。同时，党和国家机关各级领导班子"一把手"自身的活动也是广大人民群众透视党风政风的窗口，为此"一把手"本身必须筑牢拒腐防线。以对"一把手"的监督为着力点，抓好对"关键少数"的监督，可以起到教育大多数的警示作用，加强对"一把手"的监督是对"关键少数"进行监督的重要着力点。基于此，加强对"一把手"的监督，一方面，要求其必须在宪法法律规定的范围内活动，不擅权、不谋私；另一方面，其手中掌握的公权力具有不可随意放弃的属性，这就要求其必须严格履行工作职责，不怠权、不懒政。为此，习近平提出要完善领导班子议事制度、建立干部选拔任用问责制度和领导干部插手重大事项记录制度等具体制度措施。

（六）围绕制度构建体系，推进监督体系化发展

习近平在思考监督问题时，始终坚持体系化思维。习近平以权力运行制约和监督体系为实践基点，提出了监督体系化的要求。行政权因其涉及的领域宽、范围广、事项多，是极易发生腐败的权力领域，能否破解行政权腐败难题，是能否全面实现监督的关键所在。因此，在党的十八届三中全会上，他首先从行政权运行领域破冰，提出以增强监督合力和实效为基本目标构建科学有效的权力运行制约和监督体系。法治是治国理政的基本方式，运用法治思维和法治方式进行监督体系构建是增强监督实效的必由之路，也是在汲取我国监督实践正反两方面经验教训的基础上得出的科学结论。

随着全面依法治国战略的推进，在党的十八届四中全会上，习近平总书记在进行监督制度设计时，指出严密的法治监督体系是中国特色社会主义法治体系的重要组成部分，进一步明确了中国特色社会主义监督体系的发展方向。在党的十九大报告中，习近平从监督对象视域入手，为监督体系建设绘制了清晰的路线图，提出要健全党统一指挥、全面覆盖、权威高效的党和国家监督体系。由此可见，习近平所提倡的监督体系是在党的领导下，对权力

从产生到运行的全过程进行监督的严密且科学的体系，这一体系的轮廓日渐清晰、结构逐步完善、内容日益丰富，初步形成了以党的监督为核心、以国家监督为主体、以社会监督为补充的格局。

第三节 十八大以来党和国家监督体系现代化的实践

十八大以来党和国家监督实现了体系化的创新发展，进入到党和国家监督体系跃迁升级的历史新阶段，目前已经形成了相对完整的系统框架，并且呈现出清晰的结构特征。

一、党和国家监督体系的总体框架

党和国家监督体系包括党内监督体系和国家监督体系两个重要组成部分。党内监督体系的总体框架包括五个维度，分别是党委（党组）全面监督、纪律检查机关专责监督、党的工作部门职能监督、党的基层组织日常监督、党员民主监督，这些监督都是在党中央统一领导下开展的。这五个维度定位明确、相互作用、缺一不可，共同促成了党内监督体系的有效运行。十八大以来，党中央根据党内监督体系的基本构成，从监督方式角度推动党内监督体系的改革创新：一是在党委（党组）全面监督中重构巡视监督，并且在巡视监督取得成功经验的基础上向基层推进巡察监督，这显著增强了党内监督的灵活性，推动形成了党内监督上下一体的联动格局。二是在纪律检查机关专责监督中强化派驻监督，十九大修改后《党章》提出"党的中央和地方纪律检查委员会向同级党和国家机关全面派驻党的纪律检查组"的新表述，各级纪律检查委员会派驻纪律检查组成为纪律检查机关专责监督的有效延伸，是极具中国特色的制度设置。三是在党的工作部门职能监督中创新组织部门监督，特别是通过个人有关事项报告制度强化对领导干部的监督，并通过提高核查比例提升监督严肃性。此外，党的基层组织日常监督和党员民主监督在十八大以来也得到了深化，《关于新形势下党内政治生活的若干准则》等制度的出台为党的基层组织日常监督和党员民主监督提供了新的依据。

国家监督体系的构成以人大监督为核心，以监察监督、行政监督、司法监督、审计监督、统计监督为主要监督形式。人大监督的地位由《宪法》决定，人民代表大会制度的重要原则和制度设计的基本要求，就是任何国家机关及其工作人员的权力都要受到制约和监督。在具体的国家监督形式中，监察监督的改革成为十八大以来国家监督体系发展的显著标志。《监察法》明确规定，各级监察委员会是行使国家监察职能的专责机关，依照《监察法》对所有行使公权力的公职人员进行监察，调查职务违法和职务犯罪，开展廉政建设和反腐败工作，维护宪法和法律的尊严。国家监察体制改革作为重大政治体制改革，实现了对所有掌握公权力的公职人员的监察全覆盖，有效提升了监察监督的法治化和专业化水平，这个过程本身就体现了对国家治理体系和治理能力现代化的推进。从行政监督、司法监督、审计监督、统计监督来看，它们各自发挥特定的监督职能，既互相独立但又相互衔接。

综上所述，以党内监督为主导，各类监督有机贯通、相互协调，这是党和国家监督体系的显性结构特征。党内监督在党和国家监督体系中的主导地位是由中国共产党的执政地位所决定的，党内监督如果失灵，那么其他监督也会变得无效，因此党内监督是其他各类监督发挥作用的前提基础。在党和国家监督体系中，党的纪律监督与国家监察监督的一体化是具有中国特色的制度设计，主要体现在党的纪律检查机关和国家监察机关的合署办公以及两者职能的有机协同，这是中国共产党基于长期的党和国家监督实践形成的制度创新，也是强化党对反腐败工作集中统一领导的有效形式。此外，以政协监督为代表的民主监督，以群众监督、舆论监督为代表的社会监督在党和国家监督体系运行中同样发挥着不可替代的作用，并且与各类监督相互渗透、相互制约。按照十九届四中全会提出的目标，推进纪律监督、监察监督、派驻监督、巡视监督统筹衔接，健全人大监督、民主监督、行政监督、司法监督、群众监督、舆论监督制度，发挥审计监督、统计监督职能作用，这实际上就是基于上述结构特征将党内监督与各类监督统筹为一个体系，以此推动党和国家监督体系的整体协调发展。

二、新时代党和国家监督体系的实践

按照党的十九届四中全会提出的"必须健全党统一领导、全面覆盖、权威高效的监督体系，增强监督严肃性、协同性、有效性，形成决策科学、执行坚决、监督有力的权力运行机制"的要求，坚持和完善党和国家监督体系，必须以党总揽全局、协调各方和党内监督主导为基本原则，充分发挥党员在同级各种组织中的核心作用，统一于人民当家作主与依法治国的实践，理顺各级党委与人大、政府、政协、司法机关及人民团体的关系并加以规范，支持和保证其依照法律规范有效地履行职能。

（一）以党的领导为核心，强化各级党委主体责任

党和国家监督体系最为突出的特点是"党统一指挥"[1]。这既是中国特色社会主义最本质的特征，也是中国特色社会主义制度的最大优势。历史和现实都已证明并将继续证明，西方多党制从来不是也不可能是有效防治腐败的灵丹妙药。只有全心全意为人民服务的中国共产党，才能以强烈的历史担当精神、高度的责任感使命感，以及顽强的意志品质，直面党内存在的各种问题与弊端，恪守严字当头、刀刃向内，坚定不移地推进全面从严治党，加强党和国家的自我监督，成为中国特色社会主义权力监督体系的坚强领导核心。

坚持党对权力监督的集中统一领导，最根本的是坚持以习近平同志为核心的党中央的统一领导和指挥。从历史经验来看，我们党自成立以来，由党统一领导的党风廉政建设和反腐败斗争在不同的时代被赋予新的不同要求。党的执政能力，对监督工作的运行情况起着决定性作用。只有坚持党的统一领导，监督工作才能有效运行。相反，一旦弱化党在权力监督中的领导作用，就会使整个监督体系陷入困境。只有充分发挥党内监督的带头作用，带动其他监督，完善监督体系，才能为全面从严治党提供强有力的制度保障。

加强党对监督体系的统一领导，关键在于压紧压实党委领导责任，解决反腐败斗争中一些地方党委领导不力、职责不明的问题。在党内监督和反腐败监督体系中必须强化各级党委的主体责任，充分释放党内监督、国家监察和党外监督的制度优势。发挥党内监督的引领作用，带动其他监督，完善监督体系，不断整合、优化反腐败领导体制和工作机制的合作力量。认真制定反腐败规划与实施方案，并在本地经济社会发展规划全局中予以确认；健全完善涉及人大监督、民主监督、司法监督、群众舆论监督的有效机制和工作规范；对反腐败执纪执法工作予以大力支持，营造良好的执法环境；依照干部管理权限的规定，对本级党委管理的领导干部涉嫌违纪违法案件作出处理

---

[1] 习近平：《决胜全面建成小康社会 夺取新时代中国特色社会主义伟大胜利——在中国共产党第十九次全国代表大会上的报告》，载 http://www.xinhuanet.com/politics/19cpcnc/2017-10127/c_1121867529.htm，最后访问时间：2017 年 10 月 18 日。

决定；不断加强建设本地反腐败协调领导小组，使协调小组的基本作用在各级党委领导下得以充分发挥。在反腐败斗争中立场坚定、旗帜鲜明，服从于党中央的集中统一领导，牢牢把握政治意识、大局意识、核心意识、看齐意识，不断探索党在长期执政条件下自我监督的有效途径。

（二）以党内监督为主导，推进纪检监察法治化规范化

以党内监督为主导，首要的是坚持和完善党内监督体系。在党中央统一领导下，强化党委（党组）全面监督，纪律检察机关专责监督，党的工作部门职能监督，党的基层组织日常监督，党员民主监督。落实各级党组织的监督责任，保障党员的监督权利。重点加强对高级干部、各级主要领导干部的监督，进一步完善领导班子内部监督制度，破解对"一把手"监督和同级监督的难题。强化政治监督，加强对党的理论和路线方针政策以及重大决策部署的贯彻落实情况的监督检查，完善巡视巡查工作，督查落实巡视报告制度。从而加强党内监督，带动其他监督，充分发挥党内监督在整个监督体系中的导向引领作用。在各级党委的领导下，纪检监察机关组织制定、实施关于党风廉政建设和反腐败工作的计划方针、具体措施、各项制度等，并对方针、措施与制度的实施进行检查监督，保证计划和措施的顺利实施，保证各项制度的贯彻落实；分解、细化党风廉政建设和反腐败工作的各项任务，落实工作责任制，使有关部门互相配合、协同动作。同时，应通过健全完善相关机制平台发挥组织协调作用，使党内监督问责与其他各种监督方式实现信息畅通、机制衔接。比如，党内监督和司法监督之间，在制度上不能有冲突，不能相互抵消；民主监督、群众监督和舆论监督实质上是人民群众对党和政府的监督，实现党的自我监督和群众监督的贯通，需要建立相对独立的举报平台。纪律检查委员会在监督体系中的协调作用就是上下贯通、形成合力，助力党统一指挥、全面覆盖、权威高效的监督体系的形成。

在党的纪律检查委员会和国家监察部门合署办公的体制下，发挥党内监督的主导作用，就要深化纪检监察体制改革，完善纪检监察制度，全面承担起《党章》规定的"维护党的章程和其他党内法规，检查党的路线、方针、政策和决议的执行情况，协助党的委员会推进全面从严治党、加强党风建设和组织协调反腐败工作"任务。忠实履行《监察法》赋予的"对所有行使公权力的公职人员进行监察，调查职务违法和职务犯罪，开展廉政建设和反腐败工作"职责。加强上级纪委监委对下级纪委监委的领导，使监察监督在实

施中同党内监督结合起来。对公职人员是否依法履行公共职责、行使公共权力、廉政从业以及道德操守等情况依照法律规范进行监督检查；对涉嫌贪污贿赂、滥用职权、玩忽职守、权力寻租、利益输送、徇私舞弊以及浪费国家资财等职务违法和职务犯罪行为进行调查；对履行职责不力、失职失责的领导人员进行问责等，以实现对所有行使公权力的公职人员是否勤于政事、公正廉洁监督的全覆盖，推进纪检监察工作规范化、法治化。

以党内监督为主导，逐步完善派驻监督体制机制，推进纪律监督、监察监督、派驻监督、巡视监督统筹衔接。推行单独派驻和综合派驻相结合，实现对党和国家机关的全面派驻。各派驻机构强化监督执纪问责，全面落实"派"的权威，充分发挥"驻"的优势。以"六个坚持"为指导：一是坚持对人的监督与对事的监督相结合；二是坚持做实做细和持续发力相结合；三是坚持严厉惩治与标本兼治相结合；四是坚持严管和厚爱相结合；五是坚持压实责任和协作互动相结合；六是坚持"过程论"与"结果论"相结合，不断推动派驻监督工作高质量发展。坚持巡视监督政治，重塑巡视监督格局，重构巡视监督体系，做到政治巡视高度深化，巡视定位准确把握，巡视问题分类处置，巡视成果落到实处；实现巡视巡察上下联动，巡视覆盖更加全面。要推进完善上下联动、上下贯通的巡视巡察格局，大力推动巡察向纵深方向发展，向基层不断延伸，充分发挥巡视巡察的"探照灯"与"显微镜"功能；发挥以问题意识为导向的牵引作用，把发现问题作为巡视工作的生命线，把推动解决问题作为巡察工作的落脚点；把优化整合资源作为巡视工作的有力支撑，构建多部门、多层次、全方位配合的协作机制。

（三）以人大、行政监督为主责，发挥审计、统计监督作用

以人大监督和行政监督为主责，是由中国特色社会主义基本政治制度决定的。人民行使国家权力的机关是全国人民代表大会和地方各级人民代表大会，人大监督的实质是人民监督。西方国家实行三权分立的政治制度，人民主权已被分割为立法权、行政权和司法权，无论是议会还是政府或者是司法机关都没有资格代表人民进行监督，在法律效力上，西方国家政治体制下的议会监督与我国的人大监督是不可比拟的。人大及其常委会的监督是《宪法》授予人大的职权，就是通过对国家行政机关、监察机关、审判机关和检察机关的监督，保证宪法和法律在制度上得以准确施行，尊重、维护公民、法人和其他组织的合法权益。人大及其常委会行使监督权的方式，就是依照宪法

和法律所赋予的职权，对各专项工作报告予以审议，对法律实施情况进行执法检查、对有关负责人询问或者质询，实现对行政、监察、审判、检察机关的权力运行情况的有效监督和制约，防止国家权力被滥用，保证国家机器按照人民意志依法有效运行。加强对法律实施的监督，保证行政权、监察权、审判权、检察权依法正确行使，保证公民、法人和其他组织的合法权益得到切实保障，坚决排除对执法司法活动的干预。拓展公益诉讼案件范围，加大对严重违法行为的处罚力度，实行惩罚性赔偿制度，严格刑事责任追究。

国家行政机关承担着按照党和国家的决策部署推动经济社会发展，管理社会事务，服务人民群众的重大职责。在"坚持为人民服务、对人民负责、受人民监督，创新行政方式，提高行政效能"的过程中，加强行政管理监督，是"建设人民满意的服务型政府"的第一要义。要明确各级政府领导班子行政管理及监督的主体责任。在本地经济社会发展全局的计划中纳入反腐败工作的内容，在行政工作的各个方面、各个环节将反腐败工作落到实处。加强各级政府的行政管理职能，畅通上下政令的传递，维护严格的行政纪律，提高行政效能。对政府所辖的下属部门，各领导班子成员要做到敢抓严抓作风建设，要敢管严管组织建设和纪律建设。切实加强对干部的日常教育管理，落实行政监督的主体责任意识，通过党委、政府的齐抓共管来强化党内监督和行政管理监督。对自身进行监督的同时，行政执法与管理等部门还要充分发挥其独特的职能优势，增强"一岗双责"的责任意识和制度刚性，在执法管理活动中落实反腐败工作的各项要求。

完善审计制度，充分发挥审计监督的作用。规范重点领域、重点部门、重点资金和领导干部经济责任审计、统计的程序；设立审计公告制度，对拒不执行审计、统计监督决定的有关机关和人员，依法追究其责任。加强对国务院各部门和地方政府及其各部门财政收支以及国有金融机构和国有企业、事业组织财务收支的真实、合法和效益的监督，依法独立开展审计监督活动，维护国家财政经济秩序，促进党和国家机关廉政建设。

完善统计制度，充分发挥统计监督作用。健全各级统计机构，配备统计专业人员，完善统计配套法规，细化统计法律责任。根据《中华人民共和国统计法》的相关规定，"有关单位和个人应当如实反映情况，提供相关证明和资料，不得拒绝、阻碍检查，不得转移、隐匿、篡改、毁弃原始记录和凭证、统计台账、统计调查表、会计资料及其他相关证明和资料。"政府履行统计监督职能时要确保统计人员依法独立行使统计调查、统计报告等统计监督职权。严肃查处公职人员特别是领导干部在履职中擅自修改、编造虚假统计数据、对统计违法失察等行为，促进国家机器和公共权力依法运行。

（四）以民主监督为常态，完善人民政协和民主党派监督

民主监督是我国社会主义民主政治的独特创造和重要制度安排，是在我们党与各民主党派、无党派人士团结合作、互相监督的理论与实践中孕育而来的。我国的基本政治制度决定了人民政协和民主党派监督的常态化。我国的民主党派监督与西方政党之间的相互监督，特别是对执政党的监督有着本质区别。西方政党监督虽然在客观上起着监督制约和遏制腐败的积极作用，但这种监督主要是党派之间争权夺利的政治斗争，对社会治理的消极影响是不言而喻的。我国实行中国共产党领导下的多党合作和政治协商制度，民主党派的监督在价值目标和机制运行上与党和国家的治理方略具有高度的一致性。因此，必须贯彻"长期共存、互相监督、肝胆相照、荣辱与共"的方针，加强中国特色社会主义政党制度建设，健全相互监督特别是中国共产党自觉接受监督、对重大决策部署贯彻落实情况实施专项监督等机制，完善民主党派直接向中共中央提出建议制度，完善民主党派和无党派人士履行职能方法，展现我国新型政党制度的优势。发挥人民政协作为政治组织和民主形式的效能，提高政治协商、民主监督、参政议政水平，更好地凝聚共识。完善人民政协专门协商机构制度，丰富协商形式，健全协商规则，优化界别设置，健全发扬民主和增进团结相互贯通、建言资政和凝聚共识双向发力的程序机制。

构建中国特色社会主义监督体系，实现民主监督常态化，关键在于建立健全与相关部门的协调配合制度，包括建立信息交换、资源共享制度等。为了使各党派人士及时全面地了解信息，需要加强人民政协与党委、政府、人大和社会各界的交互；为了便于人民政协了解与监督各机关的工作进度，建立各级人民政协与各级党委、政府、人大固定的对口连接和工作制度不失为一种明智之举，并允许通过列席对方的工作会议的方式实现监督；为了保证重大决策的形成过程的规范性和结果的合理性，需要征集意见稿，中国共产党各级党组织、政府、人大、人民政协应主动邀请社会各界知名专家、学者对有关经济建设、社会发展和人民群众关心的重大问题的决策提供咨询、帮助论证，充分听取各方面意见；建立健全民主监督员和监督小组制度，民主监督员和监督小组定期深入各部门各单位，在主席会议和常委会的领导下开

展民主监督工作。

（五）以司法监督为保障，完善检察审判和律师制度

司法是解决社会矛盾冲突的终极机制和公平正义的最后防线。中国特色社会主义司法制度与西方三权分立格局下的司法制度有着明显不同。西方国家的司法机关与政党的关系是一种隐秘型的联系，而中国共产党与我国司法机关是领导与被领导的关系。司法机关在党的领导下依法独立行使审判权和检察权，这就决定了我国的司法监督是党和国家监督体系的刚性支撑。必须"坚持有法必依、执法必严、违法必究，严格规范公正文明执法，规范执法自由裁量权，加大关系群众切身利益的重点领域执法力度。深化司法体制综合配套改革，完善审判制度、检察制度，全面落实司法责任制""完善律师制度"，依法保障律师执业权利，确保其依法维护当事人合法权益，保障法律正确实施，依法对司法活动进行监督，努力让人民群众在每一个司法案件中感受到公平正义。

作为一种理性化的运用法律规范解决纠纷的方式，司法以国家的强制力为后盾惩治违法犯罪，律师依法辩护维护当事人的合法权益，从根本上说，都是为了让权利的正当行使受到法律保护，义务的准确及时履行有法律保障，避免矛盾再度发生，使制度体系更加完善，社会管理更加有序。也就是说，通过法律的准确适用，一方面能够对违法犯罪行为予以惩治，使被破坏的法律秩序得到恢复；另一方面能够发现导致犯罪产生的主客观原因，特别是存在漏洞与缺陷的相关管理监督制度，有利于良好的机制体制和权力运行秩序的形成与维护，达到防止同类案件再度发生的目的。

《监察法》的颁布实施，对司法机关和律师执业提出了新的要求。监察机关对职务犯罪的调查追究，需要与司法机关紧密衔接、在配合制约中彰显法治权威。在司法实践中，不仅要遵循刑事诉讼法，而且要贯彻监察法的精神。从法理上讲，职务犯罪和普通犯罪虽然都是犯罪，但其本质特征不同，前者侵害的是国家政权的人民性，后者侵害的是社会管理秩序的安定性。因而，职务犯罪刑事诉讼与普通刑事诉讼"打击犯罪，保障人权"的价值目标不完全相同。职务犯罪刑事诉讼有着"打击犯罪、反腐倡廉、维护人民主权"三重价值目标。鉴于此，职务犯罪的调查、追诉、辩护和审判，与普通刑事犯罪的侦查、追诉、辩护和审判，在查证主体、程序规范、律师介入等方面存在差异。在惩治职务犯罪的问题上，监察机关的依法调查，检察机关的审查

起诉，律师在刑事诉讼阶段的介入，人民法院的依法审判，都是腐败治理的重要内容，通过监察环节和诉讼环节，使公职人员的职务犯罪得到查处，人权和正当权益得到保障，以高质量的反腐败成果维护国家公权力的廉洁性、公正性和人民性。

纪检监察体制机制的改革创新，对司法机关的工作机制、办案模式提出了新要求。为了提高职务犯罪监察调查、审查逮捕、审查起诉和刑事审判的整体效能，需要在推进司法体制改革过程中，建立符合客观规律和司法规律的反腐败司法机制模式；为了提高共同打击腐败犯罪的能力，需要构建有效的机制实现行政执法与司法的衔接，保证执法司法信息的畅通交流，在司法机关提前介入与联席会议等机制制度设计上加以完善；司法是反腐败的最后一道防线，应充分发挥其防线作用，营造、维护良好的司法环境，确保司法机关职权的依法独立公正行使。在司法体制改革，司法机关职权向个体决策型倾斜的背景下，必须加强司法机关业务流程监督，同时强化多种形式的监督，用科学的制度设计和程序安排，最大限度地减少执法不严、司法不公和监督不力等问题发生，有效地预防司法腐败。

（六）以群众监督为基础，完善舆论监督机制

毛泽东同志指出："只有让人民来监督政府，政府才不敢松懈。只有人人起来负责，才不会人亡政息。"以群众监督为基础，是坚持和完善人民当家作主制度体系，发展社会主义民主政治的必然要求。国家的一切权力属于人民。必须坚持人民主体地位，"依法实行民主选举、民主协商、民主决策、民主管理、民主监督，使各方面制度和国家治理更好体现人民意志、保障人民权益、激发人民创造，确保人民依法通过各种途径和形式管理国家事务，管理经济文化事业，管理社会事务。"群众监督和舆论监督在建设廉洁的党风、同腐败行为进行坚决斗争的过程中，发挥着不可或缺的作用。从本质上讲，舆论监督是公民行使监督的一种直接方式，国家机关及其工作人员都应当自觉接受群众监督和舆论监督，并为切实保障公民的知情权、参与权、表达权和监督权创造条件、拓宽渠道。现代法治国家的重要监督方式之一就是群众参与下的群众监督与舆论监督。长期以来，新闻舆论监督权在西方国家被称为立法权、行政权、司法权之外的第四种权力。新闻舆论之所以被举至如此之高的地位，重要原因之一，就是它能无时无刻地从不同角度监督政府的活动。借鉴各国舆论监督经验，要重视其广泛性、群众性、及时性、经常性等特点，克服其客观存在的无序和不规范的状态，坚持有序的群众监督和舆论监督。

加快群众监督、舆论监督的法治进程。当前，互联网尤其是移动网络得到快速发展，微博、微信等通信手段在实践中被广泛应用，网络舆论监督在社会生活中的重要性越来越显著，成为群众获取信息的重要来源、参与社会事务的重要渠道。互联网这一新兴监督手段的兴起，引起了各部门的高度重视，需要建立健全网络舆情的收集、研判、处置、引导、反馈与应对的机制体制，及时调查处理被反映的领导干部违纪违法问题，及时澄清反映失实的问题，依法追究诬告陷害行为人的责任。同时，法治建设进程中要建立互联网监督的新形式，依法打击制造和传播网络谣言的违法行为，推动网络监督在不偏离法治、规范的轨道上合理合法地运行，不断发挥网络监督正能量。因此，在相关法规的制定中要不断完善舆论监督、网络管理等内容，以明确具体的规定对舆论监督主体的权利与义务进行规制。作好新闻舆论工作，必须以法治方式保障和规范舆论监督。

建立舆论监督的配合机制。作为监督机制重要组成部分的舆论监督，同其他监督形式一样，都有自身难以克服的局限性。以社会监督形态存在的舆论监督是自下而上运行的，公民权利成为了舆论监督的基础，舆论监督对具体问题的解决和公共权力运行的效力不同于法律的强制性。因此，要形成内外结合、纵横交错的严密的网络化监督格局，需要与具有其他优势的监督形式相结合。舆论监督在构建和谐社会进程中的作用不容忽视，要同宪法监督、人大监督、行政监督和立法监督有机统一起来。同时，还要建立舆论监督的良性互动机制。舆论监督在发挥自身作用的同时，与群众监督、民主党派监督等监督形式互通、建立全方位、立体化的监督网络体系，保证权力运行具有合法性、有效性和权威性。

【案例分析】

周永康案——新中国成立后第一位被审判的政治局常委

周永康在担任中国石油天然气总公司副总经理、中共四川省委书记、中共中央政治局委员、公安部部长、国务委员和中共中央政治局常委、中央政法委书记等职务期间，利用职务上的便利，为他人开展经营活动提供帮助，使他人非法获利 21.36 亿余元；非法收受他人巨额财物；滥用职权，致使公共财产、国家和人民利益遭受损失14.86亿余元；违反保守国家秘密法的规定，故意泄露国家秘密，致使5份绝密级文件、1份机密级文件泄漏。

6月11日电2015年6月11日，天津市第一中级人民法院依法对周永康受贿、滥用职权、故意泄露国家秘密案进行了一审宣判，认定周永康犯受贿罪，判处无期徒刑，剥夺政治权利终身，并处没收个人财产；犯滥用职权罪，判处有期徒刑7年；犯故意泄露国家秘密罪，判处有期徒刑4年，三罪并罚，决定执行无期徒刑，剥夺政治权利终身，并处没收个人财产。周永康当庭表示，服从法庭判决，不上诉。进入司法调查程序以来，办案机关依法办案、文明执法、讲事实、讲道理，充分体现了我国司法的进步，使他认识到自己违法犯罪的事实给党的事业造成的损失，给社会造成的严重影响，再次表示认罪悔罪。

2015年5月22日，天津市第一中级人民法院鉴于周永康案中一些犯罪事实证据涉及国家秘密，依法对周永康案进行不公开开庭审理。法庭通过传唤证人吴兵出庭作证，播放周永康长子周滨、妻子贾晓晔作证录像，宣读、出示相关证人证言、书证、物证照片、鉴定意见等，证实周永康利用职务上的便利，为吴兵、丁雪峰、温青山、周灏、蒋洁敏谋取利益，收受蒋洁敏给予的价值人民币73.11万元的财物，周滨、贾晓晔收受吴兵、丁雪峰、温青山、周灏给予的折合人民币1.29 041 013亿元的财物并在事后告知周永康，受贿共计折合人民币1.29 772 113亿元；通过传唤证人蒋洁敏出庭作证，宣读、出示李春城等人证言、司法检验报告等，证实周永康滥用职权，要求蒋洁敏、李春城为周滨、周锋、周元青、何燕、曹永正等人开展经营活动提供帮助，使上述人员非法获利21.36亿余元，造成经济损失14.86亿余元，致使公共财产、国家和人民利益遭受重大损失；通过出示、宣读泄密文件等物证、曹永正证言、搜查笔录等，证实周永康违反保守国家秘密法的规定，在其办公室将5份绝密级文件、1份机密级文件交给不应知悉上述文件内容的曹永正。周永康对所指控的上述犯罪事实证据均当庭表示属实、没有异议。

天津市第一中级人民法院经审理认为，周永康受贿数额特别巨大，但其归案后能如实供述自己的罪行，认罪悔罪，绝大部分贿赂系其亲属收受且其系事后知情，案发后主动要求亲属退赃且受贿款物全部追缴，具有法定、酌定从轻处罚情节；滥用职权，犯罪情节特别严重；故意泄露国家秘密，犯罪情节特别严重，但未造成特别严重的后果。根据周永康犯罪的事实、性质、情节和对于社会的危害程度，法庭依法作出上述判决。

案例思考题

依法惩办周永康，表明了什么？

【课后练习题】

1. 马克思主义经典作家是怎样论述监督的？
2. 简述以毛泽东同志为核心的第一代领导集体的监督思想。
3. 简述以邓小平同志为核心的第二代领导集体的监督思想。
4. 简述以江泽民同志为核心的第三代领导集体的监督思想。
5. 简述以胡锦涛同志为核心的第四代领导集体的监督思想。
6. 党的十八大以来监督工作有哪些新的发展？

第五章

中国共产党的党内监督

【本章学习目标】

1. 掌握党内监督的含义、特点、体系、内容和方式。

2. 了解党组织监督的内容和特点。

3. 掌握党的纪律检查机关专责监督的职责和方式。

4. 熟悉纪律检查机关监督执纪工作规程。

5. 掌握党员监督的内容和方式。

中国共产党党内监督不仅是中国共产党的优良传统和政治优势，更是中国共产党实现自我净化、自我完善、自我革新、自我提高的重要举措。党的十八大以来，逐步形成了比较完整的党内监督体系框架，包括五个维度，分别是党委（党组）全面监督、纪律检查机关专责监督、党的工作部门职能监督、党的基层组织日常监督、党员民主监督，这些监督都是在党中央统一领导下开展的。这五个维度定位明确、相互作用、缺一不可，共同促成了党内监督体系的有效运行。

第一节 党内监督概述

一、党内监督的含义和特征

党内监督是指党的中央组织、党委（党组）和党的工作部门、党的纪律检查机关、党的基层组织和党员依据党的章程和其他党内法规，从思想、组织、作风、纪律等方面，对党组织和党员执行党的路线、方针、政策和党规党纪情况的监察和督促活动，是党的自我约束和自我完善行为。党内监督是党加强自身建设的基本手段，其实质是对党内消极因素的抑制和违纪违法行为的惩治，核心是对权力的运行进行监督和制约。

在我国，党内监督具有鲜明的特点。关于党内监督的特点，主要可以概括为以下几点：第一，党内监督具有内部性的特点。内部性强调党通过自身的力量来解决自身的问题，即"党内监督不是党对外部的监督，也不是外部对党的监督，而是党的内部监督"。第二，党内监督具有指向性的特点。从党内监督对象的角度出发，所谓的指向性是指党内监督的重点是党的各级领导机关和领导干部。从党内监督内容的角度来看，党内监督的重点是对权力运行的监督。第三，党内监督具有自觉性的特点。一方面，党的先进性决定了党员要自觉接受监督；另一方面，党内监督是党组织自觉开展的自我完善活动，因此具有自觉性。第四，党内监督具有强制性的特点。党内监督是依据党规党章进行的，因此具有一定的强制性。第五，党内监督具有统一性的特点。党内监督具有党内监督主体与客体相统一的特点，与其他类型的监督相比，监督对象和监督主体都统一于全体党员和各级党组织。党员和党组织既是监督的实施者又是接受监督的对象；党内监督具有强制性与自觉性相统一的特点，自觉监督可以增强强制监督的效果，强制监督又可以进一步促进自觉监督；党内监督具有目的与手段相统一的特点，保证党员和党组织贯彻党的路线、方针、政策，依规依法办事既是监督手段又是监督目的；党内监督具有普遍监督与重点监督相统一的特点。普遍监督以重点监督为突破口，避免监督无力，重点监督以普遍监督为基础，避免监督遗漏。

二、党内监督体系的构成

健全与科学化党内监督体系是开展党内监督的首要前提和重要基础。党的十八大以来，以习近平总书记为核心的党中央针对党内监督存在的监督主体分散，监督责任不清等问题，围绕着党内监督主体及其监督责任对党内监督体系进行了改善。党内监督不仅仅是纪律检查委员会的职责，而是全党的任务。全体党员和各级党组织都是监督主体，都要积极参与党内监督工作，履行监督职责。

《党内监督条例》在总则第 9 条提出要完善党内监督体系，要建立健全党中央统一领导，党委（党组）全面监督，纪律检查机关专责监督，党的工作部门职能监督，党的基层组织日常监督，党员民主监督的党内监督体系。其中，党的中央组织作为中国共产党的最高领导机关，要全面领导党内监督的各项工作，同时做到以身作则，起到以上率下的作用。党委（党组）要承担党内监督的主体责任，党委（党组）书记是第一责任人。纪律检查委员会作为党内监督的专责机构，要履行监督执纪问责职责。党的工作部门要依法依规执行党内监督制度。党的基层组织作为党的全部工作和战斗力的基础，要切实发挥其战斗堡垒作用，坚决履行其监督职责。党员是党的肌体的细胞和党的活动的主体，作为党内监督的重要主体，要积极行使其权利，履行其监督义务。

三、党内监督的内容

党内监督的任务是确保党章、党规、党纪在全党有效执行，维护党的团结统一，重点解决党的领导弱化、党的建设缺失、全面从严治党不力，党的观念淡漠、组织涣散、纪律松弛，管党治党宽松软等问题，保证党的组织充分履行职能、发挥核心作用，保证全体党员发挥先锋模范作用，保证党的领导干部忠诚干净有担当。

《党内监督条例》明确规定，党的各级纪律检查委员会是党内监督的专责机构，履行监督执纪问责职责，负责对所辖范围内党组织和领导干部遵守党章党规党纪、贯彻执行党的路线方针政策情况的监督检查。党内监督的主要内容是：①遵守党章党规，坚定理想信念，践行党的宗旨，模范遵守宪法法律的情况；②维护党中央集中统一领导，牢固树立政治意识、大局意识、核心意识、看齐意识，贯彻落实党的理论和路线方针政策，确保全党令行禁止的情况；③坚持民主集中制，严肃党内政治生活，贯彻党员个人服从党的组织，少数服从多数，下级组织服从上级组织，全党各个组织和全体党员服从党的全国代表大会和中央委员会原则的情况；④落实全面从严治党责任，严明党的纪律特别是政治纪律和政治规矩，推进党风廉政建设和反腐败工作的情况；⑤落实中央八项规定精神，加强作风建设，密切联系群众，巩固党的执政基础的情况；⑥坚持党的干部标准，树立正确选人用人导向，执行干部选拔任用工作规定的情况；⑦廉洁自律、秉公用权的情况；⑧完成党中央和上级党组织部署的任务的情况。

四、党内监督的方式

在长期实践中，我们党探索出了许多切实可行的监督形式。从目前实际情况来看，党内监督主要是通过下面几种具体制度来实现的：

第一，集体领导制度。这种制度既是党的一项重要原则，又是对党员干部，尤其是对党员领导干部的一种有效的监督方法。按照《党章》规定，各级党组织都必须实行集体领导和个人分工负责相结合的制度。凡涉及党的路线、方针、政策、重大工作部署等关键性、全局性问题，都必须集体讨论决定，以此形成互相监督之势。

第二，组织生活会议制度。《党章》规定，每个党员，不论职务高低，都必须编入党的一个支部、小组或其他特定组织，参加党的组织生活会，接受党内外群众的监督，不允许有任何不参加党的组织生活、不接受党内外群众监督的特殊党员。严格党的组织生活会议制度，既是加强党员管理、促进党员发挥先锋模范作用的一项重要组织措施，又是对党员进行经常性监督的一种重要方法。

第三，民主生活会议制度。党的有关制度规定，各级党委或常委都应定期召开民主生活会，交流思想，开展批评和自我批评。通过民主生活会议，能够加强对领导班子的监督，有利于及时解决存在的问题，增强团结，加强集体领导，提高执行党的路线、方针和政策的自觉性，及时改进工作，提高领导水平。

第四，民主评议制度。为了加强党内监督，党的组织定期召开民主评议会，对党的领导干部的德、能、勤、绩、廉进行评价，重点考察其对待党的路线、方针、政策的态度及工作实际成绩，从而使党的干部始终处于党的组织和全体党员的监督之中，树立好的思想和工作作风，充分发挥其表率作用。

第五，评价监督制度。党的各级各类领导干部，对任期内担负的工作不仅应尽职尽责，而且要负全部责任。因而，在其任职期满或调离工作前，所在党的组织应对其任期内的思想、作风、工作等方面的情况，作出全面评价和鉴定，以监督党的领导干部认真履行职责，不断发扬优点，努力克服缺点，积极改进工作。

第六，巡视制度。巡视制度是上级党组织对下级党组织领导班子及其成员进行监督的一种方式。巡视内容包括：了解执行党的路线、方针、政策、决议、决定和工作部署的情况；执行民主集中制的情况；落实党风廉政建设责任制和廉政勤政的情况；领导干部选拔任用的情况；处理改革发展稳定的情况；中央要求巡视的其他事项。巡视组要向派出巡视组的党组织报告巡视工作中了解到的情况，提出意见和建议。巡视组可以根据巡视工作需要列席所巡视地方的党组织的有关会议，查问有关文件、资料，召开座谈会，与有关人员谈话，了解和研究群众来信来访中反映的有关领导干部的重要问题。巡视组不处理所巡视地方的具体问题。

党内监督要求把纪律挺在前面，运用监督执纪"四种形态"，经常开展批评和自我批评、约谈函询，让"红红脸、出出汗"成为常态；让党纪轻处分、组织调整成为违纪处理的大多数；让党纪重处分、重大职务调整的成为少数；让严重违纪涉嫌违法立案审查的成为极少数。党内监督的目的是为了惩前毖后、治病救人，抓早抓小、防微杜渐。

第二节　党组织监督

一、党组织监督的意义和特点

按照纵向层级来划分，中国共产党的组织分为中央组织、地方组织、基层组织。因此，党组织监督主要包括党的中央组织的监督、党委（党组）的监督、党的基层组织的监督。

（一）党组织监督的意义

党组织监督是党组织通过组织系统，按照党的章程、制度对所属党员和党员干部进行的监督活动。党组织监督是党内监督的基本形式之一，在党内监督中占有重要的地位，发挥着重要的作用。

第一，党组织监督是党的领导工作的内容之一。党的领导包括政治上、思想上和组织上的领导。按照这种领导关系，党中央制定的路线、方针和政策，上级党组织作出的工作部署和安排，党委在讨论重大问题时形成的决议和决定，党的下级组织和全体党员都需认真贯彻执行。因此，党中央和党的上级组织必须从政治上、思想上和组织上对党的下级组织和全体党员实行严格的监督，否则，所谓坚持党的领导就只能是一句空话。这就清楚地表明，领导本身包含着监督，意味着领导也需要通过监督来实现并以此为可靠的保证。

第二，党组织监督是党的民主集中制原则的必然要求。民主集中制是党的根本组织原则，其基本内容是：党员个人服从党的组织，少数服从多数，下级组织服从上级组织，全党各个组织和全体党员服从党的全国代表大会和中央委员会。党的各级领导机关，除他们派出的代表机关和在非党组织中的党组外，都由选举产生；党的各级委员会由同级党代表大会选举产生，并向它负责和报告工作；党的上级组织要经常听取下级组织和党员群众的意见，及时解决他们提出的问题，党的下级组织既要向上级组织请示、报告工作，又要独立负责地解决职责范围内的问题，上下级组织之间要互通情报、互相支持和互相监督；党的各级委员会实行集体领导和个人分工负责相结合的制度，凡属重大问题都要由党的委员会民主讨论，作出决定；禁止任何形式的个人崇拜，要保证党的领导人的活动处于党和人民的监督之下，同时维护一切代表党和人民利益的领导人的威信。党组织监督与党的民主集中制原则有着密不可分的关系。在党组织监督的诸种形式中，党的代表大会对委员会的监督、委员会对常委会的监督、下级党组织对上级党组织的监督，较多地体现了党内民主制这个侧面；而党中央对全党的监督、上级党组织对下级党组织的监督、党组织对党员个人的监督，则较多地体现了党内集中制这个侧面。

第三，党组织监督直接关系到党内监督工作的最终效果。党内监督，作为一项活动或工作，必须将增强有效性和提高质量作为其要达到的基本目的之一。而对监督工作的难点问题能否解决以及解决到何种程度，则是衡量监督工作最终效果和质量的基本标尺。对高层领导人的监督难，对重大决策的监督难，是党内监督中最大的难点问题。确立党代表大会、党的委员会和党委常务委员会各自法定的地位，充分发挥他们的职能和监督作用，并健全完善监督的具体制度，是解决这一问题的比较现实可行的办法。

（二）党组织监督的特点

第一，党组织监督是一种组织行为。党员监督，是一种自发的、个体的行为。监督谁、监督什么、以何种方式监督、在什么时候进行监督，在很大程度上是根据个人的认识、判断和意愿来决定的，因而一般不是有组织有领导地进行的。而党组织监督则与之有着明显的不同，它需要确定的监督对象、监督内容、监督方式、监督程序以及监督处理措施，因而必然要求有领导有步骤地来进行。党组织监督的这一特点，就使得党内监督活动能够有计划有目标地进行；既能覆盖全面，又能突出重点；把监督的对象、内容与监督的方式、程序和处置措施紧密联系到一起，即把任务和完成任务的手段融为一体；使各级党组织的监督责任和权利明确、具体，有利于监督工作落到实处。

第二，党组织监督具有较大的权威性和强制性。党的下级组织则必须接受上级组织的领导和监督。这就决定了党组织监督基本上属于一种刚性监督、具有较大的权威性、强制性。党员监督只有转化为党组织监督，才会收到好的效果。这是党组织监督不同于党员监督的又一个显著的特点。党组织监督，可以分为若干具体的监督方式，主要有：党代表大会和党代表会议的监督、党的委员会的监督、党委常委会的监督、党支部和机关党组织的监督以及党委工作部门的监督。其中最重要的是党代表大会的监督、委员会的监督和常委会的监督三种形式。我们党对党组织监督一贯是重视的，特别是在加强党委常委会内部的监督和发挥党支部的监督作用方面，建立了许多好的制度，积累了丰富的经验。但是，由于长期以来对发挥党代表大会对委员会、委员会对常委会及其成员的监督作用重视不够，使得这两方面的监督还不够有力，这是与其地位和职责不相称的，也是与现实需要不相适应的。

二、党的中央组织的监督

（一）党的中央组织的地位和作用

第一，党的中央组织的监督是《党章》赋予其的重大职责。《党章》第三章专门对党的中央委员会、中央政治局、中央政治局常务委员会等党的中央组织的职权作出规定，其中明确规定，中央政治局向中央委员会全体会议报告工作，接受监督。《党内监督条例》列专章规定党的中央组织的监督，全面规定了党的中央委员会、中央政治局、中央政治局常委会以及中央委员、中央政治局委员的监督职责，这是对《党章》要求的具体化和细化。

第二，加强党的中央组织的监督，是贯彻民主集中制原则、强化自上而下监督的必然要求。在党内监督中贯彻落实民主集中制原则，必须切实把握好集中指导下的民主和民主基础上的集中的关系，实现权力与责任、权利与义务的高度统一，始终做到"四个服从"，特别是全党服从中央，维护中央权威和党的集中统一。《党内监督条例》第10条规定："党的中央委员会、中央政治局、中央政治局常务委员会全面领导党内监督工作。中央委员会全体会议每年听取中央政治局工作报告，监督中央政治局工作，部署加强党内监督的重大任务。"党的中央组织带头履行监督职责，这是推动落实全面从严治党主体责任，强化自上而下监督，提高监督权威性和有效性的关键所在。

党的十八大以来，以习近平同志为核心的党中央坚持党要管党、从严治党，在加强党的中央组织的监督方面做了许多探索。比如，中央政治局及时研究部署在全党开展党的群众路线教育实践活动、"三严三实"专题教育、"两学一做"学习教育；听取全国人大常委会、国务院、全国政协、最高人民法院、最高人民检察院党组工作汇报；中央政治局带头召开民主生活会，认真开展对照检查和党性分析；严格执行"八项规定"并听取全党落实情况汇报；听取中央巡视组每轮巡视情况汇报；修订《中国共产党纪律处分条例》，制定《中国共产党问责条例》，严肃执纪问责；带头坚持党内谈心谈话制度，在各自职责范围内与地方、部门主要负责同志谈心谈话；习近平总书记和有关中央领导同志在与干部进行任职谈话时，既提出履行管党治党主体责任的要求，又提出个人廉洁自律的要求。这些都是党中央强化党内监督的新举措，取得了很好效果。

第三，加强党的中央组织的监督，对全党各级组织和领导干部具有重要的示范和带动作用。党的中央组织在领导监督、开展监督的同时，本身也要接受监督，要求全党做到的，中央委员、中央政治局委员首先要做到。对此，《党内监督条例》分别对中央委员、中央政治局委员的自身监督职责作出了规定。从近年来查处的周永康、薄熙来、郭伯雄、徐才厚、令计划等人的严重违纪违法案件中可以看出，破坏党内政治生活准则、党内监督不力的问题突出，严重损害了党的集中统一领导和党中央权威，教训极其深刻。因此要坚持有权必有责、用权受监督，权力越大、影响越人，越要自警自律，越要自觉接受监督。

（二）党的中央组织的监督职责

党的中央委员会、中央政治局、中央政治局常务委员会全面领导党内监督工作。中央委员会全体会议每年听取中央政治局工作报告，监督中央政治局工作，加强部署党内监督的重大任务。

中央政治局、中央政治局常务委员会定期研究部署在全党开展学习教育，以整风精神查找问题、纠正偏差；听取和审议全党落实中央"八项规定"精神情况汇报，加强作风建设情况监督检查；听取中央纪律检查委员会常务委员会工作汇报；听取中央巡视情况汇报，在一届任期内实现中央巡视全覆盖。

中央政治局每年召开民主生活会，进行对照检查和党性分析，研究加强自身建设措施。

中央委员会成员必须严格遵守党的政治纪律和政治规矩，发现其他成员有违反党章、破坏党的纪律、危害党的团结统一的行为应当坚决抵制，并及时向党中央报告。对中央政治局委员的意见，署真实姓名以书面形式或者其他形式向中央政治局常务委员会或者中央纪律检查委员会常务委员会反映。

中央政治局委员应当加强对直接分管部门、地方、领域党组织和领导班子成员的监督，定期同有关地方和部门主要负责人就其履行全面从严治党责任、廉洁自律等情况进行谈话。

中央政治局委员应当严格执行中央"八项规定"，自觉参加双重组织生活，如实向党中央报告个人重要事项。带头树立良好家风，加强对亲属和身边工作人员的教育和约束，严格要求配偶、子女不得违规经商办企业，不得违规任职、兼职取酬。

三、党委（党组）的全面监督

党的委员会是由党的权力机关即党的代表大会选举产生的，与党的代表大会同是党的领导机关。党的委员会分为中央委员会和地方各级委员会。党的中央委员会每届任期 5 年，全国代表大会如提前或延期举行，它的任期相应地改变。中央委员会全体会议由中央政治局召集，每年至少举行一次会议。在全国代表大会闭会期间，由中央委员会执行全国代表大会的决议，领导党的全部工作，对外代表中国共产党。党的地方各级委员会在本级代表大会闭会期间，执行上级党组织的指示和同级代表大会的决议，领导本地方的工作。

（一）党委（党组）的监督职责

党委（党组）在党内监督中负主体责任，书记是第一责任人，党委常委会委员（党组成员）和党委委员在职责范围内履行监督职责。党委（党组）履行以下监督职责：①领导本地区本部门本单位的党内监督工作，组织实施各项监督制度，抓好督促检查；②加强对同级纪律检查委员会和所辖范围内纪律检查工作的领导，检查其监督执纪问责工作情况；③对党委常委会委员（党组成员）、党委委员，同级纪律检查委员会、党的工作部门和直接领导的党组织领导班子及其成员进行监督；④对上级党委、纪律检查委员会工作提出意见和建议，开展监督。

（二）党委（党组）监督的基本方式

第一，听取和审议工作报告。常务委员会是由委员会全体会议选举产生的，因此它应定期向本级委员会报告工作情况，委员会全体会议则应认真听取和审议常委会提出的报告。据此，党的中央委员会全体会议应定期听取中央政治局的工作报告，其目的之一是监督中央政治局的工作。中央以下各级党的委员会全体会议应定期听取和审议它的常务委员会的工作报告，对常务委员会的工作进行监督并作出评价。由于党的委员会与同级纪律检查委员会是领导与被领导的关系、党的委员会全体会议也应定期听取和审议同级纪律检查委员会关于实施党内监督和执行党的纪律的情况报告，监督其工作。

第二，听取述职报告并进行评议。各级党的委员会不仅应对由其选举产生的常委会进行监督，而且还应对常委会的成员进行监督。前者是对组织，后者是对个人。从某种意义上说，对领导者个人的监督更为重要。党的十三中全会以来，建立了领导干部年终述职报告制度，有的还将述职报告和民主评议党员领导干部、对领导干部进行信任投票等活动有机地结合起来，使述职报告活动成为对党员领导干部进行监督的一种有效形式，应该在党内普遍推行和建立这一制度。在述职人进行报告之后，委员应对述职人进行民主评议，必要时可在此基础上进行信任投票。当不信任票超过全体委员的半数以上时，一般情况下，述职人应主动提出辞职，不辞职的则予以罢免。这一制度的建立，有助于将党的各级领导人置于本级党的委员会的严格而有效的监督之下，使监督能够真正发挥作用，进而为监督高层领导人开辟一条现实可行的途径。

第三，委员提出批评、质询和罢免要求。委员会的这种监督形式与前述党的代表大会的监督形式是相同的，具体活动方式相类似。根据同一理由，在召开党的中央委员会全体会议期间，中央委员对中央政治局委员、书记处书记和中央各部门的主要负责人，可以提出批评、质询和罢免要求。在召开党的中央以下各级委员会全体会议期间，委员对常务委员会委员和党委各部门的主要负责人，可以提出批评、质询和罢免要求。一定数量的委员对同一问题提出的质询案，被质询人要在会议中负责答复。一定数量的委员对同一人提出的罢免案，应当列入会议议程，在广泛讨论的基础上进行投票表决；或者由召集会议的组织提议，并经委员会全体会议决定，组织特定问题委员会予以调查，在下一次委员会全体会议上再进行审议表决。由于提出质询和罢免要求都是极其严肃的事情，因此有必要明确规定，质询案和罢免案必须以书面形式提出，并应说明理由。

第四，建立重要情况向委员会通报的制度。知情是监督的前提条件，不知情就无法监督。对普通党员来说是这样，对各级党委委员来说同样是这样。不同的是，党委委员是党的领导集体的成员之一，理应比普通党员知道更多的情况、参与更多的事务，许多事情，对党员来说有必要在某一特定时期内保密，但对委员来说，虽然也有保密的问题，但保密的范围应该大大缩小，即仅限于最必需的事项，而大量的特别是重要的情况都应该向委员通报，以便委员了解情况，更有效地参与党内事务和实行监督。由此可见，党的各级委员会确有必要建立重要情况向委员通报的制度。

第五，成立委员小组，发挥委员对重大决策的监督作用。对决策的监督，是一种高层次的、十分重要的监督。各级党的委员会和党委常务委员会在其工作中，需要做出决策的事情很多，因而就更需要发挥委员对重大决策的监督作用，加强对决策的监督，以防决策出现重大失误。为此，各级党组织可根据需要，将本级委员会的部分或全部委员，依照其工作性质和特长，组成若干专门小组，例如组成经济、政法、文教、外事、党建等小组。各委员小组应对需由全委会决策的事项事先进行调查、研究和论证，提出决策的建议或方案。全委会作出决策后，委员小组应对决策的贯彻执行情况进行检查了解，如发现决策在内容上或执行中存在什么问题，要及时提出解决的办法。这种制度的建立，对于保证决策的民主化、科学化和程序化，充分发挥委员的作用特别是在决策和决策监督方面的作用具有重要的意义。

四、党的工作部门职能监督

（一）党的工作部门职能监督的含义

党的工作部门主要指党委办公厅（室）、组织部、宣传部、统战部、政法委和党的机关工作委员会等工作部门，是党委（党组）的办事机构和职能部门，是党的各项方针政策的参与制定者和贯彻执行者，也是党委管党治党主体责任在不同领域的重要承担者和具体体现者，负有推进全面从严治党、对党员干部进行教育管理监督的政治责任。党的工作部门职能监督是指中国共产党各级工作部门依据党内组织制度、组织路线、干部路线和组织程序对党组织、党员、干部尤其是领导干部的监察和督促。

新修订的《党内监督条例》首次明确了党的工作部门的监督责任，《党内监督条例》第 9 条将"党的工作部门职能监督"作为党内监督体系的重要组成部分，第 16 条进一步规定"党的工作部门应当严格执行各项监督制度，加强职责范围内党内监督工作，既加强对本部门本单位的内部监督，又强化对本系统的日常监督"。这体现出党内监督的进一步深化、系统化，是党内监督体系和监督制度的重要创新。

党的工作部门处在党务工作第一线，尽管工作性质、内容、特点各不相同，但在管党治党上都承担着重要责任。一方面，要加强对本机关本单位的内部监督。认真履行主体责任，对本部门各级党组织和党员干部遵守党章和其他党内法规、贯彻落实党的理论和路线方针政策、坚持民主集中制、严明政治纪律和政治规矩、落实中央"八项规定"精神、执行干部选拔任用工作规定、正确行使权力和廉洁自律等情况进行严格监督，管好自己的"责任田"。另一方面，要强化对本系统的日常监督。根据工作需要和管理权限，对本系统相关组织及其负责人遵守党章党规党纪、履行管党治党主体责任、正确行使权力和廉洁自律等情况进行监督，发现问题及时处置。

（二）履行内部监督

要认真履行主体责任，加强对本部门各级党组织和党员干部的监督管理，履行以下监督责任：

第一，对本部门各级党组织和党员干部遵守党章党规，坚定理想信念，践行党的宗旨，模范遵守宪法法律的情况进行监督。

第二，对本部门各级党组织和党员干部维护党中央集中统一领导，牢固树立政治意识、大局意识、核心意识、看齐意识，贯彻落实党的理论和路线方针政策，确保全党令行禁止的情况进行监督。

第三，对本部门各级党组织坚持民主集中制，严肃党内政治生活，贯彻党员个人服从党的组织，少数服从多数，下级组织服从上级组织，全党各个组织和全体党员服从党的全国代表大会和中央委员会原则的情况进行监督。

第四，对本部门各级党组织和党员干部落实全面从严治党责任，严守党的纪律特别是政治纪律和政治规矩，推进党风廉政建设和反腐败工作的情况进行监督。

第五，对本部门全体党员干部落实中央"八项规定"精神，加强作风建设，密切联系群众，巩固党的执政基础的情况进行监督。

第六，对本部门各级党组织坚持党的干部标准，树立正确选人用人导向，执行干部选拔任用工作规定的情况进行监督。

第七，对本部门全体党员干部廉洁自律、秉公用权的情况进行监督。

第八，对本部门各级党组织和党员干部完成上级党组织部署的任务落实的情况进行监督。

（三）加强职能监督

党的工作部门要适应新形势下强化党内监督的新要求，立足本职本责，加强职能监督。各部门应该发挥职能优势，敢于监督、善于监督，抓早抓小、防微杜渐，做到守土有责、守土尽责，切实履行好各自的监督职责。

1. 党委办公室

党委办公室要重点加强对落实党中央、上级党组织和本级党委决策部署情况的督查督办，坚决纠正制度执行不力的各种问题，推动管党治党各项制度规定落实到位。要严格对各部门党内规范性文件的审查和管理，强化对党政系统的密码通信和密码管理情况的监督。

2. 党委组织部门

党委组织部门要重点监督领导干部选拔任用情况，要坚持党管干部原则，突出党组织的领导和把关作用，树立正确选人用人导向，坚决防范和纠正用人上的不正之风。要加强对党员干部的日常管理监督，完善从严管理监督干部制度体系。要深入推进干部能上能下，通过正向、负向激励，综合治理"为官不为"，最大限度地调动干部的积极性、主动性、创造性。要加强对下级党组织"三会一课"等组织生活开展情况的检查指导，加强对下级党组织领导班子民主生活会的指导、点评和监督，促使下级党组织按照规定严肃认真开展组织生活。

3. 党委宣传部门

党委宣传部门要加强意识形态领域的管理监督，组织引导好舆论监督。督促各级党委（党组）严格落实意识形态工作责任制。加强对推进社会主义核心价值体系建设，培育和践行社会主义核心价值观和精神文明建设的监督。加强对理论学习、理论教育、理论宣传、理论研究工作和新闻出版、精神产品的生产以及社会科学规划的制订和实施情况的监督。

4. 党委统战部门

党委统战部门要加强对统战系统、统战领域履行管党治党责任的监督以及对党的统一战线政策法规贯彻落实情况的监督。督促落实中央关于发挥民主党派参政议政和民主监督的工作。强化对民主党派、党外人士、民族、宗教等领域的政策执行情况的监督。

5. 党委政法委

党委政法委要强化对政法系统贯彻执行党的路线、方针、政策以及党委的有关决策和部署情况的监督，要依法对各政法部门执法活动情况进行监督，定期对政法工作的落实情况进行检查。

6. 党的机关工作委员会

党的机关工作委员会要加强对所属机关基层党组织党建工作情况进行监督，定期检查其组织生活开展情况，督促其按期换届。要配合同级党委有关部门抓好直属机关领导班子思想政治建设，参与对党员领导干部民主生活会和党组（党委）中心组学习的督促检查工作。要加强对所属机关基层党组织党风廉政建设的监督检查，强化对党员特别是党员领导干部的监督。要对所属机关基层党组织贯彻落实同级党的委员会决议、决定和重要工作部署的情况进行督促检查。

五、党的基层组织日常监督

（一）党的基层组织日常监督概述

党的基层组织包括党的基层委员会、总支部委员会和支部委员会。它是根据工作需要和党员人数，经上级党组织批准而建立起来的，《党章》规定，企业、农村、机关、学校、科研院所、街道、人民解放军连队和其他基层单位，凡是有正式党员 3 人以上的，都应当成立党的基层组织。党的基层组织是党和党的领导机关联系广大党员与群众的桥梁，是党在基层组织中领导党员和带领群众进行社会主义现代化建设的战斗堡垒，是党的全部工作和战斗力的基础。

党的基层组织是党内日常监督的主体，党的基层组织是党在基层的"神经末梢"，是确保党的路线方针政策和决策部署贯彻落实的基础。只有基层党组织坚强有力，党员发挥应有作用，党的根基才能牢固，党才能有战斗力；只有党的基层组织在严格党员干部日常管理监督的工作方面抓严抓实抓细了，才能让好作风真正成为党员干部的一种信念、一种习惯，党内监督才能取得实效，全面从严治党一级抓一级、层层抓落实的强大合力才能最终形成。

（二）党的基层组织监督职责的内容

党的基层组织应当发挥战斗堡垒作用，履行下列监督职责：①定期检查、通报党员参加组织生活的情况，向上级党组织报告党员领导干部参加双重组织生活的情况；②督促开好党员领导干部民主生活会，加强对本单位内设机构和直属单位党员领导干部民主生活会的指导；③机关基层党组织专职副书记列席本单位党员领导干部民主生活会和党组（党委）以及本单位负责人召开的有关会议；④了解并掌握机关党员以及领导干部的思想、作风和工作情况，及时向上级党组织和本单位党组（党委）反映；⑤了解党员、干部落实廉政风险防控措施情况，发现问题及时向上级党组织和本单位党组（党委）报告；⑥每年至少召开一次机关党员干部大会，听取本单位主要负责人工作情况报告；⑦做好群众来信来访工作；⑧支持党员行使监督权利，履行监督义务，防止各种形式的打击报复。

（三）党的基层组织履行监督职责的要求

在监督的对象上，重点要抓住"关键少数"，使其真正做到率先垂范、以上率下。领导干部处于重要地位，"一把手"在决策和决策执行中起关键作用，负有全面责任。近些年查处的腐败分子中，方方面面的"一把手"比例都不低。这表明，对"一把手"的监督仍然是一个薄弱环节。"其身正，不令而行；其身不正，虽令不从。"党内日常监督必须把监督领导干部作为重中之重，严格要求、严格管理、严格监督，督促其强化带头意识，发挥引领和带动作用。领导干部要牢固树立法律红线不能触碰、法律底线不能逾越的观念，不去行使依法不该行使的权力，不去干预依法不能干预的事情，从而形成一级带一级、一级抓一级的示范效应。

在监督的范围上，重心要由"八小时内"的常规监督，延伸到"八小时外"的全程监督。党员领导干部掌握着党和人民赋予的权力，"八小时外"并不意味着权力及其影响的自动休眠，监督不到位就更容易出问题。《党内监督条例》第18条提出，"党委（党组）应加强对领导干部的日常管理监督，掌握其思想、工作、作风、生活状况"，其中的"生活状况"就包括"八小时外"的状态。在当前全面从严治党新形势下，我们更要把纪律和规矩挺在党风廉政建设和反腐败斗争前沿，让党的纪律和规矩在八小时内外都立起来、严起来、执行到位，形成"八小时内"与"八小时外"全覆盖的监督链条，彻底扫除监督盲区。

在监督的内容上，核心是严明党的纪律和规矩，实现监督与日常工作的有机结合。党内监督的任务是确保党章党规党纪在全党有效执行，维护党的团结统一，而党内日常监督就是在遵循这个任务的前提下，将监督与日常工作有机结合，严明党的纪律和规矩，时时敲警钟、刻刻需警惕，确保各级党员干部正确处理保证中央政令畅通和立足实际创造性开展工作的关系。为此，强化党内日常监督，必须把党的领导贯彻到党的建设和党员干部的教育管理、监督之中，用纪律和规矩管住大多数，把党员干部能不能依法依规依纪办事作为监督的重要标准，让党员干部知敬畏、存戒惧、守底线，习惯在受监督和约束的环境中工作生活。

在监督的方式上，要害是运用好监督执纪"四种形态"，将党员干部违纪行为消除在"萌芽状态"。强化党内日常监督，重点还是在于对党员干部身上存在的苗头性、倾向性问题，要早发现、早提醒、早纠正，对违反政治纪律的行为，要坚决制止、及时查处，防止有问题的干部在错误的道路上越走越远，最终走上不归路，这也是对党员干部治病于初始、防病于萌芽的真正关心和爱护。

在监督的目标上，旨在加强对权力运行的制约和监督，把权力关进制度的笼子。要加强对党员干部的监督和管理，就必须建立有利于规范和约束权力运行的制度。党的十八届六中全会审议通过的《关于新形势下党内政治生活的若干准则》和《党内监督条例》，开启了执政党依规治党、制度治党的新征程，也为强化党内日常监督作出了制度安排和明确要求。强化党内日常监督，目标在于通过监督，时刻约束和规范公权力的运行，促使党的领导干部做到有权必有责、有责要担当、失责必追究，把权力关进制度的笼子，确保立党为公、执政为民。

（四）党的基层组织日常监督的途径

第一，严立纪律和规矩"标尺"，实现党内日常监督的制度化。一是从日常事、具体事抓起，把对领导干部的管理和监督纳入党组织经常性的工作中，做到领导干部的权力行使到哪里、活动延伸到哪里，党组织的监督就实行到哪里。这是党内生活经常化、制度化的必然要求，也是增强党组织活力的重要保证。二是加大监督频率，延伸监督触角，让监督范围内的党组织和党员干部随时随地感觉到监督的存在，强化不敢、知止的氛围。三是紧紧盯住"关键少数"，从严管好各级领导干部。在党内日常监督中，各级党组织要对领导干部多设置一些监督"探头"，把制度的篱笆扎得更牢，尤其要使"一把手"置身于党组织、党员、群众监督之下，坚决防止"一把手"变成"一霸手"。四是坚持和完善党内谈话制度，加强教育提醒，对发现的苗头性倾向性问题及时"拉警报"，防止党员干部由小错酿成大错，由违纪演变成违法。

第二，坚持和完善民主集中制，推进党内日常监督的长效化。我们党一直坚持、一贯倡导的民主集中制，是我们党最大的制度优势，也是强化党内日常监督的根本制度。一方面，要坚决维护党中央权威和集中统一领导。各级党组织要在坚持法律纪律制度面前人人平等的基础上，以制度管权管事管人，加强对党员干部的日常管理，使党的路线方针政策在本部门本单位得到贯彻实施。另一方面，要充分发挥广大党员群众的监督作用。毛泽东曾对那种不接受群众监督、不让群众反映意见的恶劣作风提出严厉批评："哪有马克思列宁主义者怕群众的道理呢？有了错误，自己不讲，又怕群众讲。越怕，就越有鬼。"[1]充分发挥广大党员群众的监督作用是实现党内日常监督的最广泛、最直接、最有效的手段。要鼓励党员对党组织及其他党员进行日常工作监督，注重保护勇于负责、敢于监督的党员的积极性，从而在党内营造直面谏言、虚心接受监督的日常监督氛围。

第三，用好批评和自我批评的有力武器，促进党内日常监督的常态化。批评和自我批评是党内监督的有力武器。习近平总书记指出："批评和自我批评是一剂良药，是对同志、对自己的真正爱护。"这一武器能否运用得好，将直接关系到党内监督工作能否正常推进。党的十八大以来，特别是经过党的群众路线教育实践活动、"三严三实"专题教育和"两学一做"学习教育，党内生活中存在的种种不良风气得到切实纠正，党内生活总体上呈现出积极健康的发展态势。但是，在一些地方和部门，党内生活庸俗化、随意化、平淡化现象仍然存在，一些党组织和党员缺乏运用批评和自我批评武器的勇气，自我批评难，相互批评更难。强化党内日常监督，就要切实解决自我批评难、相互批评难的问题，使批评和自我批评成为党内政治生活的常态，成为每个党员干部的必修课。

第四，利用互联网技术和信息化手段，推进党内日常监督的科学化。当前，互联网技术的迅猛发展和信息化手段的日新月异，不仅深刻改变了人们

---

〔1〕《毛泽东文集（第8卷）》，人民出版社1999年版，第291页。

的工作和生活，而且对我们党治国理政和党的自身建设产生了深远影响。善于运用互联网技术和信息化手段强化党内日常监督，不仅能进一步畅通监督渠道，使党员的主体地位得以充分体现，还能实现各监督主体在信息、技术、手段、成果等方面的资源共享，有效整合各种信息监督资源，真正做到动态监督和全程监督。

第三节　党的纪律检查机关专责监督

一、纪律检查机关概述

（一）纪律检查机关的地位

党的纪律检查委员会（以下简称纪委）为党内监督的专门机关。《党内监督条例》规定，党的各级纪委是党内监督的专责机关，履行监督执纪问责职责。在领导关系上，中纪委在中央委员会的领导下进行工作，地方纪委和基层纪委在同级党委和上级纪委的双重领导下进行工作；在职责划分上，纪委作为党内监督专门机关，在对党员领导干部行使权力进行监督乃至查处违纪犯罪案件上有相对独立性。中纪委选举常务委员会和书记、副书记，应报党的中央委员会批准。中纪委是全党纪律监察的最高领导机关。党的地方各级纪委由党的地方代表大会选举产生，所产生的纪委选举常务委员会和书记、副书记，应由同级党的委员会通过，报上级党的委员会批准。党的基层纪委由同级党的代表大会或党员大会选举产生，报上级党的委员会批准。党的总支和支部纪律检查委员由支部委员分工产生，报上级党的委员会批准。

（二）纪律检查机关的设置

党的纪委分三级设置：中纪委及中央一级党和国家机关的纪律检查机关、党的地方各级党组织的纪律检查机关和党的基层组织的纪律检查机关。党中央直属机关在工委下设立纪律检查办公室，负责具体工作。中央国家机关设立中央国家机关纪律检查工作委员会，在中纪委和中央国家工委双重领导下进行工作，中直和国家机关各部门设立党的纪律检查工作委员会还是纪律检查员，由工委决定。县级以上党组织设立纪委，党的地方组织的派出机构如地委设立纪委作为上级党组织的派出机构，党的地方组织直属机关设立党的直属机关的纪委。在党的基层组织如相当于县级的企、事业单位中的党组织，设立党的纪委。县级以下党的基层组织，如乡、镇、城市街道中的党组织，设立纪委还是纪律检查员，由上级党委决定。党的总支委员会设立纪律检查员。

（三）纪律检查机关的管辖

纪律检查机关的管辖有三种：一是中纪委的管辖。中纪委领导党的地方各级党组织的纪委，并对中央一级的党员干部实施监督。《党章》规定，中纪委发现中央委员会成员有违反党的纪律的行为，可以向中央委员会检举，中央委员会应立即受理。二是地方党组织的纪委的管辖。《党章》规定，党的地方各级纪委，如果对同级党的委员会处理案件的决定有不同意见的，可以请求上一级纪委给予复查；如果发现同级党的委员会的成员有违犯党的纪律和国家法律法令的情况，在同级党的委员会不给予解决或不给予正确解决的时候，有权向上级纪委提出申诉，请求协助处理。三是上级纪委对下级纪委的管辖。《党章》规定上级纪委有权检查下级纪委的工作，并且有权批准和改变下级纪委对于案件所作的决定。如果所要改变的该下级纪委的决定已经得到它的同级党的委员会的批准，这种改变必须经过它的上一级党的委员会批准。

（四）纪律检查机关的作用

党的各级纪律检查机关肩负着光荣而繁重的任务，其作用主要表现在：

第一，保护党员的民主权利不受侵犯。《党章》规定的党员的八项权利，任何党组织都无权剥夺。各级纪律检查机关要按照《中国共产党党员权利保障条例》的规定，保护党员的民主权利。

第二，监督和制约党组织和党员特别是党员领导干部，是否认真贯彻执行《党章》和其他党内法规，正确运用人民赋予的权力，保证党的路线、方针、政策的贯彻执行，按照党关于坚持和健全民主集中制的要求，监督党员干部尤其是党员领导干部严格遵守民主集中制的各项规章制度，使党内的政治生活得以正常和健康地开展。

第三，按照从严治党的方针，依据《党章》和其他党内法规，严肃查处党员的违纪案件，严肃党的纪律，坚决维护党中央的权威，协助党的委员会加强党风建设和组织协调反腐败工作，为改革开放和社会主义现代化建设的顺利进行提供必要条件和重要保证。

第四，加强对党组织和党员的党规党法教育。通过不断加强对党员的教育，提高党员遵守纪律的自觉性。在新的历史条件下，尤其要加强树立正确的世界观、人生观和价值观的教育，全心全意为人民服务宗旨的教育以及继承和发扬党的优良传统和作风、艰苦奋斗精神的教育。

二、纪律检查机关监督的对象与主要任务

（一）纪检机关监督对象

根据《党章》和其他党内法规的规定，党的纪律检查机关的监督对象，包括全体共产党员和党的各级组织。《党章》第8条规定："每个党员，不论职务高低，都必须编入党的一个支部、小组或其他特定组织，参加党的组织生活，接受党内外群众的监督。党员领导干部还必须参加党委、党组的民主生活会。不允许有任何不参加党的组织生活、不接受党内外群众监督的特殊党员。"在"党的组织制度"一章里规定："上下组织之间要互通情报、互相支持和互相监督""要保证党的领导人的活动处于党和人民的监督之下"。根据《党章》的规定，每一个共产党员，党的各级组织，都必须接受党内监督，都是监督的对象，同时也都是党内监督的专门机关——各级纪委的监督对象。党内监督这种全方位的特点，是由党的性质和宗旨决定的。可见，党的各级组织和全体共产党员都是纪检机关的监督对象。但是，纪检机关在实施党内监督工作中还要抓住重点对象，即各级党员领导干部，特别是党的中、高级领导干部。

（二）纪律检查机关监督的主要任务

根据《党章》的规定，党的各级纪委是党内监督专责机关，主要任务是："维护党的章程和其他党内法规，检查党的路线、方针、政策和决议的执行情况，协助党的委员会推进全面从严治党、加强党风建设和组织协调反腐败工作。"这三大任务也就是纪律检查机关实施党内监督的主要内容。

第一，遵守党的章程和其他党内法规的情况。维护党的章程和其他党内法律，是《党章》规定的纪律检查机关的首要任务，也是纪律检查机关的最基本的和经常性的任务。《党章》是我们党的总章程，是最根本的党内法规。严明党的纪律，就要从遵守和维护《党章》入手。《党章》以外的其他党内法规，也是规范党组织工作、活动和党员行为的党内规章制度。依规治党，是党的建设的重要原则，是依法执政的必然要求。只有切实维护《党章》和其他党内法规，才能保持党内关系、维持党内秩序、统一全党步调、实现党的意志、完成党的任务，这也是《党章》赋予各级纪委的三项主要任务之一。

第二，检查党的路线、方针、政策和决议的执行情况。检查党的路线、方针、政策和决议的执行情况也是纪律检查机关的重要任务。党的路线、方针、政策是党的领导的具体体现，是实现党的伟大事业的重要保证。在实际工作中，一些党组织和党员领导干部会出现执行党的路线、方针、政策不坚决、不认真的情况，有的甚至违背党的路线、方针、政策。因此，各级纪律检查机关要经常、认真地检查党的路线、方针、政策和决议的贯彻执行情况。对那些党性不强，执行党的路线、方针、政策不坚决、不认真的，要进行严肃的批评教育；对那些背离党的路线、方针、政策的，要给予党纪处分。

第三，协助党的委员会推进全面从严治党、加强党风建设和组织协调反腐败工作。推进全面从严治党，党委负主体责任，纪委负监督责任。实际工作中，党委要统揽全局、协调各方，承担着改革发展稳定的艰巨任务。在推进全面从严治党工作中，党委不仅要高度重视、科学组织，更要强力执行、高效推进，在党委（特别是党委主要负责同志）时间、精力有限的情况下，就需要纪委挺身而出，积极主动地协助党委把全面从严治党的部署落到实处，把全面从严治党的责任压实到位，真正承担起党委"助手"的职责。

《党内监督条例》第 26 条还进一步具体规定了党的各级纪委需要承担的具体任务："①加强对同级党委特别是常委会委员、党的工作部门和直接领导的党组织、党的领导干部履行职责、行使权力情况的监督；②落实纪律检查工作双重领导体制，执纪审查工作以上级纪委领导为主，线索处置和执纪审查情况在向同级党委报告的同时向上级纪委报告，各级纪委书记、副书记的提名和考察以上级纪委会同组织部门为主；③强化上级纪委对下级纪委的领导，纪委发现同级党委主要领导干部的问题，可以直接向上级纪委报告；下级纪委至少每半年向上级纪委报告 1 次工作，每年向上级纪委进行述职。"

三、纪律检查机关的职责和监督方式

（一）纪律检查机关的职责

根据《党内监督条例》相关规定，党的各级纪委的职责是监督、执纪、问责。要经常对党员进行遵守纪律的教育，作出关于维护党纪的决定；对党的组织和党员领导干部履行职责、行使权力进行监督，受理处置党员群众检举举报，开展谈话提醒、约谈函询；检查和处理党的组织和党员违反党的章程和其他党内法规的比较重要或复杂的案件，决定或取消对这些案件中的党

员的处分；进行问责或提出责任追究的建议；受理党员的控告和申诉；保障党员的权利。

（二）纪律检查机关的监督方式

监督方式，是指实施监督的途径和方法，它既是监督原则的运用，又是保证实现监督目的的手段。党的纪律检查机关作为党内的专门监督机关，可以运用多种有效的监督方式，对监督对象实施监督。

为了有效落实监督职责，《中国共产党纪律检查机关监督执纪工作规则》（以下简称《工作规则》）第13条至19条对各级纪检监察机关听取专题报告、日常监督、受理检举控告、建立干部廉政档案、党风廉政意见回复、提出纪律检查建议或监察建议等监督方式作出了规定。

第一，听取专题报告。纪委监委（纪检监察组、纪检监察工委）报请或者会同党委（党组）定期召开专题会议，听取加强党内监督情况专题报告，综合分析所联系的地区、部门、单位政治生态状况，提出加强和改进的意见及工作措施，抓好组织实施和督促检查。

第二，日常监督。纪检监察机关应当结合被监督对象的职责，加强对行使权力情况的日常监督，通过多种方式了解被监督对象的思想、工作、作风、生活情况，发现苗头性、倾向性问题或者轻微违纪问题，应当及时约谈提醒、批评教育、责令检查、诫勉谈话，提高监督的针对性和实效性。

第三，受理检举控告。纪检监察机关应当畅通来信、来访、来电和网络等举报渠道，建设覆盖纪检监察系统的检举举报平台，及时受理检举控告，发挥党员和群众的监督作用。

第四，建立干部廉政档案。纪检监察机关应当建立健全党员领导干部廉政档案，主要内容包括：①任免情况、人事档案情况、因不如实报告个人有关事项受到处理的情况等；②巡视巡察、信访、案件监督管理以及其他方面移交的问题线索和处置情况；③开展谈话函询、初步核实、审查调查以及其他工作形成的有关材料；④党风廉政意见回复材料；⑤其他反映廉政情况的材料。廉政档案应当动态更新。

第五，党风廉政意见回复。纪检监察机关应当做好干部选拔任用党风廉政意见回复工作，对反映的问题线索认真核查，综合用好巡视巡察等其他监督成果，严把政治关、品行关、作风关、廉洁关。

第六，提出纪律检查建议或监察建议。纪检监察机关对监督中发现的突出问题，应当向有关党组织或者单位提出纪律检查建议或者监察建议，通过督促召开专题民主生活会、组织开展专项检查等方式，督查督办，推动整改。

四、纪律检查机关监督执纪工作规程

（一）纪律检查机关监督执纪的原则

根据《工作规则》的规定，各级纪委监委（纪检监察组）要把执纪和执法贯通起来，监督执纪和监察执法一体推进，统筹运用纪法"两把尺子"，贯通运用监督执纪"四种形态"，既坚持执纪必严，又坚持纪法协同，实事求是、精准科学，进一步推进反腐败工作法治化、规范化。监督执纪工作应当遵循以下原则：

第一，坚持和加强党的全面领导，牢固树立政治意识、大局意识、核心意识、看齐意识，坚定中国特色社会主义道路自信、理论自信、制度自信、文化自信，坚决维护习近平总书记党中央的核心、全党的核心地位，坚决维护党中央权威和集中统一领导，严守政治纪律和政治规矩，体现监督执纪工作的政治性，构建党统一指挥、全面覆盖、权威高效的监督体系。

第二，坚持纪律检查工作双重领导体制，监督执纪工作以上级纪委领导为主，线索处置、立案审查等在向同级党委报告的同时应当向上级纪委报告。

第三，坚持实事求是，以事实为依据，以党章党规党纪和国家法律法规为准绳，强化监督、严格执纪，把握政策、宽严相济，对主动投案、主动交代问题的宽大处理，对拒不交代、欺瞒组织的从严处理。

第四，坚持信任不能代替监督，执纪者必先守纪，以更高的标准、更严的要求约束自己，严格工作程序，有效管控风险，强化对监督执纪各环节的监督制约，确保监督执纪工作经得起历史和人民的检验。

（二）纪律检查机关监督执纪的领导体制

在党的历史上，纪律检查机关的领导体制发生过多次变化。党的十一届三中全会后，重建的各级纪委的领导体制沿用了党的八大以来的做法，即在同级党委领导下进行工作。党的十二大通过的《党章》将纪委的双重领导体制确定下来，此后历次修改的《党章》都延续了这一规定。《党章》第45条规定："党的中央纪律检查委员会在党的中央委员会领导下进行工作。党的地方各级纪律检查委员会和基层纪律检查委员会在同级党的委员会和上级纪律检查委员会双重领导下进行工作。上级党的纪律检查委员会加强对下级纪律

检查委员会的领导。"《党内监督条例》第 15 条第 2 项规定党委（党组）履行的监督职责包括"加强对同级纪委和所辖范围内纪律检查工作的领导，检查其监督执纪问责工作情况"。《工作规则》贯彻落实《党章》《党内监督条例》规定，在领导体制一章开宗明义地规定了党的纪律检查机关实行双重领导体制。

1. 双重领导体制

中央纪委在党中央领导下进行工作。地方各级纪委和基层纪委在同级党的委员会和上级纪委双重领导下进行工作。党委应当定期听取、审议同级纪委和监察委员会的工作报告，加强对纪委监委工作的领导、管理和监督。党的纪律检查机关和国家监察机关是党和国家自我监督的专责机关，中央纪委和地方各级纪委贯彻党中央关于国家监察工作的决策部署，审议决定监委依法履职中的重要事项，把执纪和执法贯通起来，实现党内监督和国家监察的有机统一。

2. 分级负责制

《工作规则》规定监督执纪工作实行分级负责制：①中央纪委国家监委负责监督检查和审查调查中央委员、候补中央委员，中央纪委委员，中央管理的领导干部，党中央工作部门、党中央批准设立的党组（党委），各省、自治区、直辖市党委、纪委等党组织的涉嫌违纪或者职务违法、职务犯罪问题。②地方各级纪委监委负责监督检查和审查调查同级党委委员、候补委员，同级纪委委员，同级党委管理的党员、干部以及监察对象，同级党委工作部门、党委批准设立的党组（党委），下一级党委、纪委等党组织的涉嫌违纪或者职务违法、职务犯罪问题。③基层纪委负责监督检查和审查同级党委管理的党员，同级党委下属的各级党组织的涉嫌违纪问题；未设立纪委的党的基层委员会，由该委员会负责监督执纪工作。此外，地方各级纪委监委依照规定加强对同级党委履行职责、行使权力情况的监督。

对党的组织关系在地方、干部管理权限在主管部门的党员、干部以及监察对象涉嫌违纪违法问题，应当按照谁主管谁负责的原则进行监督执纪，由设在主管部门、有管辖权的纪检监察机关进行审查调查，主管部门认为有必要的，可以与地方纪检监察机关联合审查调查。地方纪检监察机关接到问题线索反映的，经与主管部门协调，可以对其进行审查调查，也可以与主管部门组成联合审查调查组，审查调查情况及时向对方通报。

　　上级纪检监察机关有权指定下级纪检监察机关对其他下级纪检监察机关管辖的党组织和党员、干部以及监察对象涉嫌违纪或者职务违法、职务犯罪问题进行审查调查，必要时也可以直接进行审查调查。上级纪检监察机关可以将其直接管辖的事项指定下级纪检监察机关进行审查调查。纪检监察机关之间对管辖事项有争议的，由其共同的上级纪检监察机关确定；认为所管辖的事项重大、复杂，需要由上级纪检监察机关管辖的，可以报请上级纪检监察机关管辖。

　　（三）纪律检查机关监督执纪工作程序

　　1. 线索处置

　　线索也被称为问题线索，是指反映关于党员、干部违规违纪问题的线索，是监督执纪和审查调查的源头和基础。切实提高问题线索管理水平，确保线索处置保密规范、科学高效，对于保证纪检监察机关依法依纪履行职责、不断巩固发展反腐败斗争压倒性态势、夺取压倒性胜利具有重要意义。

　　线索的来源主要有以下四个方面：一是信访举报，主要指群众来信、来访、电话举报、网络举报等；二是纪检机关监督执纪过程中发现的问题线索，如被审查人和其他涉案人员检举揭发的问题线索；三是巡视组移交的违纪问题线索；四是其他单位移交的问题线索，主要包括审计部门审计要情反映，以及其他行政、司法机关移交的问题线索等。

　　纪检监察机关应当加强对问题线索的集中管理、分类处置、定期清理。线索处置的方式主要有谈话函询、初步核实、暂存待查、予以了结四种。暂存待查是指线索反映的问题虽具有一定的可查性，但由于时机、现有条件、涉案人一时难以找到等种种原因，暂不具备核查的条件而存放备查。予以了结是指线索反映的问题失实或没有可能开展核查工作而采取的线索处置方式，包括虽有职务违法事实但情节轻微不需追究法律责任，已建议有关单位作出恰当处理的，以及被反映人已去世的等情况。

　　2. 谈话函询

　　谈话函询是一种问题线索处置方式。谈话函询是监督执纪"四种形态"的实现形式。《党内监督条例》第7条规定："党内监督必须把纪律挺在前面，运用监督执纪'四种形态'，经常开展批评与自我批评、约谈函询，让'红红脸、出出汗'成为常态。"可见，谈话函询是第一种形态最基本、最有效的实现形式，也是把纪律挺在前面的重要载体。

（1）谈话函询的报批

纪检监察机关采取谈话函询方式处置问题线索，应当起草谈话函询报批请示，拟订谈话方案和相关工作预案，按程序报批。需要谈话函询下一级党委（党组）主要负责人的，应当报纪检监察机关主要负责人批准，必要时向同级党委主要负责人报告。

（2）谈话函询的适用对象

鉴于问题线索处置方式适用于广大党员干部，因此谈话函询适用对象不仅仅限定在党员领导干部，而应包括广大党员干部。

（3）谈话函询的主体

在以往的实践中，纪检监察机关的党风室、信访室、纪检监察室以及干部监督室在处置问题线索中都会使用谈话函询的形式，这没有异议。但《工作规则》明确规定"执纪监督部门负责联系地区和部门的日常监督，执纪审查部门负责对违纪行为进行初步核实和立案审查"，这就意味着今后执纪审查部门将不再使用谈话函询方式处置问题线索。

（4）谈话函询的适用情形

根据中央纪委对反映领导干部问题线索处置方式的有关规定，谈话函询主要适用于两类情形：一类是反映的问题具有一般性，查清了只能给予轻处分或批评教育，或者反映问题不实而予以澄清的线索；另一类是反映的问题笼统，多为道听途说或主观臆测，难以查证核实的线索。

（5）谈话函询的基本原则

根据上述规定，实践中应把握一个基本原则：即针对党员干部一般性问题、轻微违纪问题，以及苗头性、倾向性问题，应当及时开展谈话、函询。

3. 初步核实

纪检监察机关对相关问题线索初步核实简称"初核"，是纪检机关问题线索处置方式之一，是指纪检机关按照规定对受理的党员或党组织违纪行为的线索，进行初步核查、证实的活动。其任务是了解所反映的主要问题是否存在，为立案与否提供依据。

（1）初步核实的主体

包括党委（党组）、纪委监委（纪检监察组），主要是为了加强党委（党组）对反腐败工作的统一领导，体现党委（党组）的主体责任和纪委监委（纪检监察组）的监督责任。

（2）初步核实的范围

初步核实的范围是涉嫌违纪或者职务违法、职务犯罪的问题线索。初步核实的基本条件是问题线索具有可查性。判断可查性的参考依据，首先是涉嫌违纪或者职务违法、职务犯罪问题性质、程度较为严重，其次是反映问题的内容、情节较为具体，涉及人员具体，有明确指向，直接关联被反映人，了解核查具有可操作性，具备收集相关证据的条件和手段。

（3）初步核实的程序

监察机关采取初步核实方式处置问题线索，履行审批程序，一般应当报监察机关相关负责人审批。经批准后，承办部门应当制定工作方案，成立核查组。初步核实方案一般包括初步核实的依据，核查组人员组成，需要核实的问题，初步核实的方法、步骤、时间、范围和程序，以及应当注意的事项等。核查组的人数可根据所反映主要问题的范围和性质来确定，不少于2人，对案情复杂、性质严重、工作量大的，可以适当增配人员。初步核实方案应当报承办部门主要负责人和监察机关分管负责人审批。

（4）初步核实的任务和方法

初步核实阶段的主要任务是了解核实所反映的主要问题是否存在，以及是否需要给予所涉及的监察对象政务处分。在初步核实工作中，核查组要突出重点，抓住主要问题收集证据、查清事实，也要注意保密，尽量缩小影响。核查组经批准可采取必要措施收集证据，比如与相关人员谈话了解情况，要求相关组织作出说明，调取个人有关事项报告，查阅复制文件、账目、档案等资料，查核资产情况和有关信息，进行鉴定勘验等。如需要采取技术调查或者限制出境等措施的，监察机关应当严格履行审批手续，交有关机关执行。

（5）初步核实结果处理

初步核实工作结束后，核查组应当撰写初步核实情况报告，列明被核查人基本情况、反映的主要问题、办理依据及初步核实结果、存在疑点、处理建议，由核查组全体人员签名备查。承办部门应当综合分析初步核实情况，按照拟立案审查、予以了结、谈话提醒、暂存待查，或者移送有关机关处理等方式提出分类处理建议。初步核实情况报告和分类处理建议报监察机关主要负责人审批，必要时向同级党委（党组）主要负责人报告。

4. 审查调查

审查调查是纪检监察机关开展工作、履职尽责最关键、最重要的环节，在这一环节，纪检监察权力运用、措施手段使用最集中，办案安全、履职风险也最突出。《工作规则》细化程序规定，严格措施要求，确保审查调查工作严格依规依纪依法开展。

（1）审查调查对象

审查调查对象是经过纪检监察机关初步核实，涉嫌违纪或者职务违法、职务犯罪，需要追究纪律或者法律责任的党员、干部以及监察对象。

（2）审查调查的措施

审查调查组可以依照党章党规和监察法，经审批进行谈话、讯问、询问、留置、查询、冻结、搜查、调取、查封、扣押（暂扣、封存）、勘验检查、鉴定，提请有关机关采取技术调查、通缉、限制出境等措施。承办部门应当建立台账，记录使用措施情况，向案件监督管理部门定期备案。

（3）调查取证相关要求

纪检监察机关应当严格依法依规依纪收集、鉴别证据，做到全面、客观，形成相互印证、完整稳定的证据链。严禁以威胁、引诱、欺骗以及其他违法违规违纪方式收集证据；严禁隐匿、损毁、篡改、伪造证据。

（4）审查调查结果处理

查明涉嫌违纪或者职务违法、职务犯罪问题后，审查调查组应当撰写事实材料，与被审查调查人见面，听取意见。审查调查工作结束，审查调查组应当集体讨论，形成审查调查报告，列明被审查调查人基本情况、问题线索来源及审查调查依据、审查调查过程，主要违纪或者职务违法、职务犯罪事实，被审查调查人的态度和认识，处理建议及法律党纪依据，并由审查调查组组长以及有关人员签名。对审查调查过程中发现的重要问题和意见建议，应当形成专题报告。

5. 审理

纪检机关监督执纪有一套环环相扣的工作机制，审理是其中的一环。根据《工作规则》的规定，纪检机关案件审理部门对党组织和党员违反党纪、依照规定应当给予纪律处理或者处分的案件和复议复查案件进行审核处理。

（1）审理的工作程序

①案件审理部门收到审查调查报告后，经审核符合移送条件的予以受理，不符合移送条件的可以暂缓受理或者不予受理。②对于重大、复杂、疑难案件，监督检查、审查调查部门已查清主要违纪或者职务违法、职务犯罪事实

并提出倾向性意见的；对涉嫌违纪或者职务违法、职务犯罪行为性质认定分歧较大的，经批准案件审理部门可以提前介入。③案件审理部门受理案件后，应当成立由两人以上组成的审理组，全面审理案卷材料，提出审理意见。④坚持集体审议原则，在民主讨论基础上形成处理意见；对争议较大的应当及时报告，形成一致意见后再作出决定。案件审理部门根据案件审理情况，应当与被审查调查人谈话，核对违纪或者职务违法、职务犯罪事实，听取辩解意见，了解有关情况。⑤对主要事实不清、证据不足的，经纪检监察机关主要负责人批准，退回监督检查、审查调查部门重新审查调查；需要补充完善证据的，经纪检监察机关相关负责人批准，退回监督检查、审查调查部门补充审查调查。⑥审理工作结束后应当形成审理报告，内容包括被审查调查人基本情况、审查调查简况、违法违纪或者职务犯罪事实、涉案财物处置、监督检查或者审查调查部门意见、审理意见等。审理报告应当体现党内审查特色，依据《中国共产党纪律处分条例》认定违纪事实性质，分析被审查调查人违反党章、背离党的性质宗旨的错误本质，反映其态度、认识以及思想转变过程。涉嫌职务犯罪需要追究刑事责任的，还应当形成起诉意见书，作为审理报告附件。

（2）审理的工作时限

审理工作应当在受理之日起 1 个月内完成，重大复杂案件经批准可以适当延长。

6. 处置执行

处分决定作出后，纪检监察机关应当通知受处分党员所在党委（党组），抄送同级党委组织部门，并依照规定在 1 个月内向其所在党的基层组织中的全体党员以及本人宣布。处分决定执行情况应当及时报告。

被审查调查人涉嫌职务犯罪的，应当由案件监督管理部门协调办理移送司法机关事宜。对于采取留置措施的案件，在人民检察院对犯罪嫌疑人先行拘留后，留置措施自动解除。案件移送司法机关后，审查调查部门应当跟踪了解处理情况，发现问题及时报告，但不得违规过问、干预处理工作。审理工作完成后，对涉及的其他问题线索，经批准应当及时移送有关纪检监察机关处置。

对被审查调查人违法违规违纪所得财物，应当依法依规依纪予以收缴、责令退赔或者登记上交。对涉嫌职务犯罪所得财物，应当随案移送司法机关。

对经认定不属于违法违规违纪所得的，应当在案件审结后依法依规依纪予以返还，并办理签收手续。

对不服处分决定的申诉，由批准或者决定处分的党委（党组）或者纪检监察机关受理；需要复议复查的，由纪检监察机关相关负责人批准后受理。申诉办理部门成立复查组，调阅原案案卷，必要时可以进行取证，经集体研究后，提出办理意见，报纪检监察机关相关负责人批准或者纪委常委会会议研究决定，作出复议复查决定。决定应当告知申诉人，抄送相关单位，并在一定范围内宣布。坚持复议复查与审查审理分离，原案审查、审理人员不得参与复议复查。复议复查工作应当在 3 个月内办结。

第四节　党员监督

一、党员监督的基本概念

党员监督指广大党员作为监督主体对各级党的组织和其他党员进行的监督。党员监督的基本构成要素是：在主体上，党员监督的主体是广大党员，无论是普通党员，还是党员领导干部，只要其具备党员身份，就有权实施党员监督；在对象上，党员监督的对象是党的各级组织和全体党员，这是由党内监督的性质决定，任何组织和党员都必须接受其他党员的监督；在内容上，党员监督的内容是监督对象的行为是否符合《党章》和党的其他规章制度的要求。在监督依据上，党员监督的依据是《党章》和党的其他规章制度。

如同其他许多方面的监督方式一样，党员监督的重点是各级党员领导干部。这是因为，我们党是一个掌握着国家权力的执政党，有相当一部分的党员在党和国家各级机关中担负着领导职务，手中掌握着与其领导职务相应的权力。首先，党员领导干部是决策者。他们有根据党的路线、方针、政策，结合本地区本部门本单位的实际作出决策的权力。党员领导干部决策的正确与否，是党的路线、方针和政策能否在各个地区和单位全面贯彻实施的关键。其次，党员领导干部又是权力的行使者。他们能否正确行使党和人民赋予的权力，能否经得起执政的考验，直接关系着党的事业的兴衰和党在人民群众中的威望。党员领导干部自身不廉洁，比一般干部的影响更坏，危害更大。它有着动摇人民、离间党与群众关系的影响。因此，无论从党员领导干部在我们党的事业中的地位和作用看，还是从党员领导干部不廉洁所带来的影响和危害看，把他们作为广大党员群众进行监督的重点是很自然的事情。

二、党员监督的主要内容和方式

党员是党的肌体的细胞，党员民主监督是党内监督的重要组成部分，是发扬党内民主、健全党内政治生活的有效途径。《党章》第4条第4项对党员的监督权利作出了明确规定："在党的会议上有根据地批评党的任何组织和任何党员，向党负责地揭发、检举党的任何组织和任何党员违法乱纪的事实，要求处分违法乱纪的党员……"同时，《党章》又规定了各级领导干部接受监督的义务，第8条规定党员不论职务高低，都要接受党内外群众的监督，党内"不允许有任何不参加党的组织生活、不接受党内外群众监督的特殊党员"；第36条第5项规定，党的各级领导干部要"自觉地接受党和群众的批评和监督"。《党内监督条例》第36条对党员开展党内监督的内容、方式和途径等作出明确规定，是对《党章》规定的细化和具体化，有利于广大党员更好地履行监督义务，更好地行使其监督权利。

第一，加强对党的领导干部的民主监督，及时向党组织反映群众意见和诉求。党的领导干部是我们党执政活动的主要组织者和管理者，手中的权力是人民赋予的，必须受到党和人民的监督。要充分发挥党员对党的领导干部的监督作用，通过多种方式对领导干部的思想、工作、作风、生活状况进行监督，及时发现领导干部存在的问题和不足，把党的领导干部置于广大党员的有效监督之下。

第二，在党的会议上有根据地批评党的任何组织和任何党员，揭露和纠正工作中存在的缺点和问题。党员要积极参加党的会议，在会上对党组织和党员工作、生活中存在的缺点和错误提出批评，敢于揭短亮丑、动真碰硬，不评功摆好、不文过饰非，使党员、干部受到教育，党组织改进工作，充分发挥党的会议统一思想、增强团结、互相监督、共同提高的作用。党员提出批评意见、指出缺点错误，应当坚持关心爱护、有利工作的立场，尊重事实、有根有据。

第三，参加党组织开展的评议领导干部活动，勇于触及矛盾问题、指出缺点错误，对错误言行敢于较真、敢于斗争。党员民主评议领导干部，是我们党发扬党内民主、强化党内监督的宝贵经验。在我们党内，没有不接受党内外群众监督的特殊党员，特别是领导干部更应该主动自觉接受党员群众监督。要引导党员珍惜自己的民主权利，本着对党组织负责、对党和人民的事业负责、对领导干部负责的态度，摒弃私心杂念，正确履职尽责，全面、公正、客观地对领导干部的工作进行评议。对领导干部的错误言行敢于批评，不回避矛盾问题。同时，党员应不断提高自身素质，明确监督的目的、任务，熟悉党规党纪，正确监督、依规监督、善于监督。

第四，向党负责地揭发、检举党的任何组织和任何党员违法违纪的事实，坚决反对一切派别活动和小集团活动，同腐败现象作坚决斗争。全面从严治党要靠全党、管全党、治全党。每名党员都要增强组织意识和政治担当，敢于同形形色色违反党纪的现象作斗争，勇于揭发、检举各种违反党纪的行为，切实做到对党忠诚、为党分忧、为党担责、为党尽责。党的十八大以来全面从严治党的实践表明，干部在政治上出问题，对党的危害不亚于腐败问题，有的甚至比腐败问题更严重。每名党员都要坚持党性原则，强化监督意识，增强政治敏锐性和政治鉴别力，对一切派别活动和小集团活动、搞政治阴谋活动、搞破坏分裂党的政治勾当等严重破坏党的政治纪律和政治规矩、组织纪律的行为保持高度警惕，自觉维护党的团结统一。执政党永远会面对与腐败的斗争，当前党风廉政建设和反腐败斗争形势依然严峻复杂，每名党员都要充分认识到推进党风廉政建设和反腐败斗争关乎人心向背、关乎党的生死存亡，坚决同一切消极腐败现象作斗争。党员向党组织揭发、检举违法违纪行为必须是负责任的，要有事实根据，不能歪曲真相，更不允许诬陷、捏造，要按组织原则和程序办事，相信组织、依靠组织，不随意扩散、传播有关信息。

三、发挥党员民主监督作用的重要意义

发挥党员民主监督作用是我们党针对当前党的建设中存在的突出问题提出的重要举措，也是新时期切实提高党科学执政、民主执政、依法执政水平的重要任务，对于加强党内监督、发扬党内民主、全面从严治党都具有重要意义。

首先，发挥党员民主监督作用，是加强党内监督的必然要求。习近平总书记在十八届中央纪委第六次全会上的讲话强调："对我们党来说，外部监督是必要的，但从根本上讲，还在于强化自身监督。"加强党内监督是马克思主义政党的一贯要求，是我们党的优良传统和政治优势。党的执政地位，决定

了党内监督在党和国家各种监督形式中是最基本的、第一位的。党员是党的肌体的细胞。党员民主监督是党内监督中具有普遍性质的监督形式，也是其他各种党内监督形式的基础。党员民主监督作用发挥出来了，党内监督整个局面也就活了。解决党的建设方面批评不够、纪律不严、监督不力等问题，要求必须完善和加强党员民主监督，充分发挥全体党员的民主监督作用。

其次，发挥党员民主监督作用，是发扬党内民主的重要途径。党内民主是党的生命。党员民主监督权的落实和保障程度是衡量党内民主发扬程度的重要标尺。纵观我们党的发展历程可以看出，党内民主的发扬情况，与党员主体地位是否得到保障、党员民主监督作用是否得到发挥有着密切关系。什么时候党员民主监督作用发挥得好，党的事业就兴旺发达；什么时候党员民主监督作用发挥不畅，党的事业就遭受挫折。例如，延安整风运动时期，党员在党内生活中的主体地位得到坚实保障，党员敢于也愿意发挥民主监督作用，党内民主就发扬得好，党员素质和党组织的战斗力都得到了极大提高。积极发扬党内民主，必须切实保障党员主体地位，落实好党员的知情权、参与权、选举权、监督权。

最后，发挥党员民主监督作用，是全面从严治党的迫切需要。治国必先治党，治党务必从严。我们党是有着9000多万党员的大党，肩负着实现中华民族伟大复兴中国梦的光荣使命，承担着执政兴国、治国理政的艰巨任务。要完成这些使命和任务，就必须坚持党要管党、从严治党，不断提高党的领导水平和执政能力，促进国家治理体系和治理能力现代化。合抱之木，生于毫末；九层之台，起于垒土。广大党员工作在社会主义现代化建设的第一线，是推进党的路线、方针、政策贯彻落实的重要力量，是党的事业的骨干。加强党的建设，全面从严治党，必须激发全体党员的积极性、主动性、创造性，充分发挥每个党员的先锋模范作用。只有切实加强党员民主监督，才能使权力在"放大镜"和"聚光灯"下运行，使党永葆生机和活力，确保中国共产党始终成为中国特色社会主义建设伟大事业的坚强领导核心。

四、改进和加强党员监督的措施

第一，建立健全党员民主监督制度。制度带有根本性、全局性、稳定性和长期性。发挥党员民主监督作用，首先要完善相应的制度环境。习近平总书记明确指出："依规治党，就要进一步完善党内监督制度""我们要总结经验教训，创新管理制度，切实强化党内监督"。要紧紧抓住党员民主监督方面的普遍性、紧迫性问题，提高制度设计的针对性和可操作性，在深入调研、发扬民主、集思广益的基础上，加快构建有效管用的党员民主监督制度体系，为党员民主监督提供有力的制度保障。

第二，切实保护行使监督权的党员。党员进行民主监督经常会面对各种非议甚至风险，要保护好那些主体意识、责任意识强的党员，确保他们的民主监督权利和人身财产安全不受侵犯，解除广大党员的思想负担和顾虑，为民主监督打造安全平台。对通过正常渠道反映问题的党员，任何组织和个人都不准打击报复，不准擅自进行追查，不准采取调离工作岗位、降格使用等惩罚措施。对检举人、控告人及检举控告内容要严格保密，决不允许将检举控告材料转给被检举控告的组织和人员。对于侵犯党员民主监督权利以及歧视刁难和打击报复检举人、控告人、批评人的，要坚决依法依纪严肃查处。对于因进行民主监督而权益受到损害的党员，要完善救济途径，切实予以保护。

第三，拓宽党员民主监督知情渠道。信息不对称是党员民主监督中存在的突出问题之一。普通党员对党员干部的用权行为不了解、不知晓，监督就无从谈起。要严格按照党内制度规定，加大党内事务公开力度，使党员充分了解党内事务，落实党员民主监督知情权。一是规范党务公开的内容和程序，党内文件、会议内容等应依法依规以适当形式向党员公开。二是落实党内重要情况通报制度，将党内重大决策情况、重要干部任免情况、领导干部奖惩情况等定期向党员通报，对重大紧急性工作应及时通报，完善党委新闻发言人和新闻发布会制度。三是完善党内情况反映机制，积极拓宽党内下情上达的信息渠道，保证下级组织和党员的意见及时准确地反映到上级组织。四是加强党务公开的考核和检查，建立党务公开目标考核制、定期检查制等，确保党员了解党内事务，使党务公开收到实效。

第四，创新党员民主监督参与渠道。要结合实际和运用现代科技手段，为党员参与民主监督提供有效方式和便利途径。总结地方和部门经验，可以从以下几方面推进相关工作：一是通过公开举报电话，设置举报信箱，实行来访接待日，建立网络监督平台等方式，为党员参与民主监督提供多种途径。二是健全党内重大决策征求意见制度，在更大范围内听取党员意见，提高党员参与管理和监督党内事务的积极性。三是探索不涉及重大机密的党委会议邀请普通党员旁听的方式，鼓励党员参与民主监督。四是完善民主生活会制度，通过会上的批评与自我批评活动，使党员能够在更大范围表达自己的意见。五是组织党员开展对党组织和领导班子及成员的满意度评价，把评议结果与领导干部的任用和考核挂钩。

第五，强化党员民主监督互动渠道。有的党员之所以不积极参与民主监督，一个重要原因就是对自己提出的意见和建议是否被采纳、如何被处理等情况，得不到任何信息反馈。时间一长，这些党员就会逐渐失去进行民主监督的积极性。因此，畅通党员民主监督渠道，要增加互动特别是信息反馈，使党员能够及时了解到自己民主监督的结果，增强民主监督的成就感，提高民主监督的积极性。应当切实转变党员民主监督中信息单向流动问题，尊重党员民主监督，对党员提出的重要意见和建议，有关部门和组织要依法依规处理，并向提出检举、控告、批评的党员反馈处理情况。对处理结果应当公开的，要依法依规公开，使党员能够切身感受到民主监督的成效。此外，对于被监督党员应当保障其申辩权、申诉权。

【案例分析】

没有纪律之外的"特殊党员"

——辽宁省营口港务集团党委原书记、原董事长高宝玉严重违纪问题剖析

2015年3月20日，辽宁省营口港务集团有限公司原董事长、党委原书记高宝玉因涉嫌严重违纪，被辽宁省纪委立案调查。

高宝玉，这位在营口市颇有名气的港口"当家人"，曾自以为营口港是自己的"独立王国"，想成为纪律之外、不受监督的"特殊党员"，终于为自己的所作所为付出了惨重代价。

2015年8月14日，经辽宁省委批准，高宝玉被开除党籍，并由其主管部门开除公职，其涉嫌犯罪问题移交司法机关依法处理。

把"创业地"当作"自留地"，十八大后仍不收手

高宝玉，1954年出生于辽宁台安。1977年，从大连理工学院港口工程专业毕业，被分配到筹备阶段的营口港鲅鱼圈港区。

高宝玉回忆说，那时条件非常艰苦，"晚上天一黑，周围都是庄稼地，就

像一片坟墓一样，连个灯光都没有。"他曾掉进过冰窟窿，低温潮湿的环境让他患上了久治不愈的面部神经中风顽疾。

1981年底，国家正式批准在鲅鱼圈建港，高宝玉也与营口港一起开始了腾飞之路，他从营口港建设指挥部的技术员逐渐成长为营口港务局党委副书记、局长。2002年至2013年，高宝玉任营口港务集团党委副书记、总裁，营口港务集团党委书记、董事长。2013年10月，任营口港务集团第三届委员会委员、常委、书记候选人。他是第十届、十一届、十二届全国人民代表大会代表。

自以为有不受监督的"特权"，严重违反组织纪律

作为营口港务集团的一把手，高宝玉被人评介为"胆大""敬业""果断"，他在职工中拥有很高的威信，但随着年龄的增长，他考虑自己面子的时候多了，对港口发展实际情况考虑得少了；和老板们勾肩搭背的时间多了，深入群众的时候少了；工作中独断专行的时候多了，征求意见民主决策的时候少了。逐渐地，他又有了"霸道""虚荣""一言堂""好大喜功"的标签，职工也开始对他惧怕起来。

长期在国企工作，高宝玉认为国企领导干部具有"特殊性"，可以同其他党政干部区别开来，手中权力逐渐异化为自己谋利的工具，他则享受不受监督的"特权"，成为游离于纪律之外的"特殊党员"。

在干部调整中，高宝玉严重违反组织纪律，在选人用人上大搞权钱交易。为激励员工，营口港务集团实行高级管理人员年薪制，部门领导收入大幅提高，某些分公司经理为确保既得利益，自然想到了给高宝玉"表示表示"。

2012年至2013年间，营口港务集团分公司发生客户长期拖欠港口使用费事件，给集团造成较大损失和严重影响。时任该分公司经理对此事负有直接责任和主要领导责任，被给予行政降级处分。该经理为得到高宝玉的"帮助"，及时返回分公司任经理，于2012年至2015年，先后3次给高宝玉送钱。此外，2010年至2015年，先后有4人为了留任现任职位，享受高额年终奖金，多次给高宝玉送钱。在高宝玉任职期间，这些分公司经理的岗位都没有变动。

2014年，营口港务集团某副经理为将外甥女安排到集团工作，找高宝玉"帮忙"，高宝玉将此事安排给集团人事负责人。该副经理为感谢高宝玉，借2015年春节之机，送给高宝玉一笔钱。

高宝玉的事业心建立在个人荣誉基础上，把营口港当成自己的"独立王国"，眼中没有组织、没有纪律，栽跟头是必然的。

"对党纪国法这条带电的高压线，谁碰谁就要付出沉重代价、谁碰谁就要吃大苦果。"落马后，高宝玉的忏悔姗姗来迟。

把"围猎者"当"知己"，严重违反廉洁纪律

高宝玉热衷和老板"勾肩搭背"，在觥筹交错中严重违反廉洁纪律，最终自掘坟墓，断送晚节。

营口港某建筑安装公司张某1992年与高宝玉相识。2002年，营口港务局准备引入外来资金，重组营口港建筑安装公司。张某得知此消息后请求高宝玉帮助其入股公司，张某占股60%。高宝玉表示同意，并向集团下属公司经理吩咐，营口港的相关工程，尽量发包给张某的建筑安装公司。2003年至2012年，张某的安装公司承揽营口港务集团561项工程，工程标的额20多亿元。张某为了得到和感谢高宝玉的帮助，先后送给高宝玉巨额财物，并经高宝玉同意，在北京市北四环为高宝玉购买房产一套、地下车库一个。

在高宝玉的朋友圈中，以某疏浚工程有限公司的高某与其走得最近。"重感情"的高宝玉不守纪律、不讲规矩，利用职权为高某生意提供帮助。

2005年，高某为了与营口港务集团合资做疏浚工程，找到高宝玉帮忙。经高宝玉同意，高某与营口港务集团共同出资成立有限公司。公司成立后，高宝玉向集团下属公司经理吩咐，营口港的疏浚工程，尽量发包给该疏浚公司。2006年至2012年，该公司承揽了集团的57项工程，占营口港港池挖泥和航道挖泥工程量的70%，合同标的额22亿多元。

高宝玉党纪观念淡漠，他脱离监督、背离组织，还自以为"友谊"天长地久，最终难逃党纪严惩。

——摘自中国纪检监察报

案例思考题

结合本案例，谈谈我们监督党政"一把手"的意义何在？近年来，我们针对"关键少数"的监督有哪些新的举措？

【课后练习题】

1. 什么是党内监督？党内监督有什么特点？
2. 党内监督的主体与对象是什么？
3. 简述党内监督体系。
4. 党内监督的内容和方式是什么？
5. 党组织监督的含义、意义和特点是什么？
6. 党的中央组织的地位和作用有哪些？
7. 党的中央组织的监督职责有哪些？
8. 党委（党组）的监督职责是什么？
9. 党委（党组）监督的基本方式有哪些？
10. 党的工作部门的监督的含义是什么？
11. 党的工作部门内部监督的职责有哪些？
12. 党的工作部门职能监督的职责有哪些？
13. 党的基层组织监督职责的内容和要求有哪些？
14. 党的基层组织日常监督的途径有哪些？
15. 简述纪律检查机关的地位和管辖。
16. 简述纪律检查机关的作用。
17. 纪律检查机关监督的对象与主要任务是什么？
18. 简述纪律检查机关的职责和监督方式。
19. 简述纪律检查机关监督执纪工作程序。
20. 纪律检查机关监督执纪的原则有哪些？
21. 简述纪律检查机关监督执纪的领导体制
22. 党员监督的含义和依据是什么？
23. 简述党员监督的主要内容和方式
24. 改进和加强党员监督的措施有哪些？

第六章

人民代表大会监督

【本章学习目标】

1. 了解人民代表大会监督的含义和特征。
2. 理解人民代表大会监督的基本原则。
3. 掌握人民代表大会监督的内容和方式。
4. 熟悉人大代表的监督权及其行使的方式。

人民行使国家权力的机关是全国人民代表大会和地方各级人民代表大会，人民代表大会监督的实质是人民监督。人民代表大会监督是我国监督体系中最高层次、最具权威的监督，人民代表大会及其常务委员会作为国家权力机关，其进行的监督是代表国家和人民进行的具有法律效力的监督。人民代表大会及其常务委员会监督的目的，在于确保宪法和法律得到正确实施，确保行政权和司法权得到正确行使，确保公民、法人和其他组织的合法权益得到尊重和维护。

第一节　人民代表大会监督概述

一、人民代表大会监督的含义和特征

（一）人民代表大会监督的含义

人民代表大会监督是《宪法》授予人民代表大会的职权，就是通过对国家行政机关、监察机关、审判机关和检察机关的监督，保证宪法和法律在制度上得以准确施行，尊重、维护公民、法人和其他组织的合法权益。

人民代表大会及其常务委员会和人民代表大会代表通过行使立法权、决定权、任免权和具体监督权实施监督，即通过听取和审议人民政府、监察委员会、人民法院和人民检察院的专项工作报告；审查和批准决算；听取和审议国民经济和社会发展计划、预算的执行情况报告；听取和审议审计工作报告；法律法规实施情况的检查；规范性文件的备案审查；询问和质询；特定问题调查和撤职案的审议和决定等方式，开展监督活动。人民代表大会监督的核心是监督宪法和法律的实施，人民监督人民政府、监察委员会、人民法院、人民检察院（以下简称"一府一委两院"）工作的权力。人民代表大会对"一府一委两院"的监督带有强制力，实质上体现了一种领导和被领导的关系。人民代表大会行使监督权，是保障国家机器正常运行、依法办事的重要条件，它有利于保障我国依法治国的实施，防止权力的滥用，保障社会的稳定、经济的发展和国家的长治久安。

（二）人民代表大会监督的特征

1. 权威性

人民代表大会监督拥有法律所赋予的强制力和约束力。国家机关在进行监督时是需要有法理基础的，进而才能获得强制力和约束力，但监督的约束力和强制力受制于依据的法律。司法监督和行政监督所依据的法律是普通法，因此只具有普通的强制力和约束力。人民代表大会监督则是依据我国的《宪法》。我国的《宪法》不仅规定了人民代表大会的地位和性质，还明确表明了人民代表大会的作用和权力。因此，人民代表大会监督具有《宪法》所赋予的强制力和约束力。《宪法》是国家法律体系中处于最高地位的法律，因此，受其赋予使命的人民代表大会监督具有其他监督不可比拟的权威性。

2. 至上性

因为国家监督的主体不同，因此在国家的监督体系中，各个国家监督机关所处的地位也不一样。行政监督的主体是国家的行政机关，人民代表大会监督的主体是国家的权力机关，司法监督的主体是国家的检察机关。由于《宪法》规定，由国家的权力机关产生国家的行政机关、监察机关和司法机关，并且后者要受权力机关监督，向其负责。因此，人民代表大会监督拥有其他监督机构不可逾越的至上性。行政监督、司法监督虽然具有很高的执行力和法律效力，但是其地位是远远不能和人民代表大会监督相提并论的。

3. 全面性

行政监督和司法监督的监督客体只包括社会生活中的某一个方面，他们的监督具有一定的专门性。而人民代表大会监督则不同，全国人民代表大会作为其他国家机关的产生机关，不仅拥有制定法律的权力，还有产生国家机关的权力；不仅监督执法机关的工作，还监督法律的实施；不仅决定国家或地方社会中的各种重大问题，而且还通过监督来保证政策的贯彻实施。因此，人民代表大会监督具有全面性，国家和社会中的各个方面都属于人民代表大会的监督范围。

二、人民代表大会监督的主客体

（一）人民代表大会监督的主体

根据宪法和法律的规定，人民代表大会监督的主体是全国人民代表大会及地方各级人民代表大会。

作为我国最高国家权力机关，全国人民代表大会具有最高的法律地位及权力。全国人民代表大会有权依法对"一府一委两院"工作进行监督。全国人大常委会是在全国人民代表大会闭会期间继续代行全国人民代表大会职权的国家权力机关，是重要监督主体和常设机构，由全国人民代表大会产生，对全国人民代表大会负责，并接受其监督，在会议期间向大会作工作报告。全国人民代表大会的监督权包括：对宪法实施情况的监督；对总理、副总理、各部部长等官员的任命监督；对国家财政和经济发展情况的监督；对监察机关行使监察权力的监督；对司法机关行使司法权力的监督；决定国家的一切重大问题；等等。全国人民代表大会的主要监督形式是会议监督。全国人大常委会的监督权包括：解释宪法并对宪法实施情况进行监督；对国务院、国家监委、中央军委、最高人民法院、最高人民检察院等工作的监督。

地方人民代表大会的监督职责包括：各级人大常委会监督该级政府、监察委员会、法院以及检察院的行为，保证政府行为的合法性和司法的公平性。各级人大常委会应该向该级人民代表大会通报监督实施的情况，并接受人民代表大会的监督，且结果应向社会公开。

（二）人民代表大会监督的客体

人民代表大会监督的客体主要包括"一府一委两院"，即国家行政机关、国家监察机关、人民法院和人民检察院。根据我国现行《宪法》第 3 条的规定，国家的行政机关、监察机关、审判机关、检察机关均由人民代表大会产生，对其负责，受其监督。就全国人民代表大会来说，监督客体还包括国家主席和中央军事委员会。地方人大常委会监督该级政府、法院以及检察院的行为，保证政府行为的合法性和司法的公平性。

人民代表大会及其常委会的监督对象是由它产生并向它负责的国家行政、监察、审判、检察机关等国家权力机关及其组成人员。具体包括：第一，本级人民政府、监察委员会、人民法院和人民检察院，根据《宪法》规定，全国人民代表大会对国务院、国家监委、最高人民检察院和最高人民法院的监督，是全国人民代表大会作为国家最高权力机关的重要的职权之一，宪法和法律对国家权力机关监督"一府一委两院"的规定，是人民代表大会及其常委会监督国家机关的法律依据和法律保证。第二，一切由人民代表大会及其常委会选举和决定任命的国家机关工作人员。全国人民代表大会及其常委会监督的工作人员包括国家主席、国家副主席、国务院组成人员、中央军委会组成人员、国家监察委员会正副主任和委员、最高人民检察院正副院长、审判员、审判委员会成员、最高人民检察院正副检察长、检查员、检查委员会委员等。第三，下一级国家权力机关。全国人大常委会有权撤销由各省、自治区、直辖市等国家权力机关制定的与宪法和法律相抵触的决议和地方性法规。第四，上一级人民代表大会代表。

三、人民代表大会监督的基本原则

人民代表大会及其常委会的监督权与人民代表大会代表的监督权是法律与人民管理国家的休现，其本身也是在法律允许和规定的范围内行使的，因而，人民代表大会监督只有遵循正确的原则，才能真正地发挥作用，达到监督的目的。

第一，依法监督原则。人民代表大会监督从本质上看是一种法律监督，它监督的对象、监督的内容、判别监督对象行为的标准都是由法律规定的。人民代表大会监督特别是人民代表大会代表的监督更如此。人民代表大会代表具有法律所规定的权利，但不等于人大代表个人具有超越法律的特权。人民代表大会代表必须同一切公民一样遵守国家法律。人民代表大会代表的监督权，不是个人特权的运用，而是人民代表大会代表所体现的法定权利的运用和体现。

第二，大事监督原则。人民代表大会监督的大事原则包括两点：①人民代表大会监督的对象是由人民代表大会选举或任命的国家工作机关、工作人员和其实施的工作行为，即全部国家事务。但人民代表大会监督的重点应是国家事务中的重大问题。从监督对象上看，主要是本级人民代表大会或常委会选举和任命的"一府一委两院"的领导人员。②人民代表大会监督的内容，主要是监督对象的违宪行为，违反人民代表大会及其常委会的决议、决定的行为，领导人员严重违法违纪行为，严重失职渎职等腐败行为。对于宪法和法律规定的在政府、监委、法院、检察院行使权力的过程中出现的问题，人民代表大会监督一般不应具体过问，在视察等监督过程中发现的属于此方面的问题，应移交有关行政部门或司法部门处理，而不能越俎代庖。

第三，集体行使职权原则。同依法监督原则相一致，民主集中制是人民代表大会制度的组织原则，也是人民代表大会及其常委会依法行使职权必须遵循的原则。人民代表大会的工作与其他国家机关的工作相比，方式有很大不同。人民代表大会及其常委会主要是通过会议形式，按照民主集中制原则，依照法定程序，集体行使职权，集体决定问题。人民代表大会依法履行职责，无论是行使立法权、监督权、重大事项决定权，还是行使人事任免权，都必须充分发扬民主，严格依法按程序办事。要认真听取人民代表大会代表和常委会组成人员的意见包括不同意见，保证他们充分发表意见的民主权利，做到充分审议、集思广益，在基本达成共识的基础上依法进行表决，实行一人一票，按照多数人的意见作出决定，使人民代表大会制定的法律和作出的决定更好地体现人民的共同意志，更具有权威性。

人民代表大会监督不是个人行为，而是集体行为。在人民代表大会代表的会外工作和视察、检查调查中，其主要的工作目的是了解情况，发现问题，掌握第一手资料。监督权的行使，是在人民代表大会会议上进行的。《宪法》规定，《宪法》的修改，由全国人民代表大会常务委员会或者1/5以上全国人民代表大会代表提议，并由全国人民代表大会以全体代表2/3以上的多数通过。法律和其他议案由全国人民代表大会以全体代表过半数通过。《中华人民共和国地方各级人民代表大会和地方各级人民政府组织法》（以下简称《地方人大和地方政府组织法》）规定，地方各级人民代表大会进行选举和通过决议，以全体代表过半数通过。常务委员会的决议，由常务委员会全体组成人员过半数通过。

第四，事后监督原则。不论是人民代表大会及其常务委员会的监督，还是人民代表大会代表的监督，都是对监督对象是否违反宪法、法律或人民代表大会决议、决定的情况的监督，因此它是一种事后监督，即在行政机关、监察机关、司法机关的工作出现问题时进行监督，不违法、便不干涉。即使是为了防止出现违法违纪行为而进行的预防监督，其监督权的行使也是在发现问题之后进行的，在进行监督调查，了解情况过程中不能干涉监督对象的工作。换言之，人民代表大会的监督权同人民代表大会的立法权、决定权是不同的概念。

第二节　人民代表大会监督的内容和方式

一、人民代表大会监督的内容

（一）立法监督

我国人民代表大会的立法监督指的是人民代表大会及其常委会对法律、法规及其他有关文件是否存在违反宪法、法律和人民意志的监督行为。设立立法监督的主要目的是使一般法律不违背宪法的内容，各种文件同人民代表大会的法律、决议等相一致，进而维护国家的法制一体化。针对常委会制定出来的不适当的法律和常委会批准的违背宪法的自治原则，全国人民代表大会有权进行撤销或者改变；地方各级人大常委会制定的不适当的地方性法规，县级以上的各级人民代表大会有权进行撤销或改变。对于国务院和省级人民代表大会制定的同宪法相悖的法规、命令和决定等，全国人民代表大会有权撤销。针对下级人大常委会制定的不适当的法规和规范性文件，上一级人大常委会有权进行撤销。对最高司法机关和最高行政机关在具体适用法律的过程中作出的不符合立法原意的行为，全国人大常委会有权进行解释。针对与全国人民代表大会及其常委会制定的法律法规是否一致的问题，全国人大常委会有权进行裁决，有违背授权目的的法规在必要时可以撤销授权。

在立法监督的过程中，当上一级人大常委会发现效力较低的法规与效力较高的法规出现了相抵触的情况，上级人大常委会可作出撤销或者要求修改的决定；当同一机关制定的法律、行政法规、地方性法规、自治条例和单行条例、规章，特别规定与一般规定不一致的，适用特别规定；新规定与旧规定不一致的，采用新规定；法律之间、行政法规之间对同一事项新的一般规定与旧的特别规定不一致，不能确定如何适用时，分别由全国人大常委会和国务院裁决的地方性法规与部门规章之间不一致时，由国务院提出意见。

（二）执法监督

全国人民代表大会的执法监督指的是人民代表大会为了保障法律、法规在社会生活中贯彻执行而采取的手段和方式。全国人民代表大会监督宪法的实施。由常务委员会作为执行机关来组织本级人民代表大会的执法检查工作。各级人民代表大会常务委员会，每一年针对有关地方改革、区域发展等与人民利益息息相关以及关注度较高的重要问题，考察这些问题的相关律法条例的实施现状。常委会对照年度考察规划，依据简单、高效等原则，形成考察小组。考察小组的成员应该从该级人民代表大会常委会以及人民代表大会相关专门委员会中产生，同时可以有该级人民代表大会代表加入。考察完成后，考察小组应按时提交考察报告书，通过委员长或主任会议决议提交常委会审查。最后，应该向该级人民代表大会和公众通报常委会的报告审查说明，以及政府、法院或检察院的相关解决报告。

（三）财政监督

我国的人民代表大会财政监督权，是指人民代表大会依照宪法的规定对政府财政收支计划的编制、审批、执行和决算等管理过程进行立法规范，并据此对政府编制的财政收支预算方案及其调整方案进行民主审查批准，对政府执行预算的过程情况和决算的真实性、合法性和有效性进行专项检查和综合评价监督的权力。财政监督的内容主要包括对国家和本地区内的经济计划和预算进行审查和批准；监督计划预算执行情况；审查和批准计划和预算执行过程中所做的部分调整和变更；审查和批准决算；听取和审议工作报告。

从眼前利益和长远利益、全局利益和局部利益出发，对国家和本地区内的经济计划和预算进行审查和批准，是人民代表大会对政府行为进行的一项较为宏观的事前监督。人民代表大会通过对国家和本地区的经济政策、发展情况和财政收支指标等进行综合性审查，从而决定一些重要的经济政策、发展目标。

常委会对国家经济与发展规划、经济预算的实施报告，以及会计工作的审查说明，应该提交该级政府处理。政府在处理后，应将处理结果以书面形式报告给常委会。在必要的情况下，常委会可以对会计报告提出决议；该级政府应该在决议限期内将最终处理报告、预算执行情况报告和审议工作报告及审议意见，向本级人大代表通报并向社会公布。

（四）人事监督

人民代表大会的人事监督指的是各级人民代表大会及其常委会对国家机关领导人及其工作人员进行选举、任命、罢免、撤职等的权力。人民代表大会的人事监督权体现了人民代表大会与其他国家机关的关系，体现了人民代表大会作为全国最高权力机关的地位。全国人民代表大会有权选举、罢免国家主席、副主席，中央军委主席，最高人民法院院长和最高人民检察院检察长；可以根据中央军委主席的提名，决定中央军委其他组成人员；根据国家主席的提名，决定国务院总理的人选；根据国务院总理的提名决定国务院其他组成人员的人选。全国人大常委会在全国人民代表大会闭会期间，根据国务院总理的提名，有权决定各部部长的人选，但并不能决定副总理和国务委员的名单；根据中央军委主席的提名，决定中央军委其他组成人员；根据国家监察委员会主任的提请，任命国家监察委员会副主任和委员；根据最高人民法院院长的提请，任命最高人民法院副院长；根据最高人民检察院检察长的提请，任命最高人民检察院副检察长、检查委员会委员、检察员等。

（五）军事和外交的监督

全国人民代表大会对军队的监督体现在建立最高军事机关向人民代表大会报告工作的制度上。军队是国家的暴力机关，也和其他国家机关一样，处于国家最高权力机关的领导和监督下，由全国人民代表大会产生并对其负责。全国人民代表大会有权审批国家的重大军事问题，包括国防发展计划、裁军扩军问题、各种军事制度的建立等。全国人民代表大会拥有对驻外全权代表的任命权；批准和废除同外国缔结条约和重要协定的权力；决定对外人员衔级的权力；听取国家领导人出访报告和外交报告等权力。

二、人民代表大会监督的方式

（一）听取和审议工作报告

听取和审议"一府一委两院"专项工作报告，是指各级人大常委会每年从自身执法检查、人民代表大会代表及常委会组成人员集中反映的问题、人民群众来信来访集中反映的问题中筛选出一些有关地方改革、区域发展等与人民利益息息相关以及关注度较高的重要问题，制定相应规划，逐步听取并商议该级政府、监委、法院以及检察院的针对性报告的一种监督活动。它是各级人大常委会对"一府一委两院"行使监督权的主要形式。各级人民代表大会常委会按照确定听取和审议专项工作报告的原则与途径制定年度计划。其中,全国人大常委会经委员长会议通过,地方各级人大常委会经主任会议通过,印发常委会组成人员,并向社会公布。同时,为了使常委会组成人员更全面、充分地了解专项工作的实施情况,实践中,在召开常委会会议审议专项工作报告之前,经委员长会议或者主任会议同意,常委会可以组织本级人民代表大会代表或常委会组成人员事先对该专项工作的相关情况进行视察或者调研。然而,宪法和有关法律并没有对人民代表大会及其常委会听取和审议由它产生的国家机关的工作报告和专题报告的效力和作用进行规定。也就是说,人大代表们提或不提意见,提出的意见有关部门是否接受,尚无法律规定。因此,到目前为止,人民代表大会及其常委会听取和审议工作报告大多是评价性、批评性和建议性的,这种监督属于以了解情况为主的软监督。

(二)审查、批准国民经济计划和预算

各级人民代表大会常委会为了确保国家和本行政区域经济和社会发展实现预定的目标,对本级人民代表大会在会上依法审查和批准的政府关于国民经济和社会发展计划的实施情况进行监督。在每年6月到9月间,国务院以及县级以上政府应该将这一年前一时期内的经济与发展规划的实施状况向该级人大常委会报告。首先,由人民代表大会专门委员会进行前期调研,在调研的基础上形成若干简报、背景资料或经济形势分析报告,为常委会会议审议提供必要的参考。其次,人大常委会举行全体会议,听取政府国民经济和社会发展计划主管部门的负责人受政府委托所作的上半年国民经济和社会发展计划执行情况的报告。再次,常委会组成人员对报告的审议意见,由人大常委会交政府研究处理。政府应当在指定的时间内将研究处理情况书面报告人大常委会。最后,政府对审议意见研究处理情况的报告,应向本级人大代表通报并向社会公布。

(三)检查法律、法规实施情况

对法律、法规实施情况的检查,是指各级人大常委会对该级政府和相关单位、法院、检察院实施宪法、法律、行政法规、地方性法规以及人民代表大会及其常务委员会的决议、决定的情况进行检验、核查,发现并纠正违法现象、违法行为的活动。为了保证法律法规的有效实施,对法律法规的实施情况进行监督检查是十分必要的。

全国人大常委会进行法律法规的实施情况进行检查的工作程序是：先由常委会办公厅和有关专门委员会共同研究拟定检查的计划草案。每年 11 月底前，全国人民代表大会专门委员会应当向常委会提出下一年度检查项目的建议。常委会办公厅负责收集、汇总专门委员会及其他有关方面关于检查的建议，并于每年 12 月底前拟定出全国人大常委会实施考察年度规划，提交秘书长会议审查。在委员长或主任会议商议通过后，送至常委会，同时向社会公众通报。

地方各级人民代表大会的法律法规检查计划的通过程序和人大常委会常委会通过年度检查的具体工作程序大致相同，最后是由主任会议通过。但由于地方各级人民代表大会会议的召开时间要早于全国人民代表大会会议，因此在实践上，地方各级人大常委会的年度检查计划一般也较早通过。

（四）审查规范性文件

规范性文件是指除宪法和法律以外的政府法令、地方律法、自治区管理规定、国务院章程、地方政府规章以及其他由国家机关制定的决议、决定、命令和司法解释等。

全国人民代表大会组织法规定了各专门委员会可承担审议常委会交付的被认为是同宪法和法律相抵触的政府法令、地方律法等规定类文件的工作。政府法令、地方律法、自治区管理规定、规定章程的登记、审核以及撤销等，应该严格依据《中华人民共和国立法法》的相关条例进行。人民代表大会法律委员会与相关专项委员会通过仔细审核，如果发现最高人民法院或最高人民检察院制定的具体法令与现行法律相冲突，但是其不进行更改和废除的，可以提交议案要求其进行更改和废除，也可以提交由人大常委会说明的相关议案，通过委员长会议的决议后，提交常委会商议。省、自治区、直辖市的人民代表大会有权改变或者撤销它的常务委员会制定的和批准的不适当的地方性法规。地方人大常委会有权撤销本级人民政府制定的不适应的规章。

（五）询问和质询

询问和质询是人民代表大会监督的非常重要的方式。询问只具有介绍、说明情况的性质，为的是帮助人大代表或委员了解有关情况，以便于对报告或者议案进行审议、表决。质询是人民代表大会通过一定的法律程序，强制被监督对象回答人大代表或委员提出的问题，人大代表或委员可以根据回答的情况采取必要措施，以实现一定的监督目的。质询从表面上看也是行使知情权，实际上多是对不适当行为包括违法失职行为提出质询案，对被质询者是一种带责成纠正不适当行为的性质。质询案一般对比较重大而且存疑的问题提起，因此质询案的提起有较严格的法定条件和处理程序，并规定了可能导致的进一步的法律责任。近几年，全国人民代表大会上曾有过 30 名以上人大代表联名提出质询案的情况，但均未能正式列入会议议程，只是让被质询者向提出质询案的人大代表做一些解答，或当场回答人大代表询问。

（六）特定问题调查

特定问题调查是为了查处较为严重的违法失职行为进而决定组织调查委员会进行调查，是人民代表大会及其常委会行使监督权的一种比较严厉的方式，是针对国家机关及工作人员有失职或较为严重的违法现象作出的决定，这种调查通常具有法律强制性，有可能会导致有关人员的辞职或者提出罢免案。特定问题调查权需要谨慎行使，特别注意要做到既不失职，又不越权，同时不应该涉及到应由政府、法院、检察院处理的问题。特定调查委员会是人大常委会为搞清某一特定问题而临时设立的特别工作机构，是为人民代表大会常委会服务的，它自己不能决定问题，不能独立对外发布决定，只能向人大常委会提交调查报告，使之成为常委会作出决议、决定的重要依据。作为一个临时机构，特定调查委员会提交了调查报告，使命就算完成了。从历史来看，全国人民代表大会及其常委会尚未运用过这一监督手段，地方人民代表大会特别是市县级人民代表大会常委会针对严重违法问题则较多运用这一监督形式。

（七）罢免和撤职

罢免或者撤销人民代表大会及其常委会选举、决定和任命的工作人员的职务，是最严厉的监督手段。列宁曾说过，罢免权，是真正的监督权，真正体现了民主制的基本原则。人民代表大会议事规则对罢免程序作出了详细的规定。根据监督法规定，可以向本级人大常委会提出撤职案的主体有三类：常委会组成人员 1/5 以上联名提出；县级以上地方各级人民政府、人民法院和人民检察院；县级以上地方各级人大常委会主任会议。撤职或罢免适用的对象包括个别政府副职领导人、人大常委会决定任命的本级人民政府其他组成人员；各级人民法院院长、人民检察长以外的由人大常委会任命的审判、检查人员。

在实践中，虽然有罢免案的发生，但无论在中央还是地方都很少见。全国人大常委会并没有撤职权，但曾有过根据国务院或中央军委主席提请，解除、撤销个别领导或成员职务的先例。如果缺少弹劾、罢免、撤职等监督手段，则选举、任命、决定等监督手段也只能流于形式，并且失去存在意义。

第三节　人民代表大会代表的监督权

一、人民代表大会代表的一般权利

第一，参加人民代表大会各种会议。人民代表大会代表出席人民代表大会预备会议、所在代表团会议、人民代表大会全体会议等是其权利的集中表现。通过这种活动将人民群众的意志和愿望带到国家最高权力机关中，实施对国家大事的管理。

第二，依法进行提案工作。《宪法》规定，全国人民代表大会代表和全国人民代表大会常务委员会组成人员，有权依照法律规定的程序分别提出属于全国人民代表大会和全国人民代表大会常务委员会职权范围内的议案。《中华人民共和国全国人民代表大会组织法》（以下简称《全国人大组织法》）规定一个代表团或30名以上的代表，可以向全国人民代表大会提出属于全国人民代表大会职权范围内的议案，由主席团决定是否列入大会议程，或者交由专门委员会审议，提出具体意见，再决定是否列入大会议程。《地方各级人民代表大会和地方各级人民政府组织法》规定，县级以上人大代表10人以上或联名乡、民族乡、镇的人大代表5人以上联名，可以向本级人民代表大会提出属于本级人民代表大会职权范围内的议案，以及各种建议、批评和意见。向地方各级人民代表大会会议提出的议案，由主席团提请人民代表大会会议讨论，或者交付议案审查委员会审查后提请人民代表大会讨论。

第三，依法进行质询。《宪法》规定全国人大代表在全国人民代表大会开会期间，全国人民代表大会常务委员会委员在常务委员会开会期间，有权依照法律规定的程序提出对国务院或国务院各部、各委员会的质询案。受质询的机关必须负责答复。《全国人大组织法》规定，在全国人民代表大会开会期间，一个代表团或者30名以上代表联名，可以书面提出对国务院和国务院各部、各委员会质询案，由主席团决定交受质询机关书面答复，或者由受质询机关的领导人在主席团会议上或者在有关的专门委员会会议上或者有关的代表团会议上口头答复，在主席团会议或者专门委员会会议上答复的，提出质询案的代表团团长或者提出质询案的代表可以列席会议，发表意见。在全国人民代表大会审议议案的时候，代表可以向有关国家机关提出质询，由有关机关派人在代表小组或者代表团会议上进行说明。地方各级人民代表大会在举行会议的时候，代表10人以上联名可以书面提出对本级人民政府和它所属各工作部门以及人民法院、人民检察院的质询。受质询机关必须在会议中负责答复。

第四，人大代表的人身自由受法律的特别保护。各级人大代表，在会议期间，非经本级人民代表大会会议主席团许可。在各级人民代表大会闭会期间，非经本级人民代表大会常务委员会许可，不受逮捕或者刑事审判。如果人大代表因为现行犯被拘捕，执行拘留的机关必须立即向该级人民代表大会主席团或常务委员会报告。同时，人大代表在人民代表大会各种会议上的发言和表决，不受法律追究。

二、人民代表大会代表监督权的行使

人民代表大会代表监督权的行使方式。1992年《中华人民共和国全国人民代表大会和地方人民代表大会代表法》第27条明确规定："县级以上的各级人民代表大会代表有权向本级人民代表大会常务委员会提出对各方面工作的建议、批评和意见。有关机关、组织必须研究处理并负责答复。"也就是说，人大代表的建议、批评和意见，可以通过人大常委会向有关机关、组织提出，也可以自行向有关机关、组织提出。但不管采取哪种方式提出，都具有监督的性质和效力。具体而言，人大代表履行代表职能、发挥监督作用主要在于两个方面，即会内工作与会外工作。会外工作主要是了解情况，发现问题，总结正反方面的经验；会内工作主要是通过行使人大代表的权利，解决问题，纠正错误，维护国家、民族和人民群众的利益。

第一，会外监督。人大代表会外监督工作主要包括视察、调查、人大代表持证视察。视察、调查是在各级人民代表大会或常委会的组织下集体进行视察和调查。这种方式往往是针对某些社会生活中的重大问题或人民群众关心的热点问题。在集体视察和调查中发现问题，研究问题，并针对此问题提出质询和建议，必要时由人民代表大会提出决议或命令，以达到监督作用。人大代表持证视察是人大代表在会外期间遇到突发问题或选民反映强烈的问题时，通过持人大代表证件进行监督的形式。采取这种方法，有利于维护国家权力机关的权威，发挥权力机关的监督职能，有利于了解群众的疾苦，倾听群众的呼声，有利于及时发现问题，并配合、解决问题。

第二，会内监督。人大代表会内监督主要是在人民代表大会开会期间全面行使管理国家的权力的同时，进行监督工作。这一监督表现在参加人民代表大会会议，发表意见，参加表决。这既是人大代表权利的全面履行，也是监督的重要体现。人大代表通过审议、修改、讨论人民代表大会的各项议案、决定、法律草案，对政府和各国家机关进行监督。

【案例分析】

郑州市人民代表大会否决政府专项工作报告

多年以来，河南省郑州市不少贫困农民、市民向人民代表大会代表刘慕华反映，当前药费、检查费太贵，老百姓看不起病，出现了不得不"小病扛、大病弃"的现象。刘慕华认为，出现这一现象的原因在于，政府对公立医院投入严重不足，无力完全负担医院的经费，导致大部分医院为获取经费来源，发放医务人员工资，不断扩大服务范围，增加收费项目，追求利润，追大求新，最终使老百姓的医疗费负担过重，看不起病。

为使公立医院将主要精力从关注钱转变到关注病人上，在 2006 年郑州市第十二届人民代表大会第三次会议上，刘慕华联合 11 位代表提出了《关于解决城乡弱势群体看病难、看病贵问题》的议案稿，建议政府将公益性医院的经费纳入当地财政预算，像对待教师那样确保医务人员的工资、福利待遇，所收费用由当地财政统一管理，并选择三五家医院作为试点，探索这种管理模式。同时，加快农村合作医疗改革步伐，制定出具体改革措施和办法，加强对医疗机构收费标准的监督，公开药价，切实解决好城乡弱势群体看病难、看病贵问题。

议案稿受到大会主席团的重视，被立为正式议案，交由市政府办理。2006年 10 月 24 日，在郑州市十二届人民代表大会常委会第二十四次会议上，郑州市政府有关负责人作了《〈关于解决城乡弱势群体看病难、看病贵问题〉代表议案办理情况的汇报》（以下简称《汇报》），主要包括五个方面的内容：一是高度重视，加大对卫生事业投入力度，为缓解群众看病难、看病贵奠定基础；二是加强农村医疗卫生服务体系建设，建立农民医疗保障体系；三是大力发展社区卫生服务，为市民提供低廉的医疗服务；四是加强医院管理，规范医疗行为，提高医疗服务质量；五是建立城区居民医疗保障体系，缓解群众看病贵问题。

在对《汇报》进行的分组讨论过程中，有代表认为，《汇报》比较笼统、原则，对存在问题分析不够透彻，改进措施不够具体，例如市儿童医院、市妇幼保健院迟迟不能搬迁等问题，只字未提。最后，郑州市人民代表大会常委会对报告进行表决，19人投了赞成票、6人投了反对票、11人弃权，赞成票未超过人民代表大会常委会组成人员总数的1/2，报告未获通过。

对此情况，郑州市政府高度重视，于2006年11月1日召开了由卫生局、财政局、发改委、劳动保障局、民政局、残联和红十字会等单位负责人参加的专题会议，就解决城乡弱势群体看病难、看病贵问题，进行认真研究、剖析，制定改进措施，拿出了具有可操作性的初步方案：

——随着经济的发展，市政府将逐年加大财政投入，使医疗机构的公益性质更加突出。近期将制定和发布《郑州市城区居民基本医疗保险暂行办法》、《郑州市城区居民补充医疗保险暂行办法》和《郑州市城区农民工基本医疗保险暂行办法》，将全市250万城区居民和80万农民工，纳入医疗保险之中。

——将市第二人民医院整体搬迁至航海路，补充市内南部地区医疗机构的不足；将市第七人民医院整体搬迁至经济技术开放区，解决市内东部地区医疗机构缺乏问题；从2007年起，市政府决定在预算中安排社区公共卫生服务经费，计划3万至10万居民或按照街道办事处所辖范围，规划设置1所社区卫生服务中心，并设置若干社区卫生服务站，使居民步行15分钟即可获得医疗服务。

——推行新的药品集中招标采购模式，积极整顿药品流通领域秩序，重点解决好医疗机构按时回款及药品价格管理问题，加大治理商业贿赂，有效削减药价，使惠民措施落实到位。

——在全市医院推行辅助检查结果互认制度，避免重复检查；严格落实一日清单制和价格公示制，遏制医疗乱收费问题；推行单病种最高限价管理，减轻群众就医负担；近期再增加几家低保定点医院，为弱势群体提供方便、快捷的医疗服务。

案例思考题

1. 本案属于什么方式的监督？其法律依据是什么？
2. 这种监督方式在实践中能起到什么作用？

【**课后练习题**】

1. 简述人民代表大会监督的含义和特征。
2. 人民代表大会监督的主体、客体分别是什么？
3. 人民代表大会监督的基本原则有哪些？
4. 人民代表大会监督的内容和方式有哪些？
5. 人民代表大会代表的监督权有哪些？
6. 人民代表大会代表怎样行使自己的监督权？

第七章

监察监督

【本章学习目标】

1. 了解监察委员会的性质地位。
2. 掌握监察委员会的主要职责。
3. 了解监察委员会成立的重大意义。
4. 掌握监察委员会运行原则。
5. 熟悉监察委员会职能运行程序。

我国各级监察委员会是行使国家监察职能的专责机关，依照法律规定履行监督、调查、处置职责，和党的纪律监察机关合署办公。通过加强党对反腐败斗争的集中统一领导，把党执纪与国家执法有机贯通起来，把过去分散的行政监察、预防腐败以及检察机关的反贪、反渎力量整合起来，国家从根源上加大力度对腐败问题进行治理，推进党内监督和国家监督相结合，构建中国特色的国家治理模式。

第一节　监察机关概述

一、监察委员会的性质及设置

（一）监察委员会的性质地位

各级监察委员会是行使国家监察职能的专责机关。国家监察委员会是党统一领导下的国家反腐败工作机构，既不是行政机关，也不是司法机关，而是与"一府两院"平行的国家监察机关。《监察法》规定各级监察委员会是行使国家监察职能的专责机关，依照《监察法》对所有行使公权力的公职人员（以下称"公职人员"）进行监察，调查职务违法和职务犯罪，开展廉政建设和反腐败工作，维护宪法和法律的尊严。领导关系上，国家监察委员会由全国人民代表大会产生，负责全国监察工作，对全国人民代表大会及其常务委员会负责，并接受其监督。地方各级监察委员会由本级人民代表大会产生，负责本行政区域内的监察工作。地方各级监察委员会对本级人民代表大会及其常务委员会和上一级监察委员会负责，并接受其监督。国家监察委员会领导地方各级监察委员会的工作，上级监察委员会领导下级监察委员会的工作。

（二）监察委员会的设置

我国监察机构分四级设置。中华人民共和国国家监察委员会是最高的监察机关。省、自治区、直辖市、自治州、县、自治县、市、市辖区设立监察委员会。目前乡镇不设监察委员会，但将来监察委员会可以在乡镇设派驻机构。

国家监察委员会由主任、副主任若干人、委员若干人组成，主任由全国人民代表大会选举，副主任、委员由国家监察委员会主任提请全国人民代表大会常务委员会任免。国家监察委员会主任每届任期同全国人民代表大会每届任期相同，连续任职不得超过两届。

地方各级监察委员会由本级人民代表大会产生，负责本行政区域内的监察工作。地方各级监察委员会由主任、副主任若干人、委员若干人组成，主任由本级人民代表大会选举，副主任、委员由监察委员会主任提请本级人民代表大会常务委员会任免。地方各级监察委员会主任每届任期同本级人民代表大会每届任期相同。

二、监察委员会的主要职责

我国《监察法》明确规定了监察委员会有监督权、调查权、处置权3项职责，并可以使用谈话、讯问、询问、查询、冻结、调取、查封、扣押、搜查、勘验检查、鉴定、留置等12项具体调查措施。监督权是基本性的职能，调查权和处置权都具有一定的强制性。

（一）监督职责

监督是监察委员会的首要职责。监察委员会代表党和国家，依照《宪法》

《监察法》和有关法律法规，监督所有公职人员行使公权力的行为，确保权力不被滥用，确保权力在阳光下运行，把权力关进制度的笼子。

监督职责的履行方式包括教育和检查。一是廉政教育。廉政教育是避免出现腐败现象的重要活动。廉政教育最基本的解读就是坚定清正廉明的思想观念，提升公职人员对廉政观念的认识，将廉政贯穿于所有政治生活过程中，树立廉洁的正确意识，从而规范自身的行为，形成不想贪污的思想模式，在整个社会营造清明的政治氛围。二是检查。检查的方法包括召开会议、听报告、检查文件等。

在纪委和监察委员会合署办公体制下，纪委的监督、执纪、问责与监察委员会的监督、调查、处置是对应的，既有区别又有一致性。纪检机关的监督和监察机关的监督在指导思想、基本原则上是高度一致的。党内监督的内容、方式和要求，也都适用于国家监察的监督。此外，国家监察和党内监督在主体、客体和方式等方面存在区别，党内监督是纪委对党组织内部人员通过谈话、巡视等方式进行监督。新设立的国家监察机关和纪委合署办公，国家监察客体范围扩大，把所有履行公职的人员囊括在内，弥补了行政监察不全面的漏洞。国家监察机关在行使监察权时覆盖职能运行的整个过程，既包括对人的监督也包括对事的监督。

（二）调查职责

调查职责即调查权，是指对在法律范围之外利用职务便利行使职权的 7 种行为进行调查。调查公职人员涉嫌职务违法和职务犯罪，是监察委员会的一项经常性工作。它是监察委员会开展廉政建设和反腐败工作，维护宪法和法律尊严的一项重要措施。对公职人员涉嫌职务违法和职务犯罪的调查，突出地体现了监察委员会作为国家反腐败工作机构的定位，体现了监察工作的特色。调查的主要内容，包括涉嫌贪污贿赂、滥用职权、玩忽职守、权力寻租、利益输送、徇私舞弊以及浪费国家资财等职务违法和职务犯罪行为，基本涵盖了公职人员的所有腐败行为类型。

行使调查权的依据是《监察法》，具有国家权威性，与党内纪委的调查权有很大区别。调查分为一般调查和特别调查。一般调查是在监督活动中对一般的违反纪律和法律的问题或者收到的举报信息进行调查，并确认信息是否属实。特别调查是在展开监督活动中发现或者收到举报线索，察看后对其违反刑法或者构成犯罪的情形开展调查。在特别调查中可以对被调查人采取强制措施，对其进行调查，确认犯罪后办理提起诉讼的手续。

监察委员会行使调查权时可以采用 12 项调查措施，留置是一项特殊的措施，其来源于"双规"和"双指"，但又有所区别。留置有特定的使用对象，是在一定时间内限制被调查人自由的强制措施。《监察法》第 43 条第 2 款规定："留置时间不得超过 3 个月。在特殊情况下，可以延长 1 次，延长时间不得超过 3 个月。省级以下监察机关采取留置措施的，延长留置时间应当报上一级监察机关批准。监察机关发现采取留置措施不当的，应当及时解除。"《监察法》第 22 条第 3 款规定："留置场所的设置、管理和监督依照国家有关规定执行。"实践中，原来纪委办理党员纪律审查的场所（即"两规"场所），继续运用为留置场所。此外，把公安机关管理的看守所里的部分设施进行改造，成为留置场所。

（三）处置职责

处置职责主要包括四个方面的内容：第一，对违法的公职人员依法作出政务处分决定。监察委员会根据监督、调查结果，对违法的公职人员依照法定程序作出警告、记过、记大过、降级、撤职、开除等政务处分决定。第二，对履行职责不力、失职失责的领导人员进行问责。这里所谓的"问责"，是指监察委员会根据问责的有关规定，对不履行或者不正确履行职责的，按照管理权限对负有管理责任的领导人员作出问责决定，或者向有权作出问责决定的机关提出问责建议。问责的对象是公职人员中的领导人员，主要是指中国共产党机关、人大机关、行政机关、监察机关、审判机关、检察机关、政协机关、民主党派和工商联机关中担任各级领导职务和副调研员以上非领导职务的人员；参照《中华人民共和国公务员法》（以下简称《公务员法》）管理的单位中担任各级领导职务和副调研员以上非领导职务的人员；大型、特大型国有和国有控股企业中层以上领导人员，中型以下国有和国有控股企业领导班子成员，以及上述企业中其他相当于县处级以上层次的人员；事业单位领导班子成员及其他六级以上管理岗位人员。第三，对涉嫌职务犯罪的情况应将调查结果移送检察院进行审查起诉等活动。对于职务犯罪证据充足的涉案人员，要把调查材料以及相关证据全部移送。第四，向被调查人员的工作单位提出监察建议。监察建议是监察委员会依照法定职权，根据监督、调查结果，对监察对象所在单位廉政建设和履行职责存在的问题等提出的。监察建议不同于一般的工作建议，它具有法律效力，被提出建议的有关单位无正当理由必须履行监察建议要求其履行的义务，否则，就要承担相应的法律责任。监察机关所作出的处分不仅只是对涉嫌违法人员的处罚，而且是对具有充分犯罪证据的案件进行审查并提出是否移送审查起诉的意见。

需要注意的是，监督是从"正面"规定的职责，涉及范围宽，公职人员依法履职、秉公用权、廉洁从政从业以及道德操守情况都包括在内；调查是采用具体列举方式，将涉嫌贪污贿赂、滥用职权、玩忽职守、权力寻租、利益输送、徇私舞弊以及浪费国家资财等职务违法和职务犯罪纳入调查范围，以增强调查职责的针对性、实效性。根据《监察法》的规定，监察机关对所有行使公权力的公职人员的职务犯罪行为都可以进行调查，但是基于工作的便利性和实效性，也可以考虑将部分职务犯罪的调查交由有关机关负责。

三、监察委员会成立的意义

国家监察委员会是党根据我国国情设立的机关，新增国家监察机关对于国家建设发展具有重大意义，下文将主要从法治反腐的现实要求、优化配置国家权力结构、构建权威的国家监察体系和推进国家治理体系现代化四大视角解读国家监察委员会建立的必要性。

（一）法治反腐的现实要求

腐败问题一向是阻碍社会发展的重要问题。我国向来比较重视腐败问题，也加大力度进行处理，但是我国的治理结果与其他廉政建设相对好的国家还有很多差距。党始终以绝不容忍的态度处理腐败，惩治了大批贪污分子，但是并没有构成完善的监督体系，当前反腐败成为国家治理的主要任务之一。习近平总书记在第十八届中纪委二次会议上提出要"把权力关进制度的笼子里"，我国开始重视利用制度来治理腐败。习近平总书记在中纪委十八届六次会议上提出"要健全国家监察组织架构，形成全面覆盖国家机关及其公务员的国家监察体系"。随后我国监察改革工作逐步开展，从三省市试点到全国监察推行，随之《中华人民共和国宪法修正案》（以下简称《宪法修正案》）和《监察法》出台。国家监察法替代行政监察法，从而使国家监察有法可依，在法律保障下规范处理腐败问题。因此要摒弃我国行政监察的弊端，并在全面严格治理腐败背景下成立监察机关，制定《监察法》从根本上防止贪污腐败行为的发生，使国家治理走上法治化道路。

（二）优化配置国家权力结构

　　监察机关权力重大，为防止内部出现腐败问题，对此制定了内部和外部监督机制，监督监察机关运行过程的各个阶段，严格禁止在法律规定范围之外行使权力，合理使用国家监察权。监察机关作为国家机关，要监督没有依法行使权力的行为，对其他权力进行监督，防止出现不规范行使权力的情形。国家监察机关的监督与以往行政系统内部的监督有很大不同，其监察权不再隶属于行政机关，而是独立的国家权力，是对所有履行公职人员的监督，扩大了监察范围。监察机关的设立改变了以往党内监督和行政监察不对等的情况，形成对所有使用公权力人员全方位无死角监督的新模式，建立了具有中国特色的权力结构模式，此种权力模式的建立有利于各种权力的相互牵制，有利于推进国家治理和社会发展。

（三）构建权威的国家监察体系

　　行政监察在以往的运行过程中出现了很多漏洞。随着国家改革的推进，国家监察取代了行政监察。第十三届全国人民代表大会第一次会议上通过的《宪法修正案》和《监察法》，为国家进行监察工作提供切实可行的法律。《宪法》第五次修改为国家机构设置提供了权威准则，《监察法》制定了一系列条文来规范机关运行，包括监察目标的确定、机关的主要职责、运行程序、反腐败国家合作等细则。监督机构的运行要遵循监察法规，在法律规定之外行使权力要接受惩罚，促使国家监察工作走向法治化。《宪法》的最新修改使我国的监察机关得到最高法律的准许，具备了合宪性，在我国形成了人大、监察委、检察院、政府相互制约的格局，同时为《监察法》提供了宪法保障，促使我国构建巡视、派驻、监察完善的权力监督格局，使党的监督和国家监督更加有力。我国实现了向党内监督和国家监督全面监督的转变，不再是行政监察权力弱小受到干涉且监察对象狭窄的局面，国家监察权力独立行使不受机关、团体、个人的非法干扰，在全国范围内形成影响力，使国家监督体系更加科学。

（四）推进国家治理能力现代化

　　治理能力的现代化具体是指制度现代化，进而使治理国家达到最佳效能。我国监察机关的设置标志着监察理论的新发展，从行政监察制度升级为国家监察制度，为完善国家治理提供了强有力的理论支持，确保国家监察在实践中充分发挥实效。虽然我国机关单位内部在不同程度上有"蛀虫"现象出现，蚕食我国的公共资产，但新建立的监察机关在很大程度上可以遏制腐败现象的发生，从根本上改善国家政治环境。行政系统内部的监察部门改革后成为国家监督机构，行使国家监察权，进一步优化国家权力配置，有利于提高我国国家治理能力。监察机关主要是进行监察活动，承担着国家治理的重担，有利于推进我国的廉政建设。国家监察机关整合了全国反腐败力量，形成了权威高效的监察体系，力图从根本上治理我国腐败问题，着力实现所有履行公职的人员建立不想贪污的心理，逐步建设清廉的政府，在制度保障下提高国家治理水平，使我国的国家治理理论有新的突破，并在党的统一领导下创建具有中国特色的国家治理模式。[1]

第二节　监察机关监督职能的运行

一、国家监察的主体和客体

国家监察的主体是各级监察委员会，独立行使监督权，是中国的反腐败机构。各级监察委员会由各级人民代表大会选举产生，要接受各级人民代表大会的领导。

国家监督的客体是行使公权力的公职人员，即监察对象包括六种类型人员：第一，党的机关，人民代表大会及其常务委员会的机关，人民政府、监察委员会、法院、检察院、中国人民政治协商会议各级委员会的机关，民主党派机关和工商业联合机关的公务员和按照《公务员法》管理的人员；第二，国家机关依法从事公共事务管理以及法律法规授权的人员；第三，国有企业管理人员；第四，在科教文卫体国家机构里从事管理工作的公职人员；第五，从事基层群众自治组织管理工作的人员；第六，其他依法履行公职的人员。[2]国家监察的客体范围扩大，不再只是对行政系统内部人员进行监督，而是把所有履行公职的人员全部囊括在内。

二、监察委员会运行原则

监察机关在运行过程中要有遵循一定的工作准则，在总纲领的指引下开

---

〔1〕　唐杰："监察委员会权力运行规范性研究"郑州大学 2018 年硕士学位论文。
〔2〕　《监察法》第 15 条。

展监察工作。国家监察委员会的运行原则主要包括四个方面：第一，独立监察原则。[1]监察机关不再受行政权的干涉，依法独立行使权力，但独立性并不是不受任何因素的干涉，而是要在党的领导下统一开展工作，同时还要接受社会和公民等多方面的监督。第二，从严监督原则。国家监察委员会是新设立的反腐败机构，要在不违背法律规定的前提下，严格监督公职人员的工作，避免出现塌方式的腐败，在整个监察过程中必须进行严格的监督，以确保国家监察发挥实效。第三，实事求是原则。监察机关要开展地毯式的调查，根据掌握的真实证据对被调查人员作出处罚，不能对相关涉案人员有袒护心理。第四，惩戒和教育相结合原则。我国《监察法》明确规定要兼顾惩罚和教育，惩罚并不是监察工作的最终目的，而是要对轻微违法行为的人员进行处罚，以此来教育其他履行公职的人员，从而营造良好的政治氛围，构建清明的政治生态。

三、监察委员会职能运行程序

监察机关对所有履行公职的人员进行监督，成熟的运作程序对监察工作起着至关重要的作用。我国监察机关的职能运行程序大致包括问题线索处理、调查和处置三个阶段。

（一）问题线索处理阶段

职务犯罪分子作案手段比较高明，被锁定的可能性很小，腐败案件的重要线索来源是广大人民群众的举报。监察机关要制定严密的保护措施，防止信息外漏，确保报案人员的人身安全，给予举报人员心理安慰。腐败案件被曝光取决于问题线索的提供，问题线索在腐败案件中起着关键性的作用，否则很难发现职务犯罪分子。因此监察机关内部各部门要在法律许可的范围内行使权力，加大对问题线索的关注，对线索要有一定的敏感性。

我国现行法律对线索处理作了具体规定，主要包括五个步骤：第一，举报人提供线索的接收。监察机关内部信访部门要及时统计接收到的检举信息，要按照规定程序进行处理，其中不属于监察机关信息线索的要交由相关机关来处理。另外，监察机关要保障举报人及亲属的人身安全，确保线索提供者以及案件处理情况不被泄露。第二，问题线索的管理。监察机关内设机构要

---

〔1〕《监察法》第4条。

按照部门功能各司其职，形成各线索部门之间互相影响的局面，以防出现某一个部门内部兼顾管理和审查的情形。此外，机构内部要增设管理部门，主要负责线索管理、检查督办、统计分析等部门的协调。第三，问题线索的处置。监察机关要在实事求是的基础上认真分析接收的信息线索并提出处置意见，案件监督管理部门要定期听取线索汇总报告、处置情况以及定期检查，各部门还要做好归档工作，以便后期察看。第四，问题线索的核实。监察机关要成立核查组对收集的信息线索进行初步核实，主要察看违法犯罪是否属实，核查结束后要提交书面报告。在初步核实阶段要进行保密。[1]第五，问题线索的衔接。在经过初步核实后确认涉嫌职务犯罪要根据相关法律追究责任，有管辖权的监察机关主要负责人要进行立案并拟定实施方案，涉嫌严重职务违法或者职务犯罪的要告知家属并向社会发通告。[2]

（二）调查阶段

腐败案件查处相对复杂而且难度大，因此需要在调查阶段收集确凿的证据。《监察法》规定了调查的程序，主要包括四方面：第一，规范调查取证。证据收集是反腐败案件重要的一环，监察机关要依法收集证据并对其进行甄别，找到严密的证据链，不得以非法方式收集证据，以防出现冤假错案。第二，明确调查措施的程序要求。监察机关取证过程中使用12项调查措施时要由两人以上的工作人员协同配合，向被调查人出示证明身份的证件和书面调查通知。调查过程要填写笔录并形成带有签名和盖章的书面报告材料，整个调查过程要全程不间断录像，以防出现扭曲事实的情形。值得留意的是，调查过程中的录像资料不移交检察机关，必要时可以进行审查，但接触影像资料的相关人员要保证其内容不泄露。[3]第三，依法执行调查方案。调查要严格依照会议决定的方案展开，如有突发状况调查人员可适当调整方案，紧急情况来不及请示时需调查人员集体研究作出决定，随后要向上级领导提交书面报告请示。第四，留置措施的适用。留置不可以随意使用，要经过领导集体研究才可以执行强制措施。留置把被调查人关押在专门地点以进一步调查；留置时间一般不能多于90天，特殊情况可延长一次但也不能超过90天；留

---

〔1〕《监察法》第38条。

〔2〕《监察法》第39条。

〔3〕《监察法》第41条。

置要在 24 小时内通知其工作单位和家属，如有破坏证据调查真实性的情形可以不通知；留置地点的选择要考虑保护被留置人员的基本权益，不宜对留置人员进行长时间的讯问，同时要形成带有被留置人员签名的讯问笔录。[1]

（三）处置阶段

监察机关可依法作出处置，采取何种惩罚方式要分情况而定：第一，依照具体违法情形作处置。对于存在职务违法但情节较轻者不进行政治处分，但要结合其日常工作情况通过谈话、批评教育等方式作出处置结果；对于违法的公职人员要按照规定作出政务处分，现行监察对象的处分细则无法可依，可依照所在机关单位条例作出与其违法性质相适应的处分；对于在法定范围之外行使权力的领导人要进行问责，监察机关可根据权限范围直接进行责任追究；对于职务犯罪证据充足的要把相关材料移交检察院，监察机关可把被留置人交给检察院依照相关法律规定进行处理，并且检察机关不需要重新立案；对于通过调查发现机关单位和个人存在腐败问题和没有正确行使权力的行为，监察机关可提出具有法律效力的监察建议，相关的机关单位、个人如果没有正当理由必须执行监察建议，否则要接受法律制裁。第二，撤销案件。在调查过程中，如果被调查的公职人员没有违法或犯罪行为，监察机关必须立即撤销案件并释放被留置人。[2]另外，监察机关可通过没收、追缴和责令退赔三种方式来处理非法行为所得的财物；对于涉嫌犯罪所得的财物要随案件移交检察院。

四、监察委员会的衔接机制

监察机关权力的有效运行离不开与其他国家权力机关的衔接，其中涉及与二种权力的关系：第一，与检察权的相互制约关系。监察机关把案件移交检察院进行审查，经审查犯罪事实清楚，证据确实、充分，需要追究刑事责任的，应提起公诉；审查后如有证据不充足的情形，应当把案件退回原机关要求其补充调查，特殊情形下检察院可自行侦查；审查后发现不符合《中华人民共和国刑事诉讼法》（以下简称《刑事诉讼法》）规定的，并得到上级检察院的批准可以不起诉，若监察机关认为决定有错误的情形可提出复议。

---

[1]《监察法》第 44 条。
[2]《监察法》第 45 条。

第二，与审判权的交接关系。监察机关要进行证据收集，其标准要遵循刑事审判标准，不得以非法方式收集证据。第三，与执法权的协助关系。公安机关要配合监察机关的调查工作，对于应要采取留置措施却逃跑的人员，监察机关决定使用通缉时可交由公安机关发布通缉令；为了预防被调查人员逃脱境外造成调查工作的中断，监察机关作出限制出境的决定后可交给公安机关执行；在对被调查人采取留置措施时需要公安机关将其带至留置场所并进行看管。

五、监察委员会职能运行监督

我国始终强调要把权力关进制度的笼子，其必然要受到监督，监察委员会行使监察权也不排除在外。根据《监察法》规定，监察权的行使受两大部分的监督：第一，内部监督。各级人大及其常委会对监察机构的监督主要通过听取报告和组织执法检查两种方式；人大代表和常委会组成人员可通过询问和质询进行监督；与此同时监察机关要在内部设置专门机构对监察人员的履职和守法情况进行监督。第二，外部监督。监察委员会和纪委合署办公在党的领导下开展监察工作，党委书记定期听取各个阶段的工作汇报，能够随时实现党对监察机关的监督；人民政协和各民主党派必须监督监察机关及其工作人员；我国《宪法》赋予公民监督权，因此公民有权对监察机关及其工作人员进行监督；法律规定监察机关应公开监察工作的信息接受社会各方面的监督，公民可以借助微信公众号、微博、互联网等多种新型渠道对监察机关进行监督。我国监察机关位高权重，要保证其监察工作高效运行必须要把内部和外部监督结合起来，防止机关内部出现腐败情况。

【案例分析】

吉林工商学院原副院长张国志：我不是党员，纪委管不着我

2018 年 8 月 29 日，中央纪委国家监委网站发布：吉林工商学院副院长张国志涉嫌严重职务违法，目前正接受监察调查。这条消息一出立即引起了社会关注，原因是张国志并非中共党员，他落马时也并非行政机关公务员，而是高等院校的副院长。

吉林省纪委监委专案组工作人员国志勇：接到他的线索是 2018 年 2 月

份，接到线索之后，我们仔细甄别了一下，张国志的身份属于是非国家行政机关工作人员，同时他又不是党员。

举报线索反映的是张国志之前在吉林体育学院任副院长期间以权谋私的问题。吉林省纪委接到线索时，张国志已经调任吉林工商学院副院长。监察体制改革前，在公办的教育、科研、文化、医疗卫生、体育等单位从事管理的人员，掌管着公共资源、行使着公权力，大多数不属于行政监察范畴，非党员也不在纪委管辖范围，这就出现了监督的空白。

吉林省纪委监委第十六审查调查室副主任于海峰：我们也是接到过类似的这个问题线索，就感觉到比较为难，没有约束权，没有查处权。

制度上的空档，也助长了一些人钻空子的心理。党的十八大之后，党中央高度重视反腐败工作，但张国志觉得自己不是中共党员，纪委管不到自己头上来。2015年，他担任吉林体育学院副院长期间，利用职务之便，为两名私人老板在承揽学院公寓楼、田径运动场、综合体育馆、实验室相关工程上提供帮助，收受贿赂。

吉林工商学院原副院长张国志：中纪委、省纪委、市纪委也都是发文件的，我认为别人的事和我没关系。触犯点也是可以的，有侥幸心理。自己不是党员，可能约束上差一些。

国家监察体制改革改变了这一状况。《监察法》明确了六类监察对象，既包括公务员以及参公管理人员、受委托管理公共事务组织中从事公务的人员，还涵盖国有企业管理人员、公办教科文卫体等单位和基层群众性自治组织中从事管理的人员等，只要依法履行公职，行使公权力，都被纳入监察范围。

2018年3月，《监察法》正式颁布施行，类似张国志这样的身份不再是监督的盲区。吉林省监委很快对这一之前暂存的问题线索启动了初核，掌握了张国志职务犯罪的确凿证据，于2018年8月对他采取了留置措施。经调查，不仅查清了他担任吉林省体育学院副院长期间的受贿事实，也发现了他之前在松原市副市长、吉林省体育局副局长等岗位上的受贿行为，违法所得累计达数百万元。

——摘自 新浪新闻网

案例思考题：

结合本案例，谈谈《监察法》的颁布有什么样的重大意义？

【课后练习题】

1. 监察委员会的性质地位是什么？
2. 监察委员会的主要职责有哪些？
3. 监察委员会成立的重大意义是什么？
4. 监察委员会职能运行的原则是什么？
5. 监察委员会职能运行的程序是什么？

【本章学习目标】

1. 了解人民政协民主监督的含义。
2. 掌握人民政协民主监督的指导思想和基本原则。
3. 熟悉人民政协民主监督的性质和特点。
4. 掌握人民政协民主监督的主要内容。
5. 了解民主党派民主监督的含义、性质和定位。
6. 掌握民主党派民主监督的内容和途径。

民主监督是我国社会主义民主政治的独特创造和重要制度安排，是在中国共产党与各民主党派、无党派人士团结合作、互相监督的理论与实践中孕育而来的。我国的基本政治制度决定了中国人民政治协商会议（以下简称人民政协或政协）和民主党派民主监督的常态化。

第一节 人民政协的民主监督

人民政协民主监督是协商式监督，是我国社会主义监督体系的重要组成部分，是社会主义协商民主的重要实现形式。如何正确认识人民政协民主监督的性质、地位、特点，进一步加强人民政协的民主监督，既是发展社会主义民主政治、建设社会主义政治文明的重要内容，也是人民政协适应新的形势的要求，充分发挥民主监督作用，推进人民政协工作的一项战略性课题。

一、人民政协民主监督概述

（一）人民政协民主监督的含义

人民政协民主监督是指在坚持中国共产党的领导、坚持中国特色社会主义的基础上，参加人民政协的各党派团体和各族各界人士在政协组织的各种活动中，依据政协章程，以提出意见、批评、建议的方式进行的协商式监督。民主监督与政治协商、参政议政职能相互关联，又有所区别。民主监督的重点是党和国家重大方针政策和重要决策部署的贯彻落实情况，监督目的是协助党和政府解决问题、改进工作、增进团结、凝心聚力。人民政协民主监督是我国社会主义监督体系的重要组成部分，是社会主义协商民主的重要实现形式。

在人民政协开展民主监督工作，源自中国共产党与各民主党派、无党派人士团结合作、互相监督的理论和实践，是我国社会主义民主政治的独特创造和一项重要制度安排，在国家政治生活中发挥着不可替代的重要作用，并随着社会主义建设和改革开放事业不断发展而完善。党的十八大以来，以习近平同志为核心的党中央，着眼完善和发展中国特色社会主义制度、推进国家治理体系和治理能力现代化，从建设社会主义政治文明的高度，对人民政协事业发展作出新的重大部署，对加强和改进人民政协民主监督工作提出新的要求。在党的领导下，各级政协积极探索创新，认真履行职能，民主监督工作取得新的进展。当前，我们党正在团结和带领全国各族人民为实现"两个一百年"奋斗目标、实现中华民族伟大复兴的中国梦而努力奋斗。面对新形势新任务，进一步发挥人民政协民主监督的独特优势和重要作用，对于推进党和政府科学决策、民主决策、依法决策，推动党和国家大政方针、重大改革举措和重要决策部署贯彻落实，促进国家机关及其工作人员转变作风、改进工作、反腐倡廉，推动解决人民群众关心的实际问题，加强中国共产党同各民主党派、各人民团体、各族各界人士的团结合作，具有重要意义。

（二）人民政协民主监督的指导思想和基本原则

1. 指导思想

高举中国特色社会主义伟大旗帜，全面贯彻党的十八大和十八届三中、四中、五中、六中全会精神，以马克思列宁主义、毛泽东思想、邓小平理论、"三个代表"重要思想、科学发展观为指导，深入学习贯彻习近平总书记系列重要讲话精神和治国理政新理念新思想新战略，围绕统筹推进"五位一体"总体布局和协调推进"四个全面"战略布局，坚持和完善中国共产党领导的多党合作和政治协商制度，牢牢把握人民政协性质定位，坚持团结和民主两大主题，明确监督内容，完善监督形式，规范监督程序，健全监督机制，提高监督实效，为党和国家事业发展作出积极贡献。

2. 基本原则

坚持中国共产党的领导，坚定正确的政治方向，围绕中心、服务大局，依照宪法法律和政协章程有序开展工作；坚持问题导向，深入调查研究，实事求是反映情况，认真负责开展批评，务实提出建议，确保监督聚焦关键内容和环节；坚持平等协商，坦诚相见，畅所欲言，尊重不同意见表达，把协商民主贯穿于监督全过程；坚持增进团结，融协商、监督、参与、合作于一体，广泛凝聚共识、凝聚智慧、凝聚力量。

二、人民政协民主监督的性质

要认清人民政协民主监督的性质，首先要认清人民政协自身的性质。从一定意义上讲，人民政协民主监督的性质是由人民政协的性质决定的。关于人民政协的性质，新修订的《中国人民政治协商会议章程》规定："中国人民政治协商会议是中国人民爱国统一战线的组织，是中国共产党领导的多党合作和政治协商的重要机构，是我国政治生活中发扬社会主义民主的重要形式。"据此，我们可以从三个方面来把握人民政协的性质。

第一，人民政协既不属于国家机构体系内的国家机关，也不同于一般的社会团体，而是中国人民爱国统一战线的组织形式。我国的爱国统一战线是由中国共产党领导的有各民主党派和各人民团体参加的，包括全体的社会主义劳动者，拥护社会主义的爱国者和拥护祖国统一的爱国者的广泛的政治联盟。这个政治联盟要真正运作起来，需要借助一定的组织形式，人民政协就是这样一种组织形式。

第二，人民政协是我国政治体系的重要组成部分，是中国共产党领导的多党合作与协商的重要机构。在我国政治体系中，人民政协组织的存在和发展，不是搞搞形式，做做样子，而是作为整个国家政治体系的重要组成部分，渗入到国家政治体系之中。我国的政党制度是中国共产党领导下的多党合作和政治协商制度，人民政协的存在和发展不仅为这一制度的有效运作提供了基本的场所和机构，而且以其丰富的政治实践活动不断充实与完善着中国共产党领导的多党合作和政治协商制度。因此，人民政协不是可有可无的，而是中国特色政治制度和政党制度的内在要求。

第三，人民政协是发扬社会主义民主的重要形式。在当下的中国，发展社会主义民主有多种渠道和形式，但人民政协无疑是其中的重要形式之一。人民政协积极履行政治协商、民主监督和参政议政的职能，对于建设社会主义民主政治，改善和加强中国共产党的领导，改进和支持政府的工作，实现重大决策的民主化、科学化，都起到了重要作用。

三、人民政协民主监督的特点

人民政协民主监督存在的必要性在一定意义上讲，就在于它具有与其他监督形式不同的特点和优势。相对于其他监督形式而言，人民政协的民主监督具有一些鲜明特点。

（一）政治性

我国社会主义监督体系是由多种监督形式组成的，主要包括党的监督、人大监督、监察监督、行政监督、民主监督、审计监督、统计监督、舆论监督、群众监督等。这些监督的形式从多角度、多层面共同构成比较完备的社会主义监督体系。就人民政协的民主监督内容来看，基本上是一种政治性的监督。人民政协民主监督的主要内容是：国家宪法、法律和法规的实施，重大方针政策的贯彻执行，国家机关及其工作人员的工作，参加政协的单位和个人遵守政协章程和执行政协决议的情况。人民政协的民主监督是在坚持四项基本原则的基础上通过提出意见、批评、建议的方式进行的政治监督，它是参加人民政协的各党派团体和各族各界人士通过政协组织对国家机关及其工作人员的工作进行的监督，也是中国共产党和各民主党派、无党派人士之间进行的互相监督。这种监督的性质是由人民政协的性质决定的。《中共中央关于加强人民政协工作的意见》和政协章程都明确规定："中国人民政治协商会议是中国人民爱国统一战线的组织，是中国共产党领导的多党合作和政治协商的重要机构，是我国政治生活中发扬社会主义民主的重要形式。"人民政协的这一性质决定了人民政协民主监督的特点，即人民政协的民主监督是通过建议和批评进行的，常常与政治协商、讨论沟通联系在一起，具有很强的政治和社会影响力。

（二）合作性

监督有不同方式，从监督的方式和目标来看，可将监督划分为竞争性监督和合作性监督。人民政协协商式监督是一种合作性监督，不是对抗性监督。人民政协自觉维护党和政府权威，着眼于帮助党和政府改进工作、增进团结，两者具有共同的价值追求，而不是西方社会争权夺利、互相拆台的竞争性监督。因此，从人民政协协商式监督所要达到的目标和采用的方式来看，是一种合作性监督。从协商式监督的前提来看，是基于对现有权力运行规则和运行方式的认同而进行，不是否定现有政治制度；从协商式监督的目的来看，监督者对于被监督对象的工作方向和原则充分肯定和认同，但对如何进一步改进和完善工作以及对存在的问题，通过意见、批评和建议的方式展开监督，其目的是为了更好的改进工作、解决问题，而不是否定被监督者的工作；从监督的方式看，协商式监督大多提出正面肯定的建议，对于提出的批评也是在理性调查研究基础上的基于工作需要的一种肯定性批评，而不是攻击性批评；从取得的效果看，对被监督者提出的批评和建议，通过协商的方式进行，不依靠强制性的手段，但是其充分的政治影响力和说服力，对于被监督者来说是一种软压力，被监督者通常会高度重视，认真研究整改，可以发挥良好效果。

（三）非强制性

在我国的政治体制下，人民政协不是国家权力机关。因此，人民政协的民主监督，靠的不是权力，不带有强制性，靠的是真知灼见，靠的是以理服人，靠的是社会影响力。这是人民政协民主监督区别于其他监督形式、具有独特特点的地方。人民政协民主监督的核心在于发扬人民民主，人民政协的监督被界定为"民主监督"，就鲜明地反映了这一本质特征。人民政协民主监督实际上也是扩大民主，广开言路，让各界人士、各方面的意见和要求、建议和批评充分地反映出来，促进党政决策的民主化、科学化和工作的改进。这种非强制性的监督，对发扬民主、建设社会主义政治文明具有重大意义。对此我们丝毫不能低估。

（四）外部性

人民政协的协商式监督是一种国家机关外部监督。人民政协在我国政治体制中具有特殊的、超脱的地位，不是个人和某些群体的利益代表，但它也不是一般社会组织，而是由宪法和法律以及相关政策文件加以保障的中国特色政治制度的特殊安排，其监督是我国国家机关外部的监督。中国共产党是执政党，在国家政治生活中发挥着领导核心的作用，更需要听取党外的不同声音。人民政协和各民主党派所联系的社会各群体，具有广泛代表性，能够客观反映社会各阶层的利益和要求，聚集各方面意见，通过人民政协平台发挥资政作用，提供中国共产党和其它国家机关自身监督外的民主监督。人民政协聚集着社会各界的精英分子，具有特殊的智力优势，在进行协商式监督的过程中能够保持客观，发挥"旁观者清"的特殊作用，通过提出的正确意见、建议，对现有国家机关，特别是党和政府的重大决策和政策的贯彻落实情况发挥监督作用。实际上，深深根植于广大人民群众，来自于权力体系之外的协商式监督，其真正的力量就在于把问题摆到桌上，晒到阳光下，通过讲实话讲真话发挥监督实效。

（五）客观性

人民政协的民主监督具有相对的独立性和客观性。由于政协位置超脱，不受地方或部门利益局限，可以排除干扰，能够比较全面地了解和更实际地反映各方面的情况，更有利于客观地提出建议和批评，减少监督中出现的"盲点"和"空白点"问题。因此，政协的民主监督更具有科学性和说服力。政协各界代表人士，是在政治上有影响，或在经济上有成就，或在学术上有造诣的高层次人士，对问题看得准，认得清，他们所提出的意见、建议具有一定的权威性，有利于决策的民主化、科学化。同时，人民政协作为一个政治组织，它履行民主监督职能中不同于一般群众的分散监督，它是在政协组织中，按照一定的章程，通过一定的程序来实现的。因此，人民政协的民主监督要比一般群众的监督更具有影响力和权威性，更具有力度和成效。

四、人民政协民主监督主要内容

人民政协的监督内容广泛，既包括政协内部中国共产党和各民主党派之间及其他社会各界人士间的相互监督，也包括参加政协的单位和个人对国家机关及其工作人员的监督。具体而言，人民政协监督的内容主要包括以下几个方面。

（一）国家宪法法律和法规实施情况

"依法治国，建设社会主义法治国家"是《宪法》的明确规定，也是我国在新的历史时期作出的历史性抉择。要达到建设法治国家这一目标，就需要对宪法和法律的实施情况进行及时有效的监督。我国《宪法》规定了国家权力机关具有法律监督的职权，对宪法和法律的实施进行监督，同时也规定了检察机关作为专门的法律监督机关的监督职能。然而，法律监督仅仅依靠人民代表大会的监督和检察机关的监督是不够的，还需要发动各方面的力量对宪法和法律的实施进行多角度、全方位的监督，人民政协的监督正是法律监督中的重要环节。人民政协监督的一项重要内容正是对宪法和法律、法规的实施情况进行监督。

一方面，政协中的各界代表通过视察和检查，发现国家机关执法中存在的问题，通过多种渠道及时向有关部门反映情况并提出改进的意见，督促有关人员严格执法，以维护国家宪法和法律、法规的严肃性；另一方面，人民政协还可以对重要法律的实施事先提出良好的建议，以利于其严格执行；再者，人民政协还能够提议制定新的法律、法规，以提高我国法治建设的水平。例如，政协八届一次会议至二次会议期间，政协委员提议抓紧制定宗教法、华侨捐赠法、国有资产法、职业技术教育法等，充分体现了人民政协履行民主监督使命的水平，展示了人民政协对于国家宪法和法律、法规实施的监督作用。

（二）党和国家大政方针、重大改革举措、重要决策部署贯彻执行情况

人民政协的主要职能是政治协商、民主监督、参政议政。新中国成立以后，凡是我们党和国家大政方针，事关国家全局发展和与人民群众利益密切相关的重大改革举措、重要决策部署贯彻执行情况，党和国家都要通过政协与各民主党派、各界人士进行协商，广泛听取各方面的意见和建议。

非但如此，在这些方针和政策的执行过程中，由于人民政协参加了制定这些方针、政策的协商，对它们的精神内涵与实质内容都有着深入的了解，因此人民政协还承担着对这些方针、政策的贯彻执行进行监督的职能，督促有关机关全面贯彻党和国家的重要方针、政策，促进这些方针、政策真正落到实处，在国家的各项建设中发挥作用。人民政协对方针、政策的贯彻执行情况进行监督是多层次的，不但全国政协对党和国家的重要方针、政策的贯彻执行要进行监督，地方各级政协也对所在省（区、市）、市、县党委和人大、政府的重要方针、政策的执行情况进行监督，保证这些方针、政策落到实处，促进各项建设的顺利开展。

（三）国民经济和社会发展规划、年度计划落实情况以及财政预算执行情况

国民经济和社会发展计划是国家对一定时期内国民经济的主要活动、科学技术、教育事业和社会发展所作的规划和安排，是指导经济和社会发展的纲领性文件，通常分为中期规划（5年）、长期规划（10年以上）和年度计划。国民经济和社会发展计划由人民代表大会通过，具有法律效力，各有关国家机关必须严格遵照计划的内容实施。在计划的实施过程中，人民政协可以通过两种途径对其进行监督：一是在日常工作中，视情况提出意见和建议，对有关国家机关执行国民经济和社会发展计划的情况进行监督；二是在每年的"两会"上，政协委员列席全国人民代表大会会议，听取有关机关所作的国民经济和社会发展计划方面的报告，对报告进行讨论，发表意见，提出改进的建议，对国民经济和社会发展计划执行情况进行监督。财政预算是国家制订的年度财政收支计划，它是国家为实现其职能而有计划地筹集和分配财政资金的主要手段，是国家的基本财政计划。财政预算按法定程序编制、审查和批准，全国人大和地方各级人大都按法定程序通过自己的财政预算。财政预算一旦通过，就具有相应的法律效力，有关机关必须严格执行。人民政协对财政预算的执行情况有权实施民主监督，其监督的方式和途径与对国民经济和社会发展计划的监督相同。

（四）涉及人民群众切身利益的实际问题解决落实情况

关心人民群众特别是确保涉及人民群众切身利益的实际问题能够真正得到解决和落实，充分体现了党和政府立党为公、执政为民的本质要求。改革开放以来，党中央、国务院十分关心人民群众的生产生活，高度重视解决人民群众切身利益的实际问题，相继制定出台了一系列政策措施。也要求各级党委、政府和各有关部门一定要把解决好人民群众切身利益问题作为一件关系全局的大事，切实抓紧抓好，建立和完善保障人民群众切身利益、维护社会稳定的长效机制。但在实际生活中，不少地方政府在此项工作中漠视人民群众切身利益的现象还时有发生。因此，涉及人民群众切身利益的实际问题的解决落实情况，也是政协监督的重要内容之一。

（五）国家机关及其工作人员遵纪守法、加强作风建设、密切联系群众、开展反腐倡廉等情况

任何国家机关、国家机关工作人员都根据宪法、法律和法规的规定承担

着相应的职责，否则它们将失去存在的意义。国家机关及其工作人员对其所承担的职责，必须严格履行，不得有懈怠的情形。只有国家机关及其工作人员严格履行其法定职责，国家的各项工作才可能正常开展，社会经济才可能顺利发展，人民的利益才可能得到维护。但在现实生活中，由于各种因素的影响，国家机关及其工作人员未能严格依法履行职责的情况时有发生，影响了政府的形象，妨碍了经济的发展，侵害了公民的权利。为预防和减少国家机关及其工作人员不依法履行职责现象的发生，必须对他们实施有效监督。人民政协通过视察、检查等途径对国家机关及其工作人员遵纪守法、加强作风建设、密切联系群众、开展反腐倡廉等情况实施的监督就是监督体系中的重要一环。例如，根据中共中央和国务院作出的开展反腐败斗争的部署，人民政协积极参加中共中央组织的相关大检查活动，并提出了许多切中时弊的意见和建议。政协委员提出了多个议案，及时反映各界人士的呼声和意见，对于我们党的党风廉政建设发挥着积极的作用。

（六）政协提案、建议案和其他重要意见建议办理情况

要使政协的监督真正能够发挥应有的作用，政协提案、建议案和其他重要意见建议能否真正得到重视和落实，就是关键环节。那么对于其办理情况进行监督，自然也成为政协监督的重要内容之一。例如，四川省委办公厅在2018年印发的《关于加强和改进人民政协民主监督工作的实施意见》中就明确规定：对于政协会议监督意见报告、视察监督报告、专项监督报告等，党委、政府应专题研究，或交有关部门办理；政协提案、社情民意信息及其他形式中的监督性意见，按规定程序办理；督查部门要加强对人民政协民主监督意见办理情况的督查，纳入目标考核。

（七）参加政协的单位和个人贯彻统一战线方针政策、遵守政协章程、执行政协决议情况

政协的章程是参加政协的各党派、人民团体和社会各界人士共同的行动纲领，所有参加政协的人士和团体都必须以章程为基本的行为规范，中国人民政治协商会议全国委员会和地方委员会，也按照《中国人民政治协商会议章程》进行工作。人民政协监督的一项重要内容，就是对参加政协的单位和个人遵守政协章程的情况进行监督。政协决议是政协在充分进行酝酿协商基础上按照民主集中制的原则形成的，体现着各方面的意志和利益，对于政协的决议，参加政协的单位和个人不管是否有保留意见，都必须严格执行。对

政协决议执行情况的监督，也是人民政协监督的一项重要内容。通过实施人民政协这一内部监督，确保人民政协各项工作的顺利开展和政协职能的充分实现。

（八）党委交办的其他监督事项

在中国特色社会主义建设进入到新时代，我们要不断加强和改进党对人民政协工作的领导，使之与党委、政府同心同向同行，充分发挥职能优势，达到服务大局有高度、建言献策有深度、联系基层有热度、民主监督有力度，凝聚起全面建成小康社会的强大合力。那么，政协的监督职能之一也包括党委交办的其他监督事项。

五、人民政协民主监督工作的改进

为深入贯彻落实党中央关于加强社会主义民主政治建设的战略部署，进一步推进人民政协协商民主建设，中共中央办公厅于 2017 年颁发的《关于加强和改进人民政协民主监督工作的意见》精神，加强和改进人民政协民主监督工作主要从以下几个方面进行。

（一）完善人民政协民主监督形式

1. 会议监督

政协有关会议应增加民主监督内容，加大民主监督力度。政协全体会议、常务委员会会议的大会发言应增加监督性内容比重，政协全体会议视情况安排界别小组（联组）专题讨论监督性议题。政协常务委员会会议、主席会议、专题协商会、协商座谈会、对口协商会等应安排一定数量的监督性议题。根据议题安排，可邀请有关负责同志出（列）席会议、听取意见、互动交流。政协常务委员会会议、主席会议、秘书长会议应完善对各党派参加政协工作的共同性事务、政协内部重要事务等的协商和监督。

2. 视察监督

对于涉及改革、发展、稳定重大问题的监督性议题，政协应根据每次监督任务组织委员视察团，深入实际、深入基层、深入群众，听取情况介绍，实地察看，座谈讨论，着重发现工作中的问题和不足，与有关负责同志交换意见，提出批评和建议，推动党和政府决策部署贯彻落实。

3. 提案监督

政协应组织政协委员和参加政协的各党派、各人民团体以及政协各专门委员会，通过提案提出意见、批评、建议，开展监督。政协重点提案中应有民主监督性提案，由党委办公厅（室）、政府办公厅（室）、政协办公厅（室）共同交有关部门办理，党政及政协负责同志应加强督办，推进提案内容和办理情况公开，开展提案办理评议。

4. 专项监督

政协要围绕法律法规的实施和党委、政府重要工作的落实来确定专项监督议题，由政协办公厅（室）和专门委员会组织力量，开展监督性专题调研，抓住重点问题，深入一线明察暗访，摸准情况，分析原因，提出改进意见、建议，必要时应持续跟踪监督。

5. 其他形式监督

党委和政府有关部门组织的调查、检查、听证等活动，应视情况吸收政协委员参加。政协可应有关部门邀请，推荐特约监督员或组织民主监督小组。重视发挥政协的社情民意信息、委员来信来访、委员举报和民主评议等活动在民主监督中的作用。各级政协要结合实际积极探索创新民主监督方式方法。加强人民政协民主监督同党内监督、人大监督、行政监督、司法监督、社会监督、舆论监督等监督形式的协调配合，更好地发挥人民政协的民主监督作用。

（二）规范人民政协民主监督工作程序

1. 确定监督议题

人民政协民主监督议题可由党委和政府提出，也可由政协广泛征求党派团体、政协界别、专门委员会、政协委员、党政部门等各方面意见提出。充分协商后，由政协办公厅（室）汇总提出建议，提交政协主席会议研究，其中重点监督议题纳入政协年度协商计划，征求政府意见后，报党委讨论确定。

2. 组织监督活动

政协办公厅（室）研究提出监督工作安排，经政协主席会议审议通过后实施。重点监督议题应安排政协主席会议成员牵头负责，主席会议听取监督情况汇报。根据监督议题，政协整合力量深入调查研究，通过会议等形式实施监督，邀请相关党政部门负责同志听取意见。政协赴地方开展监督活动，可吸收当地政协委员参加。

3. 报送监督意见

政协运用会议监督意见报告、视察监督报告、专项监督报告、提案、社情民意信息等形式，及时向党委和政府及有关部门报送开展民主监督形成的意见建议。重点监督意见根据需要由政协主席会议研究审议后报送。

4. 办理监督意见

对于政协会议监督意见报告、视察监督报告、专项监督报告等，党委和政府应进行专题研究，或交相关部门办理。政协提案、社情民意信息中的监督性意见，按规定程序办理。党政督查部门要加强对政协民主监督意见办理情况的督查。

（三）健全人民政协民主监督工作机制

1. 知情明政机制

党委和政府及有关方面召开的重要会议，视情况邀请政协有关负责同志、政协委员列席。围绕监督议题，政协应组织相关委员认真学习党和国家重大决策部署，了解情况、把握形势、掌握政策。根据监督工作安排，有关部门应认真做好情况通报，重点通报工作中存在的问题、主要困难和薄弱环节，提前将有关材料送达政协委员，并为政协委员查阅资料、了解情况提供便利。

2. 协调落实机制

加强人民政协民主监督与党委和政府工作的有效衔接，由党委办公厅（室）、政府办公厅（室）、政协办公厅（室）会商，统筹协调政协民主监督议题、工作安排等重要问题。政协办公厅（室）应及时将重点监督活动具体安排提前告知有关部门，加强协调配合，认真组织实施，积极跟进落实。政协专门委员会应就有关监督工作加强同党政部门等的对口联系。

3. 办理反馈机制

办理单位应及时以书面、会议通报等形式反馈政协民主监督意见办理、采纳和落实情况。政协主席会议或常务委员会会议根据需要，听取重点监督意见办理情况通报。政协应将办理回复情况通报参加监督的有关单位和政协委员。政协常务委员会向全体会议报告工作时，应将全年民主监督工作开展情况和监督意见办理回复情况作为重要内容。

4. 权益保障机制

尊重和保障政协委员在参加民主监督工作中的知情权、参与权、表达权、监督权，维护政协委员对国家机关及其工作人员的工作提出意见、批评、建议的权利，以及对违纪违法行为检举揭发的权利，发挥政协委员在民主监督中的积极作用。对于阻挠政协委员参加民主监管，甚至进行压制、打击和报复的，应依纪依法追究责任。

（四）加强党对人民政协民主监督工作的领导

第一，强化党委统一领导。各级党委要深刻认识人民政协民主监督的重要意义，把加强和改进人民政协民主监督工作作为提高执政能力和领导水平、推动和改进工作的重要举措，将其纳入党委工作总体部署，完善民主监督的组织领导机制。政协党组向党委汇报工作时，应把开展民主监督情况作为重要内容。各级党委和政府负责同志要自觉接受、积极支持和保证人民政协依章程进行民主监督，认真倾听批评和建议，并督促有关部门听取监督意见。

第二，发挥政协党组的领导核心作用。政协党组负责领导重点监督议题的组织实施，要坚持正确方向和原则，把握好监督节奏和力度，加强对党和国家重大改革举措、重要决策部署贯彻执行情况等的民主监督，研究监督工作中的重要事项，及时向党委报告监督工作进展情况和遇到的重大问题，做到开展监督有计划、有题目、有载体、有成效。政协办公厅（室）、各专门委员会要贯彻落实政协党组部署，领导做好相关民主监督活动的组织、协调、实施等具体工作，提高监督组织化程度。组织政协委员积极参加民主监督活动，发挥政协委员中共产党员的模范带头作用。加强政协自身建设，提高民主监督的能力和水平，做到敢于监督、善于监督。

第三，营造人民政协民主监督良好环境。提倡热烈而不对立的讨论、真诚而不敷衍的交流、尖锐而不极端的批评，营造畅所欲言、各抒己见、理性有度、合法依章的民主氛围。加强人民政协民主监督理论研究。在社会主义协商民主教育培训工作中把人民政协民主监督列为重要内容。把对人民政协民主监督的宣传列入各级党委宣传部门工作计划，宣传党中央关于人民政协民主监督的新部署新要求，宣传各地政协开展民主监督的经验、做法和成效，加大对重点监督活动宣传报道力度，营造良好舆论环境。

第二节　民主党派的民主监督

加强民主党派民主监督，是我国社会主义政治文明建设的重要内容，是构建中国特色社会主义民主的需要，也是民主党派的重要职能。中国共产党与民主党派实行互相监督，由于中国共产党处于领导和执政地位，更加需要自觉接受民主党派的监督。

一、民主党派民主监督的含义、性质和定位

(一) 民主党派民主监督的含义

民主党派民主监督是指各民主党派通过提出意见、建议和批评的方式，对国家宪法、法律和法规的实施，重大方针政策的贯彻执行，国家机关及其工作人员的工作进行的监督。

从监督的主体来看，民主党派民主监督概念本身已经包含了监督的主体，即民主党派。从监督的客体来看，民主党派民主监督的客体有两个层面：一是国家宪法和法律法规的实施者；二是党和国家方针政策的制定者和执行者。由此可见，民主党派民主监督的客体既包括中国共产党组织及其党员领导干部，也包括国家行政司法机关及其工作人员。

(二) 民主党派民主监督的性质

民主党派的民主监督职能根植于中国共产党领导的多党合作和政治协商制度。多党合作"互相监督"的基本方针，既包括中国共产党对民主党派的监督，也包括民主党派对中国共产党的监督，这就决定了民主党派民主监督天然地具备由中国政党制度所决定的鲜明政治属性，我们可以从五个角度来认识这一政治属性：第一，民主党派民主监督是体外监督而非同体监督。对执政党而言，民主党派民主监督是异体监督，能够弥补同体监督可能存在的缺陷，并与内部监督衔接配合，提升监督整体效能；第二，民主党派民主监督是双向监督，而非单向监督。民主党派开展民主监督，必须在拥护中国共产党领导，接受中国共产党监督，坚持四项基本原则的基础上展开，任何时候都不能脱离这一前提来实施民主监督；第三，民主党派民主监督是权利性监督而非权力性监督。民主党派具有民主监督职能，享有民主监督权利，但非法定的监督权力机关。故而民主党派提出的监督意见，不具有强制执行力，但有政治影响力；第四，民主党派民主监督是协商性监督，而非对抗性监督。不同于西方分权制衡体制下的议会斗争、党派纷争，民主党派民主监督是以肝胆相照、荣辱与共精神开展的协商民主式监督；第五，民主党派民主监督是组织性监督，而非自发性监督。与普通群众、社会舆论自发开展的监督不同，民主党派民主监督是在民主党派周密系统组织下进行的，以确保监督规范有序、理性科学地开展。

（三）民主党派民主监督的功能定位

第一，从监督功能看，民主党派民主监督与人民政协民主监督共同构成民主监督这根立柱，地位超脱、视角独特，形成与中国共产党党内监督、人大监督、行政监督、司法监督、审计监督、社会监督、舆论监督等监督形式优势互补、相辅相成的工作格局，成为中国特色监督体系中不可或缺的重要组成部分；第二，从政治功能看，民主党派开展民主监督，有助于激发广大民主党派成员有序参与国家政治经济生活的积极性和主动性，有助于各民主党派组织发动所联系的统一战线各方面力量，共同推进社会主义协商民主，扩大社会主义民主政治的参与度和影响力；第三，从社会治理功能看，民主党派开展民主监督，为民主党派成员深入了解党政机关工作提供了新平台，也便于党政机关更加全面地掌握群众的意见与诉求，推动人民群众关心的实际问题的解决，形成团结协作、风清气正、政通人和的良好政治生态。

二、民主党派民主监督的意义

民主监督是民主党派的一项基本政治职能，是中国共产党与各民主党派之间互相监督的一个重要方面。民主党派的民主监督有其独特的性质和作用。首先它是一种"异体"监督，能从自身独有的视角对中国共产党提供一种单靠党内不容易提供的监督，对共产党党内监督起到有益补充作用。同时它是在政党层面上开展的高层次的有组织的监督，监督的内容主要涉及党和国家政治、经济、社会生活中的重大问题。它是一种非权力性质的软性监督，不是靠权力的威慑和制衡，而是靠意见、建议、批评，靠真知灼见来以理服人。另外，民主党派民主监督虽然与其他社会监督同属非权力监督的范畴，与党内监督相比没有权力性，与法律监督相比没有强制性，与行政监督相比它采取的是民主协商的方式解决问题，与舆论相比它不直接诉诸社会、告喻各界，但在整个监督体系中具有广泛性、权威性和影响力，对监督和制约公共权力能够起到其他监督所达不到的作用。特别是当前，我国正处于供给侧转型时期，各种矛盾凸显，在这种情况下，加强民主党派民主监督职能，具有十分重要的意义。

第一，加强民主党派民主监督对优化政党关系、推进社会主义政治文明建设具有重要意义。一方面民主党派作为参政党在中国的政治格局中的价值首先就在于其作为中国共产党的政治盟友，具有自身独特的视角，能够提出较为客观的批评意见和建议，为中国共产党提供一种单靠党内不易提供的监督，如近年来在反腐倡廉、民生问题、环境保护、资源开发与利用等方面，民主党派实行民主监督，提出意见建议。参政党在行使监督权，推动中国共产党更好执政的同时也找到自己的位置和坐标，巩固了与执政党互动合作的关系。另一方面参政党民主监督是一种政党之间通过民主的方式，以政党组织行为实行的监督，其实质是人民民主的生动表现，是人民民主政权自我完善的一支重要力量和重要环节，也是保证社会主义民主政治建设健康有序的根本条件，在政治民主化中起着一般群众团体不可代替的作用。因此，从某种意义上讲，民主党派民主监督作用的大小直接反映着我国民主的程度。

第二，加强民主党派民主监督对减少决策失误、巩固中国共产党执政地位具有重要意义。中国共产党作为执政党，其决策正确与否直接关系着国家的前途和社会主义事业的成败，因此，接受监督，听取各种不同的意见和批评，以防止在决策过程中出现失误显得尤为迫切。而参政党对中国共产党的监督，正是通过对中国共产党"提意见、作批评"，帮助中国共产党发现执政过程中的某些不足，减少或避免监督中的"盲区"。尤其是当前，参政党的监督能使中国共产党在制定各项重大的路线、方针、政策和开展各项重大工作时，更多地听取社会各阶级、各阶层、各党派的意见，避免决策中的片面性和主观性，保证决策的科学化、民主化。同时，对执政的中国共产党而言，参政党的监督也是其不断受到启发从而加强自身建设、提升执政能力的有效动力。参政党监督力量的有效发挥，能促使执政党不断推进理论创新，加强组织力量，夯实群众基础，营造更为优良的执政环境。

第三，加强民主党派民主监督对不断完善多党合作制度具有重要意义。西方国家认为他们实行两党或多党轮流执政的制度，政党之间可以互相制约，体现了民主，而指责中国是一党政治，执政党不受制约，有悖民主，应当由西方多党制取代中国的一党制。面对"西化""分化"形势，充分发挥参政党民主监督，利用多党合作的政治架构实现执政党权力的有效监督，是对西方指责的最好回应和最有力的反驳。

三、民主党派民主监督的内容

2005年中共中央出台的《关于进一步加强中国共产党领导的多党合作和政治协商制度建设的意见》，对民主党派民主监督的主要内容作了基本规定，主要包括以下几个方面：

一是对宪法、法律和法规的制定、实施情况进行监督。在对宪法、法律和法规的实施情况进行监督的过程中，民主党派的监督是重要的一环，民主党派人士可通过开展视察、调查和检查等，发现宪法、法律和法规实施过程中的问题，提出改正意见和建议，督促相关机关予以改正，保证宪法、法律和法规得到严格实施。在立法方面，民主党派主要监督各级立法机关的立法主体资格、权限、程序是否合法，法律、法规以及行政规定的内容是否符合实际，是否与国家的根本大法相抵触。在司法方面，民主党派主要是对各级审判机关、检察机关、公安机关进行民主监督，看其是否依法行使各类司法权力，并监督各级司法机关工作人员依法办事。在执法方面，通过监督各级行政执法机关是否严格按照法定的权限和程序进行执法。在守法方面，民主党派主要对国家机关及其工作人员是否严格守法进行民主监督。

二是对中国共产党及其领导的政府制定和贯彻执行重要方针政策的情况进行监督。民主党派对党和国家领导机关的民主监督主要体现在重大方针政策的协商和批评建议中。监督它们是否得到严格执行，在执行中还存在哪些问题，有什么不适应社会经济发展实际的地方等，以保证它们落到实处，取得应有成效。在政治生活中，中国共产党各级党委及政府的一些重大方针政策、重要人事安排方案等，在提交有关会议讨论、审议和决策之前，应主动听取民主党派的意见和建议、接受监督。同时，民主党派主动围绕党委、政府的中心工作，选择社会关注、群众关心、影响较大的热点、难点问题开展调研，对相关政策的制定和执行进行民主监督。

三是对中国共产党党委依法执政及党员领导干部履行职责、为政清廉等方面的情况进行监督。对于中国共产党各级党委依法执政的情况，民主党派可实施民主监督，监察和督促其按照宪法和法律的规定办事，纠正违反宪法和法律的行为。国家机关工作人员特别是其中的党员领导干部在履行职责的过程中，应做到依法办事，清正廉洁，不得有贪污腐化行为。对此，民主党派也可实施监督，对发现有不履行职责的，提出批评改正意见；对有违反清正廉洁要求或贪污腐化行为的，及时予以制止和揭露。

四、民主党派民主监督的途径

中国共产党和各民主党派实行互相监督。中国共产党处于领导和执政地位，更需要自觉接受民主党派的监督。民主党派和无党派人士的民主监督是指在坚持四项基本原则的基础上，通过提出意见、批评、建议的方式对中国共产党进行的政治监督。主要有下列途径：

第一，民主党派的民主监督是和参政议政、政治协商紧密联系的，寓监督于议政和协商之中，议政的过程就是监督的过程，协商的过程就是监督的过程。政治协商是民主党派的主要职能之一，党和政府的重要方针政策在出台之前，往往召集有民主党派和其他社会各界人士参加的民主协商会、民主座谈会进行协商，听取他们的意见，进行事先沟通，吸取正确的意见和建议，形成共识，以提高决策的质量。在政治协商的过程中，民主党派可积极就相关问题畅所欲言，发表看法，提出建设性的意见和建议，通过这一途径对党和政府实施监督，促进所出台的方针政策具有更高的质量，更有利于维护广大人民群众的利益，更有利于社会主义现代化建设的顺利进行。这一监督途径不仅在国家层面的监督中适用，在地方层面的监督中同样适用。五年一届和每年召开的各级政协会议，给民主党派以充分发挥其民主监督职能的机会。各民主党派对此也都十分看重，认真准备大会发言材料和委员提案，同时就一些重大问题以党派名义或与其他党派相联合的名义形成提案，全面而充分地实施民主监督。这种民主监督形式与参政议政合而为一，已基本形成惯例。

第二，在党委主要负责人召开的专门会议上对党委领导班子及其成员提出意见和建议。"长期共存、互相监督、肝胆相照、荣辱与共"是正确处理中国共产党同民主党派的关系以及统一战线内部关系的基本方针。在这一方针指引下，中国共产党党委要鼓励和支持民主党派成员在政府协商和中国共产党党委主要负责人召开的专门会议上对单位工作情况提出意见和建议，还要要求对领导班子及其成员提出意见和建议，促进中国共产党党委、政府依法行政，促进领导干部健康成长。要坚持事前监督与事中、事后监督并重。对中国共产党党委有关重大政策、重大决策、重要事项在形成前，邀请民主党派成员提出意见和建议，促进科学决策、民主决策。

第三，对党委党风廉政建设和反腐败工作提出意见和建议。党风廉政建设和反腐败斗争是一项长期艰巨的任务，不仅要依靠纪检监察部门的辛勤工作，更需要社会各界的关心支持和共同努力，尤其是需要民主党派的民主监督。时刻绷紧遵纪守法和自我约束这根弦，筑牢思想道德防线，当好廉洁自律表率，积极建言献策，强化民主监督，齐心协力打赢党风廉政建设和反腐败斗争这场"硬仗"。民主党派可以发挥自身优势，深入基层实际，并围绕推进反腐倡廉宣传教育、完善反腐倡廉制度体系、强化监督制约、深化体制机制改革、加大制度执行力度、推进权力公开透明运行、加强行风政风建设和纪检监察机关干部队伍建设等方面积极为推进党风廉政建设和反腐败斗争建言献策。

第四，向党委及其职能部门提出书面意见和建议。调查研究是掌握社会发展动态、了解事实真相、找出工作中存在的问题和不足的重要手段，也是民主党派进行监督工作的一项重要的前提性工作，在深入调查研究的基础上，民主党派了解掌握宪法、法律和法规的实施、党和政府方针政策的贯彻执行、国家机关工作人员履行职责与勤政廉政等方面的情况，并形成相应的书面材料，向党的组织和国家机关提出自己的意见和建议，对相关事项进行民主监督。

第五，参加党委有关方针政策、重大决策部署执行和实施情况的检查，参加廉政建设情况检查、其他专项检查和执法监督工作。党委的决策行为，关系到地方人民群众的切身利益。为了决策正确，现在地方党委十分重视来自全社会，特别是各级地方民主党派的意见和建议，因为民主党派有着其他社会组织所不可比拟的智力优势。民主党派可以参加党委有关方针政策、重大决策部署执行和实施情况的检查，参加廉政建设情况检查、其他专项检查和执法监督工作，发表意见和建议，实施对政府行为和政府重大决策的有效监督。

第六，受党委委托就有关重大问题进行专项监督。在社会政治经济发展过程中，出现一些事关广大人民群众切身利益或其他方面的重大问题是难以避免的，当这样的问题出现之后，就有必要就此开展调查，查明事实真相，找出症结所在，寻求解决方案，维护社会和谐与稳定。在这一过程中，有关方面可邀请和委托民主党派人士开展专题调研，进行民主监督，提交成熟的意见和建议，积极帮助政府正确决策，充分发挥民主党派的智力优势和民主监督作用。

第七，民主党派成员、无党派人士中的人大代表在人大会议中提出意见和建议，参加人大及其常委会和各专门委员会组织的有关调查研究。就有关问题组织调查研究，是人大及其常委会和各专门委员会的重要工作方式之一。在组织相关问题的调查研究时，可邀请民主党派人士参加调研组，在调查研究中及调查研究结束之后，民主党派人士可视情况提出自己的意见和建议，使调查研究所形成的意见和结论更加完善，使问题得到更好的解决。

第八，在政协召开的各种会议、组织的视察调研中提出意见，或者以提案等形式提出批评和建议。民主党派在政协会议上的发言，在日常调查研究中提出的议案、批评、建议等内容十分广泛，涉及改革、发展、稳定等一系列重大问题，包括加快产业结构优化升级、推行循环经济发展、维护和保障农民工的合法权益、完善社会保障体系、加强农村文化建设、保障教育特别是基础教育的投入、加强公共卫生体系建设、反对分裂和促进祖国统一等，其中许多意见与建议被党和政府采纳接受。

第九，对人民法院、人民检察院工作提出意见和建议。在司法工作中坚持社会主义协商民主，接受党外代表人士对人民法院、人民检察院的工作提出意见和建议，是改进司法工作作风、推动工作开展的重要手段。党外代表人士和民主党派对人民法院、人民检察院的工作提出意见和建议，是政治监督的一种形式，也是深入贯彻《中国共产党统一战线工作条例（试行）》精神，畅通党外人士民主监督渠道的一种有效方式。例如，一些地方法院和检察院会定期举行向各民主党派法院、检察院工作通报会，会上就本单位廉政建设和相关重大问题等情况进行通报，与会党外人士（民主党派）结合实际，提出意见建议。

第十，担任司法机关和政府部门的特约人员参加相关监督检查工作。目前党外人士（包括民主党派成员）担任政府或司法部门的特约检察员、监察员、陪审员、审计员和教育督导员等的做法已十分普遍。这种安排既是中国共产党的一项重要的统战政策，又是发扬社会主义民主的必然要求，还是坚持和完善中国共产党领导的多党合作和政治协商制度的一项有力措施。这五大员都是为了实行民主监督而设置的，主要监督政府和司法部门的日常工作。由于其针对性强，又比较直接，是一种有效的专门性民主监督。不过，要做到十分有效，尚需一定的时间，同时需要聘请单位和受聘人员的共同努力。事实上，受聘的范围不仅限于上述五大员，如工商部门聘请了行风监督员；土地部门聘请了土地监察专员；环保部门聘请了环保监督员等。显然，民主监督的面还在逐步扩大。

五、民主党派民主监督的改进

(一) 民主党派民主监督的现状

近年来，我国多党合作的制度化建设已经取得了很大成就，多党合作制度日益显示出强大的生命力和旺盛的政治活力。尽管各民主党派实际上已做了一些民主监督工作，但民主党派民主监督作用并没有得到充分发挥，与政治协商和参政议政、社会服务相比较，民主监督显得相对薄弱。此外，民主党派在履行民主监督的过程中，存在监督对象与内容错位的问题。民主党派的民主监督是参政党对执政党及其领导下的政府的监督，属于非国家权力性质的监督，具有党际监督、政治监督的特性。在民主监督实践中，监督的对象往往局限于政府和司法机关。民主监督是一种政治监督，就监督的内容来看，实践中多为一般经济、社会事务监督，监督重点更多的是集中在具体事务上，没有将监督重点放在决策监督和廉政监督上。

(二) 加强民主党派民主监督的建议

加强民主党派民主监督，就是在准确把握民主监督性质的前提下，在非权力监督与权力监督之间寻求一个平衡点，这需要执政党的支持和配合，也需要参政党的探索与创新。

1. 提高认识，营造民主党派民主监督氛围

一是要提高认识，特别是中国共产党各级领导干部的认识。我国政党间的监督是中国共产党的自觉选择，监督是外生的，因此，参政党民主监督尤其需要执政党的支持。可以说，参政党的民主监督作用发挥如何，执政党接受民主监督的自觉性和重视程度是决定因素之一。中国共产党各级党委和领导干部要自觉接受民主党派的民主监督，以坚持和完善我国基本政治制度的高度来对待，认真落实中央关于发挥民主监督作用的有关政策措施，广开言路，从善如流，努力营造一个敢讲真话、能讲实话的环境。党委和政府及其部门的负责人要有相应的素质和雅量，能乐意听、听得进。

二是要营造一种自由宽松、民主和谐的社会氛围。只有在自由宽松、民主和谐的政治环境中，才能潜移默化地影响民众的民主意识、监督意识，使监督者、被监督者乃至全社会高度重视民主监督在国家民主政治建设中不可代替的地位和作用。民主党派民主监督是一种软监督，没有法律监督的刚性和强制性的功能，因此，要增强民主党派的民主监督有效性在一定程度上要

依靠社会的支持。也只有在宽松稳定、团结和谐的政治环境中，中国共产党的各级领导干部才能提高接受民主监督的自觉性，从人民、国家与民族利益出发，在平等、和谐、民主的融洽气氛中，真正有诚意、有度量，鼓励与欢迎参政党监督，即使对于比较尖锐的批评意见，也能闻过则喜、从善如流。同时，在多党合作中努力为民主党派履行民主监督职能创造各方面的条件，进而在执政党的带动与感应下，参政党也会从高度的社会责任心和政党使命感出发，有勇气、有胆量，知无不言、言无不尽，对执政党进行真诚、有效的监督。

2. 提升素质，强化民主党派民主监督能力

一是强化思想建设。首先要培育政党意识，深刻认识和把握政党活动规律，对政党的地位、功能、使命、宗旨有深层次认识，增强参与国家政治生活的自觉性和使命感。只有真正形成自己是作为一个政党而存在的观念，才能摆脱"怕越位"的心理束缚，真正做到"知无不言，言无不尽"，做中国共产党的诤友。其次是要培育民主监督的责任意识和权利意识。充分认识到我国政治生活中，民主党派民主监督的重要价值，从社会政治责任感的高度出发，积极履行民主监督职能，敢于和善于对执政党和国家的方针政策、各项工作提出意见、批评和建议，敢于坚持正确的意见，通过"有为"争取"有位"。

二是加强队伍建设。民主监督作用能否发挥、发挥作用的大小，关键在于批评、建议本身的质量，即在选题上是否具有宏观性、针对性；在分析问题上是否具有客观性、科学性；在所提意见和建议上是否具有建设性、可行性。增强民主党派民主监督需要民主党派中有较高的政治、法律、社会和科学等文化素养，能够胜任民主监督重任的人才队伍。在组织发展时，要重视发展和培养参政议政能力强、社会责任感强、具有正义感的人才。注重对党派成员进行教育培训，提高他们的参政议政素质，提升他们的民主监督能力。

3. 拓宽渠道，提升民主党派民主监督力度

一是通过协商座谈、提案议案、考察调研、信息反映、联系检查等方式加强民主党派民主监督。协商座谈包括中国共产党邀请民主党派参加的各种座谈会、协商会、通报会、谈心会等，这类形式具有典型的高层性。通过这种重大决策的协商过程，民主党派对党和政府决策方案提出建设性意见和建议，使决策更具科学性，更能全面反映社会各方面的利益、愿望和要求。提

案议案对参政党而言是具有特殊意义和经常性、广泛性的重要工作，在政协会议上提交提案、在人大会议上提交议案，是参政党履行民主监督职能的重要渠道。现在民众对"两会"非常关注，一些优秀的提案议案经媒体报道后，在社会上产生较大的反响，因此也是向民众介绍、展示参政党民主监督作用、价值的很好途径。同时，提案议案监督往往能得到有关部门的反馈意见。考察调研民主监督是指民主党派围绕着关系国计民生的重大课题和人民群众普遍关心的热点、难点问题，深入基层、深入实际，认真开展调研，以谋长远之道，建有用之言，献务实之策。考察调研不仅能为民主监督的开展提供第一手资料，同时还能以调研报告的形式直接进行民主监督，是民主监督的有效形式。反映社情民意是民主监督的一种重要形式。民主党派通过其各级基层组织和广大成员以及他们所联系的群体，广泛了解涉及群众切身利益的热点、难点问题，积极反映其存在的问题。信息有其语言文字短小精悍、上报渠道多样畅通的特点，上通中央、下联各界，反映的问题具有一定的层次性、广泛的代表性，是民主党派履行民主监督职能的重要形式。联系检查是指通过民主党派成员受聘担任各类特约人员及党派组织与政府有关部门进行对口联系与协作的方式履行民主监督职能。另外，参与政府监察、审计、工商等部门组织的重大案件的调查，也是一种民主监督的形式。

二是探索和创新新形式新方法。首先，明确监督重点。民主党派民主监督的实质是权利对权力的制约，是人民对执政党不当使用权力进行预警与制约的方式之一，是帮助中国共产党提高执政能力和水平的重要力量，是人民行使民主权利的又一条绿色通道。因此，民主党派民主监督的重点应从局部的、事务性的监督向全局的政治监督转移。其次，把握监督角度。民主监督不是对党和政府工作情况的"好"或"坏"的事后简单监督或者评价，应把握监督角度，从事前的论证切入加强监督。最后，延伸监督手段。与群众监督、人大监督、舆论监督、法律监督等其他的监督方式进行横向合作，优势互补，形成监督的合力。

三是完善知情制度，确保民主监督信息对称。一要进一步扩大民主党派组织与同级党委、政府相关部门对口联系制度的覆盖面，建立起领导互访座谈制度、重大事项检查视察制度、文件资料送阅制度、联席会议制度等平台载体，使民主党派获取更加充分的信息资源。完善党委、政府领导与民族党派领导联系交流制度，使面对面表达看法、交换意见常态化。二要进一步完善重大情况通报制度。党委要通过协商会、谈心会、情况通报会、重要内外事活动等行之有效的形式，及时向民主党派通报重要情况、重要决策和重大问题，主动向党外人士通报各方面情况。

4. 建立机制，增强民主党派民主监督动力

一是建立健全监督权利保护机制。从制度上保护民主党派及其成员民主监督的正当权利，使其不受执政党及其领导人以及国家机关工作人员对参政党民主监督价值意义认识深浅的影响。防止与严惩对监督者进行打击报复的行为，只有将客观、实事求是的批评作为一种民主权利利用制度加以保障，才能使民主党派及其成员有坚持正确意见的勇气，真正做到知无不言。

二是建立健全组织保障机制。首先在参政党内部建立一个以监督为基本任务的组织机构。目前部分党派已先后设立监督委员会，但主要是在民主党派内部开展监督，没有对执政党监督的职能。因此，需要建立以对执政党的民主监督为基本任务的专门机构，专门负责本党派民主监督的组织领导工作。其次，各级政协组织也应设立专门的民主监督工作委员会，定期组织各参政党以组织形式开展监督工作。最后，要加强民主党派特约人员这支队伍的组织建设。

三是建立健全采纳反馈机制。明确对民主党派提出的监督意见和提案检查、办理、回复、督办、情况报告、意见征询等程序，克服"有去无回、泥牛入海"问题。尤其是反馈机制，对民主党派通过组织形式提出的重要意见和建议，党委、政府主要领导要亲自过问、积极催办，有关职能部门要认真研究，正确意见要及时采纳、抓紧落实，对一些虽然合理但暂时落实起来有困难的意见和批评，应负责地给予解释和说明。

四是建立健全考核激励机制。建议对民主监督的内容和处理结果，由统战部门或督查局定期进行考核评价，考核结果应予上报和公布。一方面通过制定工作任务、目标分解、责任落实和年终考核等，将民主监督作为绩效考核的重要内容。另一方面，根据职能和领导批示意见，把意见建议落实到中国共产党党委或政府具体部门和责任人，制定相应的奖惩制度，将办理效果与年终考核评议挂钩。另外，对于敢讲真话、敢于监督、善于监督、在履行民主监督中作出突出贡献的民主党派成员与自觉接受民主监督、虚心采纳民主党派意见、积极改进工作的党政部门，应予表彰奖励。

【案例分析】

深耕互联网 画好同心圆
——湖南省政协走好网上群众路线的生动实践

8月7日清晨，省政协委员陈芳醒来后，第一时间打开手机登录湖南省政协的网上群众工作平台——湖南政协云。今天是她进行委员网上值班的日子，在这一天里，她将围绕"城乡居民养老保险"主题回答网友提问。委员通过网上值班、提出微建议和参与远程协商等方式，跟网民"打成一片"，已成为湖南省政协委员履职的新日常。

2016年以来，省政协立足专门协商机构的优势特点，大力推动政协履职与互联网深度融合，搭建"政协云"网上群众工作平台，省市县三级政协联动，3万多名政协委员参与，发挥党和政府联系人民群众的桥梁纽带作用，探索出了一条人民政协走好网上群众路线的好路子，并入选中组部编选的《贯彻落实习近平新时代中国特色社会主义思想、在改革发展稳定中攻坚克难案例》。

走网上群众路线，首先要有网上阵地。时间回到2016年初，省政协党组提出了"政协云"的设想，将全力建设上通全国政协，下联市州县政协，对接省委、省政府工作部门及各民主党派省委、省工商联，面向全体政协委员和社会公众互联互通的"政协云"。经过近10个月的艰苦努力，2017年1月，政协云正式上线，这是一个集大数据中心，涵盖手机APP、门户网站、微信公众号三个终端，包括履职、服务、互动、管理、宣传五大功能的湖南省政协网上群众工作平台。

有了网上阵地，如何更好地发挥政协专门协商机构优势，走好网上群众路线，是摆在省政协面前的重大任务。经过大量前期调研、论证，省政协在网上群众工作平台开通了"微建议"栏目。在这里，委员根据群众反映的问题线索和履职中发现的具体问题，提交微建议，开展微协商，实施微监督，对接党委政府微建设、微服务，帮助解决群众的微困难、微需求，更好助推保障和改善民生。

湖南烈士公园环湖步道上有一个悬空的排水口，经常有游客图方便直接跨越，存在安全隐患。2019年7月，省政协委员李微在"政协云"线上提出

"微建议",建议对环湖步道和湖边的夹竹桃树进行优化。一周内,公园管理处就组织人员整修路面、修剪树木,让游客安全通行。截至目前,湖南全省三级政协委员共提交微建议 18 000 多条,相关部门办结 11 000 多条。"抗癌药降税不降价""长沙电动摩托车管理"等一大批具体民生问题得到解决,让老百姓真切地感受到了政协离自己很近、委员就在身边。

走好网上群众路线,工作方法十分重要。省政协坚持"从群众中来,到群众中去",对事关省委、省政府重大决策、全省经济社会发展、人民群众普遍关注的重大议题,积极组织开展网络议政、远程协商。2019 年 3 月 8 日,在北京参加全国两会的部分住湘全国政协委员,通过政协云平台,与身在湖南的部分省、市、县三级政协委员和部分群众代表远程视频连线互动,第一时间将全国两会精神带回三湘大地;2019 年 4 月 10 日,湖南省政协与北京市政协围绕民生问题进行远程视频连线互动;同年 6 月 25 日,省政协围绕株洲清水塘地区新城建设,利用政协云广泛征求民意……截至目前,省政协共组织开展了 30 多场网络议政、远程协商活动,吸引 4000 多万人次网民参与。

网上群众工作平台的热点关注、委员工作室等栏目,也是一大亮点。这些栏目会根据社会民生热点和群众关注焦点设置话题,引导网民积极参与讨论。"热点关注"栏目先后推出脱贫攻坚、环保督查、教育医疗等一系列涉及群众切身利益的话题,引发网民热议和转载,累计点击转发超过 60 万人次,有效评论 1 万多条。

委员线上工作室自 2018 年初启动以来,每天安排多位委员线上值班,根据委员专长和群众关切点设置互动话题,赢得网民广泛好评。"家有高三学生,家长应该如何做",是省政协委员、长沙市一中教务处副主任羿莎立足于自己多年从事学生管理工作设置的值班主题,这一天,她在值班时共回复了网友 72 个提问。截至目前,省级政协委员共参与值班近千人次,参与网民达 130 多万人次,提出意见建议 8700 多条。

——摘自共产党员网

案例思考题:

结合案例,谈谈在新形势下怎样进一步加强和改进人民政协的民主监督?

思考题

1. 人民政协民主监督的含义是什么?

2. 人民政协民主监督的指导思想和基本原则是什么?

3. 人民政协民主监督的性质和特点有哪些?

4. 人民政协民主监督的主要内容有哪些?

5. 民主党派民主监督的含义、性质和定位分别是什么?

6. 民主党派民主监督的内容和途径有哪些?

7. 结合实际,谈谈人民政协民主监督工作可以从哪些方面进行改进?

8. 结合实际,谈谈民主党派民主监督工作可以从哪些方面进行改进?

【本章学习目标】

1. 了解行政监督的概念和构成要素。

2. 掌握行政监督的特点和作用。

3. 掌握行政监督的作用。

4. 了解我国的行政监督体系。

5. 熟悉行政监督的内容。

6. 了解层级监督的形式和方式。

7. 熟悉行政复议的概念与原则。

8. 掌握行政复议的功能、管辖、范围、程序。

国家行政机关承担着按照党和国家决策部署推动经济社会发展，管理社会事务，服务人民群众的重大职责。在"坚持为人民服务、对人民负责、受人民监督，创新行政方式，提高行政效能"的过程中，加强行政管理监督，是"建设人民满意的服务型政府"的第一要义。

第一节　行政监督概述

一、行政监督的概念和构成要素

（一）行政监督的概念

所谓行政监督，是指行政监督主体对国家行政机关及其工作人员的行为所进行的监察和督导。行政监督有狭义和广义之分。狭义的行政监督是指行政机关内部的自律性监督，也就是在行政体系内部，由上级行政机关或行政首长对下级行政机关及其工作人员的职权行使情况以及完成任务情况加以考核、指导和控制或者由专职的审计机关对行政机关或行政人员的行为实施监督。行政机关内部自律性的监督侧重于保证行政目标的实现，提高行政效率。广义的行政监督不仅包括行政机关的自律性监督，也包括行政机关之外的他律性监督，或称外部监督。所谓外部监督，是指来自行政系统以外的其他监督主体，如其他国家机关、政党、社会团体、新闻媒体、公民个人等对各级各类行政机关及其工作人员实施国家法律、法令、政策等行政活动所进行的广泛监督。本章采用狭义的行政监督概念。

（二）行政监督的构成要素

行政监督的构成要素包括监督的主体、客体、内容和标准等四个方面。

1. 行政监督主体

如果离开真实的主体，没有有效的制度和完善的机构作为载体，那么，对行政机关及其行政人员的监督就成为一句空话。当然，不同的历史时期和不同性质的国家，具有不同的行政监督主体。中国现阶段的行政监督主体，广义上来说包括国家的行政监督主体和社会的行政监督主体两个方面。其中国家的行政监督主体有立法机关、司法机关以及行政机关、行政监察、审计部门和统计部门等。社会的行政监督主体包括各种社会力量，如政党组织、社会团体、公民和新闻媒体等。

2. 行政监督客体

行政监督主要是针对行政行为和行政权力的监督，而行政行为和行政权力的载体是国家行政机关及其国家公务人员，所以行政监督指向的客体应当是国家行政机关及其国家公务人员。依法拥有行政管理权力、行使行政管理职能的非行政组织及其工作人员，也属于行政监督的客体。

3. 行政监督内容

行政监督主体不是对国家行政机关及其国家公务人员的任何行为进行监督，而只是对国家行政机关及其国家公务人员在执行公务和履行职责时的失范行为和失效行为进行监督。所谓失范行为是指行政权力的使用者违反了法律的有关规定；失效行为是指在行政权力的运行过程中，尽管投入了相当多的人力、物力和财力，但仍然没有达到既定目标，行政效率低下等。政府的违法行为和效率状态构成了行政监督的基本内容。

4.行政监督标准

行政监督内容的广泛性决定了监督标准的多维性。综观古今中外的行政监督，其标准主要来源于以下几个方面：①宪法标准。以国家宪法为标准，监督行政机关及其国家公务人员制定的规章、制度、命令是否符合宪法的基本精神和有关规定，以及行政机关及其国家公务人员的行政行为是否符合宪法精神，是否同宪法的规定相抵触。②法律标准。以国家权力机关制定的各类法律为准绳，监督国家行政机关及其国家公务人员遵循和执行法律的情况。③纪律标准。为了保证行政机关的有效运转，不仅需要一定的宪法和相关法律规定，而且还需要大量的针对具体政府部门的纪律和制度。如中华人民共和国住房和城乡建设部颁布的《城市管理执法办法》，就是为了规范城市管理执法部门的执法活动而制定的部门规章。所有这些规章、纪律和制度无疑也是对相关国家行政机关和国家公务人员进行监督的重要依据。④公共政策标准。公共政策是政府制定的调节社会利益关系，推动社会经济发展，规范社会成员行为的规定、准则和策略等。执行政策是国家公务人员的基本职责，违反政策行为必须受到追究和制裁。此外，还有职业道德标准、合理性标准等。监督的主体、客体、内容和标准四个方面相互联系、相互影响，共同构成行政监督的有机统一体。如果四个要素，缺少其中任何一个，行政监督活动都会难以顺利进行。

二、行政监督的特点

行政监督建立的国情背景不同，制度基础各异，所起作用有别，但作为现代的、科学的、有效的行政监督，一般具有以下特点：

第一，实效性。在法律的层面上看，行政执法层级监督是以隶属关系为基础，具有明确的法律规定。上级政府有权力针对下级政府的某些不合法、不合理的做法提出修改意见甚至是撤销，对违反规定者可以直接给予处分，甚至是撤职等。在这种绝对的行政隶属关系下，行政执法层级监督的实效性和权威性得到充分的体现。

第二，强制性。行政监督行为不同于其它的经济行为和交往行为，它不是建立在被监督者自愿的基础之上的。依据的不是温情脉脉的亲情伦理，而是条款如铁的法律规章。行政监督权在本质上是一种法权，而法律的强制性则来源于国家所具有的"暴力潜能"。在现代社会，为了增强行政监督的有效性，许多国家都赋予行政监督主体一定的处置权，其强制性色彩就更加浓厚。即使有的行政监督主体并不直接惩罚或纠正行政系统的不当行为，但它却能够在社会上形成一种氛围，可以引起拥有相应处置权的主体的重视或注意，在客观上促使问题解决。如中央电视台"焦点访谈"的新闻舆论监督，一度在社会上产生巨大影响，形成了"违法违纪者闻之色变，人民群众听之高兴"的强大舆论氛围。

第三，独立性。从行政监督本身的要求来看，行政监督是监督主体对监督客体的一种限制性活动。因此，监督主体和监督客体绝不能两位一体，更不能让监督主体依附或受制于监督客体，而是必须具有相对的独立性。与此同时，现代行政监督是建立在民主和法治的基础之上的。而民主和法治的本质要求就是行政监督的主体必须具有一定的独立性。因为，一方面，民主政治的发展带来了人的主体性意识的高涨，对于一个负有重大使命的行政监督机构来说，同样也赋予了它相对独立的特征；另一方面，法治意识的张扬则为行政监督主体的相对独立提供了法律保障。在此情况下，行政监督主体只有向赋予其监督权的组织和人民负责，才能体现其本身所具有的权威性和约束力。

第四，灵活性。行政执法层级监督的依据主要是政府的上下级关系，也就是相关的隶属关系。在这种隶属关系下进行行政执法层级监督，不论是时间还是内容上都具有灵活的特点。例如在时间上，监督主体可以选择事前、事中和事后监督，也可以全程监督；在方式上，监督主体可以结合工作重点主动进行监督，也可以根据相关人员的诉讼和投诉进行监督；在监督方式上，可以采取随时检查和定期检查，针对特别事情特别监督的方法。

第五，广泛性。监督的主体主要是政府，政府具有监督权和管理权。在监督和管理的层面上看，这种监督没有明确的事项规定，政府认为应该监督和管理的，就可以实施监督。相较其他监督，如司法监督和行政监察监督等，行政执法层级监督不论在范围上还是程度上都是十分广泛的，既可以对政府工作的合理性和依据进行监督，也可以对政府人员的素质进行监督，如监督人员是否有滥用职权和执法不公的现象。在发现下级政府和机关的相关文件不符合规定时，也可以进行纠正。

第六，整体性。尽管各种监督主体具有自己的独立性，但从其运行过程和运行功能来看，它们又彼此联系、相互衔接、相互照应、相互补充，形成一个具有某些共同特征的、完备的行政监督体系。因此，在行政监督主体多样性和监督内容广泛性的情况下，要取得良好的监督成效，不仅要充分发挥各种监督主体的功能和作用，更要注意各种监督主体之间的协调互补，发挥好行政监督主体之间的整体合力。如果各种监督主体各自为政，独立运作，互不协调，势必分散力量，加大行政监督成本，影响行政监督效果。

三、行政监督的作用

行政监督是对国家行政机关及其国家公务人员行政行为的合法性、合理性和有效性的监督。它并不干预行政系统的正常工作秩序，而是通过一定的程序和方式，对行政行为的合法性、合理性和有效性进行督导和检查，从而促进行政机关及其国家公务人员的行政活动维持合法性，增强合理性，保证有效性。行政监督的作用具体表现在以下几个方面：

第一，预防作用。预防作用表现为对行政管理的事前监督。通过对行政权的运行和具体行政行为的事前监督，可预先防止可能出现的失误及各种违法现象，防患于未然，尽可能减少重大决策失误和不该有的行政过失。从管理成效来看，事前监督是一种代价较小的监督，因为，事中监督和事后监督总是以某种损失为代价的。因此，行政监督主体，尤其是内部监督主体应当完善机制，将主要精力放在事前监督上。

第二，补救作用。补救作用表现在对行政管理的事中监督和事后监督方面。通过对行政管理的实际进程和行政效果进行监督，可以及时发现失误和偏差，督促行政机关及公务人员加以纠正，避免积重难返的局面。同时，通过事后对行政管理的实际结果实施监督，可以检讨得失，有利于总结经验，弥补不足，改正错误。

第三，改进作用。行政监督不只是一种消极的防范措施或者纠错机制，而且也是一种改进和完善行政管理活动的积极措施。通过行政监督，敦促行政机关总结经验，吸取教训，采取有效措施，改进行政管理活动，提高行政效率和行政效能。

第四，评价作用。行政监督对行政管理过程来说，既发挥着制约功能，也具有评价作用。通过对行政行为的合法性与合理性、行政决策的科学性与民主性、行政执行的准确性与效能性、行政法制的普及性与完善性等方面的监督检查，发挥行政监督的评价作用，从而促使行政机关及其工作人员不断改进行政方法，简化行政程序，规范行政行为，实现行政管理的法治化、民主化和高效化。

第二节　行政监督体系及内容

行政监督体系主要是指由各类监督主体所组成的相互影响、相互作用的有机整体。到目前为止，我国依据相关的法律法规已经构建了较为健全、完整的行政监督体系，既包括行政系统内部的监督体系也包括行政系统外部的监督体系，也由此决定了行政监督内容的丰富性。由于行政系统外部的监督属广义的行政监督范畴，故在本节仅就狭义的行政监督即行政系统内部监督体系进行介绍。行政系统外部的监督我们会安排专门章节进行讨论。

一、我国的行政监督体系

我国的行政机关由等级不同的纵向组织和职能各异的横向工作部门构成，因此，我国行政监督体系的构成，是以行政系统和组织的层级式构成及其分工为依托的，也就决定了行政监督是由上级对下级的纵向层级监督和职能部门的横向专门监督两大部分相互交叉、共同运作而成。

（一）层级行政监督

层级监督是指行政机关监督纵向划分为若干层级，各层级的业务性质和职能基本相同，不同层级的监督范围自上而下逐层缩小，各层级分别对上一层级负责而形成的监督体制。

行政层级监督是上级行政机关对下级行政机关的监督，这是一种典型的纵向监督，是行政机关中运用最为广泛的内部监督。

1. 层级监督的特点

政府内部的层级监督，具有通常性、广泛性和直接性的特点。从政府内部监督的各种类型分析，层级监督的频率远高于审计和监察等专门机关的监督；而且层级监督的范围最大，凡是行政执法行为，都列入它的监督视线之内；再则层级监督是以隶属关系为纽带维系的，监督主体与监督对象之间具有直接、密切的联系。

2. 层级监督的主要类型

第一，直接的人事监督，即下一级政府的机构设置、人员编制等要报上一级政府批准，这就使上一级政府对下一级政府形成了纵向的直接监督。第二，财权监督，即上级政府通过财政的上缴、支付、转移，对下级政府的财权予以监督。第三，事权监督，即下级政府必须定期或不定期地向上级政府报告工作，而上级政府也可以要求下级政府随时报告工作，通过这种形式对下级政府的工作实施监督。第四，行政复议，即通过行政相对人提起的行政复议对下级政府的行政行为进行合法性、合理性审查，以纠正下级行政机关的不法行政行为。

（二）专门行政监督

专门行政监督，是指国家机关专门设立行使行政监督职权、承担行政监督职责的监督机构，对国家行政机关及其公职人员的全部行政管理活动或部分行政管理活动实行监督。随着 2018 年国家监察体系改革，原属于行政内部监督系统的行政监察机关监察部（厅、局）和国家预防腐败局的职能已经并入监察委员会。根据《监察法》的相关规定，监察委员会依照法律规定独立行使监察权，不受监察机关、行政机关、社会团体、个人的干涉。因此，从这个意义上来说，监察委员的监督属于行政机关外部监督。目前，我国的行政机关内部专门行使监督权的职能部门是审计机关。

审计机关是指依照国家法律规定设立的、代表国家行使审计监督职权的国家机关。各级审计机关，都是本级政府的组成部分和职能部门。国务院审计署、地方各级人民政府的审计局，就是专门监督国家行政机关进行财政经济管理的机构。审计机关是审计制度的核心，是各级政府用以实行财政经济管理和监督的常设机构。设立审计机关进行审计监督，是实现现代管理和监督财政经济活动的重要手段之一，是健全社会主义财政经济法治的一项重要措施。审计监督，是指国家审计机关根据的法律、制度、规定，依照一定的程序和方法，对政府机关、国家金融机构和企事业单位的财务行为、经济活动进行检查、审核等监督活动。其目的是将财务行政等财经活动纳入国家法治的轨道，维护经济秩序，严肃财经纪律，纠正错误，为打击经济违法犯罪活动提供事实依据。

党的十八大以来，以习近平同志为核心的党中央从推进国家治理体系和治理能力现代化、健全党和国家监督体系的高度，将改革审计管理体制作为"健全党和国家监督体系"的重要内容。审计监督的重要性和地位越发凸显，我们在后面将安排专门章节进行讨论。

二、行政监督的内容

行政监督是为了促使行政机关及其工作人员的行政行为合法、合理，防止行政机关及其工作人员滥用职权，确保行政机关正常地履行职责、勤政廉政，提高行政效能。也就是说，行政监督最终所起的作用是确保行政权力合法高效地运行。其具体内容可概括为如下几方面。

（一）对国家行政机关的决策行为的合法性和合理性进行监督

1. 合法性监督

合法性监督，是指对国家行政机关及其工作人员的行政行为的合法性进行的监督。国家行政机关对社会进行管理活动，一般包括抽象行政行为和具体行政行为两种类型。抽象行政行为，是指行政机关制定和发布行政法规、行政规章以及其他具有普遍约束力的决定、命令等。具体行政行为，是指行政主体依职权作出的，对行政相对人的合法权益产生实际影响的行政行为，如行政处罚、行政许可等。前者主要是政府对有关法规和规章的制定；后者是具体执行有关的法律、法规、政策和命令等行为。无论哪种行政行为失范或错位，都会给国家和公民带来重大损失，都会对行政相对人的合法权益造成损害。因此，必须将其置于严格的监督之下。合法性监督的目的在于杜绝可能发生的违法行为，揭露和纠正已经发生的违法行为，及时惩处和教育违法违纪的行政工作人员，确保依法行政原则的贯彻实施，加强国家行政管理的法治化建设。

2. 合理性监督

由于国家的行政机关和行政人员都享有法定范围内的自由裁量权，因此，就需要对行政机关及其工作人员是否恰当运用自由裁量权的情况进行监督。这就是对其行政行为合理性的监督。行政行为合理性的总要求是客观、适度和合乎理性。具体内容是指行政行为应符合立法目的、符合行政管理的基本原则；行政行为应建立在正当考虑的基础上，不得考虑不相关的因素；要平等适用法律规范，不得对相同的事实给予不同考虑；要符合客观规律；符合本地区本部门的实际情况；符合全局利益；符合社会道德等。合理性监督是合法性监督的延伸和补充，其目的在于通过对国家行政机关及其工作人员的行政行为的监督和检查，及时发现不合理现象和失当行为，提出改进措施，以提高行政行为的科学性、有效性。

（二）对行政行为是否符合党和国家政策进行监督

对各级、各类行政机关在执行党和国家的路线、方针和政策的情况进行监督检查是我国行政监督的一项重要的内容。我们党和国家在不同时期、不同的历史条件下，根据当时的社会政治、经济状况相应地制定了一系列政策以指导行政工作。而我国特殊的历史状况也就决定了在部分行政行为中，尚没有形成完备的法律依据，主要是按政策来处理。由于政策与法律相比。具有灵活性和强制力弱的特点，所以在具体贯彻执行的过程中，往往会出现一定的随意性。可以说，各级、各类行政机关是否主动落实、认真贯彻有关的政策，关系到党和国家的威望和人民的利益。因此，各级行政机关执行党和国家各项方针、政策的情况也是行政监督的一项重要内容。

（三）对行政行为的效率进行监督

行政效率是行政管理活动的出发点，也是行政管理系统的整体反映。行政管理学认为，任何行政目标的实现，都有时间上、质量上和效率上的规定，只有达到了相关的规定，才算是实现了行政目标的效能要求。我国是社会主义国家，国家机关及其工作人员的一切活动，都是为人民服务的。我国政府的行政工作效率，是同社会主义现代化建设以及人民群众物质文化生活不断增长的需要紧密地联系在一起的。因此，政府的一切行政行为都必须讲究效率，追求社会效益，从而达到行政管理活动的预期目标。而要真正实现这个要求，就必须对各级行政机关的行政管理活动的运转状况和效率等方面的情况进行监督，要对政府及其工作人员实施的行政行为是否提高了行政效率，是否收到了明显的社会效益，以及是否达到了对行政目标进行强有力的监督。

（四）对行政机关及其工作人员廉洁从政的情况进行监督

权力失去监督必然导致腐败。正如英国思想史学家阿克顿所说："权力导致腐败，绝对权力导致绝对腐败。"腐败被称为"政治之癌"，腐败现象的蔓延会对政府的机体造成严重的损害。进行反腐败斗争，是加强党风廉政建设和国家政权建设的重要保证，是促进改革开放，发展社会主义市场经济，推动经济建设顺利进行的重要措施。必须把廉政监督作为行政监督的重要内容，把行政机关及其工作人员的行政活动置于严密的监督之下，做到事前有防范，事中有检查督促，事后有追究和处罚。江泽民同志早在党的十五大报告中就指出，反腐倡廉，"教育是基础，法制是保证，监督是关键"。在党的十六大报告中，江泽民同志又特别强调要加强对权力的制约和监督，保证把人民赋予的权力真正用来为人民谋利益。而行政机关作为国家权力的执行机关，对其廉洁从政情况进行监督，必然成为行政监督的重要任务。

（五）对行政机关的工作人员进行职业道德和职业纪律的监督

任何一种监督体系，如果没有涵盖对监督客体的道德约束，都不是完备的监督体系。我国各级行政机关为了使其工作人员遵循正确的行为标准，树立爱岗敬业的精神，都制定了较为完备的职业道德规范和职业纪律要求。但仅有道德规范和纪律要求是不够的，还必须有一个督促检查的机制，这就是监督。监督是促使行政机关工作人员遵守职业道德和职业纪律的重要保证。通过监督能够使违反职业道德和职业纪律的人员得到提醒、劝诫和警告，严重的将会受到处罚。

第三节　层级监督

层级监督是基于行政系统上下级隶属关系而实行的自上而下的监督，这是行政监督中最经常、最主要、最有力的监督形式。主要有上级政府对下级政府的监督、上级政府部门对下级政府部门的监督和本级政府对所属工作部门的监督三种形式。

一、上级政府对下级政府的监督

上级政府对下级政府的监督又称"政府监督"，包括国务院对地方各级政府的监督、本行政区域内上级地方政府对下级地方政府的监督等。

（一）政府监督的依据

政府监督的依据是宪法和组织法的相关规定。《宪法》第 89 条第 4 项规定，国务院统一领导全国地方各级国家行政机关的工作，规定中央和省、自治区、直辖市的国家行政机关的职权的具体划分；第 14 项规定：国务院有权改变或者撤销地方各级国家行政机关的不适当的决定和命令；《中华人民共和国地方各级人民代表大会和地方各级人民政府组织法》第 55 条第 2 款规定："全国地方各级人民政府都是国务院统一领导下的国家行政机关，都服从国务院。"第 59 条第 2 项、第 3 项规定：县级以上的地方各级人民政府有权领导所属各工作部门和下级人民政府的工作；有权改变或者撤销所属各工作部门的不适当的命令、指示和下级人民政府的不适当的决定、命令。

（二）政府监督的范围

政府监督的范围依据政府职权而划定。这就是说，政府有怎样的职权，政府监督就有怎样的范围。根据有关组织法的规定，政府职权主要包括：①执行本级人民代表大会及其常务委员会的决议，以及上级国家行政机关的决定和命令，规定行政措施，发布决定和命令；②领导所属各工作部门和下级人民政府的工作；③改变或者撤销所属各工作部门的不适当的命令、指示和下级人民政府的不适当的决定、命令；④依照法律的规定任免、培训、考核和奖惩国家行政机关工作人员；⑤执行国民经济和社会发展计划、预算，管理本行政区域内的经济、教育、科学、文化、卫生、体育事业、环境和资源保护、城乡建设事业和财政、民政、公安、民族事务、司法行政、监察、计划生育等行政工作；⑥保护社会主义的全民所有的财产和劳动群众集体所有的财产，保护公民私人所有的合法财产，维护社会秩序，保障公民的人身权利、民主权利和其他权利；⑦保护各种经济组织的合法权益；⑧保障少数民族的权利和尊重少数民族的风俗习惯，帮助本行政区域内各少数民族聚居的地方依照宪法和法律实行区域自治，帮助各少数民族发展政治、经济和文化的建设事业；⑨保障宪法和法律赋予妇女的男女平等、同工同酬和婚姻自由等各项权利；⑩办理上级国家行政机关交办的其他事项。由此可见，上级政府对下级政府的监督是一种全方位的监督，包括下级政府的建章立制情况、法律执行情况、行政决策活动、财政收入支出情况、人员任免奖惩情况等。

二、上级政府部门对下级政府部门的监督

上级政府部门对下级政府部门的监督又称"主管监督"，包括国务院部门对地方各级政府部门的监督、上级地方政府部门对下级地方政府部门的监督。政府部门是政府根据工作需要和精干原则设立的、管理本行政区域某一方面行政事务的行政机关，例如工商、税务、质监、建设、经贸、公安、司法、教育、卫生等部门。

（一）监督依据

除国务院部门和少数实行垂直领导的部门（金融、国税、海关、外汇管理、国家安全等机关）外，我国地方政府部门受本级人民政府和上一级主管部门的双重领导，即省级政府部门受本级政府的统一领导，受国务院主管部门的业务指导或者领导；县级政府部门受本级政府的统一领导，受上级政府

主管部门的业务指导或者领导。对此《中华人民共和国地方各级人民代表大会和地方各级人民政府组织法》第 66 条规定："省、自治区、直辖市的人民政府的各工作部门受人民政府统一领导，并且依照法律或者行政法规的规定受国务院主管部门的业务指导或者领导。自治州、县、自治县、市、市辖区的人民政府的各工作部门受人民政府统一领导，并且依照法律或者行政法规的规定受上级人民政府主管部门的业务指导或者领导。"可见，上级政府部门有权对下级政府部门进行监督。

（二）监督范围

主管监督的范围依据部门职权而划定。这就是说，政府部门有怎样的职权，主管监督就有怎样的范围，职权范围和监督范围是一致的。在我国，各政府部门的职权由法律和国务院有关机构设置的方案规定。例如，根据国务院办公厅《关于印发教育部主要职责内设机构和人员编制规定的通知》，教育部的主要职责有：①拟订教育改革与发展的方针、政策和规划，起草有关法律法规草案并监督实施。②负责各级各类教育的统筹规划和协调管理，会同有关部门制订各级各类学校的设置标准，指导各级各类学校的教育教学改革，负责教育基本信息的统计、分析和发布。③负责推进义务教育均衡发展和促进教育公平，负责义务教育的宏观指导与协调，指导普通高中教育、幼儿教育和特殊教育工作。制定基础教育教学基本要求和教学基本文件，组织审定基础教育国家课程教材，全面实施素质教育。④指导全国的教育督导工作，负责组织和指导对中等及中等以下教育、扫除青壮年文盲工作的督导检查和评估验收工作，指导基础教育发展水平、质量的监测工作。⑤指导以就业为导向的职业教育的发展与改革，制订中等职业教育专业目录、教学指导文件和教学评估标准，指导中等职业教育教材建设和职业指导工作。⑥指导高等教育发展与改革，承担深化直属高校管理体制改革的责任。制定高等教育学科专业目录和教学指导文件，会同有关部门审核高等学校设置、更名、撤销与调整，负责"211 工程"和"985 工程"的实施和协调工作，统筹指导各类高等教育和继续教育，指导改进高等教育评估工作。⑦负责本部门教育经费的统筹管理，参与拟订教育经费筹措、教育拨款、教育基建投资的政策，负责统计全国教育经费投入情况。⑧统筹和指导少数民族教育工作，协调对少数民族和少数民族地区的教育援助。⑨指导各级各类学校的思想政治工作、德育工作、体育卫生与艺术教育工作及国防教育工作，指导高等学校的党建和稳定工作。⑩主管全国的教师工作，会同有关部门制订各级各类教师资格标准并指导实施，指导教育系统人才队伍建设。⑪负责各类高等学历教育招生考试和学籍学历管理工作，会同有关部门制订高等教育招生计划，参与拟订普通高等学校毕业生就业政策，指导普通高等学校开展大学生就业创业工作。⑫规划、指导高等学校的自然科学和哲学、社会科学研究，协调、指导高等学校参与国家创新体系建设和承担国家科技重大专项等各类科技计划的实施工作，指导高等学校科技创新平台的发展建设，指导教育信息化和产学研结合等工作。⑬组织指导教育方面的国际交流与合作，制定出国留学、来华留学、中外合作办学和外籍人员子女学校管理工作的政策，规划、协调、指导汉语国际推广工作，开展与港澳台的教育合作与交流。⑭拟订国家语言文字工作的方针、政策，制订语言文字工作中长期规划，制订汉语和少数民族语言文字规范和标准并组织协调监督检查，指导推广普通话工作和普通话师资培训工作。⑮负责全国学位授予工作，实施国家的学位制度，负责国际间学位对等、学位互认等工作。⑯负责协调我国有关部门开展与联合国教科文组织在教育、科技、文化等领域国际合作，负责与联合国教科文组织秘书处及相关机构、组织的联络工作。⑰承办国务院交办的其他事项。

三、本级政府对所属工作部门的监督

根据行政组织法的规定，各级政府根据工作需要和精干原则设立必要的工作部门，政府对其所属的工作部门实行统一领导。

（一）监督依据

本级政府对所属工作部门的监督同样源自二者的行政隶属关系，是层级监督的重要类型。根据相关行政组织法律的规定，各级政府对其所属的工作部门实行统一领导。《宪法》第89条第3项规定，国务院有权规定各部和各委员会的任务和职责，统一领导各部和各委员会的工作；第13项规定，国务院有权改变或者撤销各部、各委员会发布的不适当的命令、指示和规章；《中华人民共和国地方各级人民代表大会和地方各级人民政府组织法》第59条第2项、第3项规定，县级以上地方政府领导所属各工作部门的工作，有权改变或者撤销所属各工作部门的不适当的命令、指示。

（二）监督范围

本级政府对所属工作部门的各项行政活动实行监督，监督范围涉及政府

部门的行政决策活动、制定文件活动和行政执法活动。本级政府的监督与上级政府部门的监督相结合，目的是督促政府部门合法、合理行政，使行政活动更有利于推动社会发展和保护公民、法人或者其他组织的合法权益。

四、层级监督的方式

（一）工作报告

下级机关向上级机关、一般工作人员向主管领导就工作中的重大事项、重大措施、重大事件或问题提出工作报告，以保证上级机关和领导及时了解情况，从而有效地领导和监督下级机关的工作。

（二）检查

政府检查的种类很多，从不同的角度看，常见的政府检查大致有：①全面检查和专题检查。前者是指对监督对象在一个时期内的全部立法或执法活动的检查，后者只是对某一方面的情况进行检查。②单独检查和联合检查。前者是指一个部门或一个领导人进行的检查。后者则是多个部门组成联合检查团（组）实施的检查。联合检查通常是针对问题，由有关政府工作部门共同协商组织，由政府领导或主要部门牵头。③立法检查和执法检查。前者是对监督对象制定抽象行政行为的检查，后者的检查内容是行政执法活动。④定期检查与不定期检查。前者是作为一种工作制度，确定时间的经常性的检查，后者则是根据需要而采取的临时措施。

（三）专案调查

专案调查是指对监督对象发生的重大违法案件或带有普遍性的违法行为组织专门人员进行的专门调查。专案调查可以较为全面客观地了解事件发生的详细情节以及责任人的违法犯罪情况，为处理事件提供证据。专案调查组织是由上级政府及有关主管部门组织的。一般而言，专案调查组织只负责了解情况和提出处理意见，并不直接处理问题。政府的专案调查也是有强制性的，调查人员可以要求有关人员作证，提供文件和实物，并要求其如实反映情况，予以积极配合，保守秘密等。调查结束后应当写出专案调查报告。

（四）审查

审查是指对行政法律文件、行政命令、措施及财政预算、决算、账册报表等进行审阅核对的行为，旨在确定其合法性。审查有事先审查、事中审查和事后审查三种形式。事先审查是在监督对象作出行政行为以前所进行的审查，这种审查具有批准色彩。事先审查可以起到预防违法犯罪的作用。事中审查是在对象采取行政行为的过程中进行的，便于及时发现问题，及时予以纠正。事后审查是在行政行为作出之后实施的审查，以维护正确合法的行为，改正或撤销违法行为。

（五）备案

备案是指根据法律规定或监督主体的要求，监督对象将其制定的行政法规、行政规章或采取某些重大行政行为的书面材料报上级政府或有关部门供其了解情况的行为。备案是监督主体对监督对象实施事后监督的一种形式。我国法律有许多关于备案的规定，按照接受备案的主体划分，主要有向国务院的备案、向国务院工作部门的备案和向地方政府及工作部门的备案。

（六）批准

批准是指各级人民政府依照法律的规定和授权对下级政府或工作部门的职权行为进行审查并加以确定的行为。它是约束力较强的一种事先监督方式。其内容包括要求监督对象报送审批材料、审查、批准（含不批准）三个基本步骤。不经批准，行为不能生效。在我国，需要人民政府批准的主要是制定行政法律文件的行为，也包括一些重大的具体行政行为。

（七）改变或撤销

我国《宪法》第89条规定，国务院有权改变或者撤销各部、各委员会发布的不适当的命令、指示和规章；有权改变或者撤销地方各级国家行政机关的不适当的决定和命令。相关地方人民政府组织法也规定，县级以上地方各级人民政府有权改变或者撤销所属各工作部门的不适当的命令、指示和下级人民政府不适当的决定、命令。这里所指的不适当应当包括不合法，不合法的行政行为当然是不适当的。对违法的抽象行政行为的改变和撤销是一种较为彻底的法律监督方式。根据法律的规定，行使改变或撤销权的只能是国务院和各级人民政府。各级政府的领导人以及各工作部门都不能使用这种监督方式。监督的对象是本级政府的工作部门或下级政府（下级政府一般是指下一级政府），改变或撤销的内容包括监督对象的所有抽象行政行为。

（八）惩戒

对于下级政府及政府工作部门的违法行为，各级政府可视其情节作出惩戒处分。惩戒处分分为两种情况，一种是对国家机关适用的，根据行政法规的规定，主要有：责令检讨、通报批评、限期整顿等，有时还可采取一些经济制裁的办法。另一种是对违法机关领导人或违法责任人适用的。根据现行的《公务员法》的规定，行政处分共有六类：警告、记过、记大过、降级、撤职和开除。

第四节 行政复议

一、行政复议的概念与原则

行政复议，是指公民、法人或者其他组织认为行政主体的具体行政行为违法或不当侵犯其合法权益，依法向主管行政机关提出复查该具体行政行为的申请，行政复议机关依照法定程序对被申请的具体行政行为进行合法性、适当性审查，并作出行政复议决定的一种行政行为，是行政监督的法定途径之一。

根据《中华人民共和国行政复议法》（以下简称《行政复议法》）的规定，行政复议机关履行行政复议职责，应当遵循合法、公正、公开、及时、便民的原则。合法是指要求复议机关必须严格按照宪法和法律规定的职责权限，以事实为依据，以法律为准绳，对申请复议的具体行政行为，按法定程序进行审查，并根据审查的不同情况，依法作出不同的复议决定。坚持有错必纠，保障法律、法规的正确实施。公正原则，是指行政复议要符合公平、正义的要求。公开原则，是要求行政复议的依据、程序及其结果都要公开，复议参加人有获得相关情报资料的权利。及时原则，是要求行政复议机关对复议申请的受理、复议的审查、复议决定的作出都应在法律、法规规定的时限内及时作出，不得拖延。便民原则，是要求行政复议机关在具体的复议工作中，要尽可能为复议申请人提供便利条件，让复议申请人少耗费时间、财力和精力来解决问题。

二、行政复议制度的功能

行政复议是公民、法人或者其他组织获得行政救济的重要途径，它不仅可以使公民的合法权益受到保障，而且可以加强行政机关和公民的密切联系，有利于行政机关在行政系统内部进行有效的自我监督。行政复议作为解决行政争议的重要制度和法定渠道，集中了诉求表达、利益协调、矛盾调处、纠偏矫治和权益保障等几个方面的功能。

第一，诉求表达功能。行政复议活动是行政机关内部层级监督与救济的重要方式之一，但不是最终的救济方式。当事人对行政复议决定不服的，除法律规定的例外情况，均可以向人民法院提起行政诉讼，人民法院经审理后作出的终审判决为发生法律效力的最终决定。该原则是确定行政复议与行政诉讼关系的重要准则。

第二，利益协调功能。行政争议实质上是社会公共利益与私人利益之间的冲突。行政复议机关在公共利益与私人利益之间进行适当的调节，尽可能恢复或弥补个人或局部为了整体利益而蒙受的损害或损失，消除受害者或受损者对社会的不满情绪，从而达到实现社会公正与和谐的目标。

第三，矛盾调处功能。完善的行政复议制度可为因行政行为受损的相对人提供较为充分及有效的救济，维护相对人的合法权益，使相对人与行政主体之间的对立状态得以缓和，避免矛盾不断激化。切实提高行政复议机关的能力和水平，才有可能把矛盾及时化解在基层，化解在初发阶段，减少因行政争议引发的越级上访和群体性上访，促进社会和谐稳定。

第四，纠偏矫治功能。行政复议制度通过对行政争议的审查，变更或撤销违法或不当行政行为，使行政权力的运行重归法定范围和正常轨道，从而缓解了因行政行为越轨而引发的行政主体与相对人的矛盾和冲突，促使二者关系走向和谐。

第五，权益保障功能。《行政复议法》将"人身权、财产权"概念扩大为"合法权益"，"合法权益"的范围显然要比"人身权、财产权"大许多，除了人身权益、财产权益外，还包括其他合法权益，即除了侵犯公民、法人或其他组织的人身权、财产权外，还包括其他受法律保护的合法权益，如劳动权、受教育权、休息权、环境权、程序权（听证权）、知情权，以及出版、言论、集会、结社、宗教信仰等政治性权利。如果行政机关的具体行政行为侵犯了公民、法人或者其他组织受法律保护的这些合法权益，相对人也有申请行政复议的权利。特别是关于抽象行政行为的审查制度，对于加强和完善我国行政监督救济制度具有重要而深远的意义。

三、行政复议机关及其管辖

（一）行政复议机关

行政复议机关是指依照法律的规定，有权受理行政复议申请，依法对具体行政行为进行审查并作出裁决的行政机关。这种组织的特征是：①行政复议机关是行政机关；②行政复议机关是有权行使行政复议权的行政机关；③行政复议机关是能以自己的名义行使行政复议权，并对行为后果独立承担法律责任的行政机关。如各级人民政府、各级人民政府的组成部门包括公安、司法、海关、工商管理、教育、卫生等部门，都可以作为行政复议机关。根据《行政复议法》的规定，县级以上人民政府都有行政复议职权，都是行政复议机关，都履行行政复议职责，而乡镇人民政府一般不享有行政复议职权。

根据工作需要，行政复议事项由行政复议机关内部负责法制工作的机构具体办理，这种具体办理行政复议事项的机构被称为"行政复议机构"。行政复议机构的职责是：①受理行政复议申请；②向有关组织和人员调查取证，查阅文件和资料；③审查被申请行政复议的具体行政行为是否合法与适当，拟订行政复议决定；④处理或者转送对《行政复议法》第7条所列有关规定的审查申请；⑤对行政机关违反《行政复议法》规定的行为依照规定的权限和程序提出处理建议；⑥办理因不服行政复议决定提起行政诉讼的应诉事项；⑦法律、法规规定的其他职责。

（二）行政复议管辖

行政复议管辖是指行政复议机关受理复议申请的权限和分工，即某一行政争议发生后，应由哪一个行政机关来行使行政复议权。我国《行政复议法》对行政复议管辖作了下述规定：对县级以上地方人民政府工作部门的具体行政行为不服的，向该部门的本级人民政府或者上一级主管部门申请行政复议；对海关、金融、国税、外汇管理等实行垂直领导的行政机关和国家安全机关的具体行政行为不服的，向上级主管部门申请行政复议；对地方各级人民政府的具体行政行为不服的，向上级地方人民政府申请行政复议；对省、自治区、人民政府依法设立的派出机关所属的县级地方人民政府的具体行政行为不服的，向该派出机关申请行政复议；对国务院部门或者省、自治区、直辖市人民政府的具体行政行为不服的向作出该具体行政行为的国务院部门或者省、自治区、直辖市人民政府申请行政复议，对行政复议决定不服的，可以向国务院申请裁决，国务院依照《行政复议法》的规定作出最终裁决。

对上述五种情况以外的其他行政机关、组织的具体行政行为不服的，申请人可以按照下列规定申请行政复议：对县级以上地方人民政府依法设立的派出机关的具体行政行为不服的，向设立该派出机关的人民政府申请行政复议；对政府工作部门依法设立的派出机构，以自己的名义作出的具体行政行为不服的，向设立该派出机构的部门或者该部门的本级地方人民政府申请行政复议；对法定授权组织的具体行政行为不服的，分别向直接管理该组织的地方人民政府、地方人民政府工作部门或者国务院部门申请行政复议；对两个或者两个以上行政机关以共同的名义作出的具体行政行为不服的，向其共同上一级行政机关申请行政复议；对被撤销的行政机关在撤销前所作出的具体行政行为不服的，向继续行使其职权的行政机关的上一级行政机关申请行政复议。实际上，由于条件限制，相对人有时不能辨别作出具体行政行为机关的性质，并导致其不能判断行政复议管辖。因此，为了便民，《行政复议法》规定，有后五种情形之一的，申请人也可以向具体行政行为发生地的县级地方人民政府提出行政复议申请，由接受申请的县级地方人民政府在接到行政复议申请的 7 日内，转送有关行政复议机关，并告知申请人。从《行政复议法》的上述规定可以看出，我国行政复议管辖主要实行的是级别管辖。级别管辖是指行政复议申请由对原具体行政行为的作出主体具有直接管理权的行政机关管辖。级别管辖包括政府管辖和部门管辖。政府管辖指行政复议申请由原具体行政行为的作出主体的上一级政府或者本级政府管辖。例如，《行政复议法》第 13 条第 1 款规定："对地方各级人民政府的具体行政行为不服的，向上一级地方人民政府申请行政复议。"第 12 条第 1 款规定："对县级以上地方各级人民政府工作部门的具体行政行为不服的……可以向该部门的本级人民政府申请行政复议……"部门管辖是指行政复议申请由原具体行政行为的作出主体的上一级主管部门管辖。例如，《行政复议法》第 12 条第 2 款规定："对海关、金融、国税、外汇管理等实行垂直领导的行政机关和国家安全机关的具体行政行为不服的，向上一级主管部门申请行政复议。"

四、行政复议范围

行政复议范围是指公民、法人或者其他组织对行政主体的具体行政行为不服，可以向行政复议机关申请行政复议的事项。行政复议范围既决定行政复议机关对哪些行政争议拥有管辖权，同时也决定行政相对人对哪些具体行政行为不服可以提出行政复议。在这方面，《行政复议法》第6条以列举式和概括式相结合的方式，全面规定了我国行政复议的受案范围。可以申请行政复议的事项包括：①对行政机关作出的警告、罚款、没收违法所得、没收非法财物、责令停产停业、暂扣或者吊销许可证、暂扣或者吊销执照、行政拘留等行政处罚决定不服的；②对行政机关作出的限制人身自由或者查封、扣押、冻结财产等行政强制措施决定不服的；③对行政机关作出的有关许可证、执照、资质证、资格证等证书变更、中止、撤销的决定不服的；④对行政机关作出的关于确认土地、矿藏、水流、森林、山岭、草原、荒地、滩涂、海域等自然资源的所有权或者使用权的决定不服的；⑤认为行政机关侵犯合法的经营自主权的；⑥认为行政机关变更或者废止农业承包合同，侵犯其合法权益的；⑦认为行政机关违法集资、征收财物、摊派费用或者违法要求履行其他义务的；⑧认为符合法定条件，申请行政机关颁发许可证、执照、资质证、资格证等证书，或者申请行政机关审批、登记有关事项，行政机关没有依法办理的；⑨申请行政机关履行保护人身权利、财产权利、受教育权利的法定职责，行政机关没有依法履行的；⑩申请行政机关依法发放抚恤金、社会保险金或者最低生活保障费，行政机关没有依法发放的；⑪认为行政机关的其他具体行政行为侵犯其合法权益的。

行政复议机关应当一并受理申请人对行政机关某些抽象行政行为的审查申请，对此《行政复议法》第7条规定：公民、法人或者其他组织认为行政机关的具体行政行为所依据的规定不合法，在对具体行政行为申请行政复议时，可以一并向行政复议机关提出对该规定的审查申请，包括国务院部门的规定、县级以上地方各级人民政府及其工作部门的规定和乡镇人民政府的规定等。《行政复议法》在规定了可以申请行政复议的事项后，也规定了不能申请行政复议的事项。这些事项是：①不服行政机关作出的行政处分或者其他人事处理决定的；②不服行政机关对民事纠纷作出的调解或者其他处理的。上述事项被排除在行政复议范围之外的原因有二。首先，行政机关对所属工作人员作出的行政处分或者人事任免，属行政机关内部行为，对这类行为不服的当事人可以依照有关法律、行政法规的规定提出申诉。其次，行政复议与行政调解的性质不同。行政调解不具有行政管理性质，不具有强制性，争议当事人不服行政机关的斡旋或者调解，可以向人民法院提起诉讼。

同时《行政复议法》第7条所列规定不含国务院部、委员会规章和地方人民政府规章。因为规章的审查应当依照法律、行政法规办理。

五、行政复议的程序

行政复议的具体程序分为申请、受理、审理、决定四个步骤：

（一）行政复议申请

1. 申请时限

公民、法人或者其他组织认为具体行政行为侵犯其合法权益的，可以自知道该具体行政行为之日起60日内提出行政复议申请；但是法律规定的申请期限超过60日的除外。因不可抗力或者其他正当理由耽误法定申请期限的，申请期限自障碍消除之日起继续计算。

2. 申请条件

①申请人是认为行政行为侵犯其合法权益的相对人；②有明确的被申请人；③有具体的复议请求和事实根据；④属于依法可申请行政复议的范围；⑤相应行政复议申请属于受理行政复议机关管辖；⑥符合法律法规规定的其他条件。

3. 申请方式

申请人申请行政复议，可以书面申请，也可以口头申请。口头申请的，行政复议机关应当当场记录申请人的基本情况、行政复议请求、申请行政复议的主要事实、理由和时间。

4. 行政复议申请书

申请人采取书面方式向行政复议机关申请行政复议时，所递交的行政复议申请书应当载明下列内容：①申请人如为公民，则为公民的姓名、性别、年龄、职业、住址等。申请人如为法人或者其他组织，则为法人或者组织的名称、地址、法定代表人的姓名；②被申请人的名称、地址；③申请行政复议的理由和要求；④提出复议申请的日期。

（二）行政复议受理

行政复议机关收到行政复议申请后，应当在5日内进行审查，对不符合《行政复议法》规定的行政复议申请，决定不予受理，并书面告知申请人；对符合《行政复议法》规定，但是不属于本机关受理的行政复议申请，应当告知申请人向有关行政复议机关提出。除上述规定外，行政复议申请自行政复议机构收到之日起即为受理。公民、法人或者其他组织依法提出行政复议申请，行政复议机关无正当理由不予受理的，上级行政机关应当责令其受理；必要时，上级行政机关也可以直接受理。行政复议期间，具体行政行为不停止执行。

（三）行政复议审理

1. 审理行政复议案件的准备

①向被申请人送达行政复议书副本，并限期提交书面答复。行政复议机构应当自行政复议申请受理之日起 7 日内，将行政复议申请书副本或者行政复议申请笔录复印件发送被申请人。被申请人应当自收到申请书副本或者行政复议申请笔录复印件之日起 10 日内，向行政复议机关提交书面答复，并提交当初作出具体行政行为的证据、依据和其他有关材料。②审阅复议案件有关材料。行政复议机构应当着重审阅复议申请书、被申请人作出具体行政行为的书面材料（如农业行政处罚决定书等）、被申请人作出具体行政行为所依据的事实和证据、被申请人的书面答复。③调查取证，收集证据。④通知符合条件的人参加复议活动。⑤确定复议案件的审理方式。行政复议原则上采取书面审查的办法，但是申请人提出要求或者行政复议机构认为有必要时，可以向有关组织和个人调查情况，听取申请人、被申请人和第三人的意见。

2. 行政复议期间原具体行政行为的效力

根据《行政复议法》的规定，行政复议期间原具体行政行为不停止执行。这是符合行政效力先定原则的，行政行为一旦作出，即推定为合法，对行政机关和相对人都有拘束力。但为了防止和纠正因具体行政行为违法给相对人造成不可挽回的损失，《行政复议法》规定有下列情形之一的，可以停止执行：①被申请人认为需要停止执行的；②行政复议机关认为需要停止执行的；③申请人申请停止执行，行政复议机关认为其要求合理，决定停止执行的；④法律规定停止执行的。

3. 复议申请的撤回

在复议申请受理之后、行政复议决定作出之前，申请人基于某种考虑主动要求撤回复议申请的，经向行政复议机关说明理由，可以撤回。撤回行政复议申请的，行政复议终止。

（四）行政复议决定

1. 复议决定作出时限

行政复议机关应当自受理行政复议申请之日起 60 日内作出行政复议决定；但是法律规定的行政复议期限少于 60 日的除外。情况复杂，不能在规定期限内作出行政复议决定的，经行政复议机关的负责人批准，可以适当延长，并告知申请人和被申请人；但是延长期限最多不超过 30 日。

2. 复议决定的种类

（1）决定维持具体行政行为。具体行政行为认定事实清楚，证据确凿，适用依据正确，程序合法，内容适当的，决定维持。

（2）决定撤销、变更或者确认原具体行政行为违法。有两种情况：一是认为原行政行为认定的主要事实不清，证据不足，适用依据错误，违反法定程序，越权或者滥用职权，具体行政行为明显不当的，决定撤销、变更或者确认该具体行政行为违法。二是被申请人不依法提出书面答复、提交当初作出具体行政行为的证据、依据和其他有关材料的，决定撤销。

（3）决定被申请人在一定期限内履行法定职责。有两种情况：一是拒绝履行。被申请人在法定期限内明确表示不履行法定职责的，责令其在一定期限内履行。二是拖延履行。被申请人在法定期限内既不履行，也不明确表示履行的，责令其在一定期限内履行。

（4）决定被申请人在一定期限内重新作出具体行政行为。决定撤销或者确认该具体行政行为违法的，责令被申请人在一定期限内重新作出具体行政行为。

（5）决定赔偿。行政复议机关在依法决定撤销、变更或者确认该具体行政行为违法时，申请人提出赔偿要求的，应当同时决定被申请人依法给予赔偿。

（6）决定返还财产或者解除对财产的强制措施。行政复议机关在依法决定撤销或者变更罚款，撤销违法集资、没收财物、征收财物、摊派费用以及对财产的查封、扣押、冻结等具体行政行为时，应当同时责令被申请人返还财产，解除对财产的查封、扣押、冻结措施，或者赔偿相应的价款。

3. 对抽象行政行为的处理

申请人在申请行政复议时，对作出具体行政行为所依据的有关规定提出审查申请，或者行政复议机关认为具体行政行为依据不合法的，行政复议机关可依法作出：有权处理的，应当在 30 日内依法处理；无权处理的，应当在 7 日内按照法定程序转送有权处理的国家机关依法处理。

【案例分析】

山东省某县造纸厂行政复议案

山东省某县一造纸厂未经批准擅自在淮河流域的一河流管理范围内设置排污口向河流内排污，受到某县环保局的查处。国务院颁布的《淮河流域水污染防治暂行条例》规定：县级人民政府环境保护行政主管部门或者水行政主管部门决定的罚款额，以不超过 1 万元为限；超过 1 万元的应当报上一级环境保护行政主管部门或者水行政主管部门批准。县环保局责令造纸厂纠正违法行为，并经报其上一级环境保护行政主管部门批准，对该造纸厂处以 4 万元的罚款。造纸厂以罚款过重为由，申请行政复议，在行政复议期间，被申请人将原来的 4 万元罚款改为 3 万元，对此造纸厂表示同意其撤回申请。事后造纸厂又认为 3 万元的罚款还是过重，又以此事由再次向复议机关申请复议。

案例思考题：

1. 本案谁为行政复议机关？
2. 造纸厂再次向复议机关申请复议，复议机关是否受理？
3. 结合实际，谈谈行政复议有什么样的功能和意义？

【课后练习题】

1. 什么是行政监督？行政监督的构成要素有哪些？
2. 行政监督的特点和作用有哪些？
3. 行政监督的作用是什么？
4. 简述我国的行政监督体系和内容。
5. 层级监督的形式和方式是什么？
6. 什么是行政复议？行政复议有哪些原则？
7. 行政复议的功能、管辖、范围分别有哪些？
8. 简述行政复议的程序。

第十章

司法监督

【本章学习目标】

1. 了解司法机关监督的含义、内容和特点。
2. 熟悉人民法院对行政机关的司法监督方式。
3. 掌握人民法院内部的审判监督。
4. 掌握人民法院内部监察部门的监督职能。
5. 了解人民检察院对公安机关的司法监督方式。
6. 熟悉人民检察院对人民法院的司法监督方式。
7. 熟悉人民检察院对行政执法机关的司法监督方式。
8. 掌握人民检察院的内部监督方式。

中国共产党与我国司法机关是领导与被领导的关系。司法机关在党的领导下依法独立行使审判权和检察权，这就决定了我国的司法监督是党和国家监督体系的刚性支撑。必须坚持"有法必依、执法必严、违法必究"，严格规范公正文明司法，规范司法自由裁量权，加大关系群众切身利益的重点领域的司法力度。

第一节　司法监督概述

一、司法监督的含义

司法，有广义、狭义两种概念，广义的司法即国家专门机构依据法律设定的职权，遵照法定的程序，运用法律裁判纠纷以及监督法律实施的行为；

狭义的司法则仅指审判机关裁判纠纷的行为。西方国家的司法概念大多采用狭义说，我国所采用的是广义的司法含义。

司法权，与司法的含义相对应，也有广义、狭义之分，广义的司法权是国家机关行使裁判与法律监督的权力；在狭义概念上，它的权力所及仅是居中审理案件、解决纠纷。司法权是一个国家宪政体制的重要组成部分，西方大多数国家司法权专门由法院来行使，这是西方近代以来三权分立理论和宪政实践的结果。在我国，则建立了与西方不同的具有中国特色的政体形式，依照宪法规定，我国行使司法权的机关是人民法院和人民检察院。

司法监督是指国家司法机关依据宪法和有关法律对国家行政机关所实施的监督。其监督的对象包括国家立法机关、行政机关，同时，司法机关的内部监督也属于司法监督的范畴。司法权作为独立的国家权力，在国家政治运作过程中占据着重要位置，发挥着特殊的作用。

二、司法监督的主体和对象

我国司法监督主体分为人民法院和人民检察院两大系统。为了保证司法权的合法行使，审、检两大系统内部建立了相应的监督、纠错机制，我们可以把它称作司法的内部监督，司法内部监督的主体、对象均为司法机关本身。法院、检察院两套机构在行使审判权、检察权的同时，也担负着对其他国家机关主要是行政机关及其工作人员的行政行为进行监督的任务，我们可以把它称为司法的外部监督，其监督的方式主要是法院对行政诉讼案件的审理和检察院对行政人员职务犯罪提起公诉。

普通法院设四级：最高人民法院、高级人民法院、中级人民法院、基层人民决院；专门法院有军事法院和海事法院。各级人民法院在各自辖区范围内受理案件，作出判决。具体来说，在法院内部行使监督权的主体有最高人民法院、各级法院的上级法院、本法院内部的法院院长、审判委员会，其中，最高人民法院和上级法院对下级法院的司法监督主要通过审判监督实现，其相应的制度主要有二审制度，审判监督制度，死刑复核制度，法官惩戒、错案追究制度等；本法院内部监督的主要制度则有审判委员会制度，陪审制度，合议庭制度，立审分离制度，法官回避制度，法官惩戒制度等。

检察院的设置与法院相配套，也分为四级，并有相应的各专门检察院。根据宪法规定，人民检察院是我国专门的法律监督机关，行使检察权，对刑事案件进行侦查起诉、出庭支持公诉，对法院的司法活动进行法律监督。另外，作为专门法律监督机关的检察院还对侦查活动、实行监督。我国检察系统实行上下垂直领导，在检察院内部，行使监督权的主体有最高人民检察院、上级人民检察院及本检察院内部的检察长、检察委员会。下级人民检察院需向上级人民检察院报告工作，接受监督。在办理案件过程中，最高人民检察院和上级人民检察院可以直接向下级人民检察院发出指示、命令，或者直接派员参加下级人民检察院的案件审理。各级人民检察院检察长负责领导本院的工作，检察委员会在检察长领导下负责讨论重大案件和其他重大问题，讨论中实行民主集中制原则。为了保证诉讼活动高效、有序、公正地进行，在检察机构内部还实行一系列制约制度，如设立控告申诉部门受理、复查被害人、被不起诉人提出申诉的不起诉案件，受理刑事赔偿案件；实行侦查、批捕、起诉等权力的分离和相互制衡，等等。检察院对法院审判活动的监督从广义司法的角度来看仍属于司法内部监督的范畴，与此相配套的制度有公诉制度、审判监督制度等。

三、司法监督的内容和特点

如上所述，司法监督包括外部监督和内部监督两个方面。外部监督主要是对行政机关行政行为的合法性进行的监督，如行政处罚、行政强制措施是否合乎法定的程序和实体要件，要求相对人所履行的义务是否有法律依据，行政机关应当履行的法定职责是否有消极不履行的情况等。司法内部监督的内容包括法院审判工作、检察院检察工作的合法性问题，监督法官审理案件时程序是否合法、认定事实是否准确、适用法律是否得当，以及法官是否胜任职务、是否有非法行为的存在，监督检察官是否依法行使检察权等。司法监督是我国法律监督体系中的重要一环，与其他监督方式相比较，具有明显的特点：

第一，司法监督的程序性。司法活动的最大特征之一即程序性。程序是司法的生命，严格的程序是保证司法公正的根本。司法监督是司法机关依法行使职权的过程，因此，我国相关法律法规所规定的司法机关行使审判权和检察权的一系列程序要求，也必然在司法监督过程中得到体现。

第二，司法监督的稳定性。相对于我国最高立法机关工作的间断性和行政政策的应变性，司法监督具有明显的稳定性特点。它的监督主体是一个稳定的、经常工作的国家机关，可以不间断地、每日每时地接受和处理行政诉讼，可以对其内部机关和人员的司法工作进行经常的、制度性的管理；这种监督是一种司法行为，所依据的是具有较强稳定性的国家法律、法规，要遵守严格的程序，要有相对不变的司法的原则和精神。这些都决定了司法监督的稳定性——过程和结果的稳定性。

第三，司法监督的司法强制性。司法强制在各种权力强制中力度最大、最强。司法监督，尤其是司法对行政机关的外部监督，通常是以判决作为最后的结果，而这种判决在各种监督方式中又往往是终局的监督，充分表现了司法监督的权威和力度。

第四，司法监督中法院监督的被动性，或称事后性。一般说来，监督是一种积极主动的行为，它是监督主体主动行使职权发现和纠正违法的过程。但是，法院监督的启动却大多由他方主动提起，行政诉讼以及法院内部的二审程序、审判监督程序等都是一种被动的回应。法院监督的被动性是由司法权的被动性所决定的，作为居中裁判的角色，只有消极被动才有可能保持中立，积极出击往往会先入为主，导致偏颇。

第二节　人民法院的司法监督

人民法院的司法监督包括对行政机关的监督、上级人民法院对下级人民法院审判活动的监督，以及法院内部监察部门等三个方面的监督。

一、人民法院对行政机关的司法监督

人民法院对行政机关的司法监督主要是通过行政诉讼的方式进行和实现的，《中华人民共和国行政诉讼法》第6条规定："人民法院审理行政案件，对行政行为是否合法进行审查。"这一规定明确了我国行政诉讼法监督审查的范围，即行政诉讼审查的对象是具体行政行为，审查的内容或标准是具体行政行为是否合法；行政诉讼的目的就在于维护行政相对人的合法权益，监督行政机关依法行使职权。当行政相对人对侵犯其合法权益的各种违法渎职的行政行为向法院起诉时，法院通过适用法律并依据严格的司法程序审理行政案件，实现对行政权力的有效司法监督，充分体现了行政权和司法权的相互分离和牵制。

人民法院对受理的行政诉讼案件，经过审理，根据不同情况，分别作出以下判决：①具体行政行为证据确凿，适用法律、法规正确，符合法定程序的，判决维持。②具体行政行为有下列情形之一的，判决撤销或者部分撤销，并可以判决被告重新作出具体行政行为：主要证据不足的；适用法律、法规错误的；违反法定程序的；超越职权的；滥用职权的；明显不当的。③被告不履行或者拖延履行法定职责的，判决其在一定期限内履行。④人民法院经过审理，查明被告依法负有给付义务的，判决被告履行给付义务。⑤行政行为有下列情形之一的，人民法院判决确认违法，但不撤销行政行为：行政行为依法应当撤销，但撤销会给国家利益、社会公共利益造成重大损害的；行政行为程序轻微违法，但对原告权利不产生实际影响的。⑥行政行为有实施主体不具有行政主体资格或者没有依据等重大且明显违法情形，原告申请确认行政行为无效的，人民法院判决确认无效。⑦人民法院判决确认违法或者无效的，可以同时判决责令被告采取补救措施；给原告造成损失的，依法判决被告承担赔偿责任。⑧行政处罚明显不当，或者其他行政行为涉及对款额的确定、认定确有错误的，人民法院可以判决变更。

二、人民法院内部的审判监督

审判监督也称为审级监督，即指上级人民法院对下级人民法院的审判活动依法实施的监督，主要包括最高人民法院对各级人民法院、上级人民法院对下级人民法院的审判监督。法院内部的审判监督主要通过二审程序、审判监督程序、核准程序和死刑复核程序来完成。

（一）二审程序的监督

二审程序又称为上诉审判程序，是指第二审人民法院根据上诉人的上诉或者人民检察院的抗诉，就第一审人民法院所作出的尚未发生法律效力的判决或裁定认定的事实和适用的法律进行审理时所应当遵循的步骤和方式、方法。同时，由于我国实行的是两审终审制，因此二审程序也是终审程序。在刑事诉讼中，二审程序的启动是由当事人和检察院的抗诉来完成的；而在民事诉讼和行政诉讼中，只有当事人的上诉可以启动二审程序。

在我国诉讼法中都规定，二审法院的审判方式是以开庭审判为原则，不开庭审判为例外。对于刑事诉讼中的检察院提起的抗诉，是必须开庭审理的。二审法院对不服第一审判决的上诉、抗诉案件进行审理后，可以分别作出以下处理：①裁定驳回上诉、抗诉，维持原判。作出这种处理的情形是，原审判决认定的事实和适用法律正确，量刑适当，程序合法。②依法直接改判。作出这种处理的情形分别是：原判决认定事实没有错误，但适用法律有错误或者量刑不当；原判决事实不清或者证据不足，但二审法院自行调查能查清改判的。③裁定撤销原判决，发回重审。作出这种处理的情形分别是：原判决事实不清或者证据不足，二审法院自行调查难以查清的；第一审严重违反法定诉讼程序的，包括违反《刑事诉讼法》关于审判公开的规定的，违反回避制度的，限制或者剥夺当事人的法定诉讼权利，有可能影响公正审判的，审判组织的组成不合法的，其他违反法律规定的诉讼程序，可能影响公正审判的。原审法院在重审时必须依法组成新的合议庭，依照第一审的程序进行重新审理。重新审理所作出的判决仍为一审判决，符合条件的主体仍可对判决提起上诉或抗诉。根据法律规定，民事案件的二审可以进行调解。

（二）审判监督程序

审判监督程序，又称之为再审程序，是指人民法院、人民检察院或当事人，认为人民法院已经发生法律效力的判决、裁定及调解协议确有错误而提起或申请再审，由人民法院依法对案件进行审判时所适用的诉讼程序。

审判监督程序与二审程序有着明显的区别：

第一，性质不同。审判监督程序是非通常程序，是一种补救性程序，它是对已经发生法律效力的确有错误的判决、裁定的纠正。二审程序是一审程序的衔接，是通常程序，是对第一审法院所作判决或裁定所认定的事实是否清楚，证据是否确实、充分，适用法律是否正确，诉讼程序是否合法进行审查和审理。

第二，主体不同。审判监督程序提起程序的主体法定。依照法律规定，有权提起审判监督程序的主体是各级人民法院院长和审判委员会；最高人民法院，上级人民法院；最高人民检察院，上级人民检察院以及符合申请再审条件的当事人。但二审程序的上诉可以由当事人提起，刑事诉讼中还可以由经被告人同意的近亲属、辩护人提起。另外，提出的理由、期限和审级也与二审程序不同。审判监督程序的目的在于保证国家法律的统一、正确实施，贯彻实事求是、有错必纠的方针政策。

人民法院对刑事案件再审后，根据不同情况作出以下不同处理：一是原判决、裁定认定事实和适用法律正确的，应当裁定维持原判，驳回申诉或者抗诉。二是原判决、裁定认定事实没有错误，但适用法律有错误，或者量刑不当的，应当改判。按照二审程序审理的案件，认为必须判处被告人死刑立即执行的，直接改判后，应报请最高人民法院核准。三是应当对被告人实行数罪并罚的案件，原判决、裁定没有分别定罪量刑的，应当撤销原判决、裁定，重新定罪量刑，并决定执行的刑罚。四是按照二审程序审理的案件，原判决、裁定认定事实不清，或者原判决、裁定认定事实不清，证据不足，经再审仍无法查清，不能认定原审被告人有罪的，应当参照有关规定，宣告被告人无罪。人民法院对民事案件再审后，应分别情况作出以下不同处理：一是原判决、裁定事实认定准确，法律适用恰当，应当裁定维持原判，驳回申诉或抗诉。二是原判决、裁定认定事实有错误，或者适用法律不当，依法部分改判或者全部改判。

（三）死刑复核程序

死刑复核程序是我国《刑事诉讼法》对已经依照普通审判程序审结的死刑案件所规定的一项审查核准程序，是享有复核权的人民法院对判处被告人死刑的案件进行审查核准时所采用的一种特别审判程序。2007 年 1 月 1 日起，最高人民法院统一收回了死刑案件的核准权。地方各高级人民法院不再行使由最高人民法院依照《中华人民共和国人民法院组织法》（以下简称《人民法院组织法》）授权各高级人民法院的死刑核准权，至此，行使死刑复核权的主体只能是最高人民法院。其任务是，首先要全面地审查死刑判决或裁定，确定该判决或裁定认定的事实是否清楚，证据是否确实、充分，罪名的认定是否正确，判处死刑是否适当；其次对本案作出是否核准死刑的决定，应当制作相应的法律文书。

（四）审判委员会制度

审判委员会是按照"民主集中制"的原则在各级人民法院内部设立的，对审判工作实行集体领导和监督的一种组织形式，是我国法院内部司法监督的重要组成部分。根据《人民法院组织法》的规定，审判委员会的主要任务是总结审判经验，讨论重大或者疑难案件和决定其他与审判工作有关的问题。

三、人民法院内部监察部门的监督

《人民法院监察工作暂行规定》明确规定人民法院的监察部门是人民法院行使监察职能的专门机构，依照国家法律、法规、政策和法院纪律，对人民法院及其工作人员的职务行为实施监督检查的活动，保证公正、高效、廉洁、文明司法。从性质上确立了监察部门在法院各部门中的作用和地位有着其他部门所不能替代的特殊性。人民法院的监察部门在本院院长和上级人民法院监察部门的领导下，行使以下职能：

第一，监督制约职能。监察部门依据法律、法规和纪律，对人民法院及其工作人员进行监督，主要是协助人民法院领导制定廉政制度、规定和措施，并检查其执行落实情况。开展经常性的监督检查，防止违纪违法行为的发生，当发现被监察对象有不当行为时，可以向其提出纠正意见，并促其纠正和改进。

第二，惩处维护职能。监察部门在查处案件时，依据国家法律、法规和法院纪律，依照一定的程序和方式，对违法行为情节较轻的可以直接实行必要的纪律制裁，情节特别严重而触犯刑法的，可向法院领导提出建议，移送公安、检察机关依法处理。

第三，教育防范职能。监察部门坚持惩治与教育相结合，监察检查与促进改善管理相结合，对监察对象进行经常性的廉政教育、纪律教育、职业道德教育，针对新动向、新特点，在不同的时期提出不同的对策和建议，把问题解决在萌芽状态。

第四，支持保护职能。监察部门，除了对人民法院及其工作人员实施的监督制约和惩处维护职能外，还包括了对廉洁奉公、遵纪守法、尽职尽责的行为给予的支持和保护，受理人民法院工作人员不服行政处分的申诉，保护人民法院工作人员的合法权益。

第三节　人民检察院的司法监督

人民检察院是我国宪法规定的法律监督机关，是司法监督的组成部分。其监督包括对公安机关、法院、行政执法机关和国家公职人员的监督。

一、人民检察院对公安机关的司法监督

人民检察院对公安机关的司法监督，是指人民检察院对公安机关参与刑事诉讼的一切活动是否违反法律规定所实施的法律监督。根据我国《刑事诉讼法》的规定，我国刑事诉讼活动包括立案、侦查、提起公诉、审判和刑罚

执行五个诉讼阶段。我国公安机关参与立案、侦查和刑罚执行三个诉讼阶段的诉讼活动。因此，人民检察院要对公安机关所参与的诉讼阶段的诉讼活动进行司法监督。

（一）刑事立案监督

刑事立案监督，是指人民检察院对公安机关的刑事立案活动是否合法进行的法律监督。根据我国《刑事诉讼法》第 113 条和最高人民检察院制定的《人民检察院刑事诉讼规则》的有关规定，人民检察院对公安机关刑事立案监督的内容主要包括两个方面：一是对公安机关应当立案侦查而不立案侦查的案件进行监督；二是对公安机关不应当立案侦查而立案侦查的案件进行监督。其中，第一个方面是人民检察院刑事立案监督的主要内容。

人民检察院通过被害人、一般公民的控告或举报，或者自己参与诉讼活动等途径，发现公安机关在立案活动中存在违法行为时，可以采取以下方式进行监督：①要求公安机关说明不立案的理由。人民检察院发现公安机关对于应当立案侦查的案件而不立案侦查的，有权以法律文书的方式要求公安机关说明不立案理由。②通知公安机关立案侦查。人民检察院对公安机关不立案的理由进行审查后，认为不立案理由不能成立的，有权以法律文书的方式通知公安机关立案侦查。③审查决定直接立案侦查。对于公安机关管辖的国家机关工作人员利用职权实施的重大犯罪案件，人民检察院通知公安机关立案，公安机关不予立案的，经省级以上人民检察院决定，人民检察院可以直接立案侦查。④提出纠正意见。对于公安机关不应当立案侦查的案件而立案侦查的，人民检察院有权向公安机关提出违法纠正意见。

（二）审查批捕监督

审查批捕监督，是指人民检察院对公安机关提请批准逮捕犯罪嫌疑人是否符合法律规定的条件，依法进行审查监督。审查批捕监督的内容包括报送的材料是否齐备；是否符合逮捕的法定条件；是否有其他需要逮捕的犯罪嫌疑人。

根据我国《刑事诉讼法》的规定，人民检察院对审查批捕监督的方式主要有以下两种：一是对未提请批准逮捕的犯罪嫌疑人依法批准逮捕。即人民检察院经过审查后，对于公安机关未提请批准逮捕的犯罪嫌疑人，认为符合法定逮捕条件的，依法决定批准逮捕。二是对提请批准逮捕的犯罪嫌疑人依法不批准逮捕。即人民检察院经过审查后，认为公安机关提请批准逮捕的犯罪嫌疑人不符合法定逮捕条件的，依法决定不批准逮捕。

（三）侦查活动监督

侦查活动监督，是指人民检察院对公安机关的侦查活动是否合法所实行的法律监督。监督内容包括两个方面：一是监督公安机关的专门调查活动是否合法。即人民检察院对公安机关为发现和收集证据、查明案件事实所进行的专门调查活动，包括讯问犯罪嫌疑人、询问证人、勘验、检查、搜查、扣押物证书证、鉴定和通缉等，是否符合法律规定所进行的监督。二是监督公安机关采取的强制措施是否合法。即人民检察院对公安机关为保障专门调查活动的顺利进行所采取的强制性手段和方法，包括拘传、取保候审、监视居住、拘留、逮捕等是否合法所进行的监督。

监督的方式包括：①口头通知纠正。即人民检察院发现公安机关侦查活动中存在情节较轻的违法行为时，可以通过口头的方式要求侦查人员予以纠正。②书面通知纠正，即人民检察院发现公安机关侦查活动中存在情节较严重的违法行为时，以特定的书面形式要求公安机关予以纠正。

（四）刑罚执行监督

刑罚执行监督，是指人民检察院依法对公安机关执行人民法院已经发生法律效力的判决、裁定的活动是否合法而实行的法律监督。刑罚执行监督的内容包括：对公安机关执行管制刑的监督；对公安机关执行剥夺政治权利刑的监督；对公安机关执行宣告缓刑的监督；对公安机关进行监外执行活动的监督。

刑罚执行监督的方式主要是人民检察院通过群众举报、新闻媒体报道等途径，发现公安机关的刑罚执行活动存在违法行为时，口头或书面提出纠正意见。

二、人民检察院对人民法院的司法监督

人民检察院对人民法院的司法监督，是指人民检察院对人民法院的审判活动和刑罚执行活动是否违反法律规定所实施的法律监督。

（一）裁判监督

裁判监督指人民检察院对人民法院作出的判决、裁定的内容是否正确所实施的法律监督。根据我国《刑事诉讼法》《民事诉讼法》和《行政诉讼法》的相关规定，裁判监督的内容包括：对人民法院刑事一审裁判、刑事生效裁判、民事生效裁判的内容是否正确所实施的法律监督。

根据我国法律规定，人民检察院对人民法院裁判监督的方式主要有：提出刑事第二审程序的抗诉；提出刑事审判监督程序的抗诉；提出民事审判监督程序的抗诉；提请上级人民检察院提出审判监督程序的抗诉。

（二）审判活动监督

审判活动监督，是指人民检察院依法对人民法院的审判活动是否违反法律规定的诉讼程序进行的法律监督。审判活动监督的内容包括：①管辖监督。即人民检察院对人民法院对案件的管辖是否违反法律规定所进行的法律监督。②法庭组成监督。即人民检察院对人民法院审理案件的法庭组成人员是否符合法律规定所进行的法律监督。③审判程序监督。即人民检察院对人民法院审判案件的程序是否违反法律规定所进行的法律监督。④其他监督。即人民检察院对人民法院侵害被告人和其他诉讼参与人的合法权利等其他违法行为所进行的法律监督。

审判活动监督的方式包括：①口头通知纠正。即人民检察院发现人民法院的审判活动存在情节较轻的违法行为时，可以通过口头的方式要求人民法院进行纠正。②书面通知纠正。即人民检察院发现人民法院的审判活动存在情节较严重的违法行为时，可以通过向人民法院发检察建议书或纠正违法通知书的方式进行监督。③提出抗诉。即人民检察院发现人民法院违反法定的诉讼程序可能影响公正审判的，可以向人民法院依法提出抗诉。

（三）刑罚执行监督

刑罚执行监督，是指人民检察院依法对人民法院执行刑罚的活动是否合法实行的法律监督。刑罚执行监督的内容包括：①对死刑立即执行的监督。人民检察院应当监督人民法院在交付执行死刑前，是否通知人民检察院派员临场监督；人民法院执行死刑立即执行的程序是否合法，手续是否完备；指挥执行死刑的审判人员在交付执行前，是否对罪犯验明正身，询问有无遗言、信札；有无应当停止执行死刑的情形存在等。②对罚金刑、没收财产刑的监督。人民检察院主要应当监督人民法院是否及时收缴罚金或没收财产；人民法院是否按照判决的内容收缴罚金或没收财产等。③对无罪和免除刑罚判决执行的监督。人民检察院主要应当监督人民法院判决被告人无罪、免除刑事处罚的，如果被告人在押，是否在宣判后立即释放等。

刑罚执行监督的方式包括：①建议暂停死刑执行。人民检察院的检察人员发现人民法院执行死刑立即执行可能有错误时，可以向指挥执行的审判人员提出暂停死刑执行的建议。②书面通知纠正。即人民检察院发现人民法院在刑罚执行活动中存在情节较严重的违法行为时，可以通过向人民法院提出书面纠正意见的方式进行监督。

三、人民检察院对行政执法机关的司法监督

人民检察院对行政执法机关的司法监督，是指人民检察院对国家行政执法机关的执法活动是否合法所进行的法律监督。

（一）对监狱、看守所的监督

对监狱、看守所的监督，是指人民检察院依法对监狱、看守所执行有关刑罚的活动是否合法实行的法律监督。在我国，除人民法院、公安机关执行部分刑罚外，其他刑罚都由监狱、看守所执行，因而人民检察院对其执行刑罚活动有权进行监督。监督的内容包括：①对监狱执行刑罚的监督。即对监狱执行死刑缓期 2 年执行、无期徒刑和有期徒刑的活动是否符合法律规定，依法进行监督。如监狱关押管理罪犯的活动、警戒活动、组织劳动改造的活动等是否符合法律规定。②对看守所执行刑罚的监督。即对看守所执行 1 年以下或者余刑为 1 年以下的有期徒刑的活动是否符合法律规定，依法进行监督。如看守所关押管理罪犯的活动、警戒活动、使用戒具的活动等是否符合法律规定。对监狱、看守所监督的方式有两种，如人民检察院发现监狱、看守所在执行刑罚过程中存在违法行为时，可以提出口头和书面纠正意见。

（二）对其他行政执法机关的监督

对其他行政执法机关的监督，是指人民检察院依法对工商机关、税务机关、环保机关、药品管理机关等行政执法机关的执法活动是否符合法律规定所实行的法律监督。监督的内容包括：①对是否依法移送涉嫌犯罪案件的监督。即人民检察院对行政执法机关在执法活动中发现的涉嫌犯罪的案件是否依法移送有关机关处理，进行监督。②对是否存在犯罪行为的监督。即人民检察院对行政执法机关在执法活动中是否存在职务犯罪行为，依法进行监督。

监督的方式主要包括：①提出口头纠正意见。即人民检察院发现工商、税务、环保、药品管理等行政执法机关在执法过程中存在情节较轻的违法行为时，可以口头向其提出纠正意见。②提出书面纠正意见。即人民检察院发现工商、税务、环保、药品管理等行政执法机关在执法过程中存在情节较严

重的违法行为时，可以书面向其提出纠正意见。③依法追究刑事责任。即人民检察院发现工商、税务、环保、药品管理等行政执法机关在执法过程中存在职务犯罪行为时，应当依法立案侦查，依法追究其刑事责任。

（三）人民检察院的内部监督

人民检察院的内部监督，是指为了保证检察权的正确行使，人民检察院内设若干部门，分别行使不同的职权，并互相进行的监督。根据我国法律规定，人民检察院依法行使对职务犯罪案件的审查起诉权、刑事案件的批准逮捕权、决定逮捕权、刑事案件的公诉权等职权。为了保证这些职权的正确行使，人民检察院内部设置了警务部、控告申诉监察部、刑事执行检察部、公诉部、民事行政检察部等业务部门，分别行使不同的职权，并互相进行监督。近年来，人民检察院以完善内部监督制约机制作为改革的重要内容，制定了一系列旨在加强内部监督的法规，形成了对审查逮捕、审查起诉等工作的监督制约机制。

1. 审查决定逮捕活动的内部监督

审查决定逮捕活动的内部监督，是指人民检察院内设的其他机构对审查决定逮捕部门的审查决定逮捕活动是否符合法律规定进行的监督。监督的内容包括审查决定逮捕部门的具体审查活动是否符合法律规定的诉讼程序；审查决定逮捕部门作出的是否逮捕犯罪嫌疑人的决定是否符合法律规定。

审查决定逮捕活动内部监督的方式，主要是通过业务活动，或者接受当事人控告、举报等途径，发现审查决定逮捕部门的审查决定逮捕活动存在违法行为时，采取向其提出口头或书面纠正意见的方式进行监督。

2. 审查起诉活动的内部监督

审查起诉活动内部监督，是指人民检察院内设的其他机构对公诉部门的审查起诉活动是否符合法律规定进行的监督。国家监察体制改革其中也包括对于对国家公职人员职务犯罪案件审查起诉活动的内部监督。《监察法》第11条规定，对涉嫌职务犯罪的，监察委员会负责调查，然后将调查结果移送人民检察院依法审查、提起公诉。

那么，监督的内容包括：①对具体的审查活动的监督。人民检察院内设的审查批捕部门等对公诉部门的具体审查活动是否符合法律规定的诉讼程序进行监督。②对决定是否起诉的监督。人民检察院内设的审查批捕部门等对公诉部门作出的是否起诉的决定是否符合法律规定进行监督。

监督的方式主要是通过业务活动或者接受当事人控告等途径，发现公诉部门的审查起诉活动存在违法行为时，采取向其提出口头或书面纠正意见的方式进行监督。

【案例分析】

广东强化对"有权人""有钱人" 刑罚执行监督

2017 年 6 月 8 日，广东省检察院召开新闻发布会，通报了去年以来刑事执行检察的工作情况，并公布了 6 个典型案例。笔者从发布会上了解到，近年来广东检方切实抓好刑事诉讼羁押期限监督，2013 年以来共清理纠正久押不决案件 171 件 523 人，到 2016 年全部清理完毕，自 2011 年以来清理久押不决案件数量居全国首位。

今年 3 月，省检察院将全省各级人民检察院监所检察部门统一更名为刑事执行检察部门，在原有职责基础上新增了刑罚执行的同步监督、羁押必要性审查和社区矫正监督等职责，目前共有 14 项职责。

而在近期最高人民检察院开展的刑事执行检察优秀案件的评选表彰中，广东共有 15 宗案件获此殊荣。

2016 年 11 月 28 日，河源市检察院向市中级人民法院提出的一条撤销假释的检察建议引起了社会的关注。

原来，李某于 2011 年 3 月因犯走私普通货物罪被深圳市中级人民法院判处有期徒刑 10 年、并处罚金 3000 万元。

2013 年 5 月，李某在其第一次提请减刑前缴纳 1000 元罚金，减刑 1 年 2 个月；于 2014 年 11 月第二次提请减刑前缴纳 1000 元罚金，减刑 11 个月；在提请假释前又缴纳 2.3 万元，3 次缴纳罚金总额 2.5 万元，与 3000 万元罚金差距巨大。但凭借其提供的家庭困难证明，该监狱于去年 5 月对其提请假释并获法院裁定。

检察机关经调查发现李某及其妻子名下有两套房产，其家庭困难证明也是由其在民政局任职的亲属帮忙办理的虚假证明。

2016 年 11 月 28 日，河源市检察院向市中级人民法院提出撤销李某假释的检察建议，市中级人民法院采纳了检察建议将其收监。与此同时，省院刑事执行检察处正组织人力深挖该案背后的职务犯罪，现已对河源监狱 8 名警察以受贿罪，滥用职权罪，徇私舞弊减刑、假释罪立案侦查并决定逮捕。

据刘金戚介绍，省检察院于去年8月组织开展财产刑执行专项检察活动，对2013年以来法院刑事裁判涉财产刑执行案件进行检察监督，重点为职务犯罪、金融犯罪、涉黑犯罪、破坏环境资源犯罪、危害食品药品安全犯罪"五类罪犯"。对提请减刑、假释的罪犯执行财产刑情况逐案核实，对有执行能力而不执行的，向法院提出从严掌握减刑、假释的检察意见3821件，法院采纳3473件，采纳率达91%。

——摘自 人民网

案例思考题

1. 本案例中，河源市检察院的监督属于什么类型的监督。
2. 结合本案例，谈谈检察院的监督在实际生活中有什么样的重要意义？

【课后练习题】

1. 司法机关监督的含义、内容和特点是什么？
2. 人民法院对行政机关的司法监督方式有哪些？
3. 人民法院内部的审判监督方式有哪些？
4. 人民法院内部监察部门的监督职能有哪些？
5. 简述人民检察院对公安机关的司法监督内容。
6. 简述人民检察院对人民法院的司法监督方式。
7. 人民检察院对行政执法机关的司法监督方式有哪些？
8. 人民检察院的内部监督的方式有哪些？

第十一章

群众监督

【本章学习目标】

1. 掌握群众监督的含义、特征和功能。
2. 了解公民监督的内涵、功能和意义。
3. 掌握工会、共青团、妇联组织监督的主要内容和特点。
4. 熟悉群众监督制度的内容。
5. 了解群众监督的现状及改进措施。

以群众监督为基础，是坚持和完善人民当家作主制度体系，发展社会主义民主政治的必然要求。国家的一切权力属于人民。必须坚持人民主体地位，依法实行民主选举、民主协商、民主决策、民主管理、民主监督，使各方面制度和国家治理更好地体现人民意志、保障人民权益、激发人民创造，确保人民依法通过各种途径和形式管理国家事务，管理经济文化事业，管理社会事务。

第一节　群众监督概述

一、群众监督的含义

群众监督，是中国特色社会主义监督体系中的基础性监督，是社会主义国家的一种主要的监督方式。它是指公民或社会组织对于权力机构及其工作人员的监督，有时也指一般群众对于领导干部的监督，是民主监督的一种重要形式。群众监督的监督主体包括公民个人、工会、共青团和妇联等群众团体组织等。群众监督是人民主权原则、基本人权原则和法治原则的体现。我国《宪法》规定有"中华人民共和国的一切权力属于人民""人民依照法律法规，通过各种途径和形式，管理国家事务，管理经济和文化事业，管理社会事务"，具体方式涉及言论、出版、批评、建议、申述、控告、检举等。群众监督的实施机制包括信访制度、举报制度。社会群众监督，是社会主义国家的一种最主要的监督方式，是社会主义民主的重要体现。

二、群众监督的功能

社会主义民主是大多数人的民主，作为人数最多的人民群众，参与包括民主监督在内的政治活动，是我国社会主义民主政治发展的必然要求，越来越受到党的重视、政府的支持和人民群众的关注，具有重大的现实意义和深远的历史意义。

（一）群众监督是人民当家作主的重要体现

在我国，实行的是人民群众当家作主的代议制和代理制，在人民群众及其代表选举出国家领导者并委托权力之后，要使代理权力的领导者按照人民的意志和利益办事，人民就必须握有监督权和罢免权，才不会导致权力的落空和丧失。可见，人民当家作主的权利是通过行使选举权、监督权和罢免权来实现的。从三者的关系来看，实行群众监督，既是选举权的继续和补充，又是行使罢免权的前提和基础。

实践证明，离开了人民的监督权，选举权就难以贯彻到底，罢免权也失去了依据，人民当家作主也就成了一句空话。孙中山先生曾形象地把代议制民主比作一架机器，选举权是机器的发动力，监督权是机器的制动力。如果人民只有选举权而没有监督权，就等于人民对国家这台机器只能发动，而不能制动。因此，为了确保人民当家作主的地位，保证权力行使者能够始终不渝地代表广大人民群众的利益，防止和减少权力负效应的发生，人民把权力委托给代表和管理者时，必须拥有监督权。

（二）群众监督是权力正常运行的有力保证

国家的权力本质上属于人民，人民是国家权力的实际主人，而各级党组织和国家机关的工作人员则是为人民服务的公仆，其权力来自人民的授予。但是，在权力所有者与权力行使者相对分离的情况下，为了保证权力行使者的活动随时受人民指挥，还要通过各种途径对其进行监督和制约，要求他们忠实地当好人民公仆，正确对待和使用手中的权力。一旦发现公职人员滥用职权、谋取私利，就要通过行使罢免权，及时收回他们手中的权力。

然而，由于权力本身易腐的特性以及人性的缺陷，以及中国共产党长期处于执政党地位，有些党员干部很容易沾染上脱离群众的官僚主义习气或滋生以权谋私的贪污腐败心理。特别是权力腐败现象最遭人民群众痛恨，权力腐败同中国共产党人的宗旨和社会主义国家的性质根本对立。如果解决不好，可能动摇中国共产党的领导地位。群众监督是对权力的制约，可以对部分政府官员缺乏德行、滥用权力、以权谋私等现象进行监督，群众监督也是对权力的爱护，可以从制度、体制和机制上制约绝对的权力，使党政领导干部勤政廉政、遵纪守法，促进党风廉政建设。因此，群众监督是党和国家机关的工作人员执好政、掌好权，防止权力在运行过程中脱轨、变质、腐败的有力保证。据纪检监察机关统计，在近些年来查处的各种腐败案件中，群众提供的线索占80%以上。其实，任何腐败分子都生活在群众当中，群众对于腐败分子最为了解，并且群众分布于各行各业，往往能最早发现问题。

（三）群众监督是提高执政效率的重要保障

群众监督有利于维护党和政府的执政地位，提高党和政府的执政效率，促进决策民主化和科学化。党和国家的重要方针政策和法律法规的正确制定、贯彻落实，是一项系统工程，涉及到政治、经济、文化、社会生活的诸多层面，需要广泛听取意见建议，充分了解社情民意，反复实践比较，多方进行论证，为及时完善决策、调整干部、纠正错误提供真实信息，这样才能保证决策的科学性和用人的准确性，避免大的失误或失察。虽然各级党政机关都集中了大量的优秀人才，但仍存在一定的不足。群众监督具有帮助党和国家机关改进工作、减少执政失误、提高执政效率、防止滥用权力和个人专断等重要作用。如果党政机关及其工作人员不自觉接受群众的意见，会使自己闭塞，考虑问题会产生片面性。只有坚持群众路线，集中群众的智慧，自觉接受人民群众监督，才可使社会主义事业繁荣昌盛。

（四）群众监督是维护社会稳定的必要举措

群众监督是缓和人民内部矛盾，维护社会稳定的必要举措。在代议制民主政治中，让"社会主人"对"社会公仆"实行有效的制约，不仅为人民群众提供了合法参与政治的渠道，便于他们及时地反映其意见和要求，而且还可以有效地防止党政机关工作人员滥用权力损害政府形象。损害人民群众利益而引发的社会矛盾和动乱，极大地损害了广大人民群众的利益，败坏了党和政府在群众心中的形象，并在一定程度上对我国社会稳定造成了潜在的威胁。邓小平同志曾指出："群众有气就要出。我们的办法就是使群众有出气的地方，有说话的地方，有申诉的地方……总之，要让群众能经常表达自己的意见，在人民代表大会上，政协会议上，职工代表大会上，学生代表大会上，或者在各种场合，使他们有意见就能提，有气就能出。"

历史充分证明，人民群众是历史的创造者和推进者，是创造人类各种文明的真正英雄。群众监督是一种最广泛、最深入、最朴实、最直接的监督，是使当权的好人能充分做好事而不至走向反面和变坏，使当权的坏人无法任意横行而能够及时被发现和惩处的最根本的途径。因此，群众监督只能加强和完善，不能削弱和虚无。

三、群众监督的特征

探索群众监督的基本特征，有利于使群众监督工作朝着正确的方向发展，增强其针对性和实效性。具体而言，有以下三个具体表现。

（一）基础性

注重群众监督不仅是中国共产党的优良传统，而且是党长期以来通过党建工作积累的宝贵经验。一方面，人民群众对权力的制约和监督，是我国整个监督体系的基础。人民群众作为社会历史的主体，国家治理的有效实现依赖于人民群众的实践活动。伴随着中国特色社会主义进入新时代，主要矛盾的转化要求我们必须要更多地关注人民群众的需要，满足人民群众的诉求。在社会主义民主政治建设领域，保证人民群众监督权利的正确行使是全面深化改革的重要举措。另一方面，我国是人民民主专政的社会主义国家，为保证人民更好地行使当家作主的权利，保持党员干部与人民群众的友好关系，必须矢志不渝地坚持为人民服务的宗旨，不动摇地走群众路线，充分发挥群众监督的积极作用。

（二）广泛性

人民群众作为一个社会历史范畴，是指对社会发展起促进作用的人们。而群众监督的广泛性，则在于群众数量众多和分布的广泛性。众所周知，群众所分布的地域遍布世界的各个角落，他们所从事的职业涉及各行各业。一方面他们既是党和国家领导的对象，听取和执行党和国家的各项方针政策，落实其到工作生活的方方面面。另一方面他们也是党和国家事务的间接管理者，监督和制约公权力的有序行使。在我们日常生活中，人民群众的力量是无限大的，处在不同领域的他们可以通过各种渠道，以合法的方式有序参与社会经济生活，监督权力行使，凭借其广泛性的特点，发挥其在推动社会发展等方面的促进作用。

（三）不可逆转性

群众监督的不可逆转性，是指被监督者对人民群众的监督，不能不听，更不能拒绝。我国的国体和政体决定党员干部必须树立正确的权力观和价值观，不断增强宗旨意识和公仆意识，想人民所想，解人民所难，全心全意为人民谋福利和谋幸福，并接受人民群众的意见和建议。例如 2017 年感动中国十大人物之人民好公仆廖俊波，他在从政的过程中，始终心系百姓，用心用情为群众办实事、解难题，并且从不拿群众的一针一线，始终做到廉洁奉公。这告诉我们，公职人员无论职位高低，接受人民群众的监督是义不容辞的，做到秉公守法是天经地义的。

第二节　公民监督

公民监督，是公民参政中的一项不可缺少的内容，是国家权力监督体系中的一种最具活力的监督。实行公民民主监督，既有利于改进国家机关和国家工作人员的工作，也有助于激发广大公民关心国家大事、为社会主义现代化建设出谋划策的主人翁精神。

一、公民监督的内涵

公民是指具有一个国家的国籍，并依据该国的宪法或法律规定，享有权利和承担义务的自然人。我国《宪法》规定：凡具有中华人民共和国国籍的人都是我国的公民。公民一般表示个体的概念，是指一种个人身份，一般不具有群体属性，这一点正好与人民相对，人民（或群众、人民群众）表达的是群体的概念。所以，公民监督指的是公民个人监督或者人民群众个人监督。

我国是社会主义国家，本质是人民当家作主，人民是国家的主人。人民作为一个抽象的概念，被赋予了国家的最高权力。"人民主权在实践中的具体落实应该是公民的政治权利，只有使人民中的每一成员成为平等的政治权利主体，即成为公民，使每个公民按照民主程序参与国家公共事务，人民主权才是真实的。所以人民主权需要具体落实到公民权利上，使人民中的成员成为名副其实的公民，使人民成为公民的共同体。"

我国《宪法》第 27 条第 2 款规定："一切国家机关和国家工作人员必须依靠人民的支持，经常保持同人民的密切联系，倾听人民的意见和建议，接受人民的监督，努力为人民服务。"第 35 条规定："中华人民共和国公民有言论、出版、集会、结社、游行、示威的自由。"第 41 条第 1 款、第 2 款明确规定："中华人民共和国公民对于任何国家机关和国家工作人员，有提出批评和建议的权利；对于任何国家机关和国家工作人员的违法失职行为，有向有关国家机关提出申诉、控告或者检举的权利，但是不得捏造或者歪曲事实进行诬告陷害。对于公民的申诉、控告或者检举，有关国家机关必须查清事实，负责处理。任何人不得压制和打击报复。"《宪法》的这些规定，明确了我国公民监督的适用范围和方式。

在我国，公民可以直接向国家机关提出询问、要求、批评和建议，有关国家机关应认真听取，给予答复；公民也可以向各类举报中心申诉、控告、检举国家机关及其工作人员的违法、渎职、侵权等行为；还可以通过信访和协商对话渠道实行监督。公民直接参与监督国家机关及其工作人员的活动，是我国社会监督体系的重要组成部分。

正是基于我国社会主义的国家性质以及法律的相关规定，笔者认为公民监督就是指公民（主体为公民个人）运用宪法和法律赋予的权利，通过批评、建议、检举、控告、申诉等方式，对国家政治权力的各要素（主要是政党、国家）及其运行情况进行审视、检查、督促及评价的一种政治活动。

二、公民监督的功能

党的十六大报告指出："丰富民主形式，扩大公民有序的政治参与，保证人民依法实行民主选举、民主决策、民主管理、民主监督。"这对当前推进公民监督意义重大。具体来看，公民监督作为社会民主政治发展的重要标志，其功能主要体现在以下四个方面：

第一，科学决策功能。公民监督在推动民主监督，保证国家机关在决策及决策执行中的正确性等方面起着重要作用，公民监督作为整个行政监督体系中最能反映民主性的监督制度，其广度和深度反映了一个社会民主的实现程度。从这一意义上说，公民监督真正反映了我国社会主义监督制度的本质和特征，不断加强监督的民主化、法治化是社会主义民主政治发展的必然要求。宪法赋予公民对重大决策和法规制定的知情权、批评建议权，这就有可能使公民的意见和建议及时反映到决策者手中，从而使决策更科学、更能代表群众利益，更易于为群众接受和自觉执行，从而转化为群众的自觉行动。同时，政府在执行决策过程中出现的失误和偏差，也能被及时地发现和修正。此外，路线政策执行得是否恰当，要以"人民满意不满意"为判断依据，这也体现了民主政治的真谛。

第二，民主法制功能。公民监督，就是坚持公开、公平、公正的原则，在涉及群众切身利益的部门和机关实行办事公开，就是把党内监督、法律监督和群众监督有机结合起来，发挥监督的巨大能量来规范政府行为，就是要加强对宪法和法律实施的监督，维护法制统一，建设社会主义法治国家。公民监督作为人民行使当家作主权利的重要表现形式，也是社会主义民主政治建设的重要内容。没有人民群众对公共权力的监督，就谈不上人民群众真正当家作主，也谈不上社会主义民主政治构架的科学合理。由于人民通过对自己权利行使的出让，获得了监督权力的资格，亦即获得了监督权。监督权是人民民主权利的重要组成部分，也是民主政治发展的重要标志，人民群众通过对政府及其机关的监督，使得其各项民主权利，如批评权、建议权、检举权、控告权、申诉权、罢免权等在监督的过程中得到充分的体现和使用，从而保证公共权力的运作能够真正代表人民的意志和利益。否则，"一切权力属于人民"只会成为一句空洞的口号，民主政治当然也不可能成为现实。公民通过监督国家行政机关及其工作人员，促进他们忠于职守，遵守法纪，奋发向上，努力为人民服务，防止和杜绝国家机关的工作人员由人民"公仆"转变为社会的"主人"，保障了人民民主权利，充分体现了社会主义民主的本质和特征。

第三，权力制约功能。公民监督最主要的监督对象是国家机关及其工作人员，公民的知情权、批评建议权、检举权、罢免权对提高政府工作质量有非常重要的意义。腐败现象是现代社会的一大顽疾，也为国人深恶痛绝，如权力腐败侵犯了公民的合法权益，严重违背了社会公正和公平，其形成原因固然复杂，但监督不力无疑是重要原因之一。为了防止腐败，除了要有强有力的国家监督机关之外，还应进一步增加权力运作过程的透明度，让公民了解政务，公民监督才能切实起到应有的作用。公民在实施监督的过程中，通过一系列监督行为，在贬抑某种思想、价值观和行为的同时，也必然在树立或弘扬某种社会理想和社会价值观；公民监督是政治决策执行公开化、民主化的过程，是人民以权利制约权力的过程，在实施有效的监督的过程中，人民群众可以通过选举和罢免公职人员、意见表达和舆论监督或直接介入政府管理过程等方式，来制约政府的政治活动，从而防止官僚主义和政治腐败，保障权力运作的廉洁高效。我国正处在社会转型的发展阶段，一些国家工作人员乃至领导者，利用手中的权力，谋私、营私、舞弊、贪赃枉法。这些腐败现象不仅干扰改革、稳定和发展，打击了公民进行现代化建设的积极性，也严重侵占了国家人民的财产和建设资金，为了使国家行政工作人员在行政权力的运行中，做到遵纪守法、清正廉洁、秉公办事，使国家的权力始终掌握在人民手中，一定要发动人民群众，强化公民对权力的监督，保证行政权力为人民谋利益的宗旨，防止行政权力变质。

第四，政治参与功能。随着公民监督的有效实现，公民的政治责任感、政治参与热情和积极性普遍提高，也就更加愿意参与政治，使自己的监督更有效、更有力度。人的能力的形成与提高总是不能离开实践活动，政治能力同样离不开政治实践，人民群众通过对政府及其机关的监督，可以激发自身的政治热情和政治责任感，提高自己的权利意识，懂得如何发挥自己的政治作用，并在实践中感受到自己的人格和价值，增强民主观念和民主能力；公民唯有亲身参与到政治中去才能提高自己的能力，才能真正地监督。政治参与本身就是监督，只有在参与中，公民才能了解自己的政治责任，了解自己的利益所在，并把它正确地表达出来。由此可见，公民监督是提高人民群众政治能力、政治素质及提升社会的政治文明水平的有效途径。

三、公民监督的意义

我国公民监督是实现社会主义民主的重要保障，不断加强和完善公民监督建设对发展社会主义民主政治、落实科学发展观、构建社会主义和谐社会具有重要意义。

第一，公民监督有利于社会主义民主法治建设，有利于建设社会主义和谐政治。公民监督是公民监督政府和社会公共事务的权利，是人民当家作主、参政议政，实现民主权利的重要形式。同时，公民监督又是公民依法参与社会事务的权利，它反对公民个人采用无政府主义的形式自行处置自认为是违法犯罪的行为，要求公民在通常情况下向国家有关机关提出、反映问题，再由国家机关依法做出处理。一方面，公民通过行使知情权、批评建议权、检举权、罢免权预防和消除不和谐的因素；另一方面公民监督也是公民与政府相互沟通的有效途径，通过政府的信息公开、公民的批评建议、检举和选民对人大代表的罢免，公民得以参与国家政治，对国家政治发挥自己的作用和影响，实现自己的民主权利，而政府则在与公民沟通的过程中不断对自身加以完善，对工作加以改进，最终实现社会主义政治的和谐。

第二，公民监督有利于构建安定有序、人与自然和谐相处的社会。安定有序的最基本的要求是遵纪守法，法律得到贯彻执行，而法律的执行如果没有民众的积极配合是很困难的。民众的配合主要表现在两个方面，一是自觉遵守法律，二是对于不自觉遵守、违法犯罪的行为积极协助国家机关与其作斗争。对于许多违法犯罪行为，如果没有公民的检举、揭发，其发现和处理将是很困难的事情，因此，公民的监督对于法律的贯彻执行和安定有序社会的构建十分重要。和谐社会并非一团和气，不讲是非，如果面对违法犯罪行为，人们都视而不见，充耳不闻，不进行检举揭发，甚至不愿作证，不愿意提出批评建议，那么整个社会将会更不安定，人们的生命财产安全就得不到保障，就谈不上社会和谐了。

第三，公民监督有利于实现社会的公平正义。公民监督主要是对政府机关及其工作人员和其他人员的违法犯罪行为的监督，也是一种见义勇为的行为，保障公民监督必然会提高公民与违法犯罪行为作斗争的积极性，从而促进社会公平与正义。

第三节　社会团体监督

社会团体是当代中国政治生活的重要组成部分。随着社会结构的调整和社会分化的加速，社会团体的数量实现了井喷式的快速增长，特别是工会、共青团、妇联组织及利益群体得到了很快的发展。这些社会群团组织为群众监督提供了重要途径，也是群众监督的重要组成部分。

一、工会、共青团、妇联组织监督

工会、共青团、妇联（以下简称工青妇）组织是我国重要的社会群众团体，工青妇组织监督是群众监督的重要组成部分。作为党领导的工人阶级、先进青年、各族各界妇女的群众组织，工青妇有权以社会团体的名义就国家管理的有关事宜向有关行政机关发表建议和意见；同时也有责任保护本团体成员的合法权益，对行政侵权行为进行检举。工会、共青团、妇联应当成为广大群众有组织、有纪律、有领导地参政议政的民主渠道。工会、共青团、妇联是党联系群众的桥梁和纽带，是国家政权的重要社会支柱。发挥工青妇组织的监督作用，是为了使"桥梁"更通畅，"纽带"更牢固，"支柱"更坚实，党同群众的联系更紧密，从而保持我国社会稳定，确保国家机关干部清正廉洁，促进社会主义物质文明、精神文明、政治文明、生态文明和社会文明的建设。

（一）工会、共青团、妇联组织监督的法律地位

工青妇组织具有社会团体法人资格，其监督活动受国家的法律保护。其监督权利既是宪法所赋予的，也是我国具体法律、法规所规定的。

我国《宪法》规定，"中华人民共和国是工人阶级领导的、以工农联盟为基础的人民民主专政的社会主义国家""中华人民共和国的一切权力属于人民"。工人阶级是领导阶级，对国家的发展、社会的进步、民族的兴衰负有重要责任，这就决定了职工群众对国家和社会的一切事务、一切活动，不仅具有民主参与、民主管理的权利，而且具有民主监督的权利。同时，《宪法》明确规定，"人民依照法律规定，通过各种途径和形式，管理国家事务，管理经济和文化事业，管理社会事务""国有企业依照法律规定，通过职工代表大会和其他形式，实行民主管理""国家保护妇女的权利和利益""一切国家机关和国家工作人员必须依靠人民的支持，经常保持同人民的密切联系，倾听人民的意见和建议，接受人民的监督，努力为人民服务"。职工、青年、妇女是"人民"的重要组成部分，作为其群众组织的工会、共青团和妇联，理所当然代表它们各自所联系的群众享有参与国家管理和社会监督的权利，维护各自团体内群众的合法的正当的权益。

我国现行的许多具体法律、法规，在许多方面对工青妇组织的法律地位作出了具体规定，例如《中华人民共和国中外合作经营企业法》《中华人民共

和国未成年人保护法》《中华人民共和国义务教育法》《中华人民共和国婚姻法》等。1992 年 4 月通过的《中华人民共和国工会法》和《中华人民共和国妇女权益保障法》（现均已修改）更加明确规定了工会、妇联监督的社会地位。1994 年 7 月通过的《中华人民共和国劳动法》（现已修改）则是保护劳动者合法权益的基本法律。随着法制的进一步完善，工青妇组织监督的法律地位将进一步得到加强，工青妇组织监督的作用将会更加明显、有效。

（二）工会、共青团、妇联组织监督的主要内容

工青妇组织监督的内容是十分广泛的，上至国家宪法、法律的执行情况，国民经济和社会发展计划实施情况，下至社会风气，国家机关干部的工作作风等，因而是全面的、全方位的监督。其主要内容有：

第一，对立法和执法的监督。工青妇组织对立法的监督是通过参与立法工作来实现的。作为职工、青年、妇女群众利益的直接代表者的工会、共青团和妇联，按照我国立法程序和立法权限的有关规定，有选派代表参与各级人民代表大会立法工作的权利。工青妇组织的代表可以把广大群众的正确意见、建议和要求，如实地带到立法工作中去。

第二，对国民经济和社会发展计划的制定和执行情况进行监督。职工、青年、妇女是实现国民经济和社会发展计划的主体。工青妇组织首先要代表他们参与国民经济和社会发展计划的制定，反映他们的意见和建议，协助政府和人大作出正确的决策。一般说来，全国总工会要参与国家有关经济和社会发展方面的计划和政策等问题的制订；地方工会参与同级政府及有关部门关于经济计划、社会发展计划及相关政策方案的制定和讨论，参加有关综合性领导机构及有关部门的重要会议；产业工会参与本系统有关经济发展计划、各项改革方案和有关规章、条例的讨论制定。

同时，工青妇组织要教育和动员本团体的群众为实现国民经济和社会发展计划献计献策，充分发挥主力军、突击队和"半边天"的作用，为国家和社会做出积极贡献。此外，工青妇组织还要发动本团体的成员监督国民经济和社会发展计划的执行。国民经济与社会发展计划是党和政府方针政策的集中表现，是工人阶级和人民群众意志和利益的体现。保证该计划的顺利实施，国民收入才能稳步增长，人民生活水平才能有较大幅度的提高，国民经济才能持续快速健康发展，综合国力才能进一步增强，社会主义市场经济体制才能逐步、有序地建立起来。当前，官僚主义和腐败现象是干扰、破坏和影响

国民经济与社会发展计划执行的大敌，工青妇组织必须自觉地、坚决地反对各种形式的官僚主义和以权钱交易为核心的腐败行为，以保证国民经济发展计划的顺利完成。

第三，对企事业单位的监督。基层工青妇组织的民主监督，主要是对企事业单位的劳动就业、劳动合同、劳动保护、劳动保险以及对行政领导干部的监督，参与有关决策，维护群众的合法权益。

公民的劳动权利是获得生存权的必要条件。工青妇组织对劳动就业制度进行监督，就是维护职工、青年、妇女最基本的劳动权利。在保障工人劳动权利方面，我国的工会发挥着特别重要的作用。在劳动保护方面，工青妇组织也应进行有效的监督。我国对劳动保护实行"安全第一，预防为主"的方针，采取国家监察、行业管理、群众监督相结合的办法。

对劳动保险方面的监督，同样是基层工青妇组织的主要职责。劳动保险是指职工在生产和生活中遇到生、老、病、死、残等困难时，能够得到可靠的物质帮助和社会保障。工会组织有权监督患病（包括职业病）职工、因工或非因工伤残死亡的职工应享受物质待遇（包括医疗待遇、生活待遇和各种补助等）的执行情况，有权监督离职退休职工应享受待遇的执行情况，监督女职工生育待遇的执行情况，监督职工劳动保险使用的情况等。工会组织应经常向职工群众宣传劳动保险的方针、政策和各项规定，提高群众的政策水平，发挥群众的监督作用；做好劳动保险卡的登记、审查、变更和保管等工作，准确及时地审批和支付职工及其供养的直系亲属应予享受的劳动保险金；配合企事业行政部门做好劳动保险、福利制度的改革，改变福利待遇"大锅饭"的严重现象，逐步建立具有中国特色的社会保障体系。

工青妇基层组织还有权监督企事业单位的行政领导。企业工会组织与厂长（经理）的关系是民主管理与集中管理的关系，在工作目标和根本利益一致的基础上互相依靠、互相支持。同时，工会与厂长又是分工负责、互相制约的关系，工会在履行自己的职权时，没有接受行政命令和指挥的义务。工会主要从如下几个方面监督行政领导：一是监督行政领导正确执行党的路线、方针、政策，保证企业的社会主义经营方向；二是监督行政领导正确贯彻实施各项改革措施，防止借改革之名私设金库、偷税漏税、中饱私囊，以及在横向经济联合中假公济私等不正之风；三是监督行政领导认真贯彻按劳分配原则，防止以权谋私，侵害职工利益，正确处理国家、集体、个人三者利益关系，维护职工合法权益，反对任何形式的平均主义、"大锅饭"；四是监督行政领导正确执行国家有关政策、法律、法令，保证企业的规章制度既有利于加强法制和纪律、有利于集中统一指挥和生产经营，又不侵害职工的民主权利，既能保证企业出色地完成生产任务，又能确保职工的安全和健康；五是监督行政领导认真贯彻执行党的干部政策，防止任人唯亲、排斥异己，消除宗派主义、小团体主义；六是对违反党纪国法、严重失职、对群众的要求和疾苦漠不关心、给生产经营造成损失的官僚主义和渎职行为提出批评或惩处建议。这样，工会才真正是有组织地行使受法律保护的民主监督权利。

（三）工会、共青团、妇联组织监督的特点

第一，工青妇组织监督具有自觉性、主动性。群众的监督都是自觉自愿进行的，它没有任何外力的强制。群众（通过工青妇组织）之所以对党和国家机关工作人员从各个方面进行监督，或者是出于主人翁的责任感，或者是为了维护自己的正当权益。人民群众是社会和国家的主人，凡是有利于人民、造福于社会和国家的人和事，他们就赞成和支持；凡是有害于党和国家的人和事，他们就批评和反对。这是工青妇组织监督自觉性、主动性的最深厚的根源。因此，工青妇组织会主动地参政议政，主动地参与涉及职工、青年、妇女切身利益的各种法律、法规及制度的制定，主动地参与国民经济与社会发展计划的制定，主动地参加县以上各级人民政府设立的工资、物价、安全等涉及广大职工切身利益的专门机构的工作，自觉地维护职工、青年、妇女合法的、合理的、正当的权益，避免权益受损。

第二，工青妇组织监督具有广泛性。这表现为人员的众多性、形式的多样性和内容的全面性。在我国，工青妇组织及其成员几乎遍布祖国各地。包括工会会员、共青团团员在内的职工、青年、妇女分别战斗在祖国各条战线，并在各个岗位上担负着重要任务，他们是一支庞大的监督队伍，是社会监督的主力军。前面提到，工青妇组织监督的形式是多种多样的，有通过职工代表大会进行监督的，有社会协商的形式，有舆论监督的形式，有联席会议的形式，还有各种座谈会、咨询会等形式，而且随着社会主义民主的发展，会产生越来越多为广大人民群众所赞成和接受的监督形式。工青妇组织监督的内容也是十分广泛的、全面的，从法律、法规的制定和实施，到国家机关工作人员的工作作风等，都有权利进行监督。

第三，工青妇组织监督具有敏锐性、彻底性。工青妇组织监督的核心内容是法律政策的制定和实施。党和国家制定的政策和法律，是人民群众根本利益之所在。因此，广大职工、青年、妇女最关心政策和法律的制定和实施。他们是社会实践的直接承担者，是正确的政策和法律的直接受益者，也是错误的政策和法律的直接受害者，他们对党和国家的政策和法律反应最敏感、感受最深刻。对于国家相关政策的执行情况，干部的工作能力、工作态度、工作作风、工作成绩、思想品德、生活作风等，他们最清楚、最知情知底，因而实行监督也十分敏锐、十分有效。工青妇组织的监督具有一种强大而无形的压力，对党政机关工作人员起到一定的权力制约作用，能够有效地使国家的权力免于被滥用，使自己的合法权益免于被侵犯。

二、利益群体监督

(一) 利益群体的概念

改革开放以来，随着市场经济的发展，中国社会发生了翻天覆地的变化，社会阶层分化、社会结构变化和社会利益多元化，随之而来的是由利益相同或相似的社会成员形成的利益群体的出现，甚至出现了某些利益集团属性的团体。

利益集团和利益群体这两个概念来源于英文词组 Interest Group，在中文里两者的区别主要在于是否具有较强的组织性。《布莱克维尔政治学百科全书》对 Interest Group 的解释是"致力于影响国家政策方向的组织"，这一解释突出了它的组织性。由于"集团"这一概念在中文里带有很强的组织色彩，所以我国学者一般把 Interest Group 解释为"利益集团"，认为"利益集团就是在政治共同体中具有特殊利益的团体，它们力图通过自己的活动来实现自己的特殊利益"。但是严格意义上来说，"在我国还未出现达到组织化程度的利益集团，并不存在西方国家意义上的利益集团，在达到组织化程度的利益集团之前，因为有着共同的利益、共同的诉求，而有了利益群体的存在，从利益群体发展到利益集团还有一个过程，因此把 Interest Group 理解为'利益群体'是很有必要的，也符合其中所包含的固有涵义。"另外我国政治制度不允许利益集团形成，特别是要防止既得利益集团的形成，所以现阶段在我国使用"利益群体"这一概念更为合适一些。

"利益群体"这个概念，首次出现在中央的正式文件中，是在《中共中央关于制定国民经济和社会发展第十一个五年规划的建议》（以下简称《建议》）中。《建议》指出要妥善处理不同利益群体关系，认真解决人民群众最关心、最直接、最现实的利益问题，正确处理新形势下的人民内部矛盾，畅通诉求渠道，完善社会利益协调和社会纠纷处理机制。

"利益群体"是指基于共同或基本一致的利益地位和需求的人所构成的正式或非正式的社会群体。"利益群体"既可以以相对稳定的社会组织形式存在，也可以以松散、无固定组织、变动性大、流动性强的个体总和形式存在。

（二）"利益群体"的特点

"利益群体"主要具有以下特点：一是组成的宽泛性，二是存在的历史性，三是成员和利益的交叉性，四是群体的集合性，五是利益的一致性，六是类型的多样性，七是结构的多元性，八是内在的矛盾性。有社会学者从改革开放以来利益结构变迁的角度，把当前中国社会分成四大"利益群体"：特殊获益群体、普通获益群体、利益相对受损群体、社会底层群体。也有学者从经济收入角度划分为三大"利益群体"："一是高收入群体，又称为强势群体，它包括两类：一类是特殊利益群体，另一类是社会精英群体。特殊利益群体主要是指那些靠着权力与权力相结合产生的利益群体，它最大的特征是以公权力为背景，所以这个群体又可称为'特殊利益集团'；二是中等收入群体，也称为普通获利群体，是指在改革开放40多年以来，在经济以及各种社会资源方面获得了一些利益的群体，包括各阶层的人，其中有一般知识分子、干部、公务员，也有普通的管理者、小企业主、垄断行业的普通员工等；三是低收入群体，或称弱势群体，是指在物质生活条件、政治权利和社会声望以及发展机会等方面处于弱势（不利）地位的社会群体。低收入群体是我国最庞大的一个群体，主要由农民（包括农民工）、城市低收入者和下岗失业者所构成。"这些对"利益群体"的分类是从人的方面进行区分，实际上还可以细分为更多的"利益群体"。

"利益群体"是社会监督的重要力量之一。一般来说，"利益群体"往往对涉及自身利益的事情会特别关注，当然，对社会普遍关注的问题，也会给予积极关注。这种关注就是监督。政府在这方面的任何政策变动都会引起利益群体的反应，而政府的任何失误、失职，都会遭致利益群体的问责。

第四节 群众监督制度及其改进

目前来说，群众监督的形式主要包括：向行政机关及国家公务人员直接提出批评、建议；通过信访渠道，向有关国家机关提出申诉、控告、检举；通过社会组织、团体以及报刊、杂志、广播、电视等舆论工具揭露、批评国家行政机关及国家公务人员的违法、失职和滥用权力的行为；通过行政诉讼，请求人民法院审查、撤销违法、越权、滥用权力和侵犯公民合法权益的具体行政行为等。在推进社会主义民主监督和民主政治制度建设实践中，逐步建立起来了一些行之有效的群众监督制度。

一、群众监督制度

（一）特约监督员制度

目前，我国特约监督员亦称特约人员，特指我国政府和司法机关聘请外部人员，主要是人大代表、政协委员、民主党派人士、无党派人士、群众组织代表人士，担任特约工作任务人员。尽管特约监督员的具体称谓多种多样，如特约监察员、特约检查员、特约审判员、教育督导员、特约监督员等，但其特约工作职务的属性都属于监督工作范畴。因此，将特约人员统一称为特约监督员则更为规范和准确。那么，所谓特约监督员制度也就是指在我国政府部门和司法机关中设置并实施，聘请其外部人大代表、政协委员、民主党派成员、无党派人士、群众代表及社会其他方面人员，担任特约监督员的民主监督制度。

首先，特约监督员制度是我国社会主义监督体系建设发展的一项重要成果，是广大群众进行民主监督的一种重要实现形式，切实发挥了并正在发挥着民主监督的功能作用。特约监督员制度作为我国社会主义民主监督的一种重要实现形式，其特殊性和重要性，主要体现在它具有的以下二个突出特点：第一，特约监督员具有特殊的政治身份和较高的政治素质、专业素养。所谓特殊的政治身份，指的是特约监督员不是什么人都可以担任的，是必须符合制度要求的具有代表性的人士，不是一般的兼职人员或社会群众。所谓具有较高的政治素质和专业素养，指的是特约监督员必须具备制度规定的政治素质和专业知识要求的条件。特约监督员具有特殊的政治身份是实现其政治影响力的基础；具有较高的政治素质和专业素养是承担特约监督职责的能力保证。第二，特约监督是一种行政、司法监督与民主监督相结合的实现形式，既不同于一般性质的行政、司法监督，也不同于一般性的社会监督和其他形式的民主监督。特约人员进入到政府和司法机关内部和一些实际工作过程中所进行的"外部"监督，要比一般性的外部监督了解和掌握的情况更全面、深入、具体，要比一般性的行政、司法监督更具社会政治影响力。

其次，特约监督员制度还是中国共产党领导的多党合作和政治协商制度建设发展的产物，同时也是我国多党合作制度的组成部分和实现形式，发挥着它所承担的多党合作制度赋予的参政议政与民主监督平台的功能作用。第一，特约监督员制度的建立和发展与中国共产党领导的多党合作和政治协商制度建设的发展紧密联结在一起，同向共进。在特约监督员制度创建、发展的历程中可以明显地看到，特约监督员制度从起步到拓展推广及其更深入的发展，每一步都与统一战线工作联结在一起、与中国共产党领导的多党合作和政治协商制度的建设发展步伐联结在一起。特约监督员制度建设最初起步于国家监察部，其最初的制度设计目的就是构建行政监察与民主监督、社会群众相结合的机制，两次领域拓宽推广及其制度规范化建设的直接政策依据和动力都是中共中央颁布的关于中国共产党领导的多党合作和政治协商制度建设的文件及其有关规定。第二，特约监督员特殊的政治身份及其特殊的工作属性，决定特约监督员不仅具有民主监督的功能作用，还具有参政议政的特殊的政治责任。尽管在所有的特约监督员中并非都是清一色的党外代表人士，但党外代表人士应当说占有较大的比重，是这支监督队伍的主体。他们作为所聘部门单位的兼职人员，参与该单位的实际工作、执行工作任务，这就是直接参政；参与重大问题的研究和讨论，就是直接的议政。另外，就特约监督员监督工作的根本属性而言，虽然具有聘任单位工作的色彩，但严格说是属于具有特殊身份和特殊职责的"外部人"的工作，其职责最主要的不仅仅在于参与行政和司法监督，而更在于进行民主监督、政治监督。

（二）政务公开制度

政务公开是行政机关全面推进决策、执行、管理、服务、结果全过程公开，加强政策解读、回应关切、平台建设、数据开放，保障公众知情权、参与权、表达权和监督权，增强政府公信力执行力，提升政府治理能力的制度安排。主要的要求是使政府的工作内容公开化，对于政府筹划或正准备进行的各项工作，如城市建设、道路规划、医疗保健措施、事务处理等工作进行分类公开，并对各项工作内容及进程予以公开，任何公民都可以通过特定途径，如政务公开栏、政务公开网络等进行查询、监督。

目前的政务公开制度主要有如下几类：

（1）政务听证会制度。对物价、收费、城管、市政、环保、治安等与群众利益关系密切的事项，推行听证会制度，使群众直接参与行政决策，促进政府决策的民主化和科学化。

（2）重大事项集体讨论决定制度。涉及经济社会发展的重大决策、重要干部任免、重要项目安排和大额度资金的使用等，必须在广泛征求意见的基础上，经集体讨论作出决定，按照法定程序公开。

（3）专家咨询制度。各级政府及其部门决定或办理与群众密切相关的重要事项，应当在正式决定或办理之前将方案草案公布，在向专家咨询并广泛听取、充分采纳群众意见的基础上，再正式公布。

（4）责任追究制度。各级政府和纪检监察部门要加强对政务公开工作的督导、检查，确保政务公开的全面落实。要加大对举报、投诉事件的查处力度，凡有举报、投诉，都要认真调查处理，并及时向群众和社会反馈情况。对在推行政务公开中工作不力或不称职的领导干部，要进行批评教育；对拒不推行政务公开或在政务公开中弄虚作假，侵犯群众民主权利，对群众反映的问题不进行认真查处的，要追究领导责任。

（5）定期通报制度。各乡镇、各部门至少每半年要对政务公开工作情况在系统内进行一次通报，对工作认真、成效明显的要给予表扬，对工作不力、存在问题的要批评教育、限期纠正。

（6）投诉举报制度。设立投诉举报电话、举报箱，对群众投诉举报的问题，及时进行调查处理。群众署实名投诉举报的，要将处理意见直接反馈本人，切实取信于民。

（7）社会监督制度。采取定期或不定期召开座谈会、发放征求意见表、个别走访等形式，广泛征集群众意见和建议，主动接受新闻媒介的舆论监督，保证监督渠道畅通。

（8）新闻发言人制度。定期召开新闻发布会。政府办公室负责人、党委宣传部负责人担任新闻发言人，代表各级党委、政府就社会广泛关注的内容对外发布新闻，并接受记者的采访。

（9）电子政务制度。建立政务网站，逐步通过电子网络实现缴费、咨询、办证等服务，使电子政务和政务公开互为依托，相互促进，让更多的群众得到方便、快捷的服务。

（10）公开评议制度。鼓励基层干部和群众对机关的办事效率、服务质量进行监督，认真收集和听取群众意见，并进行公开评议，切实维护广大群众的合法权益。

近些年来，随着政务公开不断深化，政府信息公开、行政权力公开透明运行、公共企事业单位办事公开全方位推进，政务（行政）服务中心（以下简称服务中心）发展迅速，服务群众功能不断完善。但是，工作中也还存在一些问题，主要是：政务公开方面，有的存在重形式轻内容现象，有的公开内容不全面、程序不规范，有的不能妥善处理信息公开与保守秘密的关系，政府信息共享机制不够健全；政务服务方面，服务体系建设不够完善，服务中心运行缺乏明确规范，公开办理的行政审批和服务事项不能满足群众需求。各地区各部门要高度重视解决这些问题，坚持保障人民群众的知情权和监督权，加大推进政务公开力度，把公开透明的要求贯穿于政务服务各个环节，以公开促进政务服务水平的提高，创造条件保障人民群众更好地了解和监督政府工作。

（三）信访举报监督制度

信访举报是纪检监察机关获取信息和案件线索的重要来源，是社会公众对党员干部、行政监察对象进行监督的重要渠道，是人民群众参与党风廉政建设和反腐败工作的重要形式。

信访工作历来是中国党政领导机构发扬民主、体察民情、联系群众的重要渠道。高度重视和认真处理来信来访是领导机关应尽的义务。中共中央、国务院和全国人大常委会设信访局；中央各部、委、直属局设信访处（室）；各省、市、自治区党委、人大常委会和政府，有的设信访处，有的联合设立信访局或信访办公室；各地、市、县的党委、人大和政府，多数联合设信访办公室或分设信访科。根据 2005 年 1 月由国务院颁布施行的《中华人民共和国信访条例》（以下简称《信访条例》）等行政法规和政策的规定与实践来看，信访人在遵守法纪、信守事实的义务下，有建议、批评权，有反映、询问权，有检举、控告权，有申诉、求复权，有索赔权。信访人的信访事项应当向依法有权作出处理决定的有关机关或者上一级机关提出。信访人应当如实反映情况，不得捏造、歪曲事实，不得诬告、陷害他人。信访人应当遵守信访秩序，不得影响国家机关工作秩序，不得损害接待场所的公私财物，不得纠缠、侮辱、殴打、威胁接待人员，不得携带危险品、爆炸品以及管制器械进入接待场所。

从办理角度看，各级党政机关根据职责权限和信访事项性质，对本机关依法应当或者有权作出处理决定的信访事项，应当直接办理；对依法应当由上级行政机关作出处理决定的信访事项，应当及时报送上级行政机关；对依法应当由其他行政机关作出处理决定的信访事项，应当及时转送、转交其他行政机关办理。

从目前来看，当今信访举报呈现出一些新的特点：一是人员构成多样化。《信访条例》第 2 条对信访人进行明确的定义，通过书信、走访、打电话等形式，向政府机关或其他机构反映情况，提出意见建议、投诉等的公民、法人或者其他组织，称信访人。过去的信访人以普通群众和干部为主，而现在扩大到社会的各行各业：下岗职工、商人、业主、债民、外来工等。主体的多样化致使对信访问题的解决更加重要。二是上访内容宽泛化。过去的信访者大多是在个人利益受到侵害时进行上访，而现在反腐检举类信访逐年增加，尤其是近几年中央查处的干部违纪违法、贪污腐败行为多数是通过公民的检举上访得以发现的。而且随着城市扩建重建、新农村建设、城镇化进程的加快，由此而引发的各种信访数量持续增加。同时由于政府质量监管不力等问题造成的一些建筑工地伤亡事件，伤亡者家属往往由于对结果不满意而进行上访，组织很多亲戚朋友集体围堵政府办公楼。三是信访活动呈现的规模扩大化，行为极端化趋势，集体上访量不断增多。随着交通状况的改善、政府行政办公的公开化、网络媒体的快速发展，一些基层的信访问题急速升级，信访群众更加倾向于将问题反映到中央。这使得中央和地方的信访量呈现出一种不合理的"倒金字塔"分布。中央强调信访问题应该解决在基层，而事实与此相反，这说明现在的信访制度存在比较严重的问题。四是网络上访、电话投诉等新形式的信访量增多。随着互联网的快速发展使得网络上访、电话投诉上访等新兴形式的上访成为大势所趋。网络已经成为人民生活中不可或缺的元素。而且每年几百万的信访量，需要快速有效的系统和运行机制，网上信访可以提供这样的系统，所以构建网络信访是必要的。

综上所述，当今信访呈现的新特点，要求信访制度进行改革以适应这些新的变化，信访制度这一上层建筑要随着社会的发展而进行变革。在信访制度改革中，应坚持信访制度的行政监督功能为其首要功能，在改革中主要是强化信访的行政监督功能，弱化其救济功能，同时完善信访制度的沟通和协调等功能。

（四）控告申诉监督制度

比信访更强烈和隐秘的群众监督是控告申诉。个人、人民团体和群众组织有权检举揭发国家机关及其工作人员的违法失职行为。举报制度是对这一权利的制度化、规范化。举报人大多是发现和了解违纪违法事实的群众，举报的内容是可能涉嫌违纪违法的事实和嫌疑人，举报的对象大多是公职人员。举报人有产生一定的行政、法律后果的要求，举报的方法可以采取电话、电报、信函、当面举报、委托他人举报等。1988 年，中共中央发出的《关于党和国家机关必须保持廉洁的通知》中，提出各级检察机关和监察机关都要建立举报中心，方便群众及时揭露贪污贿赂等违法违纪行为，惩治腐败。接着，各地检察院纷纷建立举报中心、举报室、举报电话、举报信箱，形成了覆盖全国的举报网络。统计结果表明，近几年检察机关立案侦查的案件近 80% 左右由举报线索引发，举报工作成了反贪污贿赂工作的重要组成部分。为了切实保障举报人的合法权益，最高人民检察院制定了《人民检察院举报工作规定》《关于保护公民举报权利的规定》，明确了举报案件的受理、移交、立案、催办、结案、答复、检举人权益保护、奖惩等事项。这些规定也被纪检监察部门借鉴或引用。各举报中心受理举报的基本原则是"切实保障群众、单位的检举、控告权利"。

有关规定表明：①举报中的误会或不确切都是允许的。②为举报人的材料、姓名、身份、住址、单位等严格保密。③严禁打击报复举报人。④对那些通过举报使国家挽回或避免重大损失的有功人员给予奖励。从举报的实践看，在举报人和被举报人的较量中，一般来说，被举报人大多有权、有钱、有势，关系网纵横交错，对举报查处造成困难。另一方面，现实中，有些主管部门和监督部门的官僚主义、部门主义、地方主义和轻描淡写的冷漠态度，以及某些单位里周围群众出于小团体利益考虑所表现出来的不理解，也令举报人生畏。这样一来，群众更多地采匿名信举报。匿名信举报一般有三种情况：①反映情况属实或基本属实，因遭受打击报复或担心解决不了问题，不敢署名或用假名；②反映一些道听途说或根据某些事实推理的问题，仅供领导参考，不愿署真实姓名；③极少数用心不良者利用写匿名信手段，捏造事实、诬陷他人。前两种情况一般以检举揭发、控告领导干部违法违纪问题居多。对匿名揭发、检举和控告要给予理解和确保处理，不可忽视匿名信反映的大量信息和违法违纪线索。处理匿名信也应注意保护检举人，以免伤害民众检举揭发的积极性，防止某些权力人物借反对诬告之名行打击报复之实。

二、群众监督的改进

（一）群众监督的现状分析

群众监督作为监督体系中一个重要的组成部分，是党外监督的主要渠道，也是党内监督的有益补充。其与生俱有的广泛性、公开性和实用性等优势，使得群众监督在实践中成为遏制腐败、打击犯罪的一项重要手段。特别是党的十八大以来，中纪委创新宣传方式，畅通各种渠道，积极引导广大群众参与反腐败斗争。全国上下掀起了反腐败高潮，许多领导干部被查处，其中被群众监督引出的占了相当大的比重。群众直接或间接参与反腐败斗争，不仅对腐败分子形成了"无处藏身""人人喊打"的围剿态势，而且凝聚了全党全民反腐败的坚定决心与信心。一方面，群众监督因监督主体的广泛性而无处不在，无时不有，弥补了其他监督形式的不足，对党员干部特别是领导干部及其他公务人员 8 小时工作以外的各种活动进行广泛监督，涵盖方方面面，是一种全方位的监督；另一方面，随着民主法治意识的不断增强和党政党纪法规的深入宣传，群众监督热情空前高涨，监督水平不断提高，与其他监督形式各展所长、优势互补，成为民主监督体系中不可或缺的重要一环。

（二）当前群众监督存在的困难和问题

群众监督群体大，"成分"复杂，致使其在履行监督职责的过程中容易滋生一些负面的东西，从而会不同程度地干扰反腐工作的正常进行，加之反腐工作自身存在的诸多操作上的缺陷，不可避免地影响着群众监督的质量。

一是监督主体良莠不齐制约着群众监督作用的发挥。由于群众自身素质和能力参差不齐，许多群众对党的政策法规、监督方法途径和民主监督知识了解不够，对如何行使民主权利、开展群众监督缺乏必要认识，还存在不会监督的问题。有些群众民主意识不强，抱着事关不己或随大流的心态，监督的积极性、主动性不强，不愿监督。还有的群众，由于惧怕被打击报复、引火烧身而不敢监督。更有甚者，打着监督的旗号，制造一些虚假信息泄私愤，使群众监督成为一种打击报复手段。

二是监督信息掌握不充分导致的群众监督的局限性。知情是监督的前提，公开是群众监督得以进行的重要基础。广大群众作为群众监督的主体，在权力、资源、信息等方面处于弱势地位，群众的知情范围狭窄，对权力的监督往往缺乏必要的条件和能力。近年来，尽管各级政府通过打造阳光政府，不断提高权力运行的透明度。然而，目前大部分政务公开的内容还停留在公开办事制度、公开办事程序上，而群众真正关心的焦点、热点问题却不公开或公开不全面，致使群众监督的范围受到了限制，影响了群众监督力量的发挥，限制了群众监督的广泛性和有效性。

三是监督渠道不畅通决定了监督的力度和深度不足。虽然宪法规定每个公民可以行使批评、建议、控告和申诉等法定权利，但它有赖于国家机关的接受和采纳，并不具有强制被监督者接受约束和执行的效力。现实中少数领导干部不愿接受监督，认为群众监督是对自己权威的挑战，视群众监督为"找碴""挑刺""与自己过不去"，对群众监督持敌对态度，对群众提出的质疑，采取回避措施，或者千方百计加以辩解、掩饰，致使群众监督举报反映的问题得不到及时、有效的处理。甚至个别国家机关和公务人员利用手中的权力对提出批评、建议，或者检举、揭发、申诉、控告的群众进行打击报复，让监督者付出沉重代价。当前群众监督的法规制度还处于健全完善当中，群众监督效果缺乏相应的追究问责机制，个别国家机关和公务人员对群众监督要么不了了之，要么敷衍了事，极大地挫伤了群众监督的积极性，也让群众监督力度大打折扣。

（三）加强群众监督的建议

（1）加强政策宣传，提高群众监督能力。要增强群众对消除权力腐败的信心，着力宣传其享有的各项监督权利，增强其依法进行监督的意识，鼓励和引导人民群众行使好监督的权利，保护和调动好人民群众行使监督权利的积极性，从而把权力的监督作为自己的自觉行动。

（2）增加行政透明度，进一步拓宽群众全面获取信息的途径。要规范信息公开内容。依据《信息公开条例》，对不涉及党和国家机密的政务信息予以公开，按照政务公开的要求，公开条件、公开办理、公开结果，自觉接受群众监督。要优化信息公开方式。综合运用公开栏、政务通报、干部人事公示、媒体公开、电信服务等多渠道、多角度、多层次，及时、全面、准确地公开有关信息。要积极推进信息互动。充分发展和运用好网络信息互动载体，采取设立网络信息员即时发布最新消息、党员领导干部在线与群众交流等方式，与群众即时、广泛、全面地交流信息，为群众提供言论新空间，为党和政府拓宽了解掌握社情民意的新途径。

（3）探索监督新方法，进一步拓宽群众意见及时表达的途径。一是积极开展民情交谈。疏通下情上达的渠道，加强各级干部与群众之间的沟通和联系。建立经常性的领导干部下访和接待制度，对人民群众提出的各种问题及时作出回答。二是推行"监督热线"制度。充分运用互联网、电话、微信、微博等新媒体，开通政务热线、行政效能投诉热线等，畅通民意反映的渠道，打造群众监督的平台。三是开展巡查工作。针对群众反映集中的问题，开展专项巡查工作，发挥紧密联系群众的优势，注重问题导向，直面矛盾，增强群众监督的信心。四是健全信访和举报工作制度。在当前群众监督机制还不健全、监督体系还不够完备的情况下，采取信访举报方式是群众参与监督的最有效的途径。要不断完善信访举报制度建设，拓宽信访渠道，对待群众反映的问题，要坚决做到不推不拖，及时组织力量调查处理；要制定严格的处理程序，严守信访秘密，切实防止由于工作环节的疏漏而使监督者受到歧视、刁难或打击报复；要切实维护好群众监督举报的合法权益，制止各种侵犯群众正当权益的行为，以保证群众的监督权益不受侵犯。

（4）促进监督转化，提高群众监督效果。群众监督在通常情况下，不会对被监督者直接产生作用，只有把群众监督转化为专门机关的监督，才能发挥作用。要将群众监督中提到的有关问题，通过审查、筛选，分情况呈报有关领导批办或转到有关部门查办，使之及时转化为各主管部门或其他专门机关的监督。只有把群众监督与党风廉政教育、制度建设、干部管理、行政司法监督等工作结合起来，把各级机关的外部监督和内部制约结合起来，才能产生更好的监督效果，使群众看到自己的监督切切实实有成效。如此，才能充分发挥群众的监督作用。

【案例分析】

石家庄赞皇县"黑加油站" 公然经营运行

人民网北京 10 月 19 日电（王绍绍）记者从生态环境部了解到，中央第一环境保护督察组进驻河北省以来，陆续接到群众反映黑加油站、非法储油库污染问题。为此，督察组专门组织检查，发现石家庄市赞皇县"黑加油站"问题十分突出。

针对群众举报的"赞皇县赞皇镇 393 省道两侧有多家非法储油点、东高村西 100 米路南张进刚非法储油库，及花林村西 500 米处路南、见守汽修厂西侧何国方非法储油库污染环境"等问题，2018 年 6 月 12 日，督查组赴赞皇县进行督察。

督察组经向群众了解证实，东高村西侧有一处名为赞皇县安达柴油零售网点的加油站。现场检查时，该加油站正在为数辆农用三轮车、大型货车加油，院内有一座砖砌地埋式柴油库正在施工，油库边停放三辆流动加油车，及一辆水罐车。东、西两扇院门均可见封条残片，显示 2018 年 5 月 22 日县商务部门查封字样。

经查，该加油站存在超范围经营汽油、成品油零售批准证地址与实际不符、查封期间仍擅自恢复经营、私自扩建储油库等违规行为。该加油站位于省道沿线，却未能通过断水、断电、拔除油罐等强力手段取缔到位。另外，督察发现"何国方非法储油库"同样属实，为有照无证非法售油点。

在督察期间，督察组收到多件涉及"黑加油站"的信访举报件，其中涉及石家庄的"黑加油站"举报查实 19 件，数量排名全省同类问题信访举报第一位。

督察组认为，石家庄市黑加油站屡禁不止，反映出相关部门在打击"黑加油站"过程中，态度不够坚决，措施不够有力，整改不到位。

——摘自人民网

案例思考题

结合本案例，谈谈你对群众监督的优势和意义的认识。

【课后练习题】

1. 简述群众监督的含义、特征和功能。

2. 简述公民监督的内涵、功能和意义。

3. 工青妇组织监督的主要内容和特点有哪些?

4. 群众监督制度的内容有哪些?

5. 谈谈群众监督的现状及改进措施。

第十二章

舆论监督

【本章学习目标】

1. 了解舆论监督的内涵与分类。

2. 理解舆论监督的功能、原则与手段。

3. 了解网络舆论监督的含义。

4. 掌握网络舆论监督的形式与特征。

5. 掌握我国网络舆论监督取得的成效。

舆论监督，是我国监督体系中社会监督（外部监督）的一种，其实质是公众的监督。舆论监督作为公民宪法权利（监督权）的体现和常见形式，是社会公众运用各种传播媒介对社会运行过程中出现的现象表达信念、意见和态度的活动。当前，互联网尤其是移动网络得到快速发展，微博、微信等通信手段在实践中被广泛应用，网络舆论监督在社会生活中的重要性越来越显著，成为群众获取信息的重要来源、参与社会事务的重要渠道。

第一节　舆论监督概述

一、舆论监督的内涵

广义的舆论监督，是指公民通过一定的组织形式和传播媒介，充分发表意见、建议和呼声，表达自己意志的权利和通过自由表达舆论、影响公共决策的一种社会现象。它的实现方式表现为选举权、言论自由权、结社权、知情权、对政府机构或官员的滥用权力等不当行为进行举报、检举和控告的权利，以及在遭受来自公权力的侵害时获得救济的权利。例如申诉的权利，申请行政复议和提起行政诉讼的权利等。狭义的舆论监督，是指新闻舆论监督，指一般公民和包括新闻媒体在内的社会组织在公共领域的言论空间中通过公开指控、评论、提出改进建议等手段，利用所体现的舆论力量对政府机构和政府官员滥用权力等不当行为进行监督与制约，是公民言论自由权利的体现，是人民参政议政的一种形式。

舆论监督的主体为一般公民和包括新闻媒体在内的社会组织。根据人民主权原则，作为国家主人的人民是当然的舆论监督的主体，但作为舆论监督主体的人民，只能在法律范围内通过一定的代表其利益的组织如新闻媒体进行舆论监督。在我国目前的条件下，执行舆论监督的行为主体，主要是党的各级宣传部门、各级政府的广播电影电视部门、各新闻单位、各民主党派和社会团体等。舆论监督的对象是各级国家机关及其工作人员，主要是指各级立法、执法和司法机关及其工作人员。这里有两个问题：一是各党派、共青团、工会妇联等社会团体是否是舆论监督的对象。在我国，这些社会组织虽然不是国家机关，但其活动经费和工作人员的工资也是由国家财政提供的，而且这些组织的活动影响到公共政策的制定和执行，所以也应属于舆论监督的对象。二是政党特别是执政党是否属于舆论监督的对象，中国共产党代表最广大人民群众的利益，因而自觉地接受人民群众的监督包括舆论监督乃是题中之义。

舆论监督的内容是指，一般公民和媒体对国家机关及其工作人员以及公众人物等监督对象的滥用权力等违法和不道德行为所作的公开批评。即这种批评不仅包括政府官员和公众人物违反宪法和法律的行为，而且包括违反社会公德的行为。因为政府官员和公众人物的个人品德直接影响到他们执行法律、服务于公共利益的公正性。从目前我国的实际状况来看，舆论监督的重点应该是对国家机关以及执政党决策过程和决策执行的监督、对法律制定和法律实施的监督、对国家机关工作人员特别是领导干部的监督和对一般社会成员包括公众人物的监督等。

二、舆论监督的分类

根据舆论传播媒介的不同，舆论监督可以划分为网络监督、电视监督、报纸监督、集会、游行、传单、出版物、评论、批评曝光等。

　　根据监督客体不同可以分为行为监督和决策监督。行为监督是对人们（特别是具有公共权力的机构和人物）在政治、文化、经济和社会生活中所作出的不良行为进行监督，并使其改正，回到正轨的过程。决策监督是指对国家、政党和各级政府的方针政策、法律法规的制定、执行和执行以后的情况，以及重大事件的决策和执行情况予以监督。

　　根据新闻舆论监督行为付诸实施时新闻事件的时态，舆论监督可以分为：前置式舆论监督和后置式舆论监督。前置式舆论监督的实施与新闻事件的发生时间同步，被监督的事件还处于发展阶段。后置式舆论监督，其显著标志就是事件在处理之后才报道，因此也可叫作滞后式新闻舆论监督。

　　根据记者在新闻事件中角色可以分为：听闻式舆论监督、参与式舆论监督。听闻式舆论监督即事件发生时记者不在现场，获知线索和信息后才去采访，有关事实都是间接采集到的。参与式舆论监督也叫体验式或干预式舆论监督，是记者直接介入新闻事件后进行的新闻舆论监督。

　　根据报道的形式可以分为直接式舆论监督和间接式舆论监督。直接式舆论监督，就是记者以曝光、揭短、揭丑为手段，直面对象，解剖矛盾，报道问题。间接式舆论监督，指从某个有利于树立正面形象的侧面展示问题和矛盾，或通过报道正面因素来侧面暴露某种弊端。

　　根据监督对象的错误和问题性质的不同，新闻舆论监督可以分为批评性监督和非批评性监督。批评性监督指一般用于对监督对象的错误行为甚至是违法行为而进行的监督，非批评性监督一般用于对监督对象由于客观原因所引发的问题而进行的监督。

　　根据监督对象存在问题涉及范围的不同，可以分为特指监督与泛指监督。特指监督指对特定的监督对象所存在问题的监督，新闻舆论监督稿件的特征是所指对象是特定的。泛指监督一般用于对一定范围内普遍存在的问题的监督，新闻舆论大众对某项公共事务或政府决策所持的态度，已作为民众议政、监督的一条重要渠道。一些党政机构把定期举办民意测验作为了一项日常工作，并将调查结果引入决策过程。把用民意投票考评领导干部纳入了干部考察程序。国家统计局设专门的调查队伍、对涉及民生的各类问题进行调查，为党和政府决策提供了科学依据。在不违反"四项基本原则"的前提下，召开各种形式的讨论会、发表演讲，依法集会、游行、示威同样是社会舆论监督的重要形式。随着电信的发展、网络的普及，通过网络撰写博客、通过手机编发短信、写民谣等方式表达意愿，提出诉求，进行舆论监督已成为现代社会舆论监督的一大亮点，对公共事务和政府决策进行评议、监督，其舆论监督的影响力越来越大，不容忽视。

第二节　舆论监督的功能、原则与手段

一、舆论监督的功能

舆论监督作为一种非法律强制性的社会监督，所具有的职责和功能是较为宽广的。从舆论监督的主体和客体可以看出，它不仅是对社会运行过程及每项社会行为进行考察、分析、研究和监测，而且要对社会各方面和各环节进行引导、协调、促进和制约。因而在我国社会主义现阶段，舆论监督有以下几个主要功能。

（一）诱导功能

舆论监督的主要形式是通过信息收集、整理、传递和反馈，对社会运行过程及其结果、全部社会行为及公共活动进行的监督。因此，它首先要对有利于社会正常运转，有利于人们行为符合法律规范，有利于社会生产力发展和社会道德提高的典型经验、典型事例，进行广泛的宣传报道，一方面对整个社会活动进行示范，另一方面引导社会各方面都以此为标准，严格要求和约束自己的行为。同时，给人们提供一个监督社会各方面、各环节的现实标准。其次要对不利于人民的事件、违法乱纪的行为、阻碍社会正常运转和不道德的现象、污染社会的不良习气和腐朽东西，进行揭露和批评，促使人们引以为戒，自觉采取措施，克服同类缺点和错误。同时，使人们明了现实的是非标准和判断界限，以便人民在实践中更好地发挥监督作用。再次是通过对党的方针政策、国家的法律规范、国内外政治经济动态和当前工作的中心、措施、目标等的宣传、阐发、报道和信息反馈，去引导人们正确思维、正确分析和正确处理各种社会活动，让人民大众明白在社会活动中该做什么、该怎么做，不该做什么、不怎么做，将公共道德与个人态度统一起来，以符合社会统一的准则和规范，从而更好地调动人民大众建设社会主义的积极性、主动性和创造性。同时，还可以引导人们朝相反的方向去思考、分析和处理某些社会现象或活动，从而阻止某些事件的发生。

（二）协调功能

在社会主义社会特别是在社会主义现阶段，人们在根本目标一致的前提下，社会各阶层、各集团、各方面、各环节乃至于全局和局部、个人和集体之间，在经济利益上都或多或少，或轻或重地存在着一些矛盾和冲突。这些矛盾和冲突如果不能得到很好地解决，社会各方就不能很好地协调起来，形成一个强大的"合力"作用于社会运行过程，推动社会健康发展。舆论监督的职能之一，就是运用特有的优势，将社会各方的矛盾、冲突揭露开来，公诸于众，使之一方面受到全社会的评判、谴责，在舆论的压力下自觉地放弃部门、地方、集团和个人的狭隘利益，而服从全局和长远利益，另一方面为有关领导和决策部门提供准确的信息，敦促其采取行政、法律、经济等各种有效手段，将社会各方面有机地协调起来。

（三）维护功能

舆论监督作为社会主义监督系统的一个组成部分，与其他各种监督一样，其根本目的是维护社会主义秩序、保障人民权益不受侵犯。因此，在监督实践中，既要对社会运行过程中各种违法乱纪行为和不符合社会主义道德观念的丑恶现象予以无情的揭露、抨击，又要对党和国家机关及其公务人员的官僚主义作风、以权谋私、贪污腐败现象和不廉洁、不奉公守法的行为，进行公开的批评。因为这些丑恶现象和违法乱纪行为，从根本上说都是违背人民意志、损伤人民利益、破坏社会主义制度的。通过舆论监督，将它们公开披露并进行公开批评，不仅能够维护人民现实的政治、经济利益，而且能够唤醒人们的警觉和增强人们的参政意识、主体意识，以便进一步维护和增强人民的各种权益。

（四）制约功能

任何社会的正常运转都离不开权力。"一切有权力的人都容易滥用权力，这是万古不易的一条经验。"[1]因此，必须对权力进行监督。目前，在我国监督权力的方式有很多，舆论监督无疑是一种重要的权力监督方式。舆论监督权力的方式主要体现在两个方面。第一，通过曝光、批评等方式，给滥用权力者造成巨大的精神压力，从而达到监督权力的目的。舆论监督的主体非常广泛，通过舆论监督，可以将权力的行使者置于全社会的监督之下，当公民

---

[1]　[法]孟德斯鸠：《论法的精神》（上册），张雁深译，商务印书馆2005年版，第184页。

和新闻媒体发现滥用权力的行为或者贪污腐败的行为时，可以将之公诸于众，加以谴责，进而形成一种强大的公众舆论，给滥用权力者造成巨大的精神压力和心理威慑，从而使得权力的行使者在舆论压力下时刻保持警醒，防止权力滥用和贪污腐败行为的发生。第二，引起相关部门的重视，启动体制内的其他监督方式对权力进行制约。舆论监督具有非强制性，不会给权力滥用者和贪污腐败者以直接的制裁，但是通过舆论监督，可以启动体制内具有强制性的监督方式，从而使舆论监督转化为其他形式的监督，给权力滥用者和贪污腐败者以实体上的惩罚。舆论监督是软性的，但通过舆论监督所启动的各种强制性的监督方式却是实实在在的。从以上的分析我们也可以看出，舆论监督在防止权力滥用和贪污腐败方面具有非常重要的作用。西方媒体将新闻媒体称作立法、司法、行政三种权力之外的"第四权力"以及我国流传的"不怕控告，就怕登报"，都表明了舆论监督在制约和监督权力方面所具有的重要功能。

（五）监测功能

舆论监督的社会监测功能是指舆论监督所具有的守望社会环境、感悟社会动向、反映社会热点的功能。普利策曾经说过："倘若一个国家是一条航行在大海上的船，新闻记者就是船头的瞭望者。他要在一望无际的海面上观察一切，审视海上的不测风云和浅滩暗礁，及时发出警报。"[1]这句话虽然是针对记者在社会发展过程中的重要作用而言的，但也在一定程度上反映出了舆论监督所具备的社会监测功能。舆论监督可以通过广播、电视、报纸、网络、论坛、沙龙等形式使单个的信息汇集成强大的社会舆论，从而引起当政者以及整个社会的警觉和注意，发挥其监测社会的功能。舆论监督的社会监测功能主要体现在三个方面：第一，舆论监督是社会发展的"晴雨表"。舆论监督以普通公民和新闻媒体为主体，以公开事实、发表意见、作出评价和提出建议为主要形式，会率先发现、抓住和反映出社会在某个时期存在的重大问题，成为社会发展的"晴雨表"。第二，舆论监督是社会发展过程的"守望者"。舆论监督可以对国家和各级权力机构、政府官员出现的各种问题进行追踪，并通过公开报道、作出评价等方式，促使当政者对这些问题予以及时的解决，最终促进社会的发展。第三，舆论监督是党和政府的"耳目"。从党和政府的

---

〔1〕 转引自杨明品：《新闻舆论监督》，中国广播电视出版社2001年版，第36页。

角度来看，舆论监督为党和政府提供了一个了解人民群众的窗口，通过舆论监督，党和政府能够更好的了解民情，使决策者对社会整体发展有全面的、宏观的认识和把握，进而制定出更加符合现实国情的发展战略和实际措施，促进社会的发展和进步。

二、舆论监督的原则

舆论监督的功能和作用，决定了舆论监督的范围很广，影响很深，是人民参与国家事务管理，参政议政和监督党、国家机关和公务人员各种行为的锐利武器。在实际工作中，舆论监督应当遵循下述基本原则：

第一，从党和人民利益出发的原则。舆论监督的主要形式和手段之一，是公开事实真相，作出公正评判，进行严肃批评。因此，在实际工作中，要自始至终坚持一切从有利于党和人民利益出发的原则，特别是在舆论批评中，既不能无中生有、罗织罪名、断章取义、无限上纲、打棍子、扣帽子，又不能混淆黑白、颠倒是非、小题大作、借题发挥，而要像中共中央《关于在报纸刊物上展开批评和自我批评的决定》所指出的那样，以促进和巩固国家建设事业为目的，有原则性有建设性的、与人为善的批评，而不是为着反对人民民主制度和共同纲领、为着破坏纪律和领导、为着打击人民群众前进的信心和热情、造成悲观失望情绪和散漫分裂状态的那种破坏性的批评。

第二，实事求是的原则。舆论监督涉及面广，影响范围大，后果不易消除。因此在实际工作中，一定要坚持实事求是、一切从实际出发的原则。首先是对监督的事实必须校对清楚，既不夸大，又不缩小，更不笔下生花，信口雌黄；其次是情节必须清楚，包括每个细节都必须清楚、准确，既不能凭空设想、推论事情的发生过程，又不能随意"修正"某些情节，更不能移花接木、凭空捏造；再次是对产生问题的原因，一定要站在客观公正的立场，进行认真的调查研究，实事求是的分析判断，决不允许带有任何私人动机或想法。

第三，适时适宜的原则。舆论监督主要是借助于宣传、新闻等舆论工具对好的典型给予表彰，对不良行为给予批评，从而达到监督的目的。无论是批评还是表彰，其影响都是很大的。因而不论是批评还是表彰，都必须选择适当时机和适当内容，抓住人们共同关注和迫切需要解决的问题，使监督具有较强的针对性和时效性。

三、舆论监督的手段

舆论监督不同于其他形式的监督，除舆论监督的特点及作用对象和方式不同外，发扬监督的手段也不同于其他监督。从我国目前情况看，舆论监督的主要手段有以下几种。

（一）宣传

舆论监督的职责并不单纯是揭露腐败阴暗现象，还具有宣传法治、弘扬正气、交流好的经验、推广成功做法等职责。社会主义监督的根本目的是促使问题的解决和制度的完善。即使是对各种问题的解决，也不是"不教而诛"，而是运用宣传手段即借助于各种新闻媒介和舆论工具，向全社会及全体人民广泛宣传党的方针政策和国家的法律规范，从而使广大群众知法、守法、使国家公务人员执法、护法，使社会各方面都严格按照党的方针政策和国家的法律规范约束自己的行为活动。

（二）揭露

舆论监督的一个很大特点，就是公开化，并将事物公诸于世。通过这种公开，可以将各种腐败阴暗现象及时地揭露出来，使之受到全社会的鄙视、抨击和鞭挞，从而形成舆论监督的强大威慑力量。这就是人们通常说的"不怕批评，就怕登报"。这里，需要明确的一个问题是，舆论监督运用揭露手段，对各种腐败阴暗现象的揭露，会不会使人们丧失信心？实践证明，对腐败阴暗现象的揭露，不仅有利于问题的及时解决，而且还表明我们国家敢于正视阴暗面，解决问题有决心，群众会增加信心。如果对于事实上存在的腐败阴暗现象及各种不法行为或不道德行为，不敢或不能及时揭露，不仅不能及时解决问题，而且会使问题越积越深，群众意见越来越大，从而失去信心。

（三）表扬

从广泛的意义上讲，正面表扬好人好事，也是一种舆论监督。所谓表扬，就是运用各种舆论工具或多种形式，对遵守法纪、成绩突出、贡献显著的集体或个人，给予表彰和弘扬。通过表扬，为全社会树立先进典范和学习标准，使党和国家机关工作人员、企业事业单位、社会组织和公民个人都从中受到教育，以严格要求自己廉洁奉公、一心为民。

第三节　网络舆论监督

一、网络舆论监督的含义

（一）网络舆论及网络舆论监督的含义

网络舆论，是网民针对网络社会和现实社会中的相关问题、现象所显示出的态度、信念、情感状态和有关建议的总和，有着相应的连续性、强烈性和一致性，影响着相关事件的进展及社会的发展。所谓网络舆论，是指在互联网上产生和传播的，经过对热点问题的聚焦而产生的有着相应影响力的共同信念和意见的总和。总而言之，网络舆论就是网络空间里的舆论形态。[1]也有人认为网络舆论是民众对于社会公共事件利用信息网络公开发表具有影响力的意见。[2]

网络舆论监督是指在 Web2.0 时代背景下，网民通过新闻跟帖、虚拟社区、网络论坛、网络搜索、网络群聊、贴吧、博客、播客等载体，对公共事件进行评论和意见表达而形成的行为集合体，它是人民群众通过网络了解国家事务，自由地进行沟通和表达自己的建议和意见，对国家的经济、政治、文化、法律、行政、教育活动进行议论和褒贬。

（二）我国网络监督的发展进程

随着网络普及和网民数量的迅速增长，网络舆论监督在我国不断地发展，本文结合互联网用户数量及网络在舆论监督中所发挥的作用，按照事物发展的时间先后顺序，将其进程大概分为以下几个阶段。

1. 萌芽阶段

从 1994 年中国接入互联网至 1999 年间，我国网络发展缓慢，普及率较低，这是互联网在我国的萌芽和酝酿阶段。从 1997 年中国互联网的 62 万用户，到 1999 年 400 万网民的时期，网民主要通过网络表达自己的强烈感情，按照我国人口比例来看，可见当时的网络关注度很低，所影响的公众范围也很小，更别说网络舆论监督的这一方式所起到的效应有多大。在这期间，最

---

[1]　参见林凌、赵亚涛："论网络舆论的基本特征"，载《东方论坛》2007 年第 5 期。

[2]　参见邓新民："网络舆论与网络舆论的引导"，载《探索》2003 年第 5 期。

为典型的案例就是 1998 年 5 月的网上"黄丝带运动"事件，这一事件是由印度尼西亚的排华动乱而引起的，从而使互联网打破了印尼新闻媒介对迫害华人事件的新闻封锁，随后在网上开始流传有关暴徒蹂躏华人的一些照片，并且有关此次事件的一些照片以最快的速度通过电子邮件的方式传到了整个世界的华人所在区，使更多的华人看到这个事件的真相，越来越多的华人开始愤怒地宣扬自己的情绪。[1] Sinsnet——北美著名的中文网站华渊网，在 1998年 7 月，发起了"请支援遭凌虐的印尼华裔"相关的"黄丝带"运动，新闻人在网站上把印尼华裔所受的暴行一一进行披露，以最大的努力为印尼的华裔获取自身的权益，随着新闻的逐步传播，越来越多的社会大众开始对此事件进行关注，甚至是达到了极度气愤的状态，从而越来越多的来自世界各个地方的华人自发地聚集在一起，并且佩戴相同的"黄丝带"开始进行集体游行，不再压抑内心的愤怒。久而久之，那些自发来支持印尼华人的人，以及那醒目的"黄丝带"，让更多的人记住了这次事件，记住了那些受难的印尼华人。[2] 人们也开始用电子邮件的形式传播"黄丝带"，并通过网络这一形式来表达对印尼华人的牵挂以及关怀，这让更多的世界华人的心聚在一起，用更强大的正能量去告诉世界我们反对暴行，反对不和谐。之所以这个事件在当时受到大众的广泛重视，是因为网络的介入，通过网络让四面八方的人了解事实的真相，传播正能量，可以说，这一事件是代表了网络舆论监督的开始。同时，1999 年我国驻南斯拉夫大使馆遇袭事件也标志着网络舆论的开始。

2. 网民初步参与阶段

我国国内的网民数量从 1999 年底的 890 万增加到了 2003 年的 6800 万，这标志着我国互联网进入了发端和成长期，这一时期出现了网络空间引发的虚拟与现实相结合的集体行动。

在此期间，相继发生了南京"日资企业背景大酒店在南京大屠杀纪念日开业"事件、广西南丹拉甲坡矿特大透水事件等。在被称为"网络舆论元年"的 2003 年，网民意见更是出现井喷现象，在 SARS 肆虐期间，公众在家上网

---

〔1〕 参见范竞秋："互联网信息传播的威力与威胁——以'黄丝带'运动为例"，载《当代传播》2004 年第 5 期。

〔2〕 参见闵大洪："在理想与现实的冲突中——新闻媒体网站电子论坛刍议"，载《新闻与传播研究》1998 年第 3 期。

时间大为增加，网民通过网络聊天室与 BBS，传播大道或小道消息。例如，2003 年 4 月 25 日《南方都市报》曾发表过"被收容者孙志刚之死"的新闻，并由多家网站进行转载，在网络上引起了很大的重视和关注，由此国务院审议并批准了《城市生活无着的流浪乞讨人员救助管理办法（草案）》。在此年度，"黑龙江宝马撞人事件""黑社会头目刘涌重审案件"引发了网络舆论监督的"地震"，网络空间涌动着的强大虚拟民意在这些事件中体现了出来，民意在网络上不再是一盘散沙。2003 年开始，网民不再是单纯的看客，而是逐步成为积极参与者，希望通过网络舆论的力量，改变公共事件的走向和最终结果。

3. 网络舆论监督雏形阶段

通过 CNNIC2004 年发布的第 13 次《中国互联网络发展状况统计报告》所统计的数据来看，中国的网民数量达到 7950 万，已经位居世界的第二位，截至到 2005 年，根据 CNNIC 第 18 次的调查数据来看，中国的网民数量已经达到了 1.23 亿。可见，在当时互联网市场已经逐步成为了一个更大、更广、更有发展潜力的产业之一，并且这种发展速度是广大人民群众难以想象的。随着网民人数的不断增加，网络舆论监督在这一时期所发生的具有社会重要性，且具有代表性的事件中表现出了前所未有的强大的号召力。网民通过这样一个虚拟的平台，可以大胆地发表自己的言论以及看法，也通过这样一个平台与来自全国各地的不同人群进行交流，网络舆论监督初见雏形。

"妞妞事件"是这一时期最具代表性的。2004 年 10 月，深圳市一位初中生家长通过天涯、凯迪等论坛发表了一封 XXX 家长给 XXX 学校校长的信，在信中披露关于深圳市文化局等部门进行联合发文，强制要求深圳市的在校初中生占用上课的时间去自费观看电影《时差七小时》的事情，通过此次事件的不断传播，热心的网友调查发现该片的投资人兼主演妞妞是深圳市某高官的家属，让中学生自费去观看自己主演的电影纯属利用身份之便夺取票房。这必然引起公众的质疑，展开一场对官场"潜规则"的强烈抨击，后来演变成一次影响重大的公共事件。对此，深圳市委成立调查组，对网络反映的有关问题进行调查，并公布了调查结果。在这一阶段，还发生了"天价医药费事件""反日入常任理事国签名事件"等网络公共事件。

4. 网络舆论监督强化阶段

在 2006 年至 2008 年这三年中，中国网民人数呈现突发式增长，2006 年底，中国网民总数是 1.37 亿，截止到 2008 年底，我国网民人数已经居世界第一位，网民人数在两年之内由 1.37 亿上升至 2.98 亿。网民人数的飙升给以互动性、及时性为主要特征的网络传播方式带来广泛的舆论参与主体，来自不同阶层、基数庞大的互联网用户通过网络表达民意、参与社会生活、经济和政治等决策，越来越多的人关心社会公共事务和舆论事件，更多的人卷入事件进展中。

这一阶段"人肉搜索"盛行一时，相继发生山西"黑砖窑事件"和陕西"华南虎事件"。网络民众对社会事务和突发事件积极地发表自己的意见，形成了数次力度较强、规模较大的网络舆论，并对舆论事件的进展起到了积极推动的作用。部分地方政府也逐渐对网络反映出的舆情加以重视，并在应对网络舆情过程中积累了不少的经验和教训。在这一阶段，各级政府逐步意识到，网络舆论监督对政府治理、甚至国家安全都有直接的影响，互联网已经开始成为反映民意的重要渠道，各级政府相应开设了门户网站，在互联网上收集群众举报，实现官民互动。2006 年"两会"期间，温家宝总理公开肯定了网络沟通方式，在 2008 年灾难性的事件发生后，网民们自发在网络与现实中开展救助活动，体现出网民对公共利益的关注，网络舆论监督力量总体趋于强势，网络逐渐成为党和政府治理国家的重要工具，越来越受到重视。

5. 网络舆论监督趋于成熟阶段

截止到 2009 年末，我国互联网用户规模已上升到 3.84 亿，我国网络舆论继续活跃，规模和议题都呈现着不断扩大的趋势，形成了多次具有全国影响力的网络舆论事件。事件领域主要分布于以下八个方面：①政府官员违法乱纪行为，一些部门或者地方官员的违法乱纪行为只要被媒体和网络曝光，就会立即成为全社会关注的焦点，比如原重庆市北碚区区委书记雷政富事件，原重庆市市委书记薄熙来案件等；②涉及央企、政府部门等代表垄断和特权的，特别是涉及和人民大众生活密切相关的企业或者部门，如 3G 频段分配、"央视大火事件"等话题；③涉及城管队伍、政法系统等强制国家机器代表的，主要涉及到城管、公检法等部门，如近年的"俯卧撑"、南京临时工城管暴踩摊贩等事件；④涉及到老百姓基本的民生问题，这类事件主要涉及医疗体制改革、房价过高、高考改革等；⑤涉及热爱祖国、具有民族自豪感和责任心的事件只要一发生，网民便会不由自主的做出条件反射给予回应，如黄岩岛事件、钓鱼岛事件等；⑥社会分配的不合理性，例如，高管降薪、国泰君安天价薪酬等；⑦掀起一阵阵风波的明星热议事件，如明星"艳照门"事件等；⑧部分领域敏感地区和国家发生的突发性事件，主要涉及到英国、美国、巴勒斯坦、以色列、叙利亚、伊朗等地区和国家，如叙利亚反动武装、克里米亚脱乌入俄等。

这八个方面的问题折射出现实社会中网民对于民生、社会分配不合理、贪污腐败等问题的敏感与反感。在这种负面情绪推动下，微小事件可能形成舆论事件，引起互联网网民情感的共鸣。当前，网民关注的社会舆情正朝着政治、社会等方面快速转化，基层矛盾所引发的网络危机事件明显增加。

二、网络舆论监督的形式

网络舆论监督主要以网站、社交网站、博客、公共论坛、微博为载体。其中，网站又包括民间草根网站、政府网站和传统媒体开办网站。门户网站将各式各样的运用系统、网络及数据资源汇集到统一的信息管理系统，然后为网民提供统一接口，门户网站主要为用户提供聊天平台、新闻信息、搜索引擎、邮件箱、电子商务、影视资讯、网络社区、免费网页空间、网络游戏等，我国主要门户网站有搜狐网、百度网、新浪网、网易网等。民间草根网站是为普通大众发表监督意见，满足监督需求，反映监督意愿而自发设立的一个平台，具有草根性、自由性、便捷性、非盈利性、开放性，一方面它也具有相应的局限性，另一方面它可以帮助解决官方网站和传统媒体之间的相关问题，提高网民参与网络舆论监督的积极性，温州版维基解密"柒零叁网"便是典型的例子。传统媒体网站主要是一批具有影响力、有实力和具有官方背景的报刊创办的网站，它具有很强的公信力和权威性，主要通过在网络中设立评论栏目来开展舆论监督。政府网站是在政府部门建设信息化的潮流下，各级政府建立起综合、跨部门的运用平台，使公民、政府工作人员和企业可以更加迅速方便地了解相关政府部门的政务流程信息，以提供更好、更快速的公共服务。

社交网站最近几年在我国发展迅速，被看作是网络服务的综合体，它可以提供多种网络服务，如视频、博客、游戏、论坛等；社交网站多是由朋友提供信息，因此与朋友的相对亲密程度，强化了用户对这些网站使用的粘合度。社交网站的理论基础是 SNS 社会人际交往，这帮助其在大众网民中传播，发展新用户能力较强。

博客是继电子公告、电子邮件、QQ之后新兴的网络交流形式。博客是公民在线表达政治意愿的一种方式，在个人发现事件后，在调查研究的基础上，把事情现场状况和用户的个人意见以日志的方式发表于网络，经过网民的不断传播进行宣传，达到网络舆论监督的目的。博客包括生活生产博客、军事信息博客、政治新闻博客、商务交流博客。博客是一种新的沟通交流应用工具，已经进入大众的生活。

公告板系统 BBS（Bulletin Board System）为用户创造了一个公共的场所，方便用户读取通告，保存相应文件，交流信息及参与讨论。公共论坛的主要功能是让用户发表观点，让用户阅读其他用户的文章或上传写好的文章，发表评论。公共论坛的网络舆论监督方式主要表现为：举报信息被网民在论坛上进行发表揭露，网民通过回复帖子的方式开展议论，传播相关信息，对信息大范围扩散，最终引起相关政府部门的重视和更多的媒体关注。

以 Twitter 为代表的微博（micro-bloging）从 2008 年以来在国内逐渐兴起，微博以即时、广泛、交互讨论的模式特点，在近年的公共事件中具有不可替代的作用，是公共议论的平台和公共舆论监督的动力所在。2010 年是中国"微博元年"，话题从生活小事向国家社会大情转移，逐步成为爆料社会公众事情的新途径和最具影响力的网络信息传播方式，并逐渐使网络舆论发生了格局上的变化。

三、网络舆论监督的特征

网络舆论监督的诞生和发展不仅拓展了舆论监督的表达形态和传播渠道，也使得在新环境下舆论监督呈现出新的亮点。与传统的监督方式相比，网络舆论监督具有以下几个特征。

（一）广泛性

网络舆论监督的广泛性主要表现在：

一是监督主体的广泛性。近年来，我国网络普及速度飞快，网民规模也逐年扩大，网络开放、自由、便利的特征极大地调动了网民行使监督权的积极性，互联网为普通百姓提供了一个自由广阔的话语平台，普通大众借助互联网充分行使表达权与话语权，监督主体大规模增长，网络舆论监督使监督主体的规模扩展得比以往任何方式都更加广泛。

二是监督对象及客体的广泛性。网络舆论监督不仅仅监督政府的权力运作情况，行政人员的行政行为也是其关注的重点，从监督客体的范围来看，被监督对象已经没有了地域限制，网民通过网络可以覆盖任何一个地区的政府机构及工作人员，网络就像一张无形的大网，将监督的范围无限地放大。

三是信息传播范围的广泛性。传统媒介因其在时间上的滞后性、空间上的阻隔性而使信息传播存在局限性。互联网与传统媒体最大的区别就在于它不受时间、空间的限制，信息在网络上的传播速度以分秒衡量，整个世界都被互联网纳入到它的传播范围当中，在任何一台网络设备上发出的信息都可以迅速传递到全球各个角落，互联网将信息传播范围扩展到了全球。

（二）隐蔽性

网络是一个虚拟的世界，在这个世界里，网民可以通过注册一个虚拟的身份而匿名公开发表自己的观点和言论，通过粘贴、转载，就可以不留痕迹地扩散信息，从而引起大家的关注和讨论，最终形成一股不可忽视的舆论监督力量。信息的发布者、信息来源和信息传播都具有一定的隐蔽性。在监督过程中，网民可以匿名举报和揭露被监督对象的不合理行为，相关部门与举报者之间的信息交流与反馈也可以通过网络渠道相互传递，这也带有一定的隐蔽性，有效防止举报材料因层层传递而流失，举报者的人身安全和信息保密性就有了保障。因此，公民利用网络虚拟空间的匿名性特征，在监督政府及工作人员行为时变得更加轻松自在，公民的意见表达也就更加直接、真实。

（三）互动性

传统的监督机制缺乏有效互动沟通，权利主体的举报往往要经过若干渠道、若干程序才能到达问题中心，信息也很难得到反馈，两者之间往往很难实现沟通，监督者无法对信息进行及时的补充和修正，被监督方也无法有效地对信息进行核实与质询，互动沟通的不畅容易导致信息的失真。传统监督中信息的单向流动也不利于信息的横向扩散，更谈不上监督主体之间的信息互动。

互动性作为网络最为鲜明的特征之一，在一定程度上改变了传统媒体信息传播中信息的单向流动和反馈极少的现状，将传播关系改变为双向甚至多向的互动关系，既可以满足传播者与受众主体之间的同步或者异步交互，也可以满足受众主体之间大规模的交互，这种互动性使得每一个热点问题在网上的讨论都异常激烈，从而快速形成网上舆论，产生舆论压力。每一个网民都可以就共同关心的事件相互探讨，既可凝聚共识，也可各执一词；既可持续关注，也可过后即忘，信息交流的互动性加速了信息的传播速度，也扩大了信息的传播范围。互动性还表现在网民与政府部门及工作人员的信息互动上，网民第一时间质询与举报，相关部门及时调查与反馈，使监督效率大大提高。

（四）直观性

网络舆论监督的另一大特点在于它能够运用高科技手段呈现出除文字材料以外的更加直观生动的举报信息。传统的舆论监督中，举报和监督材料多是文字性的，监督者的语言表达能力和文字组织能力都对监督举报材料有直接影响，有的举报人掌握了关键信息但不能有效表达，有的监督者夸大事实，误导调查机构，这都使监督效率大大降低。

而网络信息融合文字、声音、图片、动画和视频等多种表现形式，集报刊、广播、电视新闻的优势于一身，展现的内容更加丰富多彩，从而使网络媒体具有其他单一媒体所不具备的丰富性和感染力。综合表现形式使监督信息一目了然，更加直观。

（五）高效性

传统媒体内容更新的周期以天、小时计算，而网络信息则以分秒衡量，且没有时间和地域的限制，这使事件通过网络平台能第一时间呈现在公众的视野之中。由于没有时空限制，信息能以最快的速度传递，网民就可以随时随地了解事件发展动态。

另外，在监督过程中，监督环节越多，拖延的时间越长，监督信息也就越容易失真，监督效果也会大打折扣，传统监督方式受限的一个重要原因就是监督环节过于繁杂。而在网络舆论监督中，网民可以直接将信息传递给相关机构与人员，这个过程不需要浪费太多的时间，政府机构所获得的监督信息是第一手的，网民所获得的反馈信息也是最及时的，因此使监督行为拥有较高的效率。

四、我国网络舆论监督已取得的成效

目前，在我国的宪法相关规定中，赋予了公民充分的舆论监督权利，公民不仅具有言论上的自由，同时可以对国家机关的工作实行监督，使人民的民主权利得以充分的体现。网络舆论监督是人们利用便利的方法和手段来行使民主监督的权利，是受到宪法保护的行为。网络媒体扩大了公民的知情权和参与权，改变了舆论生态，成为民意、民情的重要传播途径，网络舆论监督得到了我国高层领导的高度重视，习近平总书记在多次会议中提出，要严查腐败案件，加大民主监督的力量，着重发挥网络舆论监督的作用。在中央高层领导的引领下，网络舆论监督的成效在我国日常的政治生活中逐渐显露出来。

（一）网络反腐常态化，推进我国倡廉工作

一直以来，我国反腐倡廉工作仅仅依靠反腐败专门机关和职能部门的孤军作战、单打独斗，所取得的"明显成效"，多停留在治标层面；所取得的阶段性的成绩也时常不易巩固。经过了三十多年的反腐，腐败形势依然严峻，并不断的滋生和蔓延。当网络与反腐相结合时，已然成为了一种新的社会监督方式，并且这种方式具有一定的优势——公开性、普遍性、快捷性、广阔性、低成本性等，比较容易形成舆情的热点，成为我国现行一种新的权利监督权力的形式，也补充了当前权利监督制约权力体制的明显不足。

随着十八大的结束，一系列的反腐工作也相继展开，使我国网络反腐常态化，反腐败斗争在不断提速，有效地推进了我国官员廉政工作。例如，2012 年，仅仅 63 个小时就被免去职务的原重庆市北碚区区委书记雷政富，其不雅照在网络上大范围地曝光，这也创了现行最快的网络反腐的纪录。2013 年，中央编译局原局长衣俊卿因生活作风问题被免职，成为网络反腐中第一位被免职的省部级干部。同时，当下仍在热议的"房叔"蔡彬、"表哥"杨达才等事件使网络反腐风生水起，异军突起。而网民作为反腐的主要队伍毋庸置疑在其中发挥着不容忽视的作用。在中国青年报社会调查中心在线即时调查报告中显示，10 219 名网友受访者，其中 59.9%的表示，如果发现腐败的情况，他们会直接或间接地投入到反腐斗争中去。

（二）各类群体平等参与，促进我国政治民主

在过去，人们行使舆论监督权利时，通常通过新闻媒体来实现，这在很大程度上制约了人们对舆论监督权利的行使，而且也导致行使权利的主体不具有广泛性。自从网络出现后，人们越来越多的通过网络来行使舆论监督权利，不仅使舆论监督主体范围扩大，社会各类群体平等参与到舆论监督党政

活动中，具有较大的自由度，同时也具有很好的时效性。由于网络媒体的自由性和广泛性，为舆论监督提供了一个强大的环境，不仅可以使民意方便、快捷地表达出来，同时也能充分表达人们的真实想法，使民意具有一定的真实度。网络舆论监督推进了我国的民主政治建设及民众的政治参与。因为网络有着开放性、实时性、互动性和低门槛等优势，网络越来越受到人们的喜爱，成为人们参政议政的平台。同时，政府对网络民意也日益重视，网络舆论已成为政府决策的依据之一，从而符合不同群体的利益。

（三）网络意见领袖发挥作用，提升网络舆论引导力

网络中的意见领袖，一般拥有较大数量的"粉丝团"，网络意见领袖的信息和观点的影响力比较大，在舆论的信息传播、态度和意见整合过程中，意见领袖的观点和情绪具有很大的导向性，是网络舆论形成过程中非常关键的因素。

近年来，网络意见领袖逐渐进入到舆情事件的讨论中，且对公共的舆论产生着非常大的影响，发挥着很重要的作用。网络意见领袖与网民也建立了较容易交流的关系，并且彼此身份接近，有着良好的沟通桥梁。他们与网民和媒体之间常常能形成互动，针对社会比较热的公共事件发表着自己的言论，他们的观点经常影响舆论走向和大批的网民，有时甚至可以改变公共事件的走向。然而，在部分突发事件面临着流言满天飞、真相不清的情况下，遏制流言，引导正确舆论的也就是网络意见领袖，他们不仅仅让真相大白，也指引着正确的前进方向。我国政府在管理网络的过程中，也比较重视同这些意见领袖的沟通，指引他们加入舆论引导队伍，使其在网民中形成的影响力得以充分发挥，提升我国网络舆论的引导力。

（四）互联网络与传统媒体互补，增强舆论监督力度

网络媒体具有信息资源丰富、传播速度快、受众广、传授之间具有交互性等特点。在舆论信息的首发性、信息源多样性、信息传播时效性等方面，虽然传统媒体相较于网络媒体具有一定的弱势，但传统媒体具有的公信力和权威性依然是其无法相比的优势。

目前，人们越来越重视网络舆论监督，一些重大事件的发生也使政府对网络舆论监督的优势加以重视，网络舆论监督的重要性日益体现出来。但在一些重大网络监督事件中不难发现，这些事件最终都是由传统媒体和网络媒体一起作用后的结果。网络媒体和传统媒体都具有自身的优势和特征，两者

只有相互配合才能有效的发挥舆论监督的功能性。网络媒体和传统媒体各司其责，网络媒体充当了传统媒体的放大器，传统媒体的公信力和权威性则提升了网络舆论的影响力。[1]网络媒体在事件发生初期具有快速揭示事情的作用，而传统媒体则具有深入发现问题的能力，再加之民众对舆论信息的处理功能，在这三者很好的结合，充分体现舆论监督的效果，加强了舆论监督的力度。

【案例分析】

周久耕事件

案情

周久耕，男，汉族，1960年6月出生。1992年5月，周久耕担任原江宁县经济开发总公司副总经理，同年8月任南京市江宁经济技术开发区管委会副主任；1997年3月，任原江宁县计划经济委员会主任，后江宁县改江宁区，周久耕改任江宁区计划经济委员会主任；2002年3月，任江宁区民政局局长、党委书记；2007年12月任江宁区房产管理局局长。

1. 因不当言论遭"人肉搜索"。周久耕事件是从江苏省南京市江宁区政府干预当地楼市开始的。江宁区政府有干预房产市场的传统。早在2004年，由于上市楼盘量过大，江宁楼市面临跌至3000元/平方米的危险。为稳定房价，江宁区房产局要求区内近十家开发商控制楼盘上市量，结果江宁当年房价提升至4000元/平方米。有了这次经验，在2008年"楼市寒冬"到来时，当江宁房价再次面临下调时，江宁区房产局毫不犹豫地伸出了调控之手，对降价亏本卖房的开发商进行了查处。2008年底，位于江宁区的恒大地产旗下的南京恒大绿洲花园为回笼资金，低价售房。周久耕当时为恒大绿洲算了一笔账：这家楼盘5700元/平方米（含1100元/平方米的装修款），若刨去装修款，等于毛坯房售价4600元/平方米，目前江宁多数楼盘是在2006年、2007年拿的土地，楼面地价都在2800-3200元/平方米之间，加上建安、财务以及营销等各类成本，5500元/平方米左右应该是个保本价。周久耕表示，恒大绿洲"售价不到5000元/平方米，远远低于其成本价，所以要严加查处"！

12月10日，在南京市江宁区房产局四楼会议室，周久耕接受南京9家媒

〔1〕 孟建、裴增雨：《网络舆情的收集研判与有效沟通》，五洲传播出版社2013年版。

体的联合采访。他谈到："对于开发商低于成本价销售楼盘，下一步将和物价部门一起对其进行查处，以防止烂尾楼的出现"。周久耕还说，"查处不是为了处罚开发商降价亏本卖房子，而是担心其造成的后果，我要对老百姓负责"。消息经媒体报道后，立即引起众多争议。

12月11日，一网友发出《八问江宁房产局周局长》的帖子，对其言论进行质疑。随后，一位署名"宣传寄生6"的网友在凯迪社区发表了题为《遍撒英雄帖，追查南京市江宁区房产局局长周久耕》的帖子，号召众网友一起追查南京市江宁区房产局局长周久耕。网友对周久耕的"人肉搜索"由此展开，成为周久耕事件的一个转折点。不久，一位署名"保存一百年"的网友发表题为《看照片南京房产局长抽1500元的烟》的帖子，他上传了一组周久耕开会时的照片，并给放在周左手边的一盒"南京九五之尊"香烟来了个特写：市场价为1500元/条，有时高达1800元/条。12月15日，一位署名为"cheyou007"的网友在网上发表了题为《周久耕局长抽名烟、戴名表》的帖子。发帖者通过以往的新闻资料图片，查出周久耕所佩戴的手表是世界名牌"江诗丹顿"，这种手表每只售价是10万元。

2. 有关机关的介入及处理。周久耕事件发生后，南京市江宁区房产局、市房产局、市物价局、市纪委等部门陷入了舆论漩涡，这引起了南京市委市政府和江宁区委区政府的重视。2008年12月19日，江宁区委首次向社会公开表示："江宁区政府严格执行中央和省市有关政策，促进房地产业的稳定健康发展。目前，没有一家房产企业因降价销售而受处罚。对于网络上所反映的其个人廉洁方面的问题，有关部门高度重视，已介入调查，只要发现有违纪或腐败行为，将按有关规定进行严肃处理，绝不姑息"。2008年12月28日，江宁区委根据区纪委的初步调查，按照有关程序免去了周久耕江宁区房产管理局局长职务。

2009年1月，南京市纪委与江宁区纪委联合对周久耕的问题进行核查。2月5日，对周进行组织谈话，同日找到南京某房地产开发有限公司董事长王某谈话。次日，王某主动交代了向周久耕行贿2万元的事实。2月7日，周久耕对王某两笔共2万元的行贿作了供认。第一个缺口被打开后，周久耕的心理防线也随之瓦解。他不但交代了王某向他行贿的其他事实，还陆续交代了接受其余8人贿赂的事实。他主动交代的上百万的贿款，都是办案机关尚未掌握的。经过深入细致的调查，纪检监察机关逐渐掌握了周久耕涉嫌严重违纪的证据。2009 年 2 月 13 日，依据《中国共产党纪律检查机关案件检查工作条例》有关规定，江宁区纪委决定对周久耕立案调查。3 月 20 日，南京市纪委、市监察局宣布，因严重违纪并涉嫌犯罪，给予周久耕开除党籍、开除公职的处分，并移送司法机关依法处理。

2009 年 3 月 21 日，江宁区纪委将周久耕受贿案移送至南京市检察院。次日，南京市检察院指定溧水县检察院管辖该案。3 月 23 日，溧水县检察院对周久耕立案侦查。2009 年 8 月 5 日，周久耕受贿案由南京市检察院向南京市中级人民法院提起公诉。检方指控，周久耕在 2003 年至 2008 年担任江宁区民政局局长、江宁区房产局局长期间，先后 25 次共接受 9 人行贿，受贿数额为 1 071 257 元人民币、11 万元港币，建议对其量刑 10 年以上。

2009 年 9 月 4 日上午 9 点 30 分，周久耕受贿案在南京市中级人民法院开庭审理。经审理查明，周久耕在担任江宁经济技术开发区管委会副主任、江宁区民政局局长、江宁区房产局局长期间，利用职务之便，先后为有关单位和个人在承接工程、企业改制、人事调动等事项上谋取利益，共收受贿赂人民币 1 071 257 元和港币 11 万元。法院认为，周久耕身为国家工作人员，利用职务便利，为他人谋取利益，非法收受他人财物，其行为已构成受贿罪。鉴于周久耕归案后如实供述了办案机关尚未掌握的同种较重罪行，并主动退还全部赃款，认罪态度较好，依法从轻处罚。

2009 年 10 月 10 日下午 3 时，南京市中级人民法院对周久耕受贿案作出一审判决：被告人周久耕犯受贿罪，判处有期徒刑 11 年，没收财产人民币 120 万元；被告人周久耕受贿犯罪所得赃款人民币 1 071 257 元、港币 11 万元，予以追缴，上交国库。10 月 12 日，周久耕通过律师表示，对一审判决基本满意不再上诉。

——摘自 南京廖华网

案例思考题

1. 从社会监督的角度思考如何加强对官员权力的监督？
2. 试分析舆论监督对于建设法治政府的必要性。

【课后练习题】

1. 简述舆论监督的内涵。

2. 舆论监督可以分为哪些类型？

3. 简述舆论监督的含义。

4. 简述网络舆论监督的形式及特征。

5. 结合实际谈谈网络舆论监督存在哪些问题，应怎样改进？

第十三章

审计监督

【本章学习目标】

1. 了解审计监督的基本概念。
2. 熟悉审计机关的主要职责。
3. 了解审计监督的特征。
4. 理解审计监督的重要作用。
5. 了解审计机关的权限。
6. 熟悉审计工作的程序。

第一节 审计监督及审计机关

审计监督隶属于国家行政机关监督，除发挥自身监督职能外，同时对其他国家机关和社会监督起到重要作用。审计机关成立 30 多年来，特别是党的十八大以来，为促进党中央令行禁止、维护国家经济安全、推动全面深化改革、促进依法治国、推进廉政建设等作出了重要贡献。进入新时代，审计监督在经济社会发展中的重要作用越发凸显。审计监督已成为党和国家监督体系的重要组成部分，也是推进国家治理能力现代化的利器。

一、审计监督概述

（一）审计监督的基本概念

审计监督是一项有关财政经济方面的专门监督制度，是指审计机关通过依法对国家行政机关和企事业单位的财务收支以及有关经济业务活动的检查和监督来实现政府管理经济、维护行政领域的法治秩序的基本职能。

现代社会的发展，已使经济职能成为政府的主要职能之一，也使政府官员的违法违纪案件大多集中于贪污、受贿、侵吞公款、挥霍浪费等经济领域。因此，通过国家审计部门来监督行政机关及其工作人员，便成为行政监督不可缺少的一个重要手段。

党的十八大以来，以习近平同志为核心的党中央从推进国家治理体系和治理能力现代化、健全党和国家监督体系的高度，对加强审计工作、完善审计制度、改革审计管理体制等作出了重大部署。2015 年，中共中央办公厅、国务院办公厅印发《关于完善审计制度若干重大问题的框架意见》及相关配套文件，明确提出要更好发挥审计在党和国家监督体系中的重要作用。党的十九大报告将改革审计管理体制作为"健全党和国家监督体系"的重要内容。

（二）审计监督的主体

我国《宪法》第 91 条规定："国务院设立审计机关，对国务院各部门和地方各级政府的财政收支，对国家的财政金融机构和企业事业组织的财务收支，进行审计监督。审计机关在国务院总理领导下，依照法律规定独立行使审计监督权，不受其他行政机关、社会团体和个人的干涉。"

为了保证审计结果的客观公正性，确保审计质量，要求承担审计职责的主体必须是独立的第三者，能够代表国家，且在经济上、组织上与被审计对象没有利害关系，即政府审计活动是专职的，既不隶属于被审计单位，也不依附于任何其他经济业务活动和管理活动。

在我国，作为审计主体的审计机关包括中华人民共和国审计署（以下简称审计署）和县级以上人民政府设立的审计机关。审计机关根据工作需要，可以在其审计管辖内派出审计特派员，审计特派员可以根据审计机关的授权，依法进行审计工作，审计机关也可以向一些管理、使用预算资金较多的部门派出审计机构，负责审计所在部门及其下属单位的财政财务收支情况，审计机关还可以聘请具有与审计事项相关专业知识的人员参加审计工作。

（三）审计机构的设置

我国实行行政型政府审计模式。国务院于 1983 年 9 月 15 日正式设立了审计署。审计署是国务院的组成部门之一，是中央审计机关，审计长是审计署的行政首长，为国务院组成人员。中央审计机关内设：办公厅、政策研究室、法规司、审理司、内部审计指导司、电子数据审计司、财政审计司、税收征管审计司、教科文维审计司、农业农村审计司、固定资产投资审计司、社会保障审计司、自然资源和生态环境审计司、金融审计司、企业审计司、深涉外审计司、经济责任审计司、国际合作司（港澳台办公室）、人事教育司和机关党委，另设离退休干部办公室和8个直属事业单位。

中央审计机关的派出机构。目前，审计署在全国设立了18个审计特派员办事处，由审计署垂直领导，实行特派员负责制，对审计署负责并报告工作。其主要职责是：按照审计署计划安排，对省、自治区、直辖市和计划单列市政府预算执行情况和决算，以及预算外资金的管理和使用情况进行审计监督；对中央银行分支机构的财务收支，国有金融机构的资产、负债、损益，进行审计监督；对审计署授权的中央部门所属国家建设项目的预算执行情况和决算，国际组织和外国政府援助、贷款项目的财务收支，进行审计监督等。审计署在国务院各部门、直属事业单位设立30个派出审计局，由审计署直接领导，对审计长负责并报告工作。其主要职责是，对管辖范围内的国务院有关部门、直属事业单位及其在京直属单位的财政财务收支，进行审计监督，保障各部门、各单位财政财务收支的真实、合法、效益。

地方审计机关的设置。《宪法》第109条规定，"县级以上的地方各级人民政府设立审计机关。地方各级审计机关依照法律规定独立行使审计监督权，对本级人民政府和上一级审计机关负责。"据此，全国县级以上人民政府于1983年起陆续设立了审计机关。我国对地方审计机关实行双重领导制。地方审计机关在本级政府和上一级审计机关领导下负责本行政区域内的审计工作，对本级政府和上一级审计机关负责并报告工作，审计业务以上级审计机关领导为主。地方审计机关根据工作需要，经本级人民政府批准，可以在其审计管辖范围内设置派出机构。

（四）审计机关的主要职责

依据《中华人民共和国审计法》（以下简称《审计法》），国务院制定了《中华人民共和国审计法实施条例》（以下简称《审计法实施条例》）。对于审计机关的职责，《审计法实施条例》第15条至第27条作了具体的规定：

1. 直接进行下列审计工作

审计机关对本级人民政府财政部门具体组织本级预算执行的情况，本级预算收入征收部门征收预算收入的情况，与本级人民政府财政部门直接发生预算缴款、拨款关系的部门、单位的预算执行情况和决算，下级人民政府的预算执行情况和决算，以及其他财政收支情况，依法进行审计监督。经本级人民政府批准，审计机关对其他取得财政资金的单位和项目接受、运用财政资金的真实、合法和效益情况，依法进行审计监督。

审计机关对本级预算收入和支出的执行情况进行审计监督的内容包括：本级预算执行情况和其他财政收支；下级人民政府预算的执行情况和决算以及预算外资金的管理和使用情况；与本级人民政府财政部门直接发生预算缴款、拨款关系的国家机关、军队、政党、社会团体、国有企业和事业单位的财务收支；国有金融机构的资产、负债、损益，包括国家政策性银行、国有商业银行、国有非银行金融机构、国有资产占控股或者主导地位的银行或非银行金融机构、国有资产占控股或者主导地位的企业、国家建设项目（包括基本建设项目和技术改造项目）预算的执行情况和决算，以及与国家建设项目直接有关的建设、设计、施工、采购等单位的财务收支；政府部门管理的和社会团体受政府委托管理的社会保障基金、社会捐赠资金、环境保护资金以及其他有关基金、资金的财务收支，包括养老、医疗、工伤、失业、生育等社会保险基金；救济、救灾、扶贫等社会救济基金，以及社会福利基金；国际组织和外国政府援助、贷款项目的财务收支；法律、行政法规规定的应当由审计机关进行的其他审计事项。

2. 突出对重点领域、重点部门、重点资金和领导干部经济责任审计

重点领域是指事关国家公共经济政策的贯彻执行，事关广大人民群众的根本利益，党和政府及人民群众关注的重大事项领域；重点部门主要是指直接掌管公共财政资金及物资的决策、执行和监督权力比较集中的部门和单位；重点资金主要指公共财政用于重点建设项目的资金。对领导干部的经济责任审计，不仅限于经济责任和经济活动控制的审计，还包括对领导干部的决策责任、执行责任、监督责任、资金使用效果责任的全面审查、评价的审计、廉政责任及经济责任的全方位审计，为党和政府治理国家扫除障碍，制约权力失控和遏制腐败滋生，维护社会的公平正义，捍卫最广大人民群众的根本利益。

二、审计监督的特征

（一）地位的独立性

审计监督制度的定位决定，独立性是审计监督制度的最本质特征和根本

要求。所谓独立性是指审计机关依法独立行使审计监督权，不受外界的干预。审计监督独立性的根源在于审计监督是一种来源于人民的权力，人民向国家缴纳税收，就有意愿也有权利监督自己缴纳税款具体如何使用、如何管理。但人民自身缺乏实施监督的技能，而且由单个的公民去实施监督也不现实。于是将这种监督的权力委托给特定的国家机关，即让国家审计机关来代表自己对国家的各种权力实行有效监督。关于我国国家审计机关的独立性，《宪法》作出了明确规定。独立性是国家审计监督制度的生命线，是进行审计监督的前提条件，没有独立性，审计监督工作也就没有价值可言。在我国，不管是《宪法》还是《审计法》都为保障审计监督的独立性作出了具体的规定。我国国家审计监督的独立性主要通过以下几个方面体现：

第一，机构设置相对独立。在中央，审计署受国务院总理直接领导，任何其他行政部门不得干涉审计署的审计工作；在地方，各级审计机构也直接受政府主要负责人的领导，独立于被审计单位。审计机构保持相对独立，为顺利开展审计监督工作，提供了组织上的保证。

第二，审计工作相对独立。审计机关按照《宪法》《审计法》等法律赋予的职责独立行使职权，按照《中华人民共和国国家审计准则》的要求独立编制审计工作计划，独立开展审计检查工作，独立作出最终审计结论、出具审计报告及提出处理建议。审计工作的独立，为最终提供客观公正的审计工作成果提供了前提和基础。

第三，人事安排相对独立。我国各级审计机关的主要领导都是由政府首长提名，经同级人民代表大会常务委员会任命产生。而且《审计法》特别规定，地方政府要先征求上级审计机关的意见后才能任免本级审计机关的负责人，地方政府无权单独决定。这种人事安排任命的相对独立，能最大限度的减少地方政府对审计机关独立开展审计工作的干扰。

第四，行政经费相对独立。国家审计机关的业务经费，按照《审计法》的规定，列入每年国家预算，由财政经费单独保障，不受被审计单位的制约。以法律来保障审计机关的行政经费，可以为审计机关保障自身独立性提供物质保障，避免审计机关因经费不足而受制于人，便于审计机关独立开展审计工作。

（二）职权的强制性

国家审计监督代表的是一种国家权力，其职权的行使上有很强的强制性。

第一，主导地位上的强制性。国家各级审计机关依据宪法而建立，代表各级政府行使审计监督权，审计机关的审计监督活动要以宪法和法律为依据，具有法律强制性；并且，按照《审计法》规定，国家审计对单位内部审计和社会审计进行指导、监督和管理。《审计法》的规定，奠定了国家审计在整个审计监督体系中居于主导地位。

第二，行使职权上的强制性。各级审计机关独立编制计划，独立开展审计工作。审计工作的对象和范围由审计机关依照《审计法》等法律的规定和审计工作计划安排来确定，其他单位和个人无权干涉。

第三，监督权限上的强制性。不管是《宪法》还是《审计法》中都有规定，被审计单位要配合审计机关开展工作。宪法和法律在这方面作出规定，不仅保障了审计机关的独立性，同时也保障了其强制性。当然在现实情况中，审计机关开展各项审计工作，被审计单位的配合程度不尽相同，审计工作开展的难易程度也不一样。但按照法律的规定，被审计单位有义务、有责任接受和配合审计工作。

第四，处理处罚上的强制性。具体工作结束以后，审计机关都会出具审计报告，作出处理处罚的决定，并送达被审计单位建议其遵照执行。同时，为了保障国家审计监督的权威性和强制性，国家还在《审计法》中规定了具体的保障措施。

（三）技术的专业性

审计监督属于国家监督权的一种，其根本上属于行政监督。但审计监督不管是与立法监督、司法监督相比，还是与其他行政监督方式相比，其在整个国家监督体系中都具有独特的特征，即监督技术的专业性。

国家监督的权力来源于国家，从根本上来源于人民的授权，行使的依据是宪法和法律，这是各种国家监督方式的相似之处。审计监督的独特性在于，审计的技术手段来源于会计，审计监督的主要方式就是"查账"。虽然在具体的审计监督过程中，审计也有诸如谈话、问询等监督方式，但谈话、问询的内容并不能作为审计证据最后写入审计报告中。审计过程中主要获取证据的方式就是检查财务账簿与财务资料，审计报告所能依赖的证据也都是通过"查账"来获取。因此，审计监督有很强的专业性，审计机关工作人员要有很强的财务基础。审计从根本上来说来源于会计，因为审计监督的对象就是财务处理，要从财务处理中发现问题。应该说，"审计要来于会计，但要高于会计"，审计机关工作人员既要从会计的角度来开展工作，又要跳出会计处理的局限来审视工作。但不管如何，审计机关工作人员都必须具备很强的会计专业技能才具备胜任审计监督工作的基础能力。与会计密不可分，是审计的特征，也决定了审计监督是一种专业技术性很强的监督方式。

（四）对象的专门性

根据《审计法》的规定，国家审计监督的职能有很多，包括对政府预算执行情况进行监督，对机关事业单位、国有企业的收支情况进行监督，对专项资金的管理使用情况进行监督，对重要领导人的经济责任进行监督等。但通过总结我们可以发现，虽然国家审计监督的职能很多，但从根本上来讲，都具有一定的"经济属性"。从根本上说，审计监督的对象具有"经济属性"，关注的是政府的经济活动是否合法合规，即便当审计机关履行职权，查处被审计单位的行为涉及犯罪时，其触犯的刑法内容也基本属于经济犯罪的范畴。从这个意义上来讲，审计监督实质上是一种"经济监督"。

三、审计监督的重要作用

审计监督在维护国家财政经济秩序、提高财政资金使用效益，促进廉政建设，保障国民经济和社会健康、科学发展等方面发挥着重要作用。

第一，审计监督是维护国家财政经济秩序，保障社会主义市场经济健康发展的重要手段。在社会主义市场经济体制建立过程中，违法违规问题还比较严重。审计机关通过对财政、税务、金融、投资、工商行政、海关等行政执法机关进行审计监督，可以促使这些机关合理运用自身的权力，形成不同层次的经济监督网络。通过对企业、事业、国家机关和人民团体的财务收支进行审计监督，可以促使这些单位严格执行国家财经法规，强化内部管理，健全自我约束机制，确保合法经营、公平竞争，保障社会主义市场经济健康发展。

第二，审计监督是加强宏观调控、改善经济管理的重要手段。在建立社会主义市场经济体制过程中，国家要加强和改善对经济的宏观调控，使供求关系保持总体平衡，优化经济结构。将全局和局部利益相结合，以保证国民经济又好又快地健康发展。审计机关通过对有宏观调控职能的中央部门和地方政府的财政收支、财务收支进行审计监督，有利于发现预算管理中存在的普遍性、倾向性、苗头性问题和国家经济运行中出现的新情况、新问题。通过对社会关注的难点、热点问题，组织开展专项审计调查，有利于深入分析问题产生的原因，从体制和机制上有针对性地提出审计建议，促进有关部门完善管理，加强宏观调控，保障和促进国民经济健康发展。

第三，审计监督是惩治和预防腐败的有力武器。加强对权力运作过程的监控，及时发现和防范处理各种以权谋私的经济犯罪案件，既是惩治权力腐败的重要手段和主要突破口，又是从源头上防治权力腐败的重要前提。权力的滥用较多地以贪污腐败的形式表现出来，尽管违纪违法行为越来越隐蔽，过程越来越复杂，手法越来越巧妙，但腐败现象一般都要通过资金往来和账目反映出来。审计机关可以发挥其审计监督行为的独立性、监督范围及过程的完整性、监督人员的专业性、监督手段的独特性、监督技术的先进性等职能优势，及时发现、揭露和查处腐败分子利用对公共资源配置的决策权、执行权与监管权谋取私利的各种经济犯罪行为，以权力制约权力，有效惩治腐败。

在审计过程中，审计机关可以通过审计发现涉及国家方针政策和法律法规贯彻执行方面的漏洞，对腐败易发的部位、环节和反复出现的问题，从规律上和制度上找原因。通过综合分析，从体制、制度、管理等层面研究、提出解决问题的办法，做到从源头上预防腐败。

第四，审计监督是加快民主进程，完善政治体制的有力工具。从本质上讲，审计监督是推进民主与法治的工具。民主政治的一条基本原则就是不应存在不受制约的权力。任何一个执行公共权力的政府部门或享有公共权力的个人，包括各类国有企业，都必须置于公众的监督之下；任何使用公共资源和公共财产的部门、企业和个人，也都应受到公众的监督和制约。而审计监督就是监督公共部门的重要机制，它的重要责任就是代表全民利益对执行公共权力的政府部门或掌握公共权力的个人进行监督检查。通过审计监督，能够促进政府及有关部门正确履行法定职责，提高行政行为的科学性、透明度和有效性，真正做到执政为民；能够促进法律法规的执行，维护法律的严肃性，推动法治的完善和健全，从而不断完善社会主义民主，推进整个国家的民主进程。

第二节　审计监督的权限及工作程序

一、审计机关的权限

审计机关权限，简称审计权限，是国家通过立法赋予审计机关的法定权力。审计机关享有的审计权限，与其所肩负的审计监督职责相适应。法律赋予审计机关审计权限的目的，是为了保证审计机关有效履行审计监督职责。

（一）要求报送资料权

要求报送资料权，是指审计机关依法享有的要求被审计单位按规定报送与财政财务收支有关的资料的权力，是审计机关履行审计监督职责的前提条件。对于审计机关要求报送的与财政财务收支有关的资料，被审计单位应按照规定的期限和要求提供，并对其真实性和完整性作出书面承诺。

（二）检查权

检查权，是指审计机关依法享有的检查被审计单位与财政财务收支有关的资料和资产的权力，是审计机关享有的重要权力。从一定意义上讲，审计就是一种检查。因此，检查权是审计权限的核心，审计机关依法行使检查权时，被审计单位不得拒绝，不得转移、隐匿、篡改、毁弃与财政财务收支有关的资料，不得转移、隐匿所持有的违反国家规定所取得的资产。

（三）调查取证权

调查取证权，是指审计机关在实施审计时，依法享有的就审计事项的有关问题向有关单位和个人进行调查，并取得相关证明的权力，是审计机关行使审计监督权的必要条件。此外，《审计法》还赋予了审计机关查询权，查询权是调查取证权的一种具体表现形式。

（四）建议权

建议权，是指审计机关依法享有的就审计发现的有关问题，向被审计单位反映并建议采取相应措施的权力。建议权十分广泛，不仅包括对被审计单位的违法行为，而且包括对被审计单位有关责任人的违法行为以及需要改进、纠正的行为。建议的内容既包括建议纠正、改进，也包括建议追究有关单位和人员的责任。具体包括以下三种权力：①建议纠正违法规定权；②建议给予行政、纪律处分权；③建议追究刑事责任权。

（五）处理、处罚权

处理、处罚权，是指审计机关依法享有的对被审计单位违法行为进行纠正和制裁的权力，是审计机关十分重要的一项权限，直接关系到审计监督职责的实现。具体包括处理权和处罚权两个方面。处理权是指审计机关依法享有的对被审计单位违反国家规定的财政财务收支行为采取纠正措施的权力。审计处理的种类包括：①责令限期缴纳应上缴的收入；②责令限期退还被侵占的国有资产；③责令限期退还违法所得；④责令限期按照国家统一的会计制度的有关规定进行处理；⑤依法可采取其他的处理措施。处罚权是指审计机关依法享有的对被审计单位违反国家规定的财政财务收支行为采取制裁的措施的权力。处罚的种类包括：警告、通报批评、罚款、没收违法所得以及依法可采取的其他处罚措施。

（六）通报、公布审计结果权

通报、公布审计结果权是指审计机关依法享有的向政府有关部门通报和向社会公布审计结果的权力。法律赋予审计机关通报、公布审计结果权，对于维护审计监督权威，充分发挥审计监督功能，具有十分重要的作用。

（七）提请协助权

提请协助权，是指在审计工作遇到困难时，审计机关请求有关职能部门予以协助的权力。审计机关可以提请公安、监察、财政、税务、海关、价格、工商行政管理等机关予以协助。

（八）其他权限

审计机关拥有的其他权限包括：①制止权，即审计机关依法享有的责令被审计单位立即停止其正在进行的违法行为的权力；②通知暂停拨付、责令暂停使用权，即审计机关依法享有的，在特定情况下，通知有关部门暂停拨付与被审计单位违反国家规定的财政财务收支行为直接有关款项的权力，审计机关对已经拨付的款项，责令被审计单位暂停使用的权力。③采取证据保全措施权；④采取或建议采取资产保全措施权等。

二、审计工作的程序

法定性是审计工作最鲜明的特征。审计机关进行审计的程序也是法定的，各级审计机关必须严格遵守，否则要承担相应的法律责任。

审计程序是审计机关及审计人员在审计监督活动中必须遵循的步骤、顺序、方式、方法和期限的总和。审计机关按照审计项目计划所确定的事项，针对待定的被审计单位，开展具体的项目审计工作时，必须遵守一定的工作步骤和操作规程。审计程序主要有以下方面的内容。

（一）组成审计组，进行审前调查

根据审计项目计划确定的审计事项，由项目实施部门选择一定数量、具备相当业务素质、能够胜任审计任务的人员组成审计组，并指定审计，承担具体审计任务。为保证审计的客观公正，选派审计人员时应当遵守审计回避的有关规定。审计前审计组应根据审计项目计划要求，开展审前调整，掌握审计标准，初步了解被审计单位的基本情况，并取得与审计项目有关的资料。

（二）编制审计方案，发送审计通知书

根据部署安排的审计项目，为便于实施有效控制，保证审计工作质量，达到预期审计目的，审计机关和审计组在实施审计前，应当编制审计方案。审计方案包括审计工作方案和审计实施方案。方案制订后，开始审计3日之前，向被审计单位送达审计通知书。若有特殊情况，经本级人民政府批准，审计机关可以直接持审计通知书实施审计。审计机关向被审计单位送达审计通知书时，应当书面要求被审计单位法定代表人和财务主管人员，就与审计事项有关的会计资料的真实、完整和其他相关情况作出承诺。

（三）实施审计查证，编制审计工作底稿

审计人员通过审查会计凭证、会计账簿、财务会计报告和有关电子数据，查阅与审计事项有关的文件、资料，检查现金、实物、有价证券，向有关单位和个人调查等方式进行审计，并取得证明材料。审计过程中，对被审计单位违反国家规定的财政财务收支行为以及对审计结论有重要影响的审计事项，注意做好工作记录，编制审计工作底稿。

（四）起草审计报告，并征求被审计单位意见

审计组对审计事项实施审计后，应当向审计机关提出审计组的审计报告。审计组的审计报告报送审计机关前，应当征求被审计对象的意见。被审计对象应当自接到审计组的审计报告之日起10日内，将书面意见送交审计组。审计组应当将被审计对象的书面意见一并报送审计机关。审计机关按照审计署规定的程序对审计组的审计报告进行审议，并对被审计对象对审计组的审计报告提出的意见一并研究后，提出审计机关的审计报告。

（五）制发审计决定书和审计移送处理书

审计机关对于违反国家规定的财政收支、财务收支行为，依法应当给予处理、处罚的，在法定职权范围内作出审计决定或者向有关主管机关提出处理、处罚的意见。对审计发现的应当依法由其他有关部门纠正、处理、处罚或者追究有关责任人员行政责任、刑事责任的问题，应当制发审计移送处理书。对被审计单位和有关责任人员违反国家规定的财政收支、财务收支行为作出较大数额罚款的审计决定之前，应当制发听证告知书，告知被审计单位和有关责任人有权要求举行听证。被审计单位和有关责任人员要求举行听证的，审计机关应当组织听证。

（六）对审计项目有关资料进行立卷归档

上述审计程序适用于一般的项目审计工作。审计机关实施专项审计调查的基本程序与之大同小异。专项审计调查可以单独开展，也可以与项目审计结合进行。在实施专项审计调查过程中，如果发现被调查单位有重大的违反国家财经法规的行为，调查组应当及时报告审计机关。审计机关认为有必要进行审计和处理、处罚的，应按法定审计职权和程序进行。

三、审计工作的法律保障

《宪法》对国家审计监督制度作了明确规定。依照《宪法》，由国务院和县级以上的地方人民政府设立审计机关，按照法定的职权和程序，对国务院各部门和地方各级政府的财政收支和与国有资产有关的财务收支进行审计监督，依照法律规定独立行使审计监督权，不受其他行政机关、社会团体和个人的干涉。《宪法》对于审计机关的法律地位、审计体制、审计监督的基本原则、审计职权等作了明确规定，是建立和加强审计监督制度，规范和严格审计执法的根本依据。

依据《宪法》，全国人大常委会于 1994 年 8 月通过了《审计法》（现已修订）。《审计法》根据《宪法》关于审计监督制度的原则性规定，对审计监督的基本原则、审计机关和审计人员、审计机关的职责、审计机关的权限、审计程序和法律责任等作了明确规定，是我国政府审计的基本法律依据。

为适应经济体制改革不断深化，社会主义市场经济体制逐步完善对审计工作提出新的任务和更高要求的需要，《审计法》在健全审计监督机制、完善审计监督职责、加强审计监督手段、规范审计监督行为四个方面作了修订，于 2006 年 2 月 28 日经第十届全国人民代表大会常务委员会第二十次会议通过，自 2006 年 6 月 1 日起施行。为了加强审计监督，明确各项审计制度的具体内容，国务院 2010 年 2 月 2 日第 100 次常务会议修订通过了《审计法实施条例》，自 2010 年 5 月 1 日起施行。《审计法实施条例》在明确审计监督的法律依据、审计机关的职责、审计机关的权限、强化审计手段、细化审计程序及审计法律责任等方面作了明确详尽的规定。为加强专项审计，国务院和国家审计署还制定了一些配套的法规，包括《中央预算执行情况审计监督暂行办法》《县级以下党政领导干部任期经济责任审计暂行规定》和《国有企业及国有控股企业领导人员任期经济责任审计暂行规定》等。上述法律法规的建立，保障了审计机关依法履行监督职责，规范了审计执法行为，使得审计工作外部有法可依，内部有章可循，保证了审计工作能够正常有序地进行。

【案例分析】

政府投资项目跟踪审计在鄞州的实践

政府投资项目跟踪审计是按照关口前移、超前防范的原则，对政府投资建设项目前期准备、建设实施、竣工决算、资金管理等方面进行事前、事中、事后全过程监督。鄞州区审计局自 2006 年开始实施跟踪审计以来，至目前，累计跟踪审计项目 64 个，投资额 501 亿元，已完成跟踪审计项目 13 个。通过跟踪审计，挽回财政资金损失约 5.13 亿元，出具跟踪审计意见单 715 份，提出审计意见 5600 多条，促进被审计单位出台各类内控制度 100 多项，跟踪审计取得了显著成效。其主要做法包括以下几点。

（1）坚持突出重点原则。政府投资项目面广量大，由于审计力量有限，不可能对所有的建设项目都实施跟踪审计。鄞州区审计局本着量力而行、尽力而为的精神，重点围绕党委政府关心、人民群众关注、投资额较大的项目来开展跟踪审计。从跟踪审计的项目类型来看，交通设施项目 10 个、水利设施项目 5 个、保障房建设项目 3 个、新村建设及拆迁安置小区项目 17 个、医院学校项目 6 个、其它项目 23 个。从跟踪审计项目投资额来看，10 亿元以上的 14 个，5 亿元至 10 亿元的 23 个，1 亿元至 5 亿元的 18 个，1 亿元以下的 9 个。

（2）坚持把握关键原则。政府投资项目建设环节多，跟踪审计不可能面面俱到，抓住了其中关键，也就把握住了大方向。一是招标控制价审计。招标控制价是公开招标过程的最高限价，投标人的投标报价高于招标控制价，其投标应予拒绝，因此也是控制项目造价的重要基础。二是合同审计。合同是平等主体的自然人、法人、其他组织之间设立、变更、终止民事权利义务关系的协议。工程合同是承包人进行工程建设，发包人支付价款的合同，也是明确项目建设各方权利义务的核心。主要审计合同约定是否符合法律法规、符合招投标文件实质性精神，是否按规定时间签订合同，以及合同履行情况。三是工程质量审计。加强对容易发生偷工减料、导致质量问题的重大隐蔽工程以及重要工程部位、重要工序、重要工艺的审计，防范工程质量风险，如：在集中式污水处理工程五乡片区Ⅱ标段跟踪审计中，发现施工单位未按设计要求对3800多米管道进行防腐蚀处理，沉井使用的钢筋过细、间距过大等问题，及时以审计专报形式报告区政府，审计专报被区政府主要领导批示后，促使施工单位重新返工，工程质量隐患得到消除；在奉化江堤防整治工程（鄞州新城区段）项目跟踪审计中，发现部分岸墙石渣垫层未按图施工，影响岸墙主体结构的稳定性，工程质量存在隐患，审计组及时指出后，施工单位重新组织施工。四是工程管理审计。审查建设单位是否切实加强工程现场管理，按规定签证变更联系单等；审查设计单位是否及时对涉及缺陷提出工程变更等；审查监理单位关键人员是否到岗到位，是否存在转让业务情况，对施工单位报送的拟进场工程材料、设备进行审核，对施工过程中出现的质量缺陷，监理工程师是否及时下达通知，要求施工单位进行整改等；审查施工单位关键人员是否严格上岗到位，是否存在转包或者违法分包工程行为，是否严格按图施工等。

（3）坚持问题导向原则。在跟踪审计过程中，审计组深入工程现场，掌握第一手情况，及时发现指出问题，避免不良情况发生。一是针对项目特点，采用时点监督与阶段监督相结合办法。时点监督就是审计组对项目实施的关键点、重要环节、隐蔽工程等管理活动进行连续不间断地审计监督，如：在电镀城拆迁补偿政策处理跟踪审计中，审计组连续3次赴湖州设备生产厂家调查取证，并多次走访评估人员，最后发现被拆迁单位虚报设备价格，设备评估机构冒名签字问题，要求建设单位另行选择中介机构对相关设备进行重新评估。阶段审计就是将项目建设一个阶段产生的建设管理活动进行集中审计，审计局每个月汇总每个项目跟踪审计情况，每半年出具跟踪审计报告。

二是采取传统审计与现代技术相结合办法。审计组采用现场检查、审阅法、函证法和延伸审计等传统办法的同时，对工程现场签证、设计变更、隐蔽工程以及财务数据的采集、筛选、分类、汇总等工作依靠先进的现场智能监控系统和技术设备来辅助完成审计。如：在鄞州经济开发区围涂一期工程项目跟踪审计中利用 GPS 定位技术测量塘坝填筑工程量，核减造价 1000 多万元；在区交警大队办公楼工程项目跟踪审计中运用"Google 地球"技术测量绿化工程苗木种植面积，核减造价 20 多万元。

（4）坚持规范完善原则。一方面及时披露审计发现的问题，及时告知建设单位进行纠正，另一方面促成建设单位完善内部管理制度，提高管理水平，规范项目建设，避免类似问题重复发生。如：在宁波南部商务区一期地下工程项目跟踪审计，出具跟踪审计意见单 57 份，提出审计意见建议 464 条，核减工程造价和其他费用 2.69 亿元，促进相关单位出台制度 20 多项，有效促进了项目的建设管理规范化。

——摘自宁波市鄞州区审计局网站

案例思考题

结合以上案例，谈谈对政府进行审计监督的重大意义。

【课后练习题】

1. 简述审计监督的基本概念和特征。
2. 审计机关的主要职责有哪些？
3. 审计监督的重要作用表现在哪些方面？
4. 审计机关的权限有哪些？
5. 简述审计工作的程序。

第十四章

统计监督

【本章学习目标】

1. 了解统计监督的含义、主要内容和方式。
2. 掌握统计监督的特点和功能。
3. 理解统计监督的性质、定位和重要意义。
4. 了解统计监督存在的主要问题和改进对策。

党的十九大报告把"完善统计体制"纳入到党和国家监督体系中，要求加强统计监督，发挥真实统计数据在党和国家监督体系中的重要作用。党的十九届四中全会强调，要坚持和完善中国特色社会主义制度，推进国家治理体系和治理能力现代化。健全党和国家监督制度，发挥统计监督职能作用。面对新要求，必须全面深化统计管理体制改革，坚持依法统计依法治统，充分发挥统计监督职能，为推进国家治理体系和治理能力现代化提供有力的统计支撑。

第一节　统计监督概述

一、统计监督的含义

统计监督是党和国家监督体系的重要组成部分，具有不可替代的作用和优势。统计监督是专门监督，是指在统计调查取得统计资料并进行分析的基础上，对国民经济和社会运行情况、趋势等进行定量检查、监测和预警，以保障和促进经济、社会全面、协调、可持续发展。统计监督是业务监督，通过对经济社会发展情况的调查分析，准确把握统计调查对象的职责履行和业务开展情况。统计监督是综合监督，统计监督机关既要确保各类统计对象提供数据的真实可信，也要通过统计监督活动发现廉政风险、违纪违法线索，确保公权力良好运行。统计监督是法定监督，统计法及其实施条例明确实行统计监督是统计的基本任务之一，加强统计机关与监察机关的监督衔接也是监察法规定的应有之义。

二、统计监督的主要内容和方式

统计监督主要通过运用统计调查、统计分析等手段，以统计指标为主线，评估行政部门执行重大宏观调控政策所制定的指标体系、政策体系、标准体系、统计体系、绩效评价、政绩考核是否科学、合理，反映宏观调控规划与政策的决策、执行、效果的统计数据是否客观真实，进而从总体上监督宏观调控重大政策的贯彻落实情况。

统计监督的主要内容有以下几个方面：一是宏观调控政策与规划的决策监督，对地区重大宏观调控政策、地区经济发展规划、地区经济发展目标进行评估，看决策是否合理，是否符合经济社会发展规律。二是对宏观调控的执行监督，对行政部门对党委政府重大决策部署的贯彻执行情况进行检查，是否设置反映重大政策部署的指标体系，若发现政策执行中存在的问题，则提出对策建议。三是对宏观调控的行政效能监督，通过对地区经济社会发展的规模、结构、水平、效益、速度等是否符合经济社会发展规律的结果进行评估，对地区宏观调控执行过程进行评估，以及对地区宏观调控决策进行评估，建立决策、执行、绩效为一体的行政部门绩效评估体系，实现对宏观调控政策的效能监督。

三、统计监督的特点和功能

党的十九届四中全会提出，要发挥审计监督、统计监督职能作用。十九届中央纪委四次全会工作报告提出，要促进党内监督与人大监督、民主监督、行政监督、司法监督、审计监督、财会监督、统计监督、群众监督和舆论监督贯通融合、协调协同。完善党和国家监督体系，推动制度优势更好转化为治理效能。统计监督不仅有其自身的监督职能，还有为其它监督提供监督依据的功能。统计是实现其它各种监督的基础，其它监督是建立在统计数据的基础上来有效地实现它们各自的监督。统计监督具有下列的特殊性：

第一，具有全面性、普遍性。统计所反映的事物是非常全面的。从经济结构上看，不仅包括全民所有制和集体所有制两种公有制经济主体成分，还包括私有制、合资、个体等各种经济成分在内。从生产关系上看，既要包括生产资料所有制形式方面的情况，又要包括产品的分配和人们在生产过程中所处地位和相互关系。从范围上看，不仅包括农业、工业、建筑业、交通运输业、餐饮服务业等物质生产部门，而且还包括文化、教育、卫生、科技等非物质生产部门。从生产经营开始，到消费、流通、分配、积累。作为一个综合经济监督的统计部门。既要研究物质生产部门生产力的发展，又要研究非物质生产部门事业的发展；既要研究企事业单位的经济效益，又要研究社会效益。只有全面的研究，才能揭示管理中特别是经济管理中存在的问题，找出挖掘潜力的途径，以达到促进生产、改善管理、增加社会经济效益的目的。

第二，具有宏观调控的作用。会计、审计等监督是在经济活动中通过财务收支进行帐务处理所实行的一个层次的监督。而统计则是以数据为依据，以会计业务等核算为基础而开展的深层次的综合性的监督，是着重服务于宏观调控，微观审查的监督。

第三，具有独特的统计方法，拥有全面的系统统计数据。目前统计对收集和整理的统计资料，只有通过全面调查、抽样调查、典型调查、重点调查，才能把握住最典型的事，具有完备的调查所证实的情况。统计要对各种数据进行对比分析或相关分析，通过一系列的比较，从中可以看出成绩，总结经验，找出差距，提出建议，监督社会经济的运行全貌。

总之，统计监督在范围上具有广泛性；在具体内容上具有普遍性、全面性；在形式上具有多样性；在时间顺序上具有连续性；在方法上具有科学性。

四、统计监督的性质和定位

（一）统计监督的性质

统计监督属于行政监督。依据《中华人民共和国统计法》（以下简称《统计法》）规定，"统计的基本任务是对经济社会发展情况进行统计调查、统计分析、提供统计资料和统计咨询意见，实行统计监督。"行政行为是影响经济社会发展的重要因素，统计部门具有对行政行为进行统计调查、统计分析、统计监督的法定职权。统计监督是权力制约的重要方式。行政监督是由国家行政机关内部相互之间的各种监督组成的有机统一体系，是行政机关内部的自我监督。统计部门掌握国民经济运行情况，且不对经济社会发展进行直接调控，是相对独立的行政部门，发挥统计部门在权力运行中的制约作用，对于提高行政效能具有重要作用。

统计监督是非专职监督。行政监督包括专职监督和非专职监督，专职监督是审计部门等专职监督机关实施的监督，非专职监督又分为主管监督和职能监督。主管监督是主管部门对下级部门的监督，职能监督是政府各职能部门在自己的职权范围内就各自的主管工作对其他部门进行的监督。新时代统计监督发挥行政权力制约作用，统计部门需加强运用统计数据和统计方法，对其他部门的行政行为进行职能监督。

统计监督是效能监督。从行政监督的主要内容来看，行政监督包括行政违法、行政不当和行政效能监督，对统计数据生产过程的监督属于行政违法监督，对经济社会运行过程的监督属于行政效能监督。统计效能监督主要是对行政决策、执行和实施效能进行监督。

统计监督是宏观总体监督。统计监督具有客观性、数量性、总体性的特点，决定了统计监督是一种综合性、全面性的监督，是通过全面调查、抽样调查等方法，从宏观上、总体上对行政行为的效能进行评估、监督。

（二）统计监督定位

统计监督主要是运用统计调查、统计分析等手段，对行政部门宏观调控政策与规划的决策、执行以及效果的效能进行评估、检查、督促及纠正，以期实现宏观调控目标，是宏观调控的重要组成部分。

新时代建设现代化国家治理体系，对我国行政效能提出了更高要求，宏观调控效能监督的地位和作用日渐凸显出来。统计部门通过对经济社会发展的监测，能全面了解和把握国民经济运行的状态，同时统计部门拥有统计调查、分析报告等具有系统性、科学性的监督手段，统计部门可通过抽查调查、个体推断总体、统计趋势预测等统计方法，对宏观调控政策的决策、执行、效果进行全方位的、宏观的、总体的监督。统计部门相对独立，没有宏观调控的行政职能，能客观反映宏观调控政策情况，能对宏观调控的决策、执行和效果的效能进行全面监督。

五、统计监督的重要意义

第一，统计工作对党和国家事业发展具有重要意义，在了解国情国力、服务经济社会发展中发挥着重要作用。统计数据的质量直接影响治国理政的战略判断，影响经济社会发展的重大决策，影响民众切身利益的维护实现。统计监督的基本目标就是确保统计数据真实准确、完整及时，要防范和惩治统计造假、弄虚作假，避免失真失实统计数据干扰决策判断，净化统计环境，维护党和政府的公信力。

第二，统计监督是党和国家监督体系的重要组成部分，具有不可替代的作用和优势。统计监督是专门监督，是统计机关运用统计专门技术开展经常性的行业监督和领域监督的重要形式。统计监督是业务监督，通过对经济社会发展情况的调查分析，准确把握统计调查对象的职责履行和业务开展情况。统计监督是综合监督，统计监督机关既要确保各类统计对象提供数据的真实可信，也要通过统计监督活动发现廉政风险、违纪违法线索，确保公权力良好运行。统计监督是法定监督，统计法及其实施条例明确规定，实行统计监督是统计的基本任务之一，加强统计机关与监察机关的监督衔接也是监察法规定的应有之义。

第三，加强统计监督是新经济体制的客观要求。党的十八届五中全会公报指出："坚持稳中求进工作总基调，积极引领经济发展新常态，着力推进改革开放，加强和创新宏观调控，有效化解各种风险和挑战，保持经济平稳较快发展和社会和谐稳定。"经济发展新常态下，已经明确了统计必须在监督上要有所作为，必须建立新的监督调控体系，提高统计监督水平，为经济平稳运行提供宏观与微观上的保障。统计监督做好了，经济的安全运行就会得到某种程度上的保障。随着经济发展进入新常态，宏观调控势必会得到加强，强化统计的监督作用势在必行。

第四，加强统计监督是完成监督任务的需要。《统计法》中明确规定了统计的基本任务。在新常态下，经济活动日益复杂，对统计监督工作的要求越来越高，对统计信息的要求越来越多，统计监督的责任也越来越大。从目前情况来看，现有的统计力量已无法适应日益增加的统计任务，监督服务的质量受到统计从业人员业务素质、政策水平、思想观念的影响，已经严重制约了统计监督作用的正常发挥。在统计监督的实际工作中，一张报表填写的质量，一项分析报告的水平，对检验统计工作都具有重要的意义。统计工作最根本的落脚点在统计监督上，做好了统计监督，才能看到成绩。统计监督是必须强化的职能，在统计工作中起着巨大的作用。

第二节 统计监督的改进

一、当前统计监督存在的主要问题

（一）统计监督作用发挥不到位

目前，统计部门及统计人员行使统计监督职能有时还存在不敢监督、不愿监督和不会监督的情况，这是由主客观及历史与现实的诸多原因造成的。由于统计法治观念淡薄，统计信息的反馈常常受到某些领导意志的影响，统计人员往往报喜的多，报忧的少，甚至在某些领导的眼里，统计监督变成了监督统计。统计部门在职能部门中属于无钱、无权的部门，加之现有统计人员力量不足，对有些问题只能应付了事，当然，这也与目前有些统计人员素质不高有关。没有较高的统计业务水平，不掌握较高的经济理论知识，缺乏一定的统计监督方法和手段，想要达到高水平的统计监督是不可能的。

（二）统计监督权力划分不清楚

统计监督是统计的职能，这是《统计法》所赋予的，是客观存在的。统计的监督职能与统计部门有无监督权力完全是两个不同的概念。统计部门的监督权是指统计人员有权根据统计调查的数据，对经济运行情况进行统计监督，检查政策和计划的实施，考核经济效益、社会效益和工作业绩，检查和揭露存在的各种问题，检查虚报、瞒报统计数据的行为，提出改进工作的意见和建议。相关权力部门应该对统计机构和统计工作人员反映的问题及提出的建议进行及时处理，给出明确答复。

（三）统计法治观念不强

2009 年 6 月 27 日修订通过的《统计法》自 2010 年 1 月 1 日正式施行，《统计法》第 6 条第 1 款明确规定："统计机构和统计人员依照本法规定独立行使统计调查、统计报告、统计监督的职权，不受侵犯。"但是，目前在一些地方和一些领域里，统计部门提出的处罚意见不被重视和认可。一些基层单位领导和统计人员统计法治观念淡薄，认识不足，执法意识不强，工作的积极主动性不高，存在一定的畏难情绪，怕得罪人。虽然《统计法》的宣传力度不断加大，但由于领导对统计工作不够重视，统计执法工作形势不容乐观，对违法现象查处不力。如有些基层单位只考虑自身利益，没有大局意识，在上报统计数据时，领导说了算，让报多少报多少，统计人员迫于压力，原则性不强，使统计监督流于形式；一些部门为了偷税漏税、为了政绩和升迁，不惜找熟人、拉关系，在统计数据上大做文章，这既滋生了腐败现象，败坏了社会风气，也为统计违法现象的存在和发生提供了温床。

（四）数据运算、评估尚缺乏科学性

大数据时代，统计部门缺少真正意义上的数据分析师。数据分析师是专门从事数据收集、整理、分析，并且依据大数据对经济运行情况进行研究、评估和预测的专业人员。在我国统计部门，具有综合评判能力的专门人才少得可怜。尽管专业统计部门已经采用软件来对日常数据进行收集、整理，并以此做出相应的评估，但是，面对复杂的情况，处理起来尚显不足，有必要投入更大的精力，开发新的处理软件，以满足统计监督的需求。

二、新时代强化统计监督的主要路径

（一）加强党对统计工作的领导，建立与党委工作部门的合作机制

党的工作部门是党委的办事机构和职能部门，是党的各项方针政策的参与制定者和贯彻执行者，新修订的《党内监督条例》首次明确了党的工作部门的监督责任，"党的工作部门职能监督"作为党内监督体系的重要组成部分。党的部门要更好地实现职责范围内的党内监督工作，必须要有更好的监督手段，同时发挥统计监督在党和国家监督体系中的重要作用，使统计对重大宏观调控政策与规划的监督更加符合党的路线、方针和政策，因此迫切需要加强党对统计工作的领导。统计部门应建立党委办公厅、组织部、宣传部、统战部、政法委等党的工作部门与统计部门的合作机制，建立联合评估、联合考核、联合发布的机制，发挥统计作为党内监督的重要工具和手段应有的作用。

（二）加强法治建设，提高统计监督地位

统计部门应抓住全面深化依法治国的机遇，参考借鉴强化审计监督路径，强化统计监督法制保障。自党的十八大以来的五年里，审计监督通过党中央、国务院的各项规章制度得以强化，审计监督范围不断扩大，审计地位不断提

高，使审计监督成为党和国家监督体系的重要方面。尽管统计监督具有监督行政行为的职能，但统计部门作为宏观政策效能监督部门的职责还不明确，需通过法律法规确定下来，以有效保障统计监督职能发挥。

（三）建立与审计监督的协同配合机制

审计监督对国家重大决策部署的监督主要是对微观主体执行宏观决策的事后监督。统计监督是事前、事中、事后的监督，能全面地对宏观决策部署进行监督。但由于统计部门不是专职监督部门，统计监督力量有限，而审计监督是专职监督，对微观主体监督具有普遍性、权威性，统计监督应与审计监督建立合作机制，审计监督负责微观监督，统计监督负责宏观监督。

（四）完善统计管理体制，提高统计独立性

我国属于"专业统计分散、地方统计介于集中与分散之间"的混合型政府统计体制，实行"统一领导、分级负责"的统计管理体制，为提高统计独立性，建议强调中央统计机构统一领导，强调对统计人员专业精神的培养。一是加强"统一领导"。"统一领导"的核心是对统计方法制度的领导，对统计组织、标准、口径、指标的"统一领导"。2019 年我国将全面实施地区生产总值统一核算，实现核算与专业有机结合、工作协调推进、数据统一衔接，这是顺利实施地区生产总值统一核算的基础。二是完善"分级负责"。"分级负责"的核心是按照统一的方法制度，对本级统计数据质量负责。各级统计部门应加强按照科学的方法对本级行政部门的统计数据进行管理和监督，对本级行政部门的宏观调控绩效进行监督，为党委政府提供及时有效地宏观管理服务。三是完善统计数据的管理制度。统计部门要加强对经济发展协调度的评估，加强对统计数据的协调性、匹配性的评估，以问题为导向，对统计数据协调性较差的地区或专业进行重点抽查和执法检查，检查其是否按照《统计法》的规定真实、准确地填报统计数据。

（五）建设具有职业操守、职业素养和奉献精神的统计专业队伍

要使统计人员提高党性修养、道德品质和职业道德修养，培养一支政治坚定、素质过硬的干部队伍，从人的内生动力上增强监督自觉性，为统计监督凝聚起强大的精神力量和有力的道德支撑。统计部门应加快统计诚信体系建设步伐，推进统计部门的信用评级以及统计人员的信用评估体系建设，建立统计人员信用档案，通过对统计人员信用评估来培养统计职业操守、职业素养和职业精神，厚植统计文化；推进部门统计信用以及统计人员评估体系

建设，提高部门统计数据质量；完善企业信用评估体系，融入国家统计信用体系建设，加大与部门联合力度，加强企业信用评估力度。

（六）推进以信息共享为目标的信息化建设

统计监督需建立高效运转的信息收集与处理系统，大数据技术已日渐成熟，而大数据实施的核心与难点在于数据共享，统计部门应带头推动统计数据共享，这是实现大数据开发与应用的重要内容。积极推进部门间统计信息共享，巩固"五证合一，一照一码"登记制度改革成果，做好部门信息的收集、整理工作，加快构建部门间统计信息共享数据库；稳步推进全社会数据共享，推动真实可信的政府统计数据成为全社会数据创新的重要组成部分。

（七）推动建立统计监督与其他监督的协同机制

统计监督与其他监督相互关联、相互影响，要通过上下统筹、联动推进，推动统计监督与其他监督协同配合，及时发现问题，有效纠正偏差，实现监督效果倍增。一是要推动统计监督与其他监督的内容贯通。统计监督要以党内监督为主导，聚焦管党治党的重要领域和重大问题，特别是注意发现在增强"四个意识"、坚定"四个自信"、做到"两个维护"方面存在的短板、漏洞、不足。统计监督要与其他监督加强沟通协同，进一步加强统计数据在其他监督中的应用，推动统计监督与其他监督的形式对接。统计监督要发挥优势特长，与其他监督分工负责、互相配合。二是要建立完善统计监督信息互通、线索移交、协作配合等工作机制，建立统计监督协同机制。要建立统计监督信息报告和共享机制。统计监督机关要及时向纪检监察机关、人大机关、行政领导机关报告工作，与司法机关、审计机关以及其他监督机关分享数据，建立线索提供、风险预警、处置联动、漏洞修补协调机制，建立统计监督建议制度，不断增强监督合力。

【案例分析】

国家统计局通报山西应县统计违纪违法案件情况

近日，国家统计局通报了对山西省朔州市应县重大统计违纪违法案件的责任追究情况。因数据造假，对此案中 17 名违纪违法责任人进行了处分处理，其中厅级干部 1 人，处级干部 7 人。县委书记、县长、两名副县长同时被处分，这在全国尚属首次。

此次应县统计造假的问责情况一经通报，立即引起社会的广泛关注。

有媒体发表评论员文章称，对统计中违纪违法行为的追责力度，应该与统计该有的严肃性和权威性相匹配。此次处理结果将对填补现有追责问责力度与《中华人民共和国统计法》《行政机关公务员处分条例》《统计违法违纪行为处分规定》等法律法规要求之间较大"落差"的现实，具有标杆作用。

统计造假危害严重，政府决策大受影响

"部分地区的部分官员政绩观扭曲，法治观念淡漠。为追求政绩好看，虚构或夸大数据，以谋取私利。特别在宏观经济下行压力大的背景下，这种问题更突出。"谈及对此事的看法，中国传媒大学政法学院法律系副主任郑宁直言。

郑宁说，这种"数字出官、官出数字"的现象，反映出对地方政府和官员的考核评价标准不够全面。统计造假危害严重，给国家的决策形成误判，透支党和政府公信力，误国误民。数字腐败造成官员不干实事、虚假浮夸的不正之风。

在北京外国语大学法学院教授姚金菊看来，现代社会是一个信息化的社会，数据是决策的来源，如果没有真实有效的数据，党中央和政府很难作出科学有效的决策。在大数据时代，数据的可靠性、真实性、客观性尤为重要，如果官方数据造假，会造成更大的危害。

"这也是国家要加大对于统计数据造假处理力度的主要原因。"姚金菊说。她认为，相关法律对于统计数据也都有相关规定，各方都有提供真实数据的义务，如果没有正确履行这些义务，就要承担相应责任。

此事的严格处理有哪些现实意义呢？

刘此，郑宁说："此次将地方党政一把手作为问责对象，加大了对数据统计造假的问责力度，能起到积极的警示作用，反映了中央加大对统计数据造假惩治力度的决心。"

姚金菊也谈了自己的观点。她说，统计法和统计法实施条例都规定，如果统计数据造假，则要承担相应责任，此次严肃处理也是凸显了新时代以来中央加强对落实工作的决心，包括决策是否得到有效贯彻和执行。

"据目前我了解到的信息，没有看到事件是按照什么程序进行，不同的人是因为什么问题要承担不同的责任。我认为，一方面，要加大统计违法行为

的监督力度、查处力度和落实法律责任的力度；另一方面，在落实责任时，也应注重行政执法的相应程序，而且要严格遵守。在落实法律责任时，应把事实进一步查明，比如是否是主观上的故意，还是没有察觉到统计部门的失误。"姚金菊说，因为涉及对相关干部的处理，所以要严格查明数据造假是疏忽造成还是故意造成，此外对干部的处理也要注意界限和程序问题。

数据失实时有发生，问责力度亟须加大

值得注意的是，近几个月来，统计数据造假被通报的消息时有发生。

4月18日，国家统计局发布通报称，吉林省白城市下辖洮北区、白城工业园区、洮南市、通榆县在第四次全国经济普查登记阶段，有关专业普查数据严重失实。白城工业园区管委会经济发展局、洮南市工业和信息化局、通榆县工业和信息化局在第四次全国经济普查登记阶段，通过多种方式违法干预普查对象独立真实上报普查资料，导致部分一套表企业普查数据严重失实；洮北区部分一套表企业因自身原因提供不真实普查资料。洮南市、通榆县在第四次全国经济普查登记阶段，部分非一套表企业普查资料失实，洮南市还存在个体经营户普查资料失实问题。

4月22日，国家统计局发布通报称，2017年12月18日至26日国家统计局统计执法检查发现，青海省海东市平安区和西宁市城东区、西宁经济技术开发区甘河工业园区有关专业统计数据严重失实，检查三区共77家企业，其中规模以上工业企业17家虚报、3家瞒报统计数据；限额以上批发和零售业企业9家虚报、6家瞒报统计数据；限额以上住宿餐饮企业3家虚报、1家瞒报统计数据；规模以上服务业企业1家虚报、3家瞒报统计数据。海东市平安区有关部门干预企业独立真实报送统计数据，规模以上工业入库材料弄虚作假。西宁经济技术开发区甘河工业园区有关部门编造代报或指令企业报送虚假统计数据。

5月21日，国家统计局发布通报称，2018年3月，国家统计局对宁夏回族自治区灵武重大统计违纪违法案件进行立案调查，目前，对此案相关责任人的责任追究已基本完成。涉案42名统计违纪违法责任人被处分处理，其中厅级干部4人，处级干部8人。

5月28日，国家统计局发布通报称，云南省红河哈尼族彝族自治州泸西县和建水县第四次全国经济普查中，泸西县和建水县规模以上工业、固定资产投资普查数据严重失实；泸西县和建水县经普办通过召开工作培训会议等方式，指使、授意企业按照指定的数据填报四经普报表。泸西县工业商务和信息化局要求企业按照给定的增速或数据填报，教育体育局编造并代填代报四经普固定资产投资项目数据，农业农村和科学技术局、有关乡镇要求普查对象按照任务数上报。建水县工业商务和信息化局以"调研"名义干预规模以上工业企业普查数据，有关乡镇伪造投资项目入库材料和合同、打捆并代填代报企业统计数据。建水县委和县政府主要负责人提供虚假情况，严重阻碍统计执法监督检查，有关部门毁弃相关证明和资料，造成严重后果。

6月17日，国家统计局发布《关于四川省德阳市下辖广汉市经济普查违法案件的通报》称，广汉市规模以上工业普查数据严重失实，地方政府授意普查机构和普查人员非法干预普查数据。对于上述违法行为，国家统计局将按规定移送四川省委、省政府依纪依法依规予以处理。

——摘自 中国政法大学法学院网站

案例思考题

1. 根据以上案例材料，谈谈加强统计监督的意义。

2. 结合案例材料，谈谈目前统计监督还存在什么样的问题？应该怎样加强？

【课后练习题】

1. 简述统计监督的含义、主要内容和方式。

2. 统计监督的特点和功能有哪些？

3. 统计监督的性质、定位是什么？

4. 统计监督有什么样的重要意义？

5. 目前统计监督还存在什么问题？应该怎样加强和改进？

第十五章

国际反腐败与监督制度

【本章学习目标】

1. 了解瑞典的反腐败实践和特点。

2. 了解美国的反腐败监督模式及特点。

3. 了解芬兰的反腐败实践和经验。

4. 了解新加坡的反腐败实践与经验。

5. 了解日本的反腐败实践与经验。

6. 理解国际反腐败的主要理念。

7. 掌握国际反腐败的经验。

随着社会经济的发展和社会交往的广泛深入，全球范围内的腐败活动有愈演愈烈之势，腐败已经不是某个国家或者某个人的个别现象，腐败现象已经成为各国政治、经济、文化发展的桎梏，成为困扰整个国际社会的问题。面对日益严重而普遍的腐败现象，各国政府都非常重视，重拳出击，积极探索行之有效的反腐败方法和手段，建立健全适合本国国情的反腐败机制。

第一节　国外反腐败基市模式及经验

一、瑞典的反腐败实践和特点

瑞典以其健全的行政监督制度而闻名。瑞典建立了以议会监督为主的多层次、多渠道的监督机制。在历年发布的"反腐败排行榜"上，瑞典官员的廉洁指数一直名列前茅。尤其瑞典的议会监察专员制度自 1809 年正式建立至今，拥有近 200 年的历史，在全世界范围内产生了重要的影响。

瑞典的议会监察专员制度不但有力地维护了本国民众的合法权益，还走出了国门。1919 年芬兰独立后，仿效瑞典议会监察专员，设立了自己的专员公署。1962 年，新西兰仿效瑞典确立了监察专员制度，成效显著，这证明了监察专员制度在普通法系国家同样适用。自此之后，西欧诸国，英联邦各国，美国的若干州以及日本等亚洲国家和地区也相继效仿，推动了这一制度在世界范围内的逐步展开，时至今日，已有超过 120 个国家或地区设立了监察专员公署。

（一）议会监察专员制的产生及其发展

瑞典的议会监察专员制是世界上最早的由议会专职监督行政和司法机关的制度。它的产生可以追溯到 18 世纪该国的大法官制度。1709 年，瑞典和俄国发生了战争，结果瑞典战败，其国内的政局动荡不安，官吏贪污腐化。为了制止这种混乱局面，国王在 1713 年任命了一名监督百官的代理人，这就是大法官。1719 年，瑞典议会为了限制王权，同时为了扩大议会的权力而颁布了一部新宪法，这就为议会监察专员制的形成提供了前提条件。1809 年，瑞典议会仿效国王设立大法官的做法，在当年制定的一部民主宪法中规定设立一名议会监察专员，负责监察各级官员，保护民众的利益。1810 年，议会根据该民主宪法任命了一名议会监察专员负责监察各行政机关及其官员。瑞典议会在 1968 年将议会监察专员增至 3 人，并设立 2 名副议会监察专员负责协助议会监察专员的工作。

1975 年，瑞典议会又修改了议会法，规定议会监察专员为 4 人，其中 1 人为首席议会监察专员，具体负责监察专员署的主要工作，其他 3 名议会监察专员与首席议会监察专员不存在指挥与被指挥的关系，他们相互配合、分工协作。4 名议会监察专员全部由议会选举产生，而且一般从无党派且具有杰出法律知识和秉性正直、社会威望较高的人士中选出，他们通常是律师或法官，任期 4 年，可以连选连任。

（二）议会监察专员的监察对象与权限

1. 议会监察专员的监察对象

由于议会监察专员的职责是负责监督中央和地方的行政、司法活动，因此议会监察专员的监察对象主要为中央和地方的行政、司法机关及其公务人员。这里的"公务人员"范围很广，主要包括中央和地方政府机关的官员、法院的法官、检察官、公立学校的教职员工、医院的医师和护士、公立养老院的职员以及军队的下士以上军官等。此外，受行政机关委托代行其实际事务的雇员、非正式职员也属于监察专员监察的范围。不在议会监察专员监察范围内的公务人员主要有：议会议员、议会秘书处的职员、议会诉愿部职员、议会秘书长、中央银行政策委员、大法官和地方议会议员等。

2. 议会监察专员的监察权限

由于议会监察专员监察的对象非常广泛，因此就很有必要赋予议会监察专员以充分的权力，以便对监察对象实施有效监督。瑞典法律赋予议会监察专员的权力主要有：调查权、视察权、建议权和起诉权。调查权是议会监察专员的一项重要权力，也是议会监察专员独立行使职权的重要标志。在调查过程中有关部门和人员必须给予密切配合，任何部门和人员不得随意拒绝。如果遭到拒绝，议会监察专员就可以向议会委员会提出有关报告，或者在新闻媒体上加以公布，从而给那些拒绝配合调查的人以巨大压力。他们还有权查阅任何法院或行政机关的会议记录和有关文件，但保密文件除外。在调查时，议会监察专员可要求有关部门的负责人对某些问题作出书面或口头说明，另外，任何检察官都有义务协助议会监察专员的工作。有时，为了调查某个重要案件，还可以举行大型听证会。

瑞典有关法律还规定，议会监察专员有权在他认为必要时对行政机关、法院、监狱和军事机关等进行工作视察。4 名议会监察专员每年有 30 个工作日进行实地视察。视察一般采取突然袭击的方式进行，这就会给被视察对象来一个措手不及，从而迫使那些行政机关、司法机关及其公职人员不敢轻易怠慢而要时时保持警惕，不断改进工作。议会监察专员在开展调查或视察工作后，可以向有关部门提出相关建议。如当公民合法权益受到行政机关的非法侵害时，议会监察专员可以建议行政机关给予公民适当的赔偿；或当行政机关的行政行为不当时，议会监察专员可以建议其纠正错误；如果是行政机关的工作人员犯罪、违法，议会监察专员可以建议有关部门对违法犯罪的公务人员给予免职处分。一般来说，行政主管机关都会采纳议会监察专员的建议。如果建议未被采纳，议会监察专员可以通过新闻媒体曝光或向议会有关委员会报告情况，最终促使问题得到圆满解决。

对于调查或视察中发现的确有违法犯罪行为的官员，议会监察专员有权向法院对他们直接提起公诉。19 世纪以前，采取这种手段主要是为了对付日益严重的官僚主义，而现在，主要是针对那些严重违法犯罪的公职人员。1975 年颁布的《瑞典刑法修正案》规定：必须是对那些严重违法且造成重大后果的工作人员才可以提起公诉。然而，议会监察专员受理的大多是一般案件，因此议会监察专员的起诉权不常用。尽管如此，它仍对违法乱纪和贪污腐化的官员具有很大的威慑作用。

（三）议会监察专员制度的特点

经过二百年余的发展，瑞典议会监察专员制度已成为一项独特的制度。概括讲，它具有以下四个特点：

第一，议会监察专员由议会选举产生并受议会的领导，负责监察法院、行政机关及地方和区域性政府机构。第二，议会监察专员由具有杰出法律才能且人格正直的公民担任。第三，议会监察专员拥有审查、受理投诉、调查、建议和起诉等职权。其职责是确保公职人员遵守法律和法规，保障公民的权利与自由，并促进法律的统一和完善。第四，监察专员公署的经费由议会直接划拨，且经费足以保证其完成各种监察行动。

二、美国的反腐败监督模式及特点

美国的政治制度依据三权分立和联邦制度而建立，政府采取总统内阁制。美国的政治制度对美国的监督模式产生了根本性的影响，直接决定了美国监督模式的特征。首先，美国突出三权分立与制衡原则，建立了立法、行政和司法的双向监督机制，强调权力之间的相互平衡与制约。其次，联邦制以及中央与地方分权原则的确立，使美国的监督职能分散于各个机构之中，中央与地方之间是较为松散的监督关系。最后，美国的监督模式中非常重视专项监督与预防，如强化对审计、财产申报、道德规范等方面的监督与培训职能。而且政治选举过程中容易出现的腐败问题也成为美国监督的重点内容。

（一）美国的监督运行机制

1. 美国国会的监督

国会是美国最高的立法机构、由参众两院组成，国会具有制约和监督行政与司法部门的职能和权力。与其他国家一样，美国国会主要通过宪法赋予的财权、任命批准权、弹劾权、调查权而履行其监督职能。而美国国会监督的特点主要是，突出弹劾权和财权控制，强调专业性对口监督。

与其他国家相比，美国国会弹劾权的弹劾对象较广，总统、副总统、政府文官犯有叛国罪、贿赂罪或其他"重罪与轻罪"的均可适用弹劾，联邦法官和州级法官也在弹劾范围之内。在调查权方面，美国国会内部设立了各种委员会来行使调查权，众议院各常设委员会内部均建立了监察小组，专司监督与其相应的政府部门及官员，大大加强了国会对政府各职能部门的专业监督，某种程度上避免了由于立法机关与行政机关在专业性上的差距所造成的监督不力问题。美国国会还通过举行公开调查听证会来进行调查，并通过新闻媒体向外界广泛报道。

财权可以被认为是美国国会对政府进行监督最重要的权力。美国国会的预算监督和拨款权是国会制约和监督政府的重要手段，并为此建立了隶属于立法机关的审计制度以保证国会对政府的有力监督。美国宪法规定，政府的一切财政开支必须经过国会审议、批准，否则政府无法得到国家拨款。美国国会为了控制联邦政府各部门的预算而设立了专门的监督机构——联邦审计总署，具有职权范围广泛和机构设置独立性的特点。

联邦审计总署的职能是协助国会执行立法及监督之责，对联邦政府的计划和国会的有关活动进行财务控制并提出建议使联邦政府的各项目和国会的工作更富有效率。为保证联邦审计总署有效实行职能，美国法律规定，联邦审计总署有权向政府部门、公共机构进行调查，有权对所发现的审计问题提出改进建议，有权将审计报告直接提交国会，并有权予以公开发表。其职权范围广泛，除中央情报局和总统办公室以外，凡是联邦政府各部门及其所属的企业、事业单位以及与公共开支有关的事项都可以进行审计。作为国会的专门监督机构，联邦审计总署具有较大的独立性。审计长由总统任命，并经参议院同意，任期内除犯罪外不得免职。联邦审计总署经费预算独立，直接由国会预算委员会决定，不受政府预算的控制。美国各州、市、县均设有审计机关，负责本行政区的审计工作，但联邦审计总署与地方审计机关之间没有隶属关系，只要求地方审计机关遵循联邦审计总署制定的审计标准和会计制度。联邦审计总署负责联邦政府及其各部门的审计监督工作，被称为行政机构的"监察者"。

美国国会的监督制度就是国会对政府行使的行政监督权和司法监督权。行政监督权包括政府预算的批准、立法监督、人事任命批准、外交监督、调查权及立法否决权；司法监督权包括弹劾权、惩处议员权和惩处蔑视国会罪权。

（1）预算批准。预算权是议会的一项重要权力，它是议会掌握国家收支、控制和监督政府财政的重要手段，这项权力在美国称为"钱袋权"。预算包括征税和拨款两个方面，政府的一项计划要经过国会的双重授权，即总统每年须向国会提交一个财政年度的预算方案，由国会掌握批准的权力。总统每年1月于国会开始时向国会提交预算方案，在下一个财政年度开始的7月1日前通过，有时要拖延至9月才完成，一个财政年度结束后，国会总审计局要对政府各机构使用经费的情况进行审计，并向国会提交评估报告。如果财政年度已经开始后预算尚未通过，政府可以请求国会通过一种临时预算，但政府临时动用的款项将来会一并归入总预算。对于临时发生的特别需要，国会也可应政府的要求审议通过为应付这种需要而编制的特别预算。

（2）人事任命批准。根据美国宪法规定，总统提名的联邦高级官员须经参议院批准后任命，一般需国会批准的包括内阁部长、副部长、大使、联邦法院法官等。批准程序是，总统先将其提名送交一个恰当的委员会，该委员会将审查被提名者的资格和报告，如同意，再将报告呈交全院大会批准，批准以简单多数投票通过。如遇到拒绝情形，总统则将重新提名一名替代者。从1789年到1989年，有9名内阁部长遭参议院正式拒绝。

（3）外交监督。美国外交政策的制定权掌握在总统手中，但是国会对外交权也是有影响的。国会对总统外交政策的监督包括：对外宣战须经国会通过；总统与外国签订的条约要经过参议院三分之二多数批准；总统提名的大使、公使须经参议院多数同意。

（4）调查权。调查权在美国宪法中没有明文规定，国会的调查权是从国会立法权派生出的一种监督权并得到联邦最高法院的认可。1946年的国会改革法首次宣布，监督政府是国会的职责，并决定在参、众两院分别设立政府工作委员会，负责对联邦各行政部门进行总的监督，并代表全院统一检查各委员会的监督工作。两院中的各常设委员会负责对其所管的行政机构进行日常监督，负责决定监督课题，进行专题调查并提出处理意见。此外，1978年国会还通过了《监察长法》，决定在内阁各部和联邦独立机构设立监察长一职。监察长由总统提名、参议院认可，负责审计和调查所驻部门的舞弊、浪费、低效和滥用职权等问题，提出改进该部门工作、增强效益的建议。监察长每半年向国会递交一份监察报告。另外，针对某些问题特别严重、影响极大的案件，国会两院可随时设立特别委员会协助常设委员会调查。

（5）弹劾权。弹劾是国会对失职的政府官员的指控与免职处罚。弹劾的程序是：由众议员提出弹劾议案，经司法委员会首先审理。司法委员会既可受理，也可不予理睬。受理后，司法委员会通常会举行听证会，并就有关指控进行调查。司法委员会以多数票通过弹劾议案后，再提交全院大会进行审议，全院大会先进行辩论、对指控逐一进行表决，只要有一项指控获得简单多数的支持，有关官员即遭弹劾。下一步，参议院将扮演法官角色，对弹劾议案进行审判。如被弹劾的是总统，则需要由联邦最高法院首席大法官主持参议院的审判。审判结束后，参议员即进行投票，只有获得出席审判并参加投票的议员的三分之二多数的赞成票，弹劾议案才能成立，否则将被视为无罪。

（6）惩处议员权。国会有权惩处自己的议员，惩处方式有两种：一是谴责，对有损于国会声誉的议员实施惩罚；二是开除议员议席，但需通过三分之二多数票的表决。

（7）惩处蔑视国会罪权。这原为一种历史传统，1857年国会通过法律正式确定下来。蔑视国会罪包括：拒绝出席国会或国会委员会举行的听证会，拒绝提交国会所要求的证据，在听证会上拒绝回答询问或作伪证，以及阻挠国会议员出席会议等行为。处罚为一定数量的罚金和1到12个月的监禁。

2. 美国的司法审查

在美国，司法审查，亦称违宪审查，是指法院审查国会制定的法律是否符合宪法，以及行政机关的行为是否符合宪法及法律。这种制度的理论依据是，宪法是根本大法，具有最高的法律效力，是立法和执法的基础和根据，法律和法令从形式到内容，都不得同宪法条文相抵触。司法机关主要是最高法院或联邦法院，被认为是保障宪法的机关，因而一旦产生法律和法令不合宪的问题，它们就可以宣告该法律和法令因违宪而无效。

美国司法审查制度发挥了独特的制衡作用。第一，在制约立法权力方面。美国司法审查制度的存在，无疑是防止立法机关滥用立法权，监督其在宪法范围内行使权力的外部监督制约机制。第二，在制约行政权力方面。美国司法审查权表现为法院有权以政府的行为与宪法相抵触为由而宣布其无效。这种权力的适用范围不仅包括联邦行政机关和国会的行为，而且也包括各州政府的行为。司法审查是法院监督行政机关遵守法律的有利工具，没有司法审查，行政法治等于一句空话，个人的自由和权利就缺乏保障。司法审查不仅在其实际应用时可以保障个人的权益，而且由于司法审查的存在对行政人员产生一种心理的压力，可以促使他们谨慎行使权力。第三，在调节立法权和行政权的矛盾方面。联邦最高法院的司法审查权在调节立法权和行政权的矛盾方面显示出独特的平衡和监控能力。美国作为两党制国家，政党政治往往使两个政党分别控制下的立法权与行政权之间矛盾激化，从而影响美国政治的稳定，联邦最高法院此时可发挥重要的调节和平衡作用。

3. 美国的行政监察

美国实行联邦制，各州拥有立法、行政和司法方面的独立自主权。联邦与各州之间的分权原则，使美国在行政监督机构设置和监督体制方面表现出多样性的特点，未建立从中央到地方统一的行政监察机构和统一的监察体制。美国行政系统内部的监督职能分散于各个机构，由各个机构履行一定职权范围内的监督职能，如人事管理局、总务局、联邦选举委员会、总统行政办公室和联邦调查局等。人事管理局主要负责制定有关预防公职人员任人唯亲、赌博等方面的廉政规定；总务局负责管理政府的设备、车辆等财产，与政府道德办公室协商制定有关公职人员接受旅行礼品的规定；联邦选举委员会是一个独立机构，负责监督并公开总统及参众两院选举中候选人的资金问题；总统行政办公室负责保证全体由总统任命的政府官员遵守利益冲突法。

美国的政府道德管理局和监察长办公室等是美国联邦政府建立的独立的行政监督专职机构。根据 1978 年制定的《政府道德法》，美国在政府人事管理局内设立了政府道德规范办公室，专门负责高级行政人员的财产申报并协调人事管理局对行政人员的监督。该机构于 1989 年脱离人事局而成为独立的政府道德管理局，专职负责政府公务员道德规范和财产申报。其主要职责涉及行政系统的全部利益冲突和道德领域问题，包括制定有关道德法规，审议政府各部门自行制定的道德法规；接受、审查并管理政府高级官员的财产申报；组织职业道德教育和培训；指导和审议联邦政府各部门的道德行为管理计划等方面。美国一些州也设有类似的机构，负责本地区政府官员的道德行为管理，但在组织上与联邦政府道德管理局没有隶属关系。1978 年，根据国会的《监察长法》，美国在政府各机构内部建立了监察长办公室，成为政府内设的常设监察机关，专门负责对政府各部门的财政进行审核及调查。

（二）美国的行政监督制度

1. 美国的监察长制度

它起源于1976年，美国国会通过法律直接在卫生、教育、福利部各设立了一名监察长，后根据1978年的《监察长法》规定，在12个行政部门均设立监察长办事处，直至1988年监察长办事处成为各部的常设机构。监察长办事处成为了政府内部的反贪防贪机构，各由一名监察长主持监察长办事处的工作。监察长由总统任命，并经国会与参议院同意，向总统和国会负责。其主要职责就是杜绝贪污、诈骗、浪费、滥用职权，以确保财政合理合法支出，从而达到高效行政的目的。

美国监察长制度具有以下特点：

第一，监察长及其办公室具有较强独立性。监察长及其办公室虽然在形式上设在政府部门内部，但在人员任命上，监察长由总统任命，并直接对总统和国会负责，即使总统罢免监察长，也要向国会说明理由并加以证明。同时，监察长有权委任和聘用所需工作人员和雇员，其经费也是直接由国会拨款。监察长还可以向国会报告任何事项而不受所在部门或有关机构限制。监察长也可以直接向行政首长负责，独立行使职权，调查工作不受任何干扰。

第二，作为政府内设监督机构，与行政业务管理联系紧密。监察长及其办公室作为政府内部设置的常设监督机构，与其他外部监督主体相比，能够深入具体的管理过程中，熟悉行政业务及其方法、程序等，有利于发挥监督优势。

第三，监察工作人员专业性素质要求高。监察长及其办公室的主要职责是对所在部门进行审计和检查工作，因此要求其人员具有审计、法律、财务等方面的专业知识以完成监督任务。

2. 美国的独立检察官制度

独立检察官制度是美国政治法律制度的产物，根据1978年美国国会通过的《独立监察官法》将独立监察官制度以法律形式固定，并赋予了独立检察官对联邦高级官员的指控行使"不受任何政治或金钱影响"的广泛调查权，并在人员、物质上给予充分保障。独立检察官可以根据自己的调查，向国会提出需要弹劾相关人员的建议。作为美国行政监察制度的一大特色，具有地位独立、权力巨大、经费来源独立并充足的特点。

美国司法系统中有三类检察官：地方检察官、联邦检察官和独立检察官，其中独立检察官与行政监督联系最为紧密。独立检察官的前身是特别检察官。美国发生"水门事件"后，颁布了《政府道德法》确立了独立检察官制度。独立检察官是专门对某一高级行政官员的贪污受贿或其他违法失职行为进行调查起诉的临时性官员，其起诉对象包括总统、副总统、各部正副部长及相应职务的官员。独立检察官不由司法部长直接任命，而是在司法部长请求下由三名资深联邦法官组成的委任小组任命。独立检察官不对总统、国会或选民负责，工作不受最后期限限制，不受预算紧缩影响，只受任命他的司法小组监督并对其负责。

为了保证独立检察官充分履行职责，法律赋予独立检察官很大的权力，包括人事权、调查权、传讯权、汇报权和起诉权。独立检察官有权任命工作人员，有权给予属下工作人员必要的补贴，并有权要求司法部给予必要的财力和人力支持。独立检察官在进行调查时享有司法部长和联邦检察官一切相应的权力。可以向法院申请传讯包括总统在内的任何证人。独立检察官有权向国会汇报调查情况并提供弹劾政府官员所需的案情材料，并有权提起或者与司法部门共同提起特别刑事诉讼。

3. 政府道德署

政府道德署是另一个内部监察机构，是 1978 年根据《政府道德法》而设立的独立机构，直接向总统负责，地位比较独立，它的主要职责是制定行政部门雇员道德行为规范；审核和批准各行政部门制定的道德行为附则；监督行政部门官员公开和秘密的财产申报的执行情况；审核总统政治任命是否有经济方面的利益冲突等。它是美国政府道德管理制度化的产物，标志着美国道德监督机制的强化。

（三）美国反腐败运行机制的特点

美国实行联邦政府体制，设立联邦、州及地方三级政府，每级政府都建立了相似的廉政机构和廉政法规体系。其反腐败运行机制主要有三大特点。

1. 美国反腐败机构具有较强的独立性和权威性

美国反腐败机构众多，网络比较健全。从系统上看，立法、司法和行政部门都设有反腐机构负责本系统的廉政工作。从职能上分，一类侧重于制定和实施廉政准则和廉政计划，着重预防腐败；另一类则是调查、处理腐败案件，着重惩治腐败。这些机构有以下特点：

一是独立性较强。1970 年美国国会通过了《独立调查委员会法》，设立了独立检察官制度。独立检察官是调查美国政府舞弊案的专设职位，具有独立调查并起诉政府官员的权力，只要不犯明显的重大过失，任何人无权罢免。这个制度实施以来，先后查实了水门事件、伊朗门事件以及克林顿与莱温斯基不正当关系案件等。

二是权威性较强。一方面，反腐败机构的职能、权限和工作程序在法律上都有明确规定。另一方面，反腐败机构的层次较高、工作范围较广。如联邦调查局是专职调查危害国家安全和公共利益的机构，调查范围极其广泛，且不受地域限制，有权调查200多种犯罪案件，其中包括政府官员贪污、挪用公款、国际间贩毒、洗钱案以及其他影响较大的腐败案件。

三是制衡性较强。美国的政治体制从形成开始就设计为矛盾冲突系统，使分权的冲突贯穿于美国政府运行的全过程。这一特点也贯穿反腐败工作的全过程。美国有50个以上的联邦执法机构具有执行公共腐败调查的责任，这使反腐权力分散到各部门，并相互制约。如联邦调查局只负责腐败案件的调查取证工作，司法部负责起诉工作，法院负责审判工作。在办案过程中，三者相互监督制约，以确保案件调查的公正性和合法性。

2. 美国反腐败措施具有较强的系统性和综合性

美国有识之士认为，腐败问题不仅是人品问题，而且是制度问题，必须在加大惩治力度的同时，运用经济、行政、法律、制度等综合手段予以防治。

第一，重视反腐败教育，强化公务人员廉洁意识。每名公务人员进入政府部门时，由部门廉政官员进行至少1个小时的廉政规定培训，使其明确哪些可以做、哪些不可以做，以及为其提供反腐败的有关信息、咨询、联系方式，针对不同行业、单位和不同岗位、职位提供相应的反腐败措施以及廉政忠告。政府廉政办公室负责对各部门廉政官员的培训，并对各部门开展廉政教育进行指导。

第二，重视规范职业道德，以严格制度有效防范利益冲突。美国出台了公务人员廉政行为准则，规范公务人员的职业道德。该准则在收受礼品、利益冲突处理、求职、滥用职权、职外活动等方面对行政部门工作人员作出了限制性规定。对违反规定的，给予警告、停职、离职、开除处理，触犯法律的按联邦法律的要求，交司法部门向法院提起诉讼，由法院审理后依法作出刑事处罚判决。此外，还出台了《防止利益冲突法》等规定，严禁公务员及其配偶子女在与公务活动有关系的利益集团工作。这些法规制度在规范公务员职业道德、防止因利益冲突而滋生腐败方面发挥了积极作用。

第三，重视监督制约，以严厉手段震慑腐败分子。一方面，美国以严厉手段惩治腐败行为。为增强惩治腐败工作的针对性，美国有 50 个以上的联邦执法机构根据法律各自承担执行某类公共腐败调查的责任。如联邦调查局、司法部刑事局公共诚实处、美国检察官、独立检察官，以及各部门的监察长办公室，都在揭露、调查、起诉公共腐败方面发挥着重要作用。这些反腐败机构主要采取开辟举报热线或电子邮箱、秘密调查（包括当卧底、使用电子设备监控，如监听、录像、人员盯梢、跟踪）等措施和手段开展调查，取得了较好效果。另一方面，以严格监督防范腐败行为。美国反腐败机构认为，阳光就是最好的防腐剂。为此，美国制定了许多法律来提高政府决策的透明度，最著名的就是出台《政府阳光法案》，要求行政机构的会议除特殊情况外，应公开进行。还出台了《信息自由法》，并通过《廉政改革法》，完善了财务公开制度，要求政务官员必须公开财产情况，包括自己及其配偶、子女的收入来源、金融投资、拥有股票、房子以及债权债务等情况。如果官员提供虚假信息，可能受到罚款或判刑的处理。政府中层管理人员特别是与承包商工作有关系的公务人员，其财产状况要在单位内部公开，不对公众公开。公开的主要目的是了解其主要社会关系，防止利益冲突，及时发现问题，防范以权谋私现象发生。

第四，重视法制建设，以严密法规减少腐败产生的机会。经过长期的努力，美国已经形成一套较为成熟的廉政法规体系，主要有《政府阳光法案》等规范行政行为和公务人员日常行为的法规、《联邦反腐败行为法》等惩治腐败方面的法规、《政府廉政法案》等规范反腐败机构职能和权限的法规。由于美国反腐败法规大多是在某些重大腐败案件发生后建立起来的，内容比较具体，而且具有较强的严密性、针对性，往往能有效防范类似腐败问题的产生。如美国"水门事件"发生后，1974 年美国国会就通过《联邦选举法》，对个人、政党等组织捐助联邦竞选款项及开支作了严格限制，禁止超过 100 美元的现金捐款，捐款额不能存入自己账户，使用情况必须公开，进一步净化了竞选资金。

3. 美国反腐败呈现出国际性、民间性的趋势

随着经济全球一体化进程加快和民众民主监督意识增强，美国反腐败趋势呈现出国际化和监督力量民间化的显著特征。

第一，反腐败趋向国际化已成为当前美国反腐败的一个重要特点。这主要体现在以下三个方面：一是反腐败日益成为外交和安全问题。因为随着全球经济一体化发展，出现了全球投资及经济交往，腐败问题日益成为国际性问题，这就要求从全球战略角度关注反腐败问题，进一步加强国际反腐合作。从这个意义上讲，反腐败越来越多地涉及国家外交、安全等问题。二是反腐败机构的手段和权限超越了国界。由于近年来美国一些跨国公司出现了腐败问题，美国反腐机构的权限被扩大，法院拥有置外法权，可以审判涉及外国公司的腐败行为。1975 年美国出台了《外事法案》，禁止美国公司送给外国官员金钱，要求在美国上市的国内外公司财务运作必须公开，这部法案适用于美国海外公司和国内任何公司以及为公司效力的人员。三是反腐败行为已经从单边行动转向多边合作。如美国 1975 年出台《外事法案》后，企业界认为该法案有可能令美国公司失去海外公平竞争优势。在美国推动下，1997 年 5 月世界经济合作与发展组织出台了《国际商业交易活动反对行贿外国公职人员公约》，33 个国家都签订了该条约，由此，限制企业行贿成为国际惯例。

第二，监督力量民间化已成为当前美国反腐败的一个显著特征。近年来，影响美国政策法律制定并对政策实施监督的一支重要力量就是利益集团和民间机构。1995 年美国议会出台了《游说公开法案》，要求对议会和行政部门进行游说的人员实行登记制度并报告他们的客户、游说的问题、接受金额情况。据不完全统计，目前全美从事游说活动的人数可能超过 10 万。他们大都是原政府工作人员，与政府有关部门关系密切。这些游说公司代表了各阶层、团体及国外机构的利益，直接影响美国政府政策法律的制定及决策。现在，很多利益集团和外国机构通过游说公司的工作以实现他们在美国的利益。同时，民间机构包括研究机构、咨询机构等在反腐败工作中日益发挥重要作用。这些机构代表公众利益向政府提出建议，对商界进行监督和制衡，是自下而上实施监督的重要力量。此外，民间媒体越来越多地采取新闻调查等方式参与对政府的监督。媒体监督手段多样，有的通过新闻调查揭露了许多腐败大案，产生了较好效果，如"水门事件"就是新闻媒体报道后，被揭露出来的。

第三，企业责任社会化使其成为当前美国反腐败的一支重要力量。随着美国大型跨国集团、托拉斯等企业组织的发展，这些公司更注重自身职业道德建设，其制定行为规范时更注重关心公众利益和意愿。因为当公司发展到跨地区、跨国界、跨文化背景的时候，则需要更多地考虑企业价值观及职业操守，向不同文化背景的人宣传企业精神，使企业规范成为大家共同的信念和准则。为此，公司更加注意通过建立健全内部规章制度，以更好地履行社会契约，促进企业政令更加有效地贯彻执行。企业这种主动加强自我约束和自觉承担社会责任的动力主要来自民众的监督、一些机构抛售股票、政府选择性购买、一些社会责任投资基金投资的压力等。此外，还以颁发荣誉证书、贴上"信得过"产品标识等措施来奖励企业的公益性行为。这些措施，使一些公司特别是跨国公司越来越多地注意加强自我约束和承担社会责任，从而使企业日益成为美国反腐败的一支重要力量。

三、芬兰的反腐败实践和经验

芬兰是世界上公认的廉洁国家。自 2000 年以来，芬兰一直在"透明国际"的廉政排行榜上位居第一。当然，这种状况并不是与生俱来或一朝一夕就形成的。在芬兰历史上，官员的腐败也曾经常常是报纸的头条新闻。目前的这种廉政状况得益于长期以来形成的包括教育、立法和监督等在内的一套相对完善的制度。他们的经验是抓住"信任、法律、道德"三个方面的建设，同时注意"法律必须清晰严肃，官员要高薪养廉，突出职业人士的道德意识，及时惩罚控制腐败行为"四个环节。这些做法和经验，值得我们借鉴。

首先，芬兰公民具有良好的自律精神和较高的职业道德素质，这些归功于良好的教育环境。芬兰在初中教育阶段就开设了社会学课程，学生在高中阶段便系统地学习法律知识，因此，青年人在步入社会之前就具备了基本的法律知识和遵纪守法的观念。

其次，芬兰在长期的实践过程中形成了一套严格的法律法规体系。虽然芬兰从未有过专门的反腐败法和反腐败机构，但却从宪法、刑法、民法和公务员法等不同层面，对腐败行为加以限制和纠正，绝对禁止公务人员利用职权谋取私利。公务人员接受金钱、珠宝、家电、低利息贷款、免费旅行等都可被视为接受贿赂，甚至接受荣誉头衔或有关部门推荐也可能被视为受贿。公务人员如果被指控受贿，罪名成立，将被立即免职。

再者，政府公共管理部门一律遵循公开透明原则。政府档案馆及公共部门的所有档案不仅对专家学者开放，也对新闻媒体和公众开放，以接受公民和媒体的监督。此外，法律还规定，任何人都不得开设匿名账户，每个公民和团体的收入与财产每年都要在纳税表上予以公布，税收当局有权了解全国所有账户的情况。

最后，芬兰拥有全面而有效的监督机制。监督包括议会监督、法院监督和政府内部监督。司法总监和议会督察员是芬兰政府机关中的最高检察官，其主要工作是依据宪法监督总统、内阁成员以及政府其他官员是否遵守法律、履行职责。这两种监察官一般均由著名法学家担任，每年都要到全国各地巡视，倾听民众意见，接受和审理普通公民对官员与公务人员的举报。司法总监还可根据舆论和媒体透露的有关情况自主进行立案调查。严格的监督机制同时还体现在新闻舆论监督和公众监督等方面，任何公民都可依法自由检举和揭发政府官员的违法行为，这具有非常有效的震慑作用。

四、新加坡的反腐败实践与经验

第一，厉行法治，严格执法。新加坡制定了专门惩治贪污犯罪的法律，如《防止贪污法》《没收贪污所得利益法》《公务员法》《公务员守则和纪律条例》《财产申报法》与《公务惩戒性程序规则》等。新加坡的反腐败机构主要有贪污调查局、内阁廉政署、商业事务局和审计部。新加坡现行的《反贪污法》共35条，规定了极为严厉和详细的惩罚措施。为切实执行该项法律，贪污调查局具有广泛权力。贪污调查局既是行政机构，又是执法机关。该局可以在没有逮捕证的情况下，逮捕涉嫌人员，有权没收贪污罪犯所收受的全部贿赂。贪污调查局有权调查贪污人员在银行的存款、股票数额、费用账户，甚至可以查找其家人的账目，贪污人员职位越高惩处越重。如新加坡环境发展部政务部长（副部级）接受了印尼商人赠送的七张机票，携带家人旅游，被发现后不仅被撤职，还被判刑4年。

第二，对公职人员要求严格，行为透明。新加坡政府除制定了一套完整、具体、实用的政府公务员法律外，还制定了《公务员指导手册》，应聘的公务员每人发一册，手册中除包括有关法规，还对公务员的行为要求有详尽、明确规定，以防止其贪污受贿。公务员要遵守财产申报制度，每年申报一次本人和配偶的财产情况，包括动产、不动产、贵重首饰、银行存款、股票与证券等。如本单位秘书长发现公职人员财产来源有问题，即送交反贪局调查。公务员不准收受礼品，只可接受没有商品价值的纪念品。政府官员未经批准不得接受宴请，更不许进入酒吧、歌舞厅、红灯区，政府官员不准吸烟，否则给予处罚。

第三，建立基金保障，遏制贪污。新加坡政府制定了完整的《中央公积金制度》，规定所有参加社会工作的人员包括政府公务员、企业职员、一般工人都必须参加公积金制度。一个公务员每月可获得月薪40%的公积金，工作时间越久，所得积蓄越多。据统计，高级公务员（司局级）到55岁退休时，公积金总额大约有80~90万新元，相当于人民币400~500万元。如果在职时廉洁奉公，没有贪污腐败和违法行为，退休后全家生活富裕，安居乐业。但是，新加坡法律规定，凡是有贪污、受贿等违法行为者，一律全部撤销其公积金。

第四，以俸养廉，定期培训教育。为了使政府高级官员和公务员抵御贪污受贿的诱惑，新加坡政府和国会大幅度提高了公务员的工资，以俸养廉。除提高薪水外，政府还对公务员采取定期培训措施，加强政治思想教育。新加坡政府专门设立了公务员学院和培训中心，新招聘的公务员必须首先接受训练，在职的公务员每年也必须有一两周的轮流进修，学习政治、法律、知识和技术。政府有关部门对公务员要进行考察和评价，每年年底召开全国公务员评奖大会，表彰先进人员。

在世界各国的反腐败中，媒体的监督作用都巨大而深远，很多腐败的曝光和最终查处都是因为一直有新闻媒体的监督，许多腐败案件在媒体的追踪报道下得到了查处，即使没有被查处，也会使腐败者声誉大降，支持率下跌，政治生命受到威胁。新加坡的新闻媒体在反腐败方面发挥了很大作用，新加坡利用传媒、广告、互联网与通信等现代手段，使大众时刻关注贪污问题；反贪机构与民众广泛联系，共同建立良好的反贪氛围，从而不断扩大廉政反贪的社会效果。

五、日本的反腐败实践与经验

第一，全面进行反腐败立法。日本的反腐败法律体系较为缜密、全面和具体，法律的可操作性很强，是非和过错、罪与罚的界定非常清楚，真正做到了有法可依。日本为防止政府政党腐败，制定了组织选举法律；为惩治官员职务腐败，出台了公务行政法规；为杜绝商业贿赂腐败，颁布了财务审计监督法令。可以说，日本反腐败相关立法的涉及面已经涵盖了政治、经济、文化、教育等各个领域，就像编制了一张恢恢天网，让腐败难以逃遁。

第二，注重实用可行，科学细化适用标准。日本在反腐败立法过程中非常注重所制定法律、法规的针对性和实用性。如为加强对公务员群体的监督，日本除在《国家公务员法》中明确规定了廉洁自律条款之外，还针对其执掌公共权力的工作特性，制定了《国家公务员伦理法》等廉政法规；日本反腐败的相关法律主要属于实体型反腐败法，单就受贿行为的形式判定，日本法律就细分为单纯受贿、受托受贿、事前受贿、事后受贿、加重受贿、斡旋受贿和第三者受贿等。

第三，强化反腐败组织职能。日本设立了强大的监察监督机构，并赋予其相当大的职责和权威，主要有立法机关（如议会）、司法检察机构（如检察厅）、监察机关（如监察局）、专门会计组织（如会计检查院）、反腐协调组织（如政治伦理审查会）等。此外，还成立了许多民间反腐败组织。经过多年的配合，日本的这些监督机构及反腐败组织之间已经形成了既有分工又有合作的严密监察监督体系，真正实现了互相监督、协作防控。

第四，扩大传媒舆论影响。日本新闻媒体和社会舆论的监督对预防和惩治腐败发挥了重要作用。日本法律明文规定新闻独立、自由的原则，确保了新闻记者采访报道和批评的权利不受侵犯。利用媒体的新闻敏锐性，对已经发生或正在发生的腐败行为进行曝光，由此促成的法律调查介入，迫使腐败中止的案例不胜枚举。此外，从1994年起，日本全国各地陆续建立起了民间行政观察员制度。民众自发成立了"全国公民权利代言人联络会议"，对政府行为进行日常监督。在媒体和民众舆论的双重监督之下，许多腐败问题得以被及时发现并处理。

第五，维护合法权益，实行激励机制。为防止政府公职人员职务腐败，日本除大力加强制度监督和预防外，还积极通过法律保障来维护公务员正常履行其职责的权益，并辅以实施科学的竞争激励机制，鼓励公务员爱岗敬业、乐于奉献，敦促其奉公守法、廉洁自律。在日本公务员法中，明确规定公务员除享有一般公民的权利以外，还享有保障其身份的特殊权利，主要包括就职平等权、合理报酬权、职业培训权、带薪休假权、辞职权和申诉权等，并成立了专门机构受理侵犯公务员权利的事宜。此外，还通过实施后期选拔晋升的激励机制，激励公务员长期保持勤奋工作的精神以及对所从事职业的廉洁忠诚。

第六，实施高薪养廉，解决后顾之忧。日本为公务员提供了优厚的工资福利待遇，以防止其因经济窘迫而进行渎职腐败。日本公务员工资标准的基本原则就是要高于民间企业职工的工资。此外，国家还给公务员提供廉租金住宅，如果是居住自家房子，还可享受住房补贴。日本公务员可以享受诸如交通补贴、单身赴任补贴、配偶补贴、抚养补贴及寒冷地带补贴等多种津贴。退休时可以根据职务和工龄，领到一笔可观的退休金，同时每个月还能领取相当于在职工资50%到60%左右的养老保险金。这些丰厚的工资福利待遇免除了生活后顾之忧，有效地激励了公务员保持清正和廉洁的工作作风。

第七，鼓励全民参与，保护检举揭发者，发动全社会共同来监督惩治腐败行为，特别是为防止商业贿赂、内定招标等腐败案件的发生。2004年，日本特别制定了《公益举报人保护法》，以保护揭发和透露企业或相关人员违法舞弊行为的举报人。该法明文规定，要为举报人严格保密，不得以任何形式泄露举报人的真实身份和信息；公司不得以任何理由解雇或用其他任何形式打击报复举报人。如果发生这种情况，将按有关法律严肃处理。此外，日本的反腐败监察机构都设有"公益举报窗口"，检举人可以通过上访、信函、电话、传真、网络等多种形式直接或间接检举揭发腐败行为。

第八，传承清廉传统，注重道德约束。日本人从小就形成了鲜明的公私区分观念，在日本人的认知观和羞耻观中，腐败就是对社会道德和公共秩序的公然践踏，属于失信行为，是绝对不能容许的。日本人的存在和价值完全依赖于他人与社会的承认，如果贪公共之利，谋一己之私，言行违背了道义和原则规定，就会立即招致他人与社会的尖锐批评和彻底孤立。所以，在日本，就连公车私用、在办公室里煲私人电话以及拿单位信笺纸回家等细小事情都会被其他同事看作是道德缺失的贪污腐败行为。这只看不见的"眼睛"无形中会促使每个人都谨慎检点自己的言行，不断加强道德自我约束。

第二节 国外反腐败制度及理念

一、国际反腐败运动的理念

腐败是人类社会共同的敌人，在与腐败作斗争的漫长历程中，国际社会探索形成了一些主要的反腐败理念，并在实践中得到成功运用，取得了反腐倡廉建设的显著成效。党的十八大提出了建设廉洁政治的战略目标，研究和借鉴这些理念，对于深入推进廉洁政治建设、提高反腐倡廉工作科学化水平，无疑具有一定的现实意义。

（一）分权制衡理念

该理念最早可溯源到古希腊的哲学家亚里士多德，他在阐释其"法治应当优于一人之治"的思想时，主张把政府的权力分为讨论、执行、司法三个要素。此后，英国近代政治思想家约翰·洛克和法国启蒙思想家孟德斯鸠等学者对分权制衡理念予以进一步发展。洛克在《政府论》中认为："如果同一批人同时拥有制定和执行法律的权力，这就会给人们的弱点以绝大诱惑，使他们动辄要攫取权力，借以使他们自己免于服从他们所制定的法律。"孟德斯鸠在其名著《论法的精神》中强调，一切有权力的人都容易滥用权力，要防止权力被滥用，保障人民的自由，就必须以权力约束权力。在资产阶级革命取得胜利后，分权制衡理念逐步形成了较为系统完整的思想体系，并渗透到西方政治、经济以及社会管理等各个方面，对资本主义民主政治发展起到了巨大的推动作用。要按照党的十八大要求，借鉴分权制衡理念中"权力一定要受到制约"和"用权力去制约权力"的合理价值，进一步完善决策权、执行权、监督权既相互制约又相互协调的权力结构。在党内分权方面，建立党代表询问质询、党内民主选举、罢免撤换等制度。在党委、人大和政府分权方面，将党的政策主张通过法定程序转变为具有法律效力的国家意志，以实现党委决策权和人大决策权有机对接，同时，大力推进党政分工和党政分开，促进权力结构向"党委创议—人大审议—政府执行"模式转变，使党委决策权、人大决策权和政府执行权既相互制约又相互协调；在政府及其内设部门分权方面，严格规范不同权力的使用边界和程序，在班子内部实行正职监管、副职分管、集体领导的新工作机制。要重点加强对各级党政机关"一把手"的监督，通过建立重大决策票决制、纪实制、专家论证制、问责制等，强化对"一把手"行使人事、财务、项目安排等重大决策权的监督；通过建立完善机关"一把手"履职考核评议和责任追究机制，做到有权必有责、过错必问责。

（二）法治理念

法治是一种确定性最强、透明度最高、也最容易让人接受的治理模式，是以理性的方式开展反腐倡廉的最佳途径。从我国法治实践来看，几千年来的封建统治所形成的"人治观念"和"官本位"思想在一些领导干部思维中仍然根深蒂固，权大于法、特权腐败等现象仍在一定程度上存在，特别是一些领导干部利用职权便利谋求各种超越法律的特权，形成特权阶层和利益集团，由此衍生出有法不依、执法不严、违法不究以及法外施恩、法不责贵等现象，严重损害了社会公正的基石，践踏了法律面前人人平等的基本原则，必然导致国家法律秩序的失衡和法纪的废弛。建设廉洁政治，必须在法治的框架内进行，必须以法制规章的形式制定规则，并且强力执行，走依法治腐、以法制权之路，否则就会偏离正确的轨道。所以在建设廉洁政治的进程中，强化法治的要素，是一个具有战略意义的抉择，也就是说，要把建设廉洁政治放在法治视域中去谋划和运作。一是创新权力制约模式。要实现依法治权，让所有权力主体都必须在宪法和法律范围内活动，实现"法律面前人人平等、制度面前没有特权"。二是完善政府治理机制。在建设廉洁政治、实现政府清廉的过程中，要抓住政府治理机制改革这个重要内容，坚持政企分开、政事分开、政府与社会组织分开的改革方向，推动政府从全能政府、管制型政府向有限政府、服务型政府转变，让政府从微观经济活动中退出来，最大限度地减少权力寻租机会。要健全清晰化的责任约束机制，这是建设廉洁政治的重要保障。应进一步完善失管必究、失教必究、失察必究的责任追究机制，同时拓展问责范围，既把"三乱"等问题列入责任追究范围，又把决策失误、行政不作为、管理不善、政绩平庸等纳入问责机制；进一步规范责任追究程序，形成责任追究的闭环效应。三是加大依法查处力度。中共中央政治局常委、中央纪委书记王岐山在学习贯彻党的十八大精神研讨班上强调，坚持标本兼治，当前要以治标为主，为治本赢得时间。当前腐败还比较严重，惩处仍然至关重要，只有通过严厉的惩处，政治意志才能得到宣示，党员干部才能得到警醒，也才能获得公众的信任和支持。如果没有惩治的强制力作保障，教育、监督、制度的效果就会打折扣，预防就将是一句空话。要重点查办发生在领导机关和领导干部中的大案要案，始终保持打击各行各业违法违纪现象的高压态势。狠抓专项治理，坚决纠正损害群众利益的不正之风，着力解决发生在群众身边的腐败问题。加强对社会领域特别是中介组织腐败问题的治理，加大对商业贿赂的打击力度，严厉查处行贿行为，不断提高腐败的风险成本。

（三）透明政府理念

透明政府的理论基础在于人民主权原则，由法国启蒙思想家卢梭创立。根据该理论，人们为了维系自由和平等，自愿相互订立契约，让渡出一部分权利给社会，共同组建政府。所以，政府的权力来自于人民，公众与政府之间实质是一种委托与被委托的关系，作为受托人的政府在行使权力过程中，必须对作为委托人的人民和公众负责；作为委托方的公众，有权查阅公共信息，了解作为受托人的政府的运作过程和绩效，对政府工作进行评判和监督。另外，保障公民的知情权和参与权也是透明政府的理论基础之一，西方国家认为现代民主的两大构成要素为公开与参与，知情权和参与权是公民最基本的民主权利之一。为了保障公民的知情权和参与权，政府应该公开一切可以公开的信息，接受人民的监督。根据上述理论，早在 1766 年瑞典就制定了《信息自由法》，此后，西方各国纷纷制定了相关法律，使政府公开制度成为当代民主政治建设的一项基本制度。特别是近年来一些国家广泛开展以建立"透明政治机制"为主要内容的"阳光行动"，成为及时揭露和防止腐败的有效手段，如西方国家大多实施了官员财产申报公示制度，将官员财产"晒"在阳光下接受群众的监督。

我国《宪法》明确规定，国家的一切权力属于人民，各级政府由人民代表大会选举产生，对人民负责，受人民监督，这其中就理所当然地包括向人民公开有关信息，报告工作情况。从我国现实情况来看，政务公开工作仍停留在政府部门有限度的自愿公开的水平，几千年来"民可使由之，不可使知之"的传统惯性导致了权力的封闭运行和暗箱操作，成为权力滥用、腐败滋生的温床。"阳光是最好的防腐剂"，约束权力的最好方式就是把权力置于阳光下，让阳光成为预防腐败滋生的最好消毒剂。借鉴透明政府理念，一是要加大公共事务公开力度。要牢固树立公开是党委、政府必须履行的基本义务、知情是群众的基本权利的理念，不断拓展党务、政务、厂务、村务公开的广度和深度，特别是涉及群众利益的重大决策、重大建设项目、公共资源配置和社会公益事业建设等信息，必须及时向社会公示，接受社会公众监督，从而推动"金鱼缸"式政府的形成。要重点推进政府财政预算决算公开和"三公经费"支出公开。强化各级政府部门的纳税人权利保护意识，积极推行阳光财政，让社会公众帮政府捂好"钱袋子"。二是推进行政权力网上公开透明运行。当前，以电子监察系统为代表的科技反腐风起云涌，极大地提高了反腐倡廉建设的科学化水平。要大力推进"网上政务大厅"建设，建立融合网上公开、网上办公、网上服务和网上监督等多项功能的行政权力公开透明运行电子平台，推动形成运行公开、制约有效的行政权力阳光运行机制。三是积极探索官员财产申报公示制度。官员财产申报公示制度在西方国家被称为反腐败的"终极制度"。从我国当前来说，无论是高层的反腐败决心，还是社会的民意基础，亦或法律和技术手段，实行官员财产申报公示制度的条件都已具备，应积极推行，可以采用分步实施、先易后难的步骤，如先开展新任领导干部和后备干部财产申报公示制度，积累经验后再全面推行。

（四）道德教化理念

道德教化理念是与资产阶级的人性论、政治原罪论相对应的一种价值观，提倡对公职人员进行道德教育，给予人性上的去恶存善的净化。在许多西方学者看来，人性可以深刻地改变人格，可以使人放弃其自私自利的品格。因此西方学者认为，道德教化作为国家廉政建设的一种基本手段，它可以促使公职人员建立一种自我约束的道德规范，从实质上说就是一种主观意志的法。当前道德教化已成为世界各国预防腐败的重要手段之一，凡是政府清廉指数较高的国家，都十分注重发挥道德教化在反腐败中的作用，如新加坡在反腐败道德教化上讲究"心治"，把儒家文化倡导的忠、孝、仁、爱、礼、义、廉、耻"八德"作为整个社会尊崇的道德准则和行为规范；芬兰公务人员进入政府机关就职时必须举行宣誓仪式，宣誓遵守纪律和公务人员道德规范；在瑞典，一个人在任何时期、任何领域违纪违法的不良行为，都会被记录在案，如有不良记录，在就业、晋升、贷款等各个方面都会产生极大的影响，甚至无法在社会上立足。如果说以权力制约权力和以权利制约权力是权力的外在制约的话，那么，以道德制约权力是一种内在的制约，具有更深远的影响。日本社会学家横山宁夫提出了一个著名的"横山法则"：最有效并持续不断的控制不是强制，而是触发个人内心的自发控制。任何制度的推行、法律的实施都离不开人，制度再完善，法律再健全，只要腐败分子的腐败动机存在，再严厉的打击措施，再缜密的法规条义实际上也不能完全阻止他们将腐败的动机变成腐败的行动，最根本最彻底的反腐败措施就是在人们心中建立一条道德防线，彻底根除腐败生存的思想土壤。从这一角度来看，反腐倡廉不仅要靠法律、制度等外在制约，更要靠权力主体的道德自律。建设廉洁政治，必须大力倡导自律从严的道德取向。一是要以社会主义核心价值观重构道德规范。要以社会主义核心价值观为基础，结合我国各地传统廉洁文化，提炼具有地域特质、体现地域人民行为方式、文化艺术、价值观念的核心道德理念，并使之成为当地人民的共同价值取向和追求。要特别注重加强从政道德教育，通过"道德讲堂""廉政课堂"等形式，构筑"以廉为纲、以德为先、以信为重"的党员干部道德诚信高地，抑制和消除权力腐败的内心动机。二是要实现道德规范的制度化。个人的道德理性和道德意志是有限的，只有通过制度的强制性力量，才能确保道德规范被严格遵循。要大力推进党员干部从政道德的制度化工作，如制定《党员干部道德守则》，建立领导干部道德档案和考德制度等，来约束党员干部的日常行为，起到防微杜渐的警戒作用。三是要积极推进社会诚信体系建设。权力腐败总是与政府和官员诚信缺失联系在一起的，而企业诚信缺失更是商业贿赂的源头。要大力推进以政府信用为表率、企业信用为重点、个人信用为基础的社会信用体系建设，逐步建立集纪检监察、银行、税务、工商、质监、司法、民政、公共资源交易等部门信用信息于一体的综合性诚信数据库，建立企业廉洁诚信档案，实现跨部门、跨区域信用信息共享。同时，推行守信激励和失信惩戒制度，推动企业廉洁从业、诚信守法。要重点抓好政府信用建设，坚持诚信办事、诚信服务、取信于民，推进诚信政府的建设，切实提高政府的公信力。

（五）"零容忍"理念

所谓"零容忍"，是指对不良习惯、不道德行为、轻微违规等行为绝不容忍，其核心是对各种反社会行为和违规违法活动采取严厉打击的态度，哪怕是轻微违法犯罪行为，也要毫不犹豫、决不妥协地进行彻底斗争。"零容忍"的理论基础是"破窗理论"，由美国预防犯罪学家乔治·凯林和詹姆斯·威尔逊于1982年提出。他们认为，如果一幢大楼的一扇窗户遭到破坏而无人修理，肇事者就会误认为整栋大楼都无人管理，从而得到可以任意破坏的暗示，紧接着就会发生一系列犯罪行为。"破窗理论"鲜活地说明了在轻微的违规违纪与严重的违法犯罪之间的重要联系。它启发我们：完好的东西一般不会有人去破坏，而一旦这个东西被破坏，如不及时修复，可能会遭受更大的破坏。因此，要对付"破窗"现象，最有效的策略就是实施"零容忍"，在违法违规行为出现苗头的时候，将其扼杀在萌芽状态，真正做到"防微杜渐"。"破窗理论"最先由美国警署应用于社会治安管理，通过对犯罪分子实行"零容忍"，取得了明显成效。此后，"零容忍"理念在反腐败中得到广泛运用，如香港廉政公署把"零容忍"理念应用于廉政建设，坚持"举报必接、有腐必查、惩腐务尽"的原则，使其清廉指数一跃成为亚洲前列；瑞典、新加坡等国对行贿受贿数量不作具体规定，只要属于"不正当的报酬"，不管数量多少，即使只有一毛钱，也属于犯罪行为，要处以刑罚。"零容忍"揭示这样一个原理：任何事情的发展包括腐败行为都有一个从量变到质变的过程，如果对"小腐败"问题不注重惩治，采取放任的态度，就会导致积"小腐"为"大腐"。"放纵一个腐败分子，就会使一千个人产生侥幸心理"，如果一些党员干部的腐败行为仅因为性质轻微或身处高位没有被依法严办，就会形成"可以腐败"或"腐败不会被惩处"的心理暗示和行为导向，其结果必然是更多人的学习和效仿，导致腐败现象层出不穷。从社会心理学来讲，重大腐败行为固然不容忽视，但社会大众感受最深和最深恶痛绝的还是发生在身边的轻微腐败行为，如果容忍这些轻微腐败行为，就会使公众对党和政府反腐败的决心和信心产生动摇，进而失去正义感和社会责任感，形成"官民互不信"的严重局面。因此，为了防治腐败，一要严格落实"零容忍"的普适原则，按照中央纪委二次全会的要求，既打"老虎"，又拍"苍蝇"，只要违反了党纪国法，无论涉及什么人，都一律依纪依法严肃查处，从而对存在腐败倾向或苗头性问题的党员干部产生"伸手必被捉"的强烈震慑。二要切实完善"零容忍"的制度体系。对腐败"零容忍"，必须健全制度规范，严肃制度执行，提高对腐败行为处罚的刚性。当前在反腐败实践中，存在着一种"抓大放小"的趋势，违纪违法案件立案的起始金额标准节节攀升，在适用法纪的标准上因人而异，这些都与"零容忍"理念背道而驰，要通过适当降低并严格执行腐败案件的立案标准，严禁法不责贵、以纪代法等现象。三要积极培育"零容忍"的廉洁文化。通过传递"违规无小事""凡腐必究"的理念，警示公职人员自觉抵制各种诱惑，培养廉洁从政的责任意识和良好风尚；通过营造"以贪为耻"的社会氛围，使"零容忍"理念深入人们的思想内心，从而形成有效遏制腐败的社会心理和价值导向，凝聚廉洁从政廉洁从业的正能量，为建设廉洁政治注入源源不断的精神动力。

二、国际反腐败的基本经验

反腐败不是某个单独政府部门的工作，而是一项全面的系统工程，在这一点上，世界各国政府都意识到了，而对于反腐败工作的开展也大多形成了教育、制度、监督交叉的立体惩罚和预防腐败体系。

（一）注重立法反腐败

法律具有强制性和刚性的特点，世界各国都十分重视立法建设，特别注重反腐败立法，力图通过立法的形式来界定和惩治腐败。

第一，制定详尽的反腐败法律法规。美国自 1883 年以来先后出台了《政府行为道德法》《联邦贪污对策法》《有组织勒索、贪污贿赂法》等数部法律，形成完备的廉政法律体系。德国的法律细到对官员收受 15 欧元以上的礼品必须上报都有明确规定。早在 20 世纪初叶，北欧国家就开始制定反腐败法律，强调预防与惩治相结合。瑞典于 1919 年、1962 年、1978 年制定和完善了《反行贿受贿法》。芬兰在 20 世纪 20 年代制定了《公务刑法》。丹麦则在其刑法典的有关章节中明确规定了有关贪污受贿罪的罪刑规范，对贪污罪的处罚大大高于其他经济犯罪的处罚标准。新加坡在 1960 年颁布了该国第一部《防止贪污法》，此后又根据形势变化的需要对其进行了多次修改，从而使其更加完善，且更具可操作性。同时，新加坡政府还推出了《公务员惩戒规则》，这是对《防止贪污法》的补充。1988 年又出台一部专门惩治腐败犯罪的程序法——《没收贪污所得利益法》。日本在反腐败立法过程中非常注重所制定法律、法规的针对性和实用性。如为加强对公务员群体的监督，日本除在《国家公务员法》中明确规定了廉洁自律条款之外，还针对其执掌公共权力的工作特性，制定了《国家公务员伦理法》等廉政法规；日本反腐败的相关法律主要属于实体型反腐败法，单就受贿行为的形式判定，日本法律就细分为单纯受贿、受托受贿、事前受贿、事后受贿、加重受贿、斡旋受贿和第三者受贿等。

第二，严格执法利剑惩腐。在惩治腐败行为时，很多国家可以说是剑锋所指，所向披靡，真正做到了"执法必严"。在新加坡，事无巨细均有章可循，有法可依，并"严"字当头。公职人员哪怕徇私接受一罐咖啡、一盒香烟、吃一顿饭都被视为违法，都要受到惩罚。新加坡《没收贪污所得利益法》对贪污受贿更是作出了严厉的惩罚规定。公职人员一经查实为贪污受贿，不仅要处以 5~7 年的监禁，而且还要处以最高 10 万美元的罚金，还要没收无法说明来源的一切财产，同时没收本人的公积金和退休金。该国环境发展部前政务部长曾接受了印尼商人赠送的 7 张机票，携带家人旅游，被发现后不仅被撤职，还被判刑 4 年。原国家发展与建设部部长郑章远算得上是新加坡的开国元勋，曾为"政府组屋"建设立下汗马功劳，新加坡贪污调查局发现他两次受贿 50 万元，但他拒不承认，最终在铁证面前畏罪自杀。芬兰在长期的实践过程中形成了一套严格的法律法规体系。虽然芬兰从未有过专门的反腐败法和反腐败机构，但却从宪法、刑法、民法和公务员法等不同层面，对腐败行为加以限制和纠正，绝对禁止公务人员利用职权谋取私利。公务人员接受金钱、珠宝、家电、低利息贷款、免费旅行等都可被视为接受贿赂，甚至接受荣誉头衔或有关部门推荐也可能被视为受贿。公务人员如果被指控受贿，罪名成立，将被立即免职。

（二）建立独立、权威的反腐败机构

在任何国家，专门机关都是反腐败斗争的主力军。一组高效、独立而具有权威的反腐败机构，一支精干而廉洁的反腐败队伍，是有力打击和预防腐败的必要条件。加强反腐败专门机关的独立性和权威性，是当今国外反腐败的最显著的特点。一是直属最高层领导。只有从体制上使反腐败机构摆脱其他机关的牵制和干扰，才能落实惩治腐败的法律措施，有效地打击腐败行为。近年来，世界许多国家和地区加强了反腐败的机构建设，其基本趋势就是专门机关的独立性越来越强。新加坡的反贪污调查局曾经先后隶属于 4 个不同的部门，但效果都不理想。1970 年后，反贪污调查局直属总理领导，总理的支持保证了它顺利地开展反腐败工作。不论是在东方国家，还是在西方国家，在反腐败斗争中取得成功的机构都有一个共同特点：国家权力核心在哪里，反腐败机构就直接从属哪里。二是自成体系，不受地方势力干扰。当代许多国家包括联邦制国家，倾向于采用中央主导型的反腐败模式，建立一个全国性的、独立于地方政府之外的反腐败侦查系统。美国在中央设立联邦调查局，对一切滥用职权的官员的行为均有调查权；建立了遍布全国的侦查网络，同时也重视同地方部门的合作，注意中央与地方在资金和技术上的相互补充。三是保障反腐败专门机关顺利开展工作。职权上，赋予其特别侦查权。以色列的国家审计长办公室对政府机关包括军事机关等涉及公共利益的一切领域，拥有广泛的调查权（如秘密监视）和查处贪污行为的手段。经费上，保证专门机关的活动经费。在一些西方国家，反腐败专门机关的经费预算由议会单列，保证活动经费充足，而且能够直接申请议会拨款，数额不受限制。人员上，建设素质高、待遇优厚的反腐败专业队伍。专业队伍的素质是提高反腐败工作效率的基础。所谓素质高，主要是政治觉悟高、专业水平高和工作能力强。一般来说，要建设高素质的专业队伍需要两个条件：一是有优厚的待遇吸引人，二是有良好的机制选拔人。

（三）注重制度反腐

制度具有稳定性、全局性和根本性的特点，是遏制腐败的基础工程。纵观国外的反腐历程，都十分重视相关反腐败制度的建设。

（1）完善公务员制度。西方国家大多采用了公务员制度，并把廉政的原则贯彻其中，从而保证了公务员队伍具有较高的整体素质。新加坡较早地采用了现代公务员制度，通过公开考试，择优录用，科学考核，量绩晋升，有效地填补了人事管理制度上的漏洞。

（2）财产申报制度。财产申报制度又称阳光法案，是指公职人员按法律规定，在一定时期内向政府有关部门报告自己及配偶、子女的财产状况，包括数量、来源、变动等内容，然后由主管机构予以审核。当今世界反腐倡廉成绩突出的国家，一般都根据本国国情制定了财产申报制度。早在1766年，瑞典就规定公民有权查看官员（包括首相）的纳税清单。美国则以1978年的《政府道德法》为法律框架，经20世纪八九十年代的数次修改，最终形成一套较为完善的财产申报制度，根据制度，联邦政府中所有三个分支机构的高级政府官员必须公开个人财产。韩国的《公职人员财产登记制度》则规定，担任公职者必须在一定时期内向有关部门报告自己及配偶、子女的财产状况，如发现任何隐瞒、谎报和转移财产的行为都将受到法律惩处。财产申报制度通常具有明确而详细的规定，以便监察机构审核官员的廉政状况和公众监督，提升政府的廉洁形象和公众威信。事实证明，哪个国家的财产申报法律规定得细致、执行得严格，哪个国家的腐败现象就比较轻微。

（3）保护举报人制度。各国政府制定专门法规，鼓励和保护公民参与反腐败斗争。从理论上说，公民有表达政治观点的权利，同时也有打击违法犯罪的义务，但是在实际生活中，大多数举报人会遭到打击报复（对美国233位举报人调查的结果显示，90%的人因此受害）。所以，近年来许多国家通过立法或其他手段保护举报人。美国在1989年颁布的《举报人保护法》已经成为其他国家仿效的对象。墨西哥采取了如下措施：允许和鼓励公民来人、来函、使用公开的免费电话线路，表达他们的控告和建议；设置专门机关对说明真实身份和联系地址的人，必须给予适当的答复。

（4）高薪养廉制度。新加坡政府制定了完整的《中央公积金制度》，规定所有参加社会工作的人员包括政府公务员、企业职员、一般工人都必须参加公积金制度。一个公务员每月可获得月薪40%的公积金，工作时间越久，所得积蓄越多。据统计，高级公务员（司局级）到 55 岁退休时，公积金总额大约有 80~90 万新元，相当于人民币 400~500 万元。如果在职时廉洁奉公，没有贪污腐败和违法行为，退休后，全家生活富裕，安居乐业。但是，新加坡法律规定，凡是有贪污、受贿等违法行为者，一律全部撤销其公积金。日本为公务员提供了优厚的工资福利待遇，以防止其因经济窘迫而进行渎职腐败。日本公务员工资标准的基本原则就是要高于民间企业职工的工资。此外，国家还给公务员提供廉租金住宅，如果是居住自家房子，还可享受住房补贴。日本公务员可以享受诸如交通补贴、单身赴任补贴、配偶补贴、抚养补贴及寒冷地带补贴等多种津贴。退休时可以根据职务和工龄，领到一笔可观的退休金，同时每个月还能领取相当于在职工资 50% 到 60% 左右的养老保险金。这些丰厚的工资福利待遇免除了生活后顾之忧，有效地激励了公务员保持清正和廉洁的工作作风。

同时，清廉国家非常注重制度之间相互配套，相互支持，注意避免规定间的冲突。如新加坡公布《防止贪污法令》打击贪污腐败，又制定中央公积金制度，围绕公积金制度，又完善了国家公务员个人与家庭财产申报制度，再相应地完善了股票账户检查制度，金融实名制度，公务员行为日志制度等，具有良好的操作性。

（四）强化监督制约

为了加强政府廉政建设，大力与腐败作斗争，国外许多国家都建立了较为完备的监督网络，其主要的途径和类型包括"三权机关"监督、舆论监督、社会公众监督等监督类型。

（1）"三权机关"监督。指的是立法机关的监督、司法机关的监督和行政机关的监督。

（2）舆论监督。在世界各国的反腐败工作中，媒体的监督作用历来都巨大而深远的，新闻媒体被称为国家立法权、行政权和司法权之外的"第四权力"，是社会系统的信息通道。许多腐败案件在新闻媒体的追踪报道下得到了查处，即使没有被查处，也会使腐败者声誉大降，支持率下跌，政治生命受到威胁。新闻媒体在反腐败的斗争中发挥着两大职能："警犬"职能和"鼓手"职能。所谓"警犬"职能就是指国外的一些重大腐败案件大多是被新闻媒体披露出来的。如美国的"伊朗门"丑闻、日本的利库路特案等。所谓的"鼓手"功能就是指腐败分子不仅害怕新闻媒体警犬般的嗅觉，而且害怕新闻媒体的宣传会引起广大民众的关注和愤怒，并督促国家专门机关有效地开展侦查、控诉和审判活动。

（3）社会监督。个人可以通过各种形式行使个人监督权利。在芬兰，任何公民都可依法自由检举和揭发政府官员的违法行为，这具有非常有效的震慑作用。瑞典的法律中"公民有权查询政府文件"的法律条文，极大地便利了媒体和公民有效地去调查官员的所作所为。

（五）突出教育预防，注重廉洁文化教育

国外在反腐倡廉中，把教、防、惩三项措施互相结合，并特别注重教育预防。芬兰的年轻人进入公务员系统，第一项最重要的教育就是从政的清廉，弄清腐败的界限，即接受礼品或请吃的上限。新加坡、澳大利亚、美国、法国、德国等许多国家都有完善公务人员的国家培训制度，培养廉洁观念，履行廉政宣誓。一些国家把预防腐败职务犯罪作为学校教材的重要内容，并通过出版、传媒、培训班、研讨班、上级对下级的谈话等多种形式进行经常的廉政教育。澳大利亚监察机关用20多种语言下发各种小册子与卡片，向群众宣传什么是受贿，如何举报，并公布举报电话，使其家喻户晓，人人皆知。新加坡政府在1991年正式发表了《共同价值观白皮书》，提出"忠孝仁爱礼义廉耻"八德作为新加坡人的具体行为准则。其中，廉耻就是廉洁奉公，反对各种形式的腐败。此外，新加坡政府还专门设立了公务员学院和培训中心对公务员采取定期培训措施，加强政治思想教育。新招聘的公务员必须首先接受训练，在职的公务员每年也必须有一两周的轮流进修，政府有关部门对公务员要进行考察和评价，每年年底召开全国公务员评奖大会，表彰先进人员，通过激励教育的方式来增强公务员的廉洁从政意识。

总之，世界各国政府或者地区考虑到腐败已经危及到政治的稳定和经济的繁荣，影响国家或地区内部和外部的信誉，为了防止和控制腐败，大都采取了各种做法，积极同腐败行为作斗争，并取得了相当的成效。

【案例分析】

瑞典的财产申报制度

瑞典是世界上最早实行官员财产申报制度的国家之一，官员财产申报制与资讯公开制相结合，使瑞典官员受到了严格的、公开的监督。

早在 1766 年，瑞典议会就通过了《出版自由法》，该法最重要的条款就是"公开所有非涉密的公共档案"，瑞典因此成为世界上第一个实行政务公开的国家。目前，瑞典政府和公共机构的书面公务资料、公函、财务报告等，只要不属于国家机密，都必须向公众和媒体公开。任何瑞典公民都有权查阅任何官员、企业高层管理人员，甚至王室成员的资产和纳税情况。

1995 年 10 月，时任瑞典副首相萨林，用公款购买了几盒巧克力，他因此被瑞典记者追查，并调出了萨林信用卡的消费记录，指责萨琳挪用公款，迫使这位前程看好的年轻副首相引咎辞职。

瑞典公职人员购买房屋一类的大宗家庭资产要"广而告之"，就连聘请保姆、缴纳电视费这样的小费用，瑞典公职人员也必须接受监督。

瑞典斯德哥尔摩大学政治学教授尼尔森在接受采访时表示，瑞典当年决定实行政务公开制度，主要是因为欧洲大陆贪腐盛行，瑞典的廉政氛围虽然未受大的影响，但统治者担心当时还很贫穷的瑞典可能遭受这种风气的侵袭，而官员的腐败将会导致整个国家的破产。为了防患于未然，瑞典决定颁布有关法令，请全体人民监督官员的行为。

瑞典的政务公开制度实行至今已有 200 多年，但仍时不时遭到质疑，质疑这些法令是不是太苛刻。尼尔森教授的回应是：瑞典人可以容忍普通人的错误，甚至原谅政府的失误，但是，如果官员以权谋私，哪怕只有一个克朗，也是不能接受的。这种回应令人感叹瑞典先人的先见之明和政治智慧，正是 200 多年前颁布的这一"良法"，使瑞典始终保持了国家的高清廉指数。

——摘自南京廖华网

案例思考题

1. 瑞典的《出版自由法》与政务公开、官员财产申报制度有何关系？

2. 瑞典副首相萨林因用公款购买了几盒巧克力而引咎辞职。试分析信息公开对于廉洁政治建设有何重要作用？

3. 瑞典的公开、公众监督方式给我国的廉政建设带来哪些启示？

【课后练习题】

1. 简述瑞典的议会监察专员制的内容和特点。

2. 简述美国的监督运行机制和行政监督制度。

3. 简述美国反腐败运行机制的特点。

4. 芬兰的反腐败实践与经验有哪些?

5. 新加坡的反腐败实践与经验有哪些?

6. 日本的反腐败实践与经验有哪些?

7. 国际反腐败的主要理念和主要经验是什么?

主要参考文献

（一）著作

[1]《毛泽东选集》（第1卷），人民出版社1991年版。

[2]《毛泽东选集》（第2卷），人民出版社1991年版。

[3]《毛泽东选集》（第3卷），人民出版社1991年版。

[4]《毛泽东选集》（第4卷），人民出版社1991年版。

[5]《毛泽东文集》（第6卷），人民出版社1999年版。

[6]《毛泽东文集》（第7卷），人民出版社1999年版。

[7]《邓小平文选》（第1卷），人民出版社1994年版。

[8]《邓小平文选》（第2卷），人民出版社1994年版。

[9]《邓小平关于建设有中国特色社会主义的论述专题摘编》，中央文献出版社1992年版。

[10]［古希腊］亚里士多德：《政治学》，商务印书馆1981年版。

[11]［法］孟德斯鸠：《论法的精神》，商务印书馆1982年版。

[12]［英］洛克：《政府论》，商务印书馆2008年版。

[13]［法］卢梭：《社会契约论》，商务印书馆1980年版。

[14]［英］罗素：《权力论》，东方出版社1988年版。

[15]毛宏升主编：《当代中国监督学》，中国人民公安大学出版社2003年版。

[16]肖建国主编：《反腐倡廉监督教程》，中国方正出版社2007年版。

[17]毛邵晖主编：《监督学》，中央广播电视大学出版社2008年版。

[18]郎佩娟：《监督学》，中央广播电视大学出版社2010年版。

[19]莫吉武：《当代中国政治监督体制研究》，中国社会科学出版社2002年版。

[20]吴丕、袁刚、孙广厦：《政治监督学》，北京大学出版社2007年版。

[21]黄炎培：《八十年来》，文史资料出版社1982年版。

[22]周继中：《中国行政监察》，江西人民出版社1989年版。

[23]李景田等：《新时期中国共产党党内监督机制问题研究》，中国方正出版社2004

年版。

[24] 李成言、谷雪、俸锡金：《廉政政策分析》，北京大学出版社 2002 年版。

[25] 左连璧：《中国监察制度研究》，人民出版社 2004 年版。

[26] 尤光付：《中外监督制度比较》，商务印书馆 2013 年版。

[27] 李秀峰：《廉政体系的国际比较》，社会科学文献出版社 2007 年版。

[28] 邱永明：《中国古代监察制度史》，上海人民出版社 2006 年版。

[29] 程千帆：《史通笺记》，武汉大学出版社 2008 年版。

（二）论文

[1] 陶庆华："担负监督职责提高监督能力——学习习近平总书记重要讲话精神有感"，载《北京人大》2014 年第 10 期。

[2] 吴如巧、谢锦添："论中国法律监督的主体混同与独立"，载《重庆大学学报（社会科学版）》2012 年第 2 期。

[3] 万毅："法律监督的内涵"，载《人民检察》2008 年第 11 期。

[4] 陈云生："法律监督的价值与功能"，载《法学杂志》2009 年第 10 期。

[5] 许欣："人民代表大会监督制度研究"，辽宁师范大学 2013 年硕士学位论文。

[6] 韩兵："当代中国法律监督权研究"，吉林大学 2013 年博士学位论文。

[7] 赵彦峰："国际反腐败机制研究"，东北师范大学 2007 年硕士学位论文。

[8] 唐毅："新媒体环境下的舆论监督规范化问题研究"，西北大学 2013 年硕士学位论文。

[9] 向继："新时期加强我国舆论监督研究"，西南大学 2014 年硕士学位论文。

[10] 宋婷："国外反腐败的基本经验探析"，载《上海党史与党建》2010 年第 12 期。

[11] 张玉涛："论我国国家审计监督制度的功能及完善"，烟台大学 2018 年硕士学位论文。

[12] 吴建雄："国家监察体制改革与新时代中国特色社会主义监督体系构建"，载《统一战线学研究》2018 年第 1 期。

[13] 吴建雄："开创党和国家监督体系现代化的新境界"，载《新疆师范大学学报（哲学社会科学版）》2019 年第 6 期。

[14] 王宁："强化党内日常监督的思考"，载《党建研究》2018 年第 1 期。

[15] "如何发挥党员的民主监督作用？"，载《中国纪检监察报》2016 年 12 月 20 日。

[16] 李文悦："我国古代监察制度的现代启示"，南京航空航天大学 2011 年硕士学位论文。

[17] 毛雪飞："毛泽东、邓小平权力监督思想的比较研究"，海南大学 2016 年硕士学位论文。

[18] 郭洪泉："关于民主党派民主监督的几点思考"，载《前进论坛》2017 年第 6 期。

[19] 虞崇胜："人民政协民主监督的性质、特点和优势"，载《中国政协理论研究》2012

年第 4 期。

［20］于文豪："更好发挥统计监督作用"，载《中国纪检监察报》2020 年 4 月 16 日。

［21］朱慧："发挥统计监督职能 为推进国家治理提供坚强保障"，载《湖北日报》2020
年 1 月 19 日。

［22］四川省统计局："新时代统计监督路径探讨"，载《中国统计》2018 年第 4 期。

［23］王义山：" 论加强统计监督"，载《长春金融高等专科学校学报》2017 年第 4 期。

［24］徐岩："新时代中国共产党党内监督的理论与实践研究"，重庆邮电大学 2019 年硕士
学位论文。

［25］张毅："党的工作部门如何履行好职能监督职责？发挥职能作用 增强监督实效"，载
《中国纪检监察》2016 年第 23 期。

［26］赵阳："新时代中国共产党党内监督创新研究"，辽宁大学 2018 年博士学位论文。

［27］管素叶、陈志刚："党和国家监督体系的创新发展"，载《中国特色社会主义研究》
2019 年第 6 期。

［28］张方方："我国国家监察委员会职能运行研究"，辽宁大学 2019 年硕士学位论文。

［29］陈巧春："邓小平、江泽民、胡锦涛权力制约与监督思想比较研究"，华中师范大学
2014 年硕士学位论文。

［30］李晓明、李婧："论习近平新时代监督思想"，载《思想政治教育研究》2018 年第
3 期。

［31］广州市纪检监察领导干部赴美培训考察组："美国反腐败的运作机制及其启示"，载
《广州大学学报（社会科学版）》2006 年第 4 期。

［32］随燕："习近平权利制约监督思想的研究"，载《西华大学》2018 年硕士学位论文。

［33］宋伟、过勇："新时代党和国家监督体系：建构逻辑、运行机理与创新进路"，载
《东南学术》2020 年第 1 期。